"十一五"国家重点图书出版规划项目

◎京师刑事法学博士文库(12)

赵秉志　总主编

刑事强制措施的正当性基础

On the Due Basis of Criminal Compulsory Measures

杨　雄　著

中国人民公安大学出版社

·北　京·

图书在版编目（CIP）数据

刑事强制措施的正当性基础/杨雄著．—北京：中国人民公安大学出版社，2009.8

（京师刑事法学博士文库）

“十一五”国家重点图书出版规划项目

ISBN 978-7-81139-631-7

Ⅰ．刑…　Ⅱ．杨…　Ⅲ．刑事诉讼—强制执行—研究—中国　Ⅳ．D925.218.34

中国版本图书馆CIP数据核字（2009）第124859号

京师刑事法学博士文库

刑事强制措施的正当性基础

On the Due Basis of Criminal Compulsory Measures

杨　雄　著

出版发行：中国人民公安大学出版社
地　　址：北京市西城区木樨地南里
邮政编码：100038
经　　销：新华书店
印　　刷：三河鑫鑫科达彩色印刷包装有限公司印刷

版　　次：2009年8月第1版
印　　次：2009年8月第1次
印　　张：11.5
开　　本：880毫米×1230毫米　1/32
字　　数：308千字
印　　数：1~3000册

书　　号：ISBN 978-7-81139-631-7/D·539
定　　价：28.00元

网　　址：www.cppsup.com.cn　www.porclub.com.cn
电子邮箱：cpep@public.bta.net.cn　zbs@cppsu.edu.cn

营销中心电话（批销）：（010）83903254
警官读者俱乐部电话（邮购）：（010）83903253
读者服务部电话（书店）：（010）83903257
教材分社电话：（010）83903259
公安图书分社电话：（010）83905672
法律图书分社电话：（010）83905637
公安文艺分社电话：（010）83903973
杂志分社电话：（010）83903239
电子音像分社电话：（010）83905727

京师刑事法学博士文库

编审委员会

顾肖荣　上海社会科学院法学研究所所长、研究员，北京师范大学刑事法律科学研究院兼职教授、博士生导师，中国法学会刑法学研究会常务理事

郭建安　司法部司法协助外事司司长，北京师范大学刑事法律科学研究院兼职教授、博士生导师，中国法学会刑法学研究会常务理事

胡云腾　最高人民法院研究室副主任暨应用法学研究所所长，北京师范大学刑事法律科学研究院兼职教授、博士生导师，中国法学会刑法学研究会常务理事

黄　风　北京师范大学刑事法律科学研究院国际刑法研究所所长、教授、博士生导师，国际刑法学协会中国分会常务理事

李希慧　北京师范大学刑事法律科学研究院中国刑法研究所所长、教授、博士生导师，中国法学会刑法学研究会秘书长

刘广三　北京师范大学刑事法律科学研究院证据法研究所所长、教授、博士生导师，中国法学会犯罪学研究会常务理事

刘志伟　北京师范大学刑事法律科学研究院院长助理、中国刑法研究所副所长、教授、博士生导师，中国法学会刑法学研究会副秘书长

王秀梅　北京师范大学刑事法律科学研究院院长助理、国际刑法研究所副所长、教授、博士生导师，中国法学会刑法学研究会副秘书长

王志祥　北京师范大学刑事法律科学研究院外国刑法与比较刑法研究所副所长、教授、博士生导师

吴宗宪　北京师范大学刑事法律科学研究院犯罪与矫正研究所所长、教授、博士生导师，中国法学会犯罪学研究会常务理事暨副秘书长

编辑部

京师刑事法学博士文库
序　言

经过精心筹划，“京师刑事法学博士文库”在北京师范大学这所拥有百年历史的著名高等学府面世。该文库在今日之北师大创办，可谓生逢其时，躬逢其势，恰逢其地。

所谓生逢其时，乃指文库诞生于中国刑事法学理论研究进入精耕细作阶段。这是一个需要并且能够产生精深的刑事法学理论专著的时代，文库的内容恰好迎合了这种时代的需要。

所谓躬逢其势，乃指文库诞生之时，恰逢中国法律改革和法治现代化运动如火如荼地展开，方兴未艾，文库有幸见证并参与到这一国家与民族法治振兴的大业之中。

所谓恰逢其地，乃指北京师范大学为文库的茁壮成长提供了良好的环境和肥沃的土壤。众所周知，北京师范大学是我国极少数目前即拥有百余年历史的著名高校之一。她发端于1902年的京师大学堂师范馆。经过百余年的历史积淀，她不仅有着深厚的文化底蕴与优良的人文环境，而且在诸多人文社会学科领域达到了世界或者国内一流水平，培养了大批国家栋梁之才。长期办学实践形成的厚重稳健的办学风格和“学为人师、行为世范”的办学理念，为法学这一逻辑严谨、内容深邃、价值超凡的社会科学在北师大的发展提供了得天独厚的条件。古人云：“源不深而望流之远，根不固而求木之长，德不厚而思国之安”，犹如“伐根以求木茂，塞源而欲流长”。没有深厚的人文底蕴与长期的学术积淀作为基础，要想在法学领域有所建树，即便费尽一时之心力，亦难免流于肤浅，不成大器。在北师大创办刑事法学博士文库，自始避免了先天不足。

毋庸讳言，与众多成熟并稳步前进的学科相比较，北京师范大学的法学还是非常年轻的学科。由于种种原因，不管是学术人才的培养和引进，还是学术理论的创新和发展，法学学科都要比其他社会学科逊色。这不仅使得京师法学在20世纪90年代错失发展的良机，而且与北京师范大学闻名遐迩的国际与国内地位极不相称。令人欣慰的是，这种情况自2005年有了重大改观。在北京师范大学校领导的大力支持下，以著名中年法学家赵秉志教授为院长的北京师范大学刑事法律科学研究院于2005年8月18日在北京隆重成立，成为中国国内刑事法学领域中首家且目前唯一的、专门从事刑事法学研究与人才培养的独立性、综合性学术研究机构。2006年4月26日，在北京师范大学法律系的基础上，北京师范大学又正式成立法学院。两院相继成立并得以迅速良性发展，标志着北京师范大学法学学科全面繁荣的新时代的到来。“人事有代谢，往来成古今。江山留胜迹，我辈复登临。”随着法学科学建设在北师大的全面展开，我们完全有信心经过若干年的努力，让北师大法学跻身于中国乃至世界法学强者之林。

“桃李不言，下自成蹊”。北京师范大学以其深厚的学术底蕴与宽松、自由的教育环境，吸引着国内外的青年学人慕名而来，追求精神的提升与文化的发展。“千里之行，始于足下”，任何宏大的事业都必须从一点一滴做起。北京师范大学刑事法律科学研究院深知，“百年之计，莫如树人”，十分重视刑事法学学科的人才建设，在建院不长的时间里，不仅引进了多位学术功底深厚、科研能力突出、在国内外有一定学术影响的中青年法学学者，而且招聘了一批毕业于国内外著名法学院、综合素质优秀、学术功底扎实的青年才俊。为了培育新人，使其在学术上不断推陈出新，北京师范大学刑事法律科学研究院凭借学校坚实宽广的学术综合实力与浓郁深厚的人文氛围，决定建立“京师刑事法学博士文库”，支持年轻的法学博士和博士后将其博士学位论文、博士后出站报告以学术专著的形式付梓出版，以此作为促进京师刑事法学发展的重大举措之一。北京师范大学刑事法律科学研究院的资深学者组成的编委会负责“京师刑事法学博士文库”的运作。

“京师刑事法学博士文库”主要面向北京师范大学刑事法律科学研究院所培养的法学博士、博士后以及引进的具有法学博士学位的教学科研人员。鉴于目前刑事法律科学研究院已经初步形成学历层次高、年龄结构年轻化、专业知识结构合理、团结和谐、奋发向上的学术研究梯队，本文库将同时兼顾实体法学与程序法学，以多学科、多维度的精神兼容并蓄，以开放的态度欢迎跨学科方面的研究成果，使其具有视野宽广、包容性强的时代特征。简言之，“京师刑事法学博士文库”将以质取文，唯质取材，但凡有所创新、质量上乘的著作，均可入选。

京师刑事法学博士文库编委会将主动联系新加盟北京师范大学刑事法律科学研究院的法学博士和研究院毕业的博士生，了解其博士学位论文的选题、内容及结构等，以宁缺毋滥、铸造精品的原则及严谨、踏实、创新的学术态度从中谨慎选择优秀之作，并认真审读，提供切实的修改补充建议，供作者修正参考，并负责联系出版，虚心接受国内外刑事法学同行和社会读者的批评指正。我们希望“京师刑事法学博士文库”的作品虽属阳春白雪之作，却能洞明世事，传递俗理；虽属曲高之作，却不至于和者甚寡。同时特别申明：文库的范围不仅限于博士学位论文，只要是加盟刑事法律科学研究院的法学博士同仁创作出的学术精品，均可列入此文库见诸世间。愿同仁闻弦歌而知雅意，愿我等奏流水而遇知音。

“泰山不拒细壤，故能成其高；江海不拒细流，故能成其大”。学术事业的发展与壮大依赖于理论的点滴积累。“京师刑事法学博士文库”在目前也许只是我国刑事法学学术事业中刚刚吐青的新芽，但是，我们相信，它会在京师刑事法学博士文库编委会、加盟刑事法律科学研究院的诸位博士以及国内外方家学者和同行的精心培育之下，逐步成长为国内外瞩目的参天大树，从而为繁荣、深化我国刑事法学学术研究，推动国内外刑事法学思想交流与学术合作，促进社会主义法治建设，作出有益的贡献。

北京师范大学刑事法律科学研究院
京师刑事法学博士文库编委会
二零零七年三月三日

Doctorial Series of Criminal Law Science of BNU

Preface

After a careful plan and preparations, "Doctorial Series of Criminal Law Science of BNU" has been established in this distinguished University with over a century history. We can well say that the establishment of "the Series" is on a proper occasion, in a proper situation and at a proper place.

Being on a proper occasion means "the Series" was established in the exquisite stage of China's criminal law scientific theory. This is a stage which needs and may produce profound masterpieces of criminal law scientific theory. The content of "the Series" is just catering for the requirements of this era.

Being in a proper situation means that at the time of the establishment of "the Series" China's law reform and modernization are experiencing her development in the ascendant, just like a raging fire. "The Series" is lucky to witness and participate in the development of this great cause.

Being at a proper place means Beijing Normal University has facilitated "the Series" with healthy environment and fertile soil. It's well known that Beijing Normal University is one of the few distinguished Universities with over one century's history. She grew out of the Faculty of Education of Imperial University of Peking founded in 1902. After a century of development, through a century of accumulation, she has built up a deep seated cultural foundation and good environment of the humanities; what's more, her disciplines of the humanities and social science have reached to the world standard or at the level of First Class in China. She has nurtured and brought up large numbers of National Talents. Firm and steady style and the conception of "studying to teach and acting to set an example" for running a school has provided the unique condition for the development of law science which requires rigorous logic, deep content and high value. Our ancestors said: "Fountainhead being not deep enough but hoping the water can flow farther, the root being not solid but hoping the trees can grow big, morality being not high but thinking about the safe of our State" just like "cutting the wood in order for the exuberant trees, blocking up the fountainhead in order for the water flowing far". Without deep seated cultural foundation and long term academic accumulation as its base, it seems a bit superficial and ne'er – do – well to get major attainments in the field of law science, even though momentary mental and physical efforts have been used. The establishment of "Doctorial Series of Criminal Law Science of BNU" avoided the congenital deficiency from the very beginning.

No need for reticence, compared with many ripe and steadily developed disciplines, the Law Science in Beijing Normal University is still very young. For varieties of reasons, the discipline of law science seems inferior to other social sciences, either in the cultivation and introduction of talents or in the innovation and development of academic theories. It made the Law Science of Beijing Normal University not only lose the chance of development in 1990s, but also not match with her famous international and national status as well. Now we are glad that things have changed dramatically since 2005. With the support of the leaders of Beijing Normal University, College for Criminal Law Science of Beijing Normal University was solemnly founded in Beijing on August 18, with the noted jurist Professor Zhao Bingzhi as the Dean. She has become the only independent and comprehensive academic unit in criminal law scientific field specializing in criminal research and the talents cultivation.

Based on the Faculty of Beijing Normal University, Law School of Beijing Normal University was founded on July 26, 2006. Successive founding and rapid development of these two schools signifies the prosperous new era is coming. "Human and nature have their own metabolization, old events have passed by. The world left wonders and interests, our generations step up". With the construction of Law Science of Beijing Normal University opening comprehensively, we believe absolutely we can enable Law Science of Beijing Normal University to rank among the most advanced influential universities nationally or even globally.

"If we are strict with ourselves, others will surely respect us". With deep seated cultural foundation and free educational environment, Beijing Normal University has attracted young learners out of admiration home and abroad to pursue spiritual promotion and cultural development. "A thousand li journey is started by taking the first step". Any great cause should be done bit by bit. College for Criminal Law Science of Beijing Normal University knows deeply "as to a project of vital and lasting importance, human should be cultivated first". So she strongly emphasizes the construction of talents. Not long before the establishment of the college, she absorbed not only many middle and young law experts who hold deep seated academic foundation, good scientific research ability and academic influence home and abroad, but also a number of young talents who graduated from the famous universities home and abroad and hold good comprehensive qualities and solid academic foundations. In order to cultivate new talents and gradually make them weed through the old to bring forth the new and depend on her solid and wide comprehensive academic ability and strong and deep environment of the humanities, College for Criminal Law Science of Beijing Normal University decides to establish "Doctorial Series of Criminal Law Science of BNU" to support young law doctors and postal doctors to publish their fruits in the form of academic books, as one of the great measures of promoting law science of College for Criminal Law Science of Beijing Normal University. Noted Editorial Board organized by College for Criminal Law Science of Beijing Normal University is responsible for the management of "Doctorial Series of Criminal Law Science of BNU".

"Doctorial Series of Criminal Law Science of BNU " is designed for the young law doctors and postal doctors cultivated by College for Criminal Law Science of Beijing Normal University and the teaching and researching staff who have doctor degrees in law introduced by the College. Because College for Criminal Law Science of Beijing Normal University has preliminarily formed her united and harmonious academic research group with high record of formal schooling and reasonable specialized knowledge of structure, "the Series" will give considerations to both substantial and procedural law science and welcome multiple disciplines' academic fruits with her open minded attitude and her spirit of multiple disciplines and sides. Thus she will hold her strongly magnanimous character of era with her wide vision. In brief, "Doctorial Series of Criminal Law Science of BNU" will choose the fruits merely according to its high quality. The works that are creative and of high quality can be chosen. Editorial Board of Doctorial Series of Criminal Law Science of BNU will positively contact the new doctors who graduated from College for Criminal Law Science of Beijing Normal University, getting to know the topic, content and structure of their essays. We will abide by the principle of putting quality before quantity and producing fine works and strict and steady and innovative academic attitude, to choose the excellent works from them and carefully read and check, provide practical supplementary suggestions of amendments for the authors to amend as a reference. We will be responsible for contacting publishing houses, listening to criticisms with an open mind from our fellow scholars and social readers. We hope the works of Editorial Board of Doctorial Series of Criminal Law Science of BNU can find and know affairs of human lives, communicate common saying, even though they belong to the works of the elite; They are welcomed by many, even though they belong to the elegant works. Meantime we declare particularly the scope of "the Series" is not restricted in the field of doctorial degree essays; all the fine works or articles from the fellow law doctors in law are welcome . These articles and works can be listed in "the Series" and can be published throughout the world. May our fellow researchers know the real meaning while listening to the music; May we meet our bosom friends while playing the music of flowing water.

"Mount Tai accepts small soils, so it can become high; Rivers and seas accept small streams, so they can become large". The development and expanding of academic causes depends on theoretical accumulation bit by bit. Editorial Board of Doctorial Series of Criminal Law Science of BNU may be the heading sprouts in the process of academic causes of our State's Criminal Law Science. But we believe that she can gradually become towering tree, attracting the attention home and abroad. It can make beneficial contributions to our state's academic research of Criminal Law Science, promoting exchange and cooperation of Criminal Law Scientific thinking home and abroad, and accelerating rule of law's construction of our Socialism.

College for Criminal Law Science of Beijing Normal University
Editorial Board of Doctorial Series of Criminal Law Science of BNU
March 3rd, 2007

序

汪建成*

呈现在读者面前的这部《刑事强制措施的正当性基础》，是我指导的博士研究生杨雄先生的力作，该书是在其博士论文的基础上，历经两年的时间修改而成。

强制措施解决的是未决状态下被追诉者的法律控制问题，科学的强制措施制度构建既能保障刑事诉讼的顺利进行，又能保障被追诉者的基本权利，因此研究这一问题既有重大的理论意义，又有现实针对性。博士论文的生命力在于创新，在我看来，本论文的创新性体现在以下几个方面：

第一，研究内容的系统性。本文将刑事强制措施定位为以程序保障为目的的实体处分手段，不仅将传统意义上涉及人身自由的刑事强制措施作为研究对象，而且将干预财产权、隐私权、职业利益的强制手段亦纳入研究视野中。在研究思路上，本文以刑事强制措施的正当性基础为核心，从理念到制度，从宏观角度探讨程序理论、诉讼模式中的强制措施定位；从中观角度探究刑事强制措施在整个宪政体系中的合法地位；从微观的层面研讨刑事强制措施的诉讼制度保障和社会基础，最终以上述三个角度审视

* 汪建成，北京大学法学院教授，博士生导师。

我国刑事强制措施立法、执法中的非正当性因素。这种研究思路摆脱了传统的零敲碎打式的具体分析路径，体现了刑事强制措施研究的系统性和完整性。

第二，研究观点的创新性。本文在对刑事强制措施基础理论进行系统分析、深入探讨的基础上，对于一些问题提出了富有启发意义的独到见解。具体而言：首先，基于刑事强制措施根据、本质以及不同程序目的的要求，本文从刑事强制处分权的实施主体、程序和对象三个角度提出正当化的刑事强制措施制度必须贯穿三重理念，即刑事强制处分权力的节制观念应当得到彰显；刑事强制措施的实施必须以程序为指向；被处分者必须具有诉讼主体性。其次，本文对刑事强制措施的运作进行了类型学的分析，指出在不同刑事诉讼价值观与诉讼构造的影响下，刑事强制措施会形成保障型和追诉型两种基本的运作模式。再次，本文从强制的对立面——“自愿”出发，分析了刑事强制措施中的同意制度体系，倡导以同意行为来缓和国家权力与公民权利之间的利益冲突，缔造“双赢”的和谐局面。最后，本文分析了刑事强制措施正当性的社会基础，指出我国有必要以国家司法机关为主导力量，适当吸收社会力量参与刑事强制措施的适用，应从组织控制和信息控制两方面来提高社会管理和控制能力，为刑事强制措施制度的正常运转奠定良好的社会基础。

第三，研究视角的开放性。在研究过程中，本文在一定程度上保持了学术视角的开放性，摆脱了学科的局限和桎梏，积极吸收和借鉴政治学、社会学研究的成果来审视刑事强制措施制度。作者不仅在诉讼法学、证据法学的框架范围内研究刑事强制措施正当性的程序保障基础，而且，运用现代宪法学基本理论来分析刑事强制措施正当性的宪政基础，同时，将刑事强制措施放置在社会学视野中，分析了正当化刑事强制措施赖以生存的社会基础。

本书作者杨雄是我指导的优秀博士生。他勤勉好学，刻苦钻研；他专业基础扎实，学术素养很高；他观察事物敏锐，问题意识很强；他文字修养过硬，文笔通顺流畅；他外语水平很高，研究视野宽泛；他为人谦和朴实，能够博采众长。正是由于有这些基本保障，杨雄才能写出这篇高质量的学术论文。为此，本论文在答辩过程中得到了学术委员会的一致好评，并被院学术委员会推荐参评北京大学优秀博士论文。

2001 年，杨雄毕业于中国政法大学，以优异成绩考入北京大学攻读刑诉专业硕士研究生，师从于我。很快他之为人做事就给我留下了深刻的印象，在读硕士阶段我就有意着力对他进行培养，在我的要求下，他细心研读了大量的包括英文原著在内的大量专业著作，并从写短文开始进行了大量的专业论文习作。由于他的成绩突出，在硕士第二年根据北京大学的研究生培养规定，直接转成硕博连读生。在读博士阶段他没有辜负我的期望，继续刻苦学习，勤于笔耕，写出了多篇高质量的学术论文并在法学核心期刊上发表。

在学术圈内很多人都知道我是一位对学生要求很严格的老师，我指导的博士研究生几乎没有不挨过我骂的，然而，杨雄却是个例外。师生相聚是缘，做学生的都希望投身于名师门下，为师者又何尝不喜欢甚至有时有些偏爱自己的优秀弟子呢？杨雄跟随我五年，我们之间结下了深厚的师生情谊。而今，他已走上了工作岗位，在北京师范大学刑事法律科学研究院这个人才济济、学术氛围活跃、学术水平超强的舞台上施展着自己的才华。亲眼看着昔日那个稚气未消的莘莘学子，初步长成了颇具实力的学术英才，我这个当老师的感到无比的欣慰！

博士论文的出版，是杨雄学术道路上的一个里程碑，我衷心希望他继续努力，勇敢前行，愿他的学术道路越走越宽，是为序！

2009 年 3 月于园墅书斋

目　　录

Contents

导 论

一、研究背景和动机

刑事强制措施与证据，乃法治国刑事诉讼程序的两大支柱。[①] 诉讼程序中国家权力与公民权利的碰撞最为激烈的场合莫过于刑事强制措施适用，二者的此消彼长关系直接映射着一国刑事法治化的程度。虽然1996年刑事诉讼法修改以及相关司法解释进一步完善了我国的刑事强制措施制度，但是，由于体制的局限和配套制度的落伍，刑事强制措施实施状况尚不尽如人意，违法现象尤为突出，诸如：超期羁押现象普遍存在；变相拘禁问题屡见不鲜；强制措施制度中的律师帮助权难以落实；实践中法外的强制手段（如"两指"和"双规"）、行政强制措施（盘查）的采取对刑事强制措施制度产生较大冲击，等等。此外，尚未在主流理论中被纳入刑事强制措施视野中的对财产权、隐私权、职业利益等基本人权进行干预的强制处分也存在较多的问题。这一现实不仅与刑事诉讼国际化和全球化趋势有着不和谐的音符，而且更难以实现现代法治国家理念下的被追诉者权利保护的基本目标。

因此，刑事强制措施问题已经成为国内学术界关注和研究的热点问题，也是正在启动的刑事诉讼法再修订中的重点之一。我国学术界对于现行刑事诉讼法意义上的刑事强制措施（主要是针对人身自由权进行限制、剥夺的强制措施）的研究较为集中，近几年召开了若干次国内、国际学术会议（如"刑事强制措施立法完善"

① 林钰雄：《违法搜索与证据禁止》，载《台大法学论丛》第28卷第2期。

研讨会、“保释制度与取保候审”国际研讨会、“羁押制度与人权保障”研讨会和中德强制措施国际研讨会，等等），涌现了较多的成果，比如较为全面地研究刑事强制措施的专著：《刑事强制措施制度研究》（李忠诚著）、《刑事强制措施要论》（张建良著）、《刑事强制措施研究》（孙连钟著）等，专门研究其中一种或几种强制措施手段的专著和论文集：《逮捕论》（孙谦著）、《中德强制措施国际研讨会论文集》（陈光中、汉斯－约格·阿尔布莱希特主编）、《保释制度与取保候审》（陈卫东主编）、《未决羁押制度的实证研究》（陈瑞华主编）、《羁押制度与人权保障》（陈卫东主编）、《羁押法论》（隋光伟著）、《欧盟国家审前羁押与保释制度》（郎胜主编）、《取保候审适用中的问题与对策研究》（宋英辉主编）等。此外，针对财产权、隐私权、职业利益的强制措施的研究，目前尚未出现专著。只有许多零散的研究成果面世，其数量颇多。总体而言，从研究方法上看，思辨方法运用较多、实证等其他社会科学研究方法运用得较少；从研究对象上来看，探讨传统意义上涉及人身自由的刑事强制措施的多，研究涉及财产权和隐私权的强制措施少，零敲碎打式的具体分析为多数、系统研究为少数；从研究角度看，关注具体制度的多，从应然角度思考刑事强制措施背后的理论基础的少；从研究结论的倾向上，理论界多为刑事强制措施制度的改革设计了所谓的崇尚“西方法治”的理想图景，而实务界则为刑事强制措施制度的改革提出了立足于中国国情的改良建议。基于此，有必要以广义的刑事强制措施为视角，从刑事强制措施整体角度出发，探讨正当化的刑事强制措施运行的规律，以还原刑事强制措施之本来面目。

二、研究范围与架构

刑事强制措施本身代表国家公权力的实施，且以公民的基本权利为客体，公权力干预基本权本身就存在正当性问题，这属于理论层面的根本问题。在实践层面上，如何实施强制措施才符合正当化标准，也是需要研究的课题。本书以刑事强制措施的正当性基础为核心，从理念到制度，从宏观角度探讨程序理论、诉讼模式中的强制措施定位；从中观角度探究刑事强制措施在整个宪政体系中的合法地位；从微观的层面探讨刑事强制措施的诉讼制度保障和社会基础。

具体而言，本书共分七大部分：

第一部分“导论”，阐述本文的研究目的、方法、范围及架构，并对本文的主题进行诠释，对基本概念进行界定。

第二部分“刑事强制措施正当性的理论基础”，本部分探讨刑事强制措施的根据和本质，然后，以多重程序理论审视刑事强制措施制度，最后分别从三个角度（强制处分权的实施主体、实施程序和实施对象）得出思考刑事强制措施正当性最为根本的理念。

第三部分“刑事强制措施运作的基本模式”，本部分从刑事强制措施与刑事诉讼基本范畴的关系出发，在理论层面归结出刑事强制措施的基本运作模式（包括“保障型”运作模式和“追诉型”运作模式），进而检讨正当化的强制措施运作模式应具备的若干要素。

第四部分“刑事强制措施正当性的宪法控制”，首先，本部分从欧陆宪法学界的基本理论出发，以其为理论分析框架，逐一探析刑事强制措施制度在宪政层面上的正当性基础，进而分析宪政视野下我国刑事强制措施改革的若干基本思路。其次，本部分以英美正当法律程序理念和大陆法系的宪法基本权理论为出发点，探究刑事程序基本权及其保障机制在刑事强制措施制度中的运用。

第五部分“刑事强制措施正当性的程序保障”，本部分具体由两个子部分构成，第一小部分围绕刑事强制措施制度体系中的权力配置展开。对于强制措施权力配置，以权力分立与制衡的理念为基础，以决定权为中心来阐述，着重指出只有司法权才能最终决定限制、剥夺公民的基本权利和自由。第二小部分“强制与自愿——刑事强制措施中的同意行为”中，尝试着建构我国刑事强制措施中的同意制度体系。

第六部分“刑事强制措施正当性的证据基础”，本部分着重探讨作为刑事强制措施事前控制的证明标准问题和作为刑事强制措施事后限制的证据能力审查问题。

第七部分“刑事强制措施正当性的社会基础”，本部分侧重分析刑事强制措施适用中可能的社会参与机制和必要的社会控制基础。

三、基本研究范畴

（一）刑事强制措施界说

1．刑事强制措施的内涵及其标准界定

我国学界通说认为，刑事强制措施，是指公检法机关为了保障诉讼的顺利进行，依法对犯罪嫌疑人、被告人所采取的在一定期限内限制或剥夺其人身自由的法定强制方法。① 这一界定是依据我国刑事诉讼法第六章“强制措施”的相关规定归纳而来的。追根溯源，我国刑事诉讼法将5种限制或剥夺其人身自由的手段规定为强制措施，渊源于前苏联。从某种意义上讲，这种概念的界分缺乏科学性，不利于相关研究的深入。上述表述基本上只是对我国刑事诉讼法有关强制措施的法条的简单注释，仅仅概括了我国5种强制措施的浅表特征，尚未揭示强制措施制度的法理根据、本质属性，更谈不上从一般法理意义上反映各国刑事强制措施的共性特征。

从汉语语词含义上看，“强制措施”实际上是与“任意措施”相对应的概念，按照“强制措施”与“任意措施”的界分，许多侦查行为都属于强制措施。那么，划分强制措施与任意措施的标准究竟是什么呢？

我们认为，日本学术界的理论或许有助于拨开迷雾。归纳起来，在日本，区分二者的标准大致有三种，即意思说、有形力说、权利侵

---

① 陈光中主编：《刑事诉讼法学》（新编），中国政法大学出版社1996年版，第202页；徐静村主编：《刑事诉讼法学》（上），法律出版社1997年版，第203页。

害说。意思说是以当事人的意思是否被违反为标准，有违反即强制措施，反之即任意措施。另外两种学说就是有形力说、权利侵害说①：

（1）以实施一方的手段为标准的学说，认为如果行使直接强制的有形力，就是强制措施；这种学说又可分为两种类型，即“形式强制力说”和“中间领域说”。日本学者团藤重光持前种观点，他指出，凡是伴随有物理性质的实力或强制力的直接行使（直接强制），或使受处分人实施内涵制裁效果的义务行为（间接强制）者，为强制措施。② 另有学者指出，在典型的强制措施与任意措施之间，存在尚未达到强制力行使的中间阶段，在这个中间领域里，如果是社会通念上适当的实力行使，或为了劝导对方而为的实力行使，可以认为仅属任意措施。这种见解被称为“中间领域说”。③

（2）以受处分一方受侵犯的状态为标准。包括两种不同观点：A. 不限定法益的受处分人标准说。该观点认为，如果被处分人包括隐私权在内的法益受到侵犯，这是强制措施，这种学说被称为“形式权利侵害说”。④ B. 限定侵犯权益的受处分人标准说。该观点认为，只有被处分者的重要权益受到侵犯时，才是强制措施。这种学说被称为“重要权利侵害说”。⑤

---

① ［日］田口守一：《刑事诉讼法》，刘迪等译，法律出版社 2000 年版，第 30 页。

② ［日］团藤重光：《条解刑事诉讼法（上卷）》，弘文堂 1950 年版，第 361 页。转引自陈运财：《刑事诉讼与正当之法律程序》，台湾地区元照出版公司 1998 年版，第 158 页。何谓强制力？如何判断强制力的存在？这是此种学说所面临的困境。特别是在科技日新月异的时代，监听、测谎、摄影等科学调查手段的采用，它们在客观上来看没有强制力行使，但是，实际上对被处分人的权益的侵犯不亚于搜查、羁押等传统的强制措施。

③ ［日］出射幸夫：《任意・实力・强制》，ジコリスト，第 65 号，1954 年，第 41 页。转引自陈运财：《刑事诉讼与正当之法律程序》，台湾地区元照出版公司 1998 年版，第 158 页。

④ 引自［日］田宫裕：《刑事诉讼法 I》，有斐阁 1975 年版，第 129 页。转引自陈运财：《刑事诉讼与正当之法律程序》，台湾地区元照出版公司 1998 年版，第 159 页。

⑤ ［日］井上正仁：《任意搜查と强制搜查の区别》，载《刑事诉讼法の争点》，有斐阁 1991 年新版，第 54 页。转引自陈运财：《刑事诉讼与正当之法律程序》，台湾地区元照出版公司 1998 年版，第 159 页。

表一 日本学者关于强制措施认定标准的学说

学说名称	内 容
意思说	以当事人的意思是否被违反为标准，有违反即强制措施，反之即任意措施。
形式强制力说	凡是伴随有物理性质的实力或强制力的直接行使（直接强制），或使受处分人实施内涵制裁效果的义务行为（间接强制）者，为强制措施。
中间领域说	在典型的强制措施与任意措施之间，存在尚未达到强制力行使的中间阶段，在这个中间领域里，如果是社会通念上适当的实力行使，或为了劝服对方而为的实力行使，可以认为仅属任意措施。
形式权利侵害说	无论是否行使强制力或者实力，凡未经对方同意而侵害其个人权利或法益的，即属强制措施。
重要权利侵害说	只有被处分者的重要权益受到侵犯时，才是强制措施。

日本学者三井诚认为，上述“形式强制力说”和“中间领域说”，均着眼于客观上强制力或实力的行使。而其中“形式强制力说”是以强制力或实力行使的“有无”为判断标准；“中间领域说”系以实力行使的程度，分别作为区分任意措施和强制措施的标准。至于“形式权利侵害说”及“重要权利侵害说”则以对象的权益的侵害为焦点，其中“形式权利侵害说”系以权益侵害的有无；“重要权利侵害说”则以其侵害的程度，分别作为判断的基准。①

我们认为，简单以是否违背被处分人的意思或者以强制手段是否具有强制力为标准，过于表面化，而以被处分人的权利是否被侵犯为标准，更有利于揭示强制措施的本质特征，当然，若将被处分人的权利不予区分的话，势必使得刑事强制措施过于泛化，欠缺科

① ［日］三井诚：《搜查总说（2）》，载《法学教室》，第140号，1992年，第95~96页。转引自陈运财：《刑事诉讼与正当之法律程序》，台湾地区元照出版公司1998年版，第158~159页。

学性。[1] 因此，只有将被处分人的重要权利，即宪法权利（或者说是基本权利）是否受到侵犯作为界定强制措施和任意措施的标准，才能使得强制措施与基本宪法权利联系在一起，揭示强制措施的本质和正当化标准。正如德国学者罗科信所指出的那样："刑事诉讼法上的强制措施均为对基本权利（即宪法权利）之侵犯。"[2] 我国台湾地区学者林钰雄教授亦认为："强制处分（强制措施）在公法上的定位，毫无疑问属于干预人民基本权利之行为。"[3]

而且，事实上，权利本位是现代法治社会的主要特征之一，多数法学家都以权利为起点研究法律的本质。权利，而不是权力或者义务，成为法律王国中最为基本的概念、最为常用的叙事方式。可以说，是权利本身使得法律更具有理性，权利协调了法律与道德之间的和谐关系。"在所有承认理性的政治道德的社会里，权利是使法律成为法律的东西"，"通过法律来实施基本的和宪法的'权利'。这些权利使法律本身更为道德，因为它可以防止政府和政治官员将制定、实施和运用法律用于自私或不正当的目的"。[4] 因此，以基本权利是否受到侵犯为标准界定刑事强制措施，有其一定的法理基础。

按照上述基本权利是否受到侵犯为标准来界定刑事强制措施，不仅可以将羁押、逮捕等限制、剥夺人身自由的手段作为研究对象，而且可以把搜查、监听等强制性侦查行为也纳入研究范围。在

---

① 如日本学者三井诚所言，任何的侦查活动或多或少都有可能对个人权益造成侵害，若表面上一有权益的侵害，就毫不考虑其侵害的程度，即认定是强制措施，非依法定程序不得为之的话，侦查机关的侦查活动将动辄落入强制措施的范畴，并不符合实际侦查的现况及需要。转引自陈运财：《刑事诉讼与正当之法律程序》，台湾地区元照出版公司 1998 年版，第 161 页。

② ［德］克劳思·罗科信：《刑事诉讼法》，吴丽琪译，法律出版社 2003 年版，第 273 页。德国法学家 Roxin 教授在其 24 版的《刑事诉讼法》教科书中的第一编第六目下，标题即定位为"强制措施及基本权利之侵犯"。

③ 林钰雄：《刑事诉讼法》（上册　总论编），中国人民大学出版社 2005 年版，第 226 页。

④ ［美］德沃金：《认真对待权利》，信春鹰等译，中国大百科全书出版社 1998 年版，中文版序言，第 16 ~ 21 页。

理论上，可以使得刑事诉讼的范畴更加富有逻辑性，而概念本身更有利于揭示刑事强制措施的本质特征，明确刑事强制措施在宪政体制中的地位，明确刑事诉讼法的应用（运用）宪法（“刑事诉讼法是宪法的大宪章”、“宪法之测震仪”）地位。这种理论上的倡导，有助于在实践中，树立一种观念：突出这些现在被视为刑事侦查行为的强制措施，促使司法机关在执法过程中，不光注重收集证据、查获犯罪人，而且更为注重把强制侦查行为与任意侦查行为分开，突出强制侦查行为中基本人权保障的重要性。

2．刑事强制措施的外延范围

依照上述标准来界定刑事诉讼中的强制措施外延范围，可以发现，既然刑事强制措施是以基本权利是否受到侵犯为标准，那么，刑事程序中，国家公权力所可能侵及的基本权主要包括人身权、财产权、隐私权等领域，则都有可能成为刑事强制措施的触点。德国学者克劳斯·罗科信教授认为，刑事强制措施包含对以下几种基本权利的侵犯：（1）对人格自由权的侵犯，如拘提命令、逮捕、羁押、为勘验其心神状态所令入精神病院之处分、人身搜查、照相、暂时性扣押驾照；（2）对生理不得侵犯的权利之违犯，如抽验血液、脑电波测验；（3）对财产权的侵犯，如扣押；（4）对住宅权的侵犯，对住宅、处所之搜查；（5）对邮、电通讯秘密权的侵犯；（6）对职业自由权的侵犯，如暂时的职业禁止；（7）对信息自主权的侵犯，如设置网络缉捕、栅网追缉、数据比对、科学仪器之使用、布建秘密侦探。①

日本学者土本武司以刑事强制措施的实施对象为标准，将刑事强制措施区分为对人的强制措施和对物的刑事强制措施。其所理解的强制措施外延不仅涵盖了逮捕、羁押等对人身自由加以限制、剥夺的手段，而且涉及搜查、身体检查、查封、勘验、鉴定、讯问等

① ［德］克劳思·罗科信：《刑事诉讼法》，吴丽琪译，法律出版社2003年版，第273页。

调查措施。土本武司所界定的强制措施外延范围虽不及罗科信教授广泛，但是，远远超出了我国刑事诉讼法中的强制措施外延。

- 强制措施
  - 对人的处分
    - 对嫌疑人的处分
      - 逮捕
        - 通常逮捕
        - 紧急逮捕
        - 现行犯逮捕
      - 羁押
      - 拘禁鉴定
    - 对参考人的处分——询问证人
    - 对嫌疑人、参考人的处分——检查身体
  - 对物的处分
    - 搜查
    - 查封
    - 勘验
    - 鉴定处分

图一　日本学者土本武司对强制措施的划分①

意大利刑事诉讼法典将刑事强制措施单独成编，也即该法典的第四编“防范措施”。该编第一章规定的人身防范措施可以具体分为强制措施（禁止出国、向司法机关报到、居住的禁令、住地逮捕、预防性羁押）和禁止性措施（包括暂停行使父母的权利、暂停行使公共职务或者服务、暂时禁止从事特定的职业活动或经营活动）。此外，人身防范措施还包括临时适用的保安处分。“防范措施”的第二章规定了对物的防范措施，包括对被告人的不动产或者动产或者归属于它的钱财实行保全性扣押、对与犯罪有关的物品可以进行预防性扣押等。此外，意大利刑事诉讼法典将检查、勘验、搜查、扣押、谈话或者窃听等措施放在在第三编“证据”中作为“收集证据的方法”加以规定。

俄罗斯原刑事诉讼法受到前苏联刑事诉讼法的影响，其第一编

---

① ［日］土本武司：《日本刑事诉讼法要义》，董璠舆、宋英辉译，台湾地区五南图书出版公司1997年版，第134页。

第六章的“强制措施”只规定了“具结不外出、人保或者社会团体的保证、羁押”几种涉及人身自由的强制措施。但是，俄罗斯2002年生效的新刑事诉讼法典对原来刑事诉讼法中的强制措施进行了完善，在修改后的新法典第四编“诉讼强制措施”中，利用三章27个条文，对拘捕犯罪嫌疑人、人身搜查、羁押、具结不外出和行为保证、人保、部队指挥机关监督、对未成年犯罪嫌疑人或刑事被告人的监管、监视居住、拘传、停职、扣押财产、有价证券等进行了详细地规定。此外，在该法典第八编“审前调查”的第24章、第25章中对勘验、检验、侦查试验、邮件和电报的搜查、提取和扣押、谈话的监听和录音的具体程序作出了明确的规定。

借鉴上述各国的经验和做法，我们认为，完整的刑事强制措施体系大致可以概括为以下四种：一是对人身权的强制措施；二是对财产权的强制措施；三是对隐私权的强制措施；四是对职业利益的强制措施。[①] 前三种主要针对自然人，最后一种主要针对单位（包

---

① 此观点受到导师汪建成教授的启发，他在1996年刑事诉讼法修正后就曾提出，刑事诉讼中的强制措施应当由三部分组成：一是对人的强制措施；二是对物的强制措施；三是对隐私权的强制措施。并建议我国效仿大陆法系国家的立法例：1. 建立对隐私权的干预措施，如监听、采样等，这些措施其实不规定，实践中也在用，所以规定可以起到规范化的作用，对于适用的条件和程序，包括证据的使用都进行全面的规定。2. 将搜查、扣押等涉及物的强制处分措施，从现行的侦查一章分离出来，放到强制措施中来规定。主要理由：（1）物的处分也是一种权利，而且现在越来越重要，应当引起重视；（2）物的处分不仅公安机关采用，法院、检察院都可能采用，放到强制措施一章顺一些；（3）物的处分放在强制措施中，有利于进行司法审查控制；（4）物的处分在本质上是预防性措施，符合刑事强制措施的特点。参见陈光中主编：《刑事诉讼法实施问题研究》，中国法制出版社2000年版，第79页。在2003年10月全国人大法工委组织的刑事诉讼修改座谈会上，王敏远教授、陈卫东教授、宋英辉教授、樊崇义教授均持类似观点，何家弘教授则持相反的观点，他提出，强制措施还是限定在对人身权利的强制部分，其他的则放到侦查手段中。见湘江北去：《刑事诉讼（即将）修改座谈会记录》，http://www. law - thinker. com/detail. asp? id = 2066“2004 - 3 - 8”。在2005年12月27日，中国政法大学诉讼法研究中心组织召开的“刑事强制措施立法完善”研讨会上，与会专家也普遍认为，刑事强制措施体系应该体现科学性，对于侵犯人身自由以外基本权利的强制措施，也要纳入到强制措施体系之内。郭恒忠、雷小政：《实现惩罚犯罪和保障人权之间的平衡——刑事强制措施立法完善研讨会综述》，载《法制日报》2005年12月29日第10版。

括法人与非法人团体）。具体而言：

（1）对人身权的强制措施，包括拘传、拘留（包括拦阻）、逮捕、羁押、取保候审（或者保释，因为保释也附加限制条件，是对人的一种轻度强制，在法国称“司法监督”或“司法管制”，其条件较为严格）、监视居住（意大利有类似的“住地逮捕”）等；还有勘验、检查（对人身）；

（2）对财产权的强制措施，包括勘验、检查（对物体）、搜查（包括拍搜）、扣押等；

（3）对隐私权的强制措施，包括监听、采样、派遣侦查人员、照相、测谎、通缉；

（4）对职业利益的强制措施①，包括停业、关闭机构②（如德国的“暂时执业禁令”）、限制经营（如对欺骗性广告与伪造事实之犯罪采取的措施）③。

很显然，我国目前的刑事强制措施体系相当不完善。现行刑事诉讼法意义上的刑事强制措施仅仅局限于人身自由权予以限制、剥夺的手段。对于财产权（或者称之为物权）的干预措施规定在侦查一章④，对于诸如监听、测谎等对隐私权的干预措施只是在《中华人民共和国警察法》、《中华人民共和国国家安全法》中作为“技术性侦察”手段而看待，对于职业利益的干预措施则根本无法

---

① 尽管此种强制措施也涉及对财产权的干预，但是它也不仅仅限于对财产权的限制，所以，对职业利益的强制措施不能简单地纳入前三类强制措施之中。

② 在淫媒谋利犯罪案件中，《法国刑事诉讼法典》第706－36条允许预审法官先行关闭在其内实行了犯罪的机构或关闭机构之一部分，最长期间为3年。自1970年12月31日的法律以来，对毒品走私案件也作出了相类似的规则（《法国刑事诉讼法典》第706－33条）；在涉及对待动物的残忍行为时，也准许预审法官命令将这些动物交给有资格的机构。[法] 卡斯东·斯特法尼、乔治·勒瓦索、贝尔纳·布洛克：《法国刑事诉讼法精义》（下），罗结珍译，中国政法大学出版社1999年版，第581～582页。

③ [法] 卡斯东·斯特法尼、乔治·勒瓦索、贝尔纳·布洛克：《法国刑事诉讼法精义》（下），罗结珍译，中国政法大学出版社1999年版，第638页。

④ 笔者此处未用“侵犯”，而用“干预”一词，意在表明，“干预”一词系中性，并不意味着该行为就是违法。

可依。

3．刑事强制措施与相关范畴的关系

（1）强制措施与强制性措施

我国《刑事诉讼法》第82条第1款在界定“侦查”的概念时指出，“侦查”是公安机关、人民检察院在办理案件过程中，依照法律进行的专门调查工作和有关强制性措施。

对于强制措施与强制性措施之间的关系，我国诉讼法学界在20世纪80年代曾经有过论争，得出了3种不同的观点，即“同一说”，认为强制性措施与强制措施在含义上和外延上没有什么差别。因为强制措施是刑事诉讼法规定的赋予特定含义和内容的概念，除此之外不能再有别的强制措施。“强制”是表明这种措施的性质，“措施”又是强制性质的表现形式，在“强制”与“措施”之间加“性”字，并不改变概念的原意。因此，侦查概念中的强制性措施实际上也就是强制措施，即拘传、取保候审、监视居住、逮捕、拘留。“包容说”，认为侦查中的强制性措施不单纯指刑事诉讼法的5种强制措施，还包括为确保证据的搜集而采用的带有强制的办法，它体现在专门调查工作诸项活动中。“并列说”，认为我国刑事诉讼中作为侦查概念组成部分的有关强制性措施与强制措施是两个既不等同，也不互相包含的概念。①

谈及二者的区别时，主流见解一般认为，强制性措施是为了保证专门调查工作的顺利进行，主要在侦查阶段进行；而强制措施是为了保障诉讼活动的顺利进行，可以在立案、侦查、起诉、审判等各个阶段使用。两者的强制力度不同。一般来说，有关的强制性措施的强制力度小于强制措施。两者在适用对象、条件及程序等方面均有区别。②

① 参见樊崇义主编：《刑事诉讼法研究综述与评价》，中国政法大学出版社1991年版，第118页。李忠诚：《刑事强制措施制度研究》，中国人民公安大学出版社1995年版，第8页。

② 陈光中主编：《刑事诉讼法》（新编），中国政法大学出版社1996年版，第278页。

现今多数学者对二者的关系持“包容说”。例如，有学者认为，所谓“强制性措施”，是指侦查机构采取的涉及限制或剥夺个人人身自由、财产、隐私等权益的措施，它既包括法定的5种“强制措施”，即拘传、取保候审、监视居住、拘留和逮捕等，也包括诸如搜查、扣押、冻结、通缉等侦查措施。① 还有学者同样认为，刑事诉讼中的强制性措施，既包括人身强制，如逮捕和拘留，又包括对物的强制，如搜查、扣押。②

实际上，从汉语语词意义上解释，强制措施和强制性措施并无太大的区别，我国刑事诉讼法将强制措施和强制性措施人为地赋予不同的含义，是沿袭前苏联刑事诉讼法的做法③，仅仅具有法律条文上的章节界分功能，并无其他意义。这种区分在某种意义上甚至可能造成理解和运用上一定的混乱。诸如勘验、检查等保全证据的手段在起诉和审判阶段也可能会使用，那么，这些手段既不属于强制性措施，也不属于强制措施的范畴，究竟属于什么性质的行为

---

① 陈瑞华：《刑事诉讼的前沿问题》，中国人民大学出版社2000年版，第5页。

② 徐静村主编：《刑事诉讼法学》（上），法律出版社1999年版，第235页。

③ 前苏联刑事诉讼法中也有类似于强制性措施的称呼“强制方法”，“强制方法”是刑事诉讼法律规定的，在刑事诉讼范围内，按照法律赋予该项权力的公职人员和国家机关对刑事被告人（犯罪嫌疑人）以及其他人员所采取的一种带有强制性的手段，其目的是为了防止和消除妨碍顺利完成对刑事案件所进行的侦查和审判工作以及其他各项刑事诉讼任务的不法活动。根据采取刑事诉讼强制方法的不同目的可以分为下列各组：1. 强制处分；2. 为了取得证据而采取的措施（提取、搜查、检验、为了进行比较研究而索取样品，为了住院检查将刑事被告人送进精神病医疗机构）；3. 为了保证刑事判决中物质惩罚部分的执行而采取的措施（扣押财产）；4. 为了保证侦查机关和法院所传唤的人员到场和遵守审判秩序而采取的措施（必须遵照传唤到场和告知变更住址、传讯、责令退出法庭、对违反法庭秩序和不服从审判长的指令所实行的罚款）。强制处分是刑事诉讼强制方法的一种形式，这种强制方法是在具有法律规定的根据时，由调查人员、侦查员、检察长和法院对刑事被告人（犯罪嫌疑人、受审人以及受刑事判决发生法律效力前的被判刑人）采取的，其目的是为了消除他们逃避调查、侦查和审判的可能性，消除他们妨碍判明案件真相或者继续进行犯罪活动的可能性，以及为了保证刑事判决的执行。[前苏联] 蒂里切夫：《苏维埃刑事诉讼》，张仲麟译，法律出版社1984年版，第189～190页。

呢？我们认为，有必要将强制措施和强制性措施两个概念统一起来，刑事诉讼法中不再区分强制措施和强制性措施。基于程序目的指向上的一致性，将保全证据的搜查、扣押、勘验、检查等对物的强制性处分措施以及监听、采样等对隐私的强制性干预措施统统纳入强制措施的序列中加以规定，重新依据是否侵害公民基本权利来界定强制措施的概念，有利于避免法条上和理论上所面临的这种困境。

（2）刑事强制措施与刑事强制处分

日本、前苏联和我国台湾地区诉讼理论中采用了“强制处分”一词。但是，我国台湾地区诉讼理论中的强制处分概念与我国目前刑事诉讼法中的强制措施不是在同一个意义上来使用的。台湾学者林山田教授认为，强制处分是在刑事程序中，刑事追诉机关或者审判机关为了探索犯罪事实或者保全刑事证据，确保刑事程序的顺利进行，使用限制或者剥夺基本自由或者权利的强制手段，而对犯罪嫌疑人、被告或者其他诉讼关系人，以及与犯罪有关之物或者通讯所为的强制措施。[①] 蔡墩铭教授认为，在刑事诉讼，为获得或者保全证据或者确保被告的到场，需有各种强制力的行使，对于含有强制力行使之要素的处分，一般称之为强制处分，惟所谓强制力包括甚广，其不但指直接施以物理力，如搜查；而且使对方负有行为之法律义务，也包括在内，例如传唤。[②] 柯耀程教授在新近从“排除障碍”的角度提出新的界定，认为强制处分，系指刑事诉讼程序中，侦查机关、审判机关或者执行机关为了达成程序任务、排除程序阻碍而为的强制措施，且此种强制措施乃是对于人民基本权利的

① 林山田：《刑事程序法》，台湾地区五南图书出版有限公司 2001 年版，第 253～256 页。

② 蔡墩铭：《刑事诉讼法论》，台湾地区五南图书出版有限公司 1999 年版，第 155 页。

限制与干预。[①] 在具体探讨刑事强制处分问题时，学者们一般均将传唤、拘提（拘传）、逮捕、羁押、提出命令、搜索（搜查）、扣押、身体检查、盘查等等作为其外延范围，一起加以研究。[②] 学者翁玉荣指出，强制处分，可区分为广义和狭义，后者专指直接对人或物为排除可能之反抗或妨害所实施之强制处分，专以强制为目的，如拘提、羁押、搜索或扣押均属之；前者，则除狭义强制处分外，尚包括具有强制性质之调查证据在内，如勘验等。[③] 由此可见，台湾学界实际上沿袭了大陆法系德国法的传统，一以贯之地在其意义上使用强制处分的概念，该概念的内涵和外延大于我国现行刑事诉讼法意义上的强制措施，但是，和我们在上文中所界定的强制措施内涵与外延基本一致。

（3）强制措施与强制侦查

根据侦查行为是否以相对人自愿配合为前提，可以将侦查行为分为强制侦查与任意侦查。任意侦查是指不采用强制手段，不对相对人的生活权益强制性地造成损害，而由相对人自愿配合的侦查。常见的任意侦查方法，主要有要求被疑人或被疑人以外的人到场并对他进行调查，要求某人前往一定场所，获得被疑人或其他人自愿提出的书面材料，委托鉴定、口译和笔译，要求公务机关或公私团体提出有关事项的报告，留存被丢弃的物品或由所有人、持有人及保管人自愿提出的物品等。强制侦查则指为了收集或保全犯罪证

① 此种强制处分的概念，是由柯耀程教授在台湾中正大学所讲授的2001年度“刑事诉讼法专题研究”的课程中首先提出的，此一概念十分注重强制处分的目的指向，亦即强制处分存在的目的是为了排除程序阻碍，若没有阻碍，强制处分即不应该发动。陈姝桦：《强制处分权分配构想之建构——以被告为中心》，台湾中正大学法律学研究所硕士论文（2002），第6页。

② 柯庆贤：《刑事强制处分》，台湾地区三民书局2002年版；林钰雄：《刑事诉讼法》（上册 总论编），中国人民大学出版社2005年版，第241～337页。王兆鹏：《刑事诉讼讲义》（一），台湾地区元照出版公司2003年版，第22～24页。

③ 翁玉荣：《实用刑事诉讼法》（上），台湾地区元照出版公司2002年版，第240页。

据、查获犯罪嫌疑人而通过强制方法对相对人进行的侦查，如强制到案（拘留、逮捕）、搜查、扣押、监听、强制提取体液等。[①] 日本学者田口守一认为，根据侦查措施是否侵犯公民个人的重要利益为标准，“使用强制措施的侦查叫做强制侦查，不使用强制措施的侦查叫任意侦查。”[②]

由上可知，强制措施相比强制侦查，属更为基础性的概念，在侦查阶段使用强制措施，保全犯罪证据、查获犯罪嫌疑人的手段，可以称其为强制侦查，但其范围仅仅局限于侦查阶段，在起诉、审判过程中所适用的羁押、勘验、检查等强制手段则不再属于其范畴。所以，强制侦查的概念建立在强制措施基础之上，其范围小于强制措施的概念，二者并不等同。

此外，强制措施与侦查（当然包括强制侦查）有着不同的目的指向。如果将刑事诉讼看作一种认知程序的话，显然，侦查程序与起诉、审判程序一样，均属于其中重要一环。所以，脱离认知目的的侦查程序，则不能称其为刑事侦查程序。但是，认知程序应以不影响被追诉者的日常生活的进行为前提。侦查程序并不是“预审程序”，侦查程序更不是“检察官的审判程序”，侦查程序只不过是“法院开始程序之前的一种过滤程序”罢了。简而言之，侦查程序的目的乃是对于案情为调查而探求是否存在有提起公诉的足够理由。[③] 侦查程序的附带目的，才是为了而后未来的法院审判程序作准备，例如保全证据或者保全犯罪嫌疑人不为逃脱。但是，总而言之，这并不是侦查程序的“现时的、本体的、主要的目的”。[④]刑事强制措施以保全证据和保全行为人（不仅仅包括被追诉者）为手段，来排除刑事程序中的障碍。诸如羁押等强制措施如果说是与刑事追诉目的有关，也只能说其是“附带目的”，他绝对不是认

---

① 孙长永：《侦查程序与人权》，中国方正出版社 2000 年版，第 24 页。
② ［日］田口守一：《刑事诉讼法》，刘迪等译，法律出版社 2000 年版，第 28 页。
③ 陈志龙：《检察官与羁押犯嫌》，载《宪政时代》第 21 卷第 2 期。
④ 同③。

知程序的主要目的，更不容许以羁押为侦查的手段。羁押只能作为防止侵害侦查的一种“消极”侦查目的，但毕竟侦查的目的系“积极的”去收集证据、调查证据，所以二者性质并不相同。①

（二）刑事强制措施正当性释义

1. 正当性（legitimacy）

正当、正当性和正当化有着紧密的关系。正当是理解正当性和正当化的前提。“正当”一词原属于道德范畴，它是对人的行为所做出的价值判断。伦理学上一般认为，正当是社会的应该，是“基于社会需要、目标而形成的社会领域的善，而其客体则必须是人的行为。”②“正当”一词同“应当”不同。“正当”作为一种评价性意见是表示同意、赞许、认可的意思，而不带有像“应当”那样通常所包含的命令或要求的意思。如果说正当是主体对自身或他人行为和关系的评价，那么，正当性则是指主体行为或主体之间关系的一种属性（性质）。学者们常常在多个含义上使用正当性一语，诸如合法性、合理性、正确性等。正当化则把主体的正当要求外化为明确的权利和义务规则。正当化是正当性的前提和基础，即任何一种利益关系，只有经过正当化之后，它才具有正当性。正当性是正当化的结果。任何一种利益，只有被正当化之后才是正当的。

如果仅仅局限于作为一项社会制度的法律范畴内，西塞罗、阿奎那等古代哲学家将制定法的正当性归结为对自然理性、自然法的遵从。西塞罗在《法律篇》中写道：“法律是根植于自然的、指挥应然行为并禁止相反行为的最高理性……这一理性，当它在人类意识中牢固确定并完全展开后，就是法律。”③ 德国法学家施塔姆勒在其《正当法的理论》一书中主张，法律的目标应是实现当时当

① 陈志龙：《检察官与羁押犯嫌》，载《宪政时代》第21卷第2期。

② 王海明：《新伦理学》，商务印书馆2002年版，第41页。

③ ［古罗马］西塞罗：《国家篇 法律篇》，沈叔平、苏力译，商务印书馆1999年版，第22页。

地的社会理想，这一社会理想就是“意志自由的人们的社会”，为此，它提出了正当法的四项原则：（1）个人意志的内容绝不应被迫服从他人的专断的愿望；（2）任何法律的制定和实施都不能使被限制的人丧失自我尊重的人格；（3）负有法律义务的人绝不能被专横地排除出法制社会；（4）法所承认的对权力的安排和实施，只有在不使受影响的人丧失自我尊重的人格时才是有效的。前两个原则被他称为“尊重原则”，后两个被称为“参与原则”。[①] 法国学者让·马克·夸克在正当性的意义上论及合法性，他指出，“最通俗地讲，合法性是对被统治者与统治者关系的评价，它是政治权力和其遵从者证明自身合法性的过程。它是对统治权力的认可，这种认可是建立在一系列条件基础之上的，而这种条件主要与认同、价值观及同一性和法律有关。它也对政治权力的行使和作用在责任感和社会化方面产生了一些约束。如果上述因素能够很好地结合，那么政府在制定规章制度的时候，合法性带来的将不仅仅是秩序和效率，还有司法的公正。”[②] 根据日本学者谷口安平的解释，合法性应当等同于“正统性”或者说“正当性”，它是指人们将某物、某行为过程及其结果作为正当的东西而加以承认或接受的属性，其内在根据不仅仅局限于法律，而是“随时代发展的变化而变化”。[③] 也就是说，作为正当性意义上的“合法性”不等于法律有效性（legality），“如果说法律有效性是合法性一个公认因素的话，法律有效性，在任何意义上，都不可能是合法性的全部。权力合法性或正当性的纠纷，不仅仅是关于某人合法地拥有什么权利或有权做什么的纠纷；它们也涉及有关法律本身是否正当及其是否与可理性地辩护的道德或政治原则想契合的争论。……它们关切的是法律自身

① 张文显：《二十世纪西方法哲学思潮研究》，法律出版社 1996 年版，第 162 页。

② ［法］让·马克·夸克：《合法性与政治》，佟心平等译，中央编译出版社 2002 年版，第 25 页。

③ ［日］谷口安平：《程序的正义与诉讼》，王亚新、刘荣军译，中国政法大学出版社 1996 年版，第 10 页。

的正当性。是法律应当而不是实际规定了什么，才是合法性的核心所在。”①

我们认为，上述经典阐述都有其一定的道理之所在，但是绝对不能简单地将正当性等同于合法性、合理性和正确性。正当性是对主体行为或主体之间关系的一种属性的阐释，表达的是正义的应然状态，它蕴涵着一定的价值评判标准；合理性说明的仅仅是正义的外观形态；合法性则要求实现正义既必须满足实在法的要求。尽管如此，有一点必须认同的是，任何一项法律制度的正当性的评价标准绝对不能突破人类最低限度的正义要求。针对这一最低标准，美国法学家博登海默曾指出，这些自然正义必须从人的生理构造（如生理需要要求人吃一定量的食物和有一定量的睡眠；人的本能使人具有性欲等）、人类所共有的心理特征（即心理需要，如生命健康、身体的完整、人格的尊严、诚信要求等）和人性的理智部分（知性能力）中去寻找。② 由这些基本的人性需求所衍生的最低限度正义要求“独立于实在法制订者的意志而存在，并且需要在任何可行的社会秩序中予以承认”。也就是说，不管一个国家的发达程度如何，其基本法律制度必须满足这些最基本的正义要求。上文所述及的德国法学家施塔姆勒所提出的尊重原则和参与原则实际上都蕴涵于上述标准之中。

2. 刑事强制措施制度的正当性

英国学者迈克尔·欧克肖特指出，一个制度的正当性，从理论上可以有两个途径得到证明：其一为制度形态的正当性证明，即通过证明人为构建对现实制度的符合而使其获得正当性，也就是通过合法性来证明正当性；其二为价值形态的正当性证明，即通过证明人为构建对信仰或者价值体系的符合而使其获得正当性，也就是通

① ［英］大卫·边沁：《通过社会科学的合法性概念》，载高鸿钧主编.《清华法治论衡》（第二辑），清华大学出版社 2002 年版，第 95 页。

② ［美］博登海默：《法理学 法律哲学与法律方法》，邓正来译，中国政法大学出版社 1999 年版，第 273～278 页。

过符合目的性来证明正当性。① 但是，在某些情况之下，制度形态的正当性证明往往是不够的，需要从价值上来证明一个制度的正当与否。因为，人为建构的现实制度本身可能还需要来证明其正当性，如果说现实制度本身就不具有正当性，依其为标准，所证明的对象也不符合价值形态的正当性。能够证明一种制度正当性的是一个时代人类所具有的信仰或者价值体系，当然，这种信仰或者价值体系也应当符合自然法或者人类理性的要求。

对于刑事强制措施这一具体制度而言，探讨它的正当性基础，也不能仅仅从刑事诉讼乃至整个法律框架内入手，而应当从价值判断角度切入，并且将其放在不同的层面才能明确它的正当性。

刑事强制措施首先是作为刑事诉讼程序中的重要组成部分，但是，刑事诉讼活动也只不过是社会大循环中的一个子系统，而不是人类社会活动的全部。刑事强制措施与其他诉讼制度一起必须有助于实现刑事程序的社会价值。也就是说，由于刑事强制措施制度不仅与被追诉者的生活息息相关，而且与被追诉者的利害关系人的生活密切联系，在刑事诉讼活动中，适用刑事强制措施时，应当尽量不损害社会生活其他方面的正常运作。从这一角度，可以体现刑事强制措施在社会意义层面上的正当性。

在法律制度层面，刑事强制措施涉及两个最为基本的法律范畴，即权力和权利。国家权力运用是否理性往往体现刑事强制措施制度本身是否具有正当性，同时，这一正当性也反射到刑事强制措施作用的对象上，或者说，从被处分对象上也可以反映刑事强制措施是否具有正当性，那就是强制措施实施对象的权利被限制是否得当。换言之，从刑事强制措施实施过程中的法律关系调整中，刑事强制措施的实施者与被处分者之间的利益关系的协调是否恰当也是体现刑事强制措施正当性的标志。

---

① ［英］迈克尔·欧克肖特：《政治中的理性主义》，张汝伦译，上海译文出版社2003年版，第72页。

但是，不容忽略的是，刑事强制措施毕竟属于刑事诉讼中重要的程序机制。正当程序的法律标准必须体现在刑事强制措施制度上，尽管正当法律程序的标准仁者见仁，智者见智，但是最为基本的程序和平性、参与性、公平性、人道性、及时性、终结性等特征，是任何符合理性的程序制度必须体现的。当然，刑事诉讼中的每一个具体制度体现正当程序的方式不大一样，或者说表现方式不同，蕴涵的正当性要素不同。那么，本书的主要任务就是具体分析刑事强制措施制度中应当体现的那些具体的正当化要素。

小结

我国刑事诉讼法人为地将 5 种限制或剥夺其人身自由的手段规定为刑事强制措施，这种概念的界分缺乏科学性，不利于相关研究的深入。“强制措施”实际上是与“任意措施”相对应的概念。只有将被处分人的重要权利，即宪法权利（或者说是基本权利、基本权）是否受到侵犯作为界定强制措施和任意措施的标准，才能使得强制措施与基本宪法权利联系在一起，揭示强制措施的本质和正当化标准。依据此标准，可以将刑事强制措施大致分为对人身权的强制措施、对财产权的强制措施、对隐私权的强制措施、对职业利益的强制措施 4 种。

此外，有必要将强制措施和强制性措施两个概念统一起来，刑事诉讼法中不再区分强制措施和强制性措施。基于目的指向上的一致性，将以保全证据为目的的搜查、扣押、勘验、检查等对物、隐私的强制性措施均纳入强制措施的序列中加以规定，重新依据是否侵害公民基本权利来界定强制措施的概念，有利于避免法条上和理论上所面临的这种困境。我国台湾学界实际上沿袭了大陆法系德国法的传统，一以贯之地在其意义上使用强制处分的概念，该概念的内涵和外延大于我国现行刑事诉讼法意义上的强制措施。

刑事强制措施相比强制侦查，属更为基础性的概念，在侦查阶段使用强制措施，保全犯罪证据、查获犯罪嫌疑人的手段，可以称其为强制侦查，但其范围仅仅局限于侦查阶段，在起诉、审判过程中所适用的羁押、勘验、检查等强制手段则不再属于其范畴。强制措施与侦查（当然包括强制侦查）有着不同的目的指向。如果将刑事诉讼看作一种认知程序的话，显然，侦查程序与起诉、审判程序一样，均属于其中重要一环。刑事强制措施则是以保全证据和保全行为人（不仅仅包括被追诉者）为手段，来排除刑事程序中的障碍。如果说刑事强制措施与刑事追诉目的有关，也只能认为其是“附带目的”，它绝对不是认知程序的主要目的。

探讨刑事强制措施的正当性基础，不能仅仅从刑事诉讼乃至整个法律框架内入手，而应当从价值判断角度切入，必须将其放在不同的层面明确它的正当性。在社会意义层面上，在刑事诉讼活动中，适用刑事强制措施时，应当尽量不损害社会生活其他方面的正常运作。在法律制度层面，刑事强制措施的实施者与被处分者之间的利益关系的协调是否恰当也是体现刑事强制措施正当性的标志。此外，正当程序的法律标准必须体现在刑事强制措施制度上。

第一章　刑事强制措施正当性的理论基础

第一节　刑事强制措施的根据

“根据”一词从哲学的角度来说，“是决定事物存在、发展的内部原因，是事物内部固有的根本矛盾，事物运动的根源”①。所谓刑事强制措施的根据，也就是国家为什么拥有强制处分权，能够对一个只有犯罪嫌疑的公民实施刑事强制措施，限制或者剥夺其人身权、财产权、隐私权等基本权益。与刑事强制措施的目的和价值相比，刑事强制措施的根据强调刑事强制措施存在与发动的本因，侧重于其客观基础；而目的论与价值论则更强调主体对刑事强制措施的认知，侧重于其主观评价。一般认为，国家对不遵守社会契约——法律——的有罪之人实施剥夺其生命权、限制或者剥夺自由权、财产权等基本权益的刑罚手段，是为了报应犯罪人或者预防犯罪的再次发生。那么，刑事强制措施的根据与刑罚的根据有何区别呢？某种意义上，刑罚权力和强制措施权有着类似的根基，那就是国家实现统治、维护秩序、实现国家职能的需要。但是，必须注意的是，国家拥有强制处分权，是为了通过维护诉讼内的秩序，保障诉讼的安定性而间接实现社会秩序。从被追诉者角度而言，被追诉者自身因为被嫌疑而应承担的忍受义务则是强制措施存在的另外一个根据。

① 夏征农主编：《大辞海·哲学卷》，上海辞书出版社2003年版，第117页。

一、社会秩序维护的需要

“人类社会的产生和发展离不开秩序，对于一个社会共同体来说，一个稳定和谐的社会秩序是这个共同体及其每一个成员生存与发展的必要前提。任何社会都是在一定的秩序轨迹上运行着，各种社会形态的变迁与更替，归根结底是人们对社会秩序所作的一种自觉的或强制的调整和创新。”① 恩格斯在《家庭、私有制和国家的起源》中指出：“这个社会陷入了不可解决的自我矛盾，分裂为不可调和的对立面而又无力摆脱这些对立面。而为了使这些经济利益互相冲突的阶级，不致在无谓的斗争中把自己和社会消灭，就需要有一种表面上凌驾于社会之上的力量，这种力量应当缓和冲突，把冲突保持在‘秩序’的范围以内；这种从社会中产生又自居于社会之上并且同社会脱离的力量，就是国家。”②从这个意义上讲，国家为了统治的需要、国家职能的实现，必须为社会提供稳定、和谐的社会秩序。③ 按照启蒙思想家的观点，国家一旦产生了，它就可以利用自然状态下的个体们基于契约转让给它的权力而进行政治管理活动了。也就是说，公民基于契约而转让给国家的权力是国家政治管理活动正当性的基础。国家权力主要通过立法、行政执法、司法活动而实现。国家的公共管理活动主要为了达成和谐、稳定的社会秩序。这种管理不仅仅包括合理地分配社会个体之间的利益，而且包括在利益出现争端时，为防止私力救济将已经破坏的社会秩序进一步破坏，而采用诉讼的方式来解决纠纷。在出现严重的危害

---

① 赵晖：《社会秩序供给：政府基本职能的学理分析》，载《湖南社会科学》2004 年第 6 期。

② 《马克思恩格斯选集》(第 4 卷)，人民出版社 1995 年版，第 170 页。

③ 马克斯·韦伯曾指出，“国家”的基本功能包括法律的制定（立法功能）；保护个人和公共秩序（警察）；对已授予的权利之保护（司法行政）；卫生，教育，社会福利和其他文化利益（行政的各个部门），以及有组织地抵御外部侵略（军事行政）。[德] 马克斯·韦伯：《论经济与社会中的法律》，张乃根译，中国大百科全书出版社 1998 年版，第 343 页。

社会秩序的犯罪行为时，国家主动追究犯罪人的刑事责任。国家通过对有罪之人实施刑罚，达到保护社会秩序的目的。可以说，刑罚是一种权力，是达到保护社会秩序之目的的手段、工具。但是，国家刑罚权的实现，必须通过每一个具体的诉讼活动。在每一个诉讼活动中，司法机关若不能准确地实现刑罚权，社会秩序的维护将流于空谈。为了保障刑事诉讼程序的顺利展开，排除诉讼中可能遇到的障碍——（基于趋利避害的本能）行为人逃避诉讼的障碍和（行为人可能阻碍证据的获取所导致的）案件事实不能恢复的障碍，立法必须赋予司法机关一定的强制措施权。从某种意义上来讲，司法机关实施刑事强制措施最为直接的目的就是维护诉讼秩序，保证诉讼的和平性和安定性，但是，这种诉讼制度的维护最终是为了保障准确地实现国家刑罚权，完成刑事诉讼的任务，从间接角度来看，国家设置刑事强制措施制度的初衷是，为了使被破坏的社会秩序得以恢复到正常状态。

二、被追诉者的忍受义务

美国实用主义哲学家杜威曾言："社会由个人合成，这个明显的和基本的事实，是无论怎样自命新颖的哲学家也不能疑惑或变更的。从此产生了三种见解：社会必须为个人而存在，或个人必须遵奉社会为它所设定的各种目的和生活方法，或社会和个人是相关的有机的，社会需要个人的效用和从属，而同时亦要为服务于个人而存在。"[①] 第三种见解体现了社会与个人之间的紧密关系。但是，社会与个人之间会存在这样或者那样的矛盾。因为"没有一个人为了公共利益将自己的那份自由毫无代价地捐赠出来，这只是浪漫的空想。只要可能，我们当中的每一个人都希望约束别人的公约，

① ［美］杜威：《哲学的改造》，许崇清译，商务印书馆1958年版，第100页。

不要约束我们自己，都希望成为世界上一切组合的中心。”① 个人违背社会为其设定的各种目的和生活方法，可以说是人类社会中常见的现象。那么，当个人破坏作为社会契约的法律，尤其是受到刑事追诉或者被判处刑罚之后，个人可能对社会上的其他个体需要承担法律所施加的一定忍受强制措施和刑罚的义务。这种义务可以被视为刑事强制措施存在的第二个根据。

具体而言，忍受义务是指犯罪嫌疑人、被告人容忍司法机关对其实施的为了保全犯罪行为人和犯罪事实的限制、剥夺人身自由等基本权益的刑事强制措施的诉讼义务。忍受义务包括在以拘束犯罪嫌疑人、被告人并保全程序为目的的拘留、逮捕、羁押时的忍受义务，也包括在以取得并保全证据为目的的讯问、抽血检测、采集毛发等处分中的忍受义务。忍受义务的主体只能是犯罪嫌疑人、被告人，而对于普通公民包括证人和被害人，司法机关不得实施上述强制处分手段。这种忍受义务是刑事被追诉者诸多诉讼义务中的一种②。由忍受义务还可能延伸出被告人的出庭义务以及被告人的对质义务。忍受义务往往被视为犯罪嫌疑人、被告人的基本诉讼义务。没有犯罪嫌疑人、被告人忍受义务的存在，司法机关的刑事诉讼活动往往无从展开。

从诉讼角度而言，被追诉者的忍受义务之所以存在，是因为诉讼和平性的需要和诉讼效率的需要。首先，诉讼程序本身就是和平、理智地解决纠纷的媒介。如果任被追诉者自由的实施破坏诉讼的活动，可能让诉讼活动依旧充满暴力和凶险。这恰恰与诉讼本身的和平性和安定性相违背。其次，诉讼必须及时的解决，刑罚必须及时附着于犯罪者之上。为了准确惩罚犯罪、保障无辜者不受追

① ［意］贝卡里亚：《论犯罪与刑罚》，黄风译，中国大百科全书出版社 1993 年版，第 8 页。

② 林钰雄教授认为，“被告权利和义务的权衡，可以说是刑事程序两大目的，也就是法治程序与真实发现的交互作用的产物”。林钰雄：《刑事诉讼法》（上册　总论编），中国人民大学出版社 2005 年版，第 134 页。

究，司法机关必须在法定的诉讼期间内，投入大量的人力、物力、财力，付出高昂的诉讼成本。如果没有被追诉者忍受义务的存在，任由被追诉者破坏证据，可能诉讼中的争端始终得不到解决，被犯罪所破坏的法律关系始终无法恢复正常状态。因此，至少在人类社会的现阶段，司法机关尚无法抛开被追诉者来实现恢复法律秩序的任务。那么，被追诉者的容忍义务的存在就有其正当性。

国家既是所有社会暴力的垄断者，又是不得使用暴力的保证者，同时，本身也是某些法律纷争和诉讼程序中的一方当事人。[①]这里的“某些法律纷争”主要指行政诉讼和刑事诉讼，在这些诉讼中，国家可能对另一方当事人给予不公正的对待。丹宁勋爵也曾指出，“在一个自由而安全的社会秩序中，倘若一个正直的人可以受到杀人犯或盗贼的侵害，那么他的人身自由就分文不值了。每一社会均有保护本身不受犯罪分子危害的手段。社会必须有权逮捕、搜查、监禁那些不法分子。只要这种权力运用适当，这些手段都是自由的保卫者。但是这种权力也可能被滥用。而假如它被人滥用，那么任何暴政都要甘拜下风”。[②]贝卡里亚提出类似的观点，他认为，“就社会自身的安全来说，同样违背其宗旨的一个错误是：允许执行法律的官员任意监禁公民，允许他根据微不足道的借口剥夺某个私敌的自由，或者无视最明显的犯罪嫌疑，使他的朋友不受处罚”[③]。因此，尽管我们认为，国家实施刑事强制措施的权力有其内在根据，但是，这并不意味着任何刑事强制措施行为都是正当的，尤其是借“维护社会秩序”、“被追诉者的忍受义务”之名而对犯罪嫌疑人、被告人毫无限制地任意施用强制措施，可能走向了

---

① ［斯洛文尼亚］卜思天·M·儒攀基奇：《刑法——刑罚理念批判》，何慧新等译，中国政法大学出版社2002年版，第225页。

② ［英］丹宁：《法律的正当程序》，李克强等译，群众出版社1984年版，第86页。

③ ［意］贝卡里亚：《论犯罪与刑罚》，黄风译，中国大百科全书出版社1993年版，第17页。

正当性的反面。国家究竟能在怎样的范围内通过刑事强制措施维护社会秩序，被追诉者在怎样的条件和幅度下对强制措施有忍受义务，还需要我们对刑事强制措施本身及其正当性基础进行深入的分析。

第二节 刑事强制措施之本质

我国学界通说认为，刑事强制措施是指公、检、法机关为了保障诉讼的顺利进行，依法对犯罪嫌疑人、被告人所采取的在一定期限内限制或剥夺其人身自由的法定强制方法。① 此概念在一定程度上阐释了刑事强制措施的本质所在，但欠缺准确性和科学性。刑事强制措施的本质是以程序保障为目的的实体处分（实体权利的干预措施）。但实体处分绝非目的，而是不得已的手段而已。“程序保障”与“实体处分”二要素缺一不可，前者构成对后者的目的限制，后者是前者的手段规定。我国台湾地区学者林山田认为，“强制处分乃刑事程序中，刑事追诉机关或审判机关为了探索犯罪事实或保全刑事证据，确保刑事程序之顺利进行，使用限制或剥夺基本自由或权利之强制手段，而对犯罪嫌疑人、被告或其他诉讼关系人，以及与犯罪有关之物或通讯所为之强制措施”。② 由此可见，刑事强制措施是程序保障目的与实体处分手段二者的统一。

一、程序保障的目的

刑事强制措施的发动与实施，并非刑事诉讼中的必经步骤。也就是说，刑事诉讼活动中并非绝对、必定要发动刑事强制措施。刑事强制措施本身只不过是一种手段，而运用这种手段则是为了达成某种目的。刑事强制措施的发动与实施，都应指向其所欲达成的目

① 陈光中主编：《刑事诉讼法学》（新编），中国政法大学出版社 1996 年版，第 202 页；徐静村主编：《刑事诉讼法学》（上），法律出版社 1997 年版，第 203 页。

② 林山田：《刑事程序法》，台湾地区五南图书出版有限公司 2000 版，第 253 ~ 256 页。

的，那就是刑事强制措施的目的指向，若没有目的的存在，刑事强制措施的手段就不应该发动，否则就构成刑事强制措施的滥用。

刑事强制措施究竟因何种目的而发动与实施？这是思考刑事强制措施正当性的前提，不同的目的指向将导致不同的制度设置，影响其在整个刑事诉讼活动中的功能发挥。对此问题，我国大陆学界观点不尽一致。有的学者认为，刑事强制措施的目的是为了防止出现危害诉讼的行为①；另有学者上升到刑事诉讼目的上，认为其具有犯罪控制、人权保障之双重目的②；还有学者认为，教育、惩罚也是其目的之一③。笼统地认为刑事强制措施的目的是犯罪控制、人权保障，实际上未将强制措施与其他刑事诉讼制度的目的予以区分；认为强制措施兼具防止危害社会行为、惩罚、教育目的的观点，则脱离了刑事诉讼程序本身，将强制措施的应有功能与实有功能、附带效应加以混同，上述观点都无法准确揭示刑事强制措施的目的指向。我国多数台湾学者从正面观察刑事强制措施的目的，认为刑事强制措施是国家机关追诉犯罪时，为保全被告或搜集、保全证据的必要，而对受处分人施加的强制手段。刑事强制措施的目的，不外乎“保全被告”，如拘传、通缉等，以及“搜集、保全证

---

① 例如，有学者指出，刑事强制措施的主要目的在于防止犯罪嫌疑人、被告人逃跑、自杀、串供、毁灭证据、伪造证据、转移赃款赃物，保障侦查、起诉和审判活动的顺利进行；同时也是为了防止犯罪嫌疑人、被告人继续实施新的犯罪或其他危害社会的行为。孙长永：《比较法视野中的刑事强制措施》，载《法学研究》2005 年第 1 期。

② “在强制措施的行使过程中，存在两种不同利益需求：一是有效地追诉犯罪，以维持社会安全；二是保障犯罪嫌疑人和其他相对人的自由和权利。……强制措施制度的程序设计，则要求在不同的日的追求过程中寻求平衡。”孙连钟：《刑事强制措施研究》，知识产权出版社 2007 年版，第 35 页。

③ 李忠诚：《刑事强制措施功能研究》，载《法制与社会发展》2002 年第 5 期；王新举：《刑事强制措施是对已有证据的惩罚》，载《北京政法职业学院学报》2008 年第 4 期。

据”，如搜查、扣押，有些强制措施则可能同时具备以上两种的目的。① 少数学者从反面进行分析，认为，强制处分的目的在于“排除阻碍”，就因为强制处分具有强烈的目的指向，因此，无阻碍，便无强制处分。具体而言，由于刑事诉讼程序，是因案件的存在而推动诉讼程序的流程，案件首先存在于侦查程序中，之后，若检察官起诉，则案件随之进入审判程序之中，由于在刑事诉讼程序，乃是因有案件，才促使侦查、审判、执行程序一一展开，没有案件，即没有程序，因而在讨论程序所遇到的阻碍时，不能忽略案件在程序中的地位。由于案件包括了“行为人”与“犯罪事实”两部分，在分析程序中所面临的阻碍后，可知阻碍有一部分即是由“行为人”所引起的，而另一部分则是由“犯罪事实”所引起的。以“因犯罪事实所引起的阻碍”而言，侦查的任务在于搜集、保全证据，以厘清犯罪事实，在侦查程序中当证据不足导致无法厘清犯罪事实时，侦查就产生阻碍，而需动用强制处分加以排除，此种阻碍，就是因犯罪事实所引起的阻碍。另外，就“因行为人所引起的阻碍”而言，侦查的另一任务在于确认人别，当嫌疑人的人别无法确认时，侦查也产生阻碍。此外，审判程序中，被告需到庭，当被告不到庭时，审判就无法合法地进行，审判便产生了阻碍，而也需动用强制处分加以排除，以上这些阻碍就是“因行为人所引起的阻碍”，因此，虽说强制处分的目的在于排除阻碍，但可以更具体地说，强制处分的目的，在于排除“因行为人所引起的阻碍”与“因犯罪事实所引起的阻碍”。②

不论从正面角度来看待刑事强制措施的目的，将刑事强制措施视为搜集、保全证据、保全被告人的手段，抑或从反面分析刑事强

---

① 蔡墩铭：《刑事诉讼法论》，台湾地区五南图书出版有限公司 1999 年版，第 155 页；林钰雄：《刑事诉讼法》（上册　总论编），中国人民大学出版社 2005 年版，第 224 ~ 225 页。

② 陈姝桦：《强制处分权分配构想之建构——以被告为中心》，台湾中正大学法律学研究所硕士论文（2002），第 16 ~ 17 页。

制措施目的，认为刑事强制措施是为了“排除妨碍”而发动与实施，最终归结起来，均系为了保障诉讼程序的顺利进行。不过二者都涉及一个关键问题，那就是，刑事强制措施究竟应当从积极的角度来追求刑罚权的确认，还是只能从消极层面来保障诉讼顺利进行？我们更倾向于后一种观点，作为一种刑事强制措施的实施，不到万不得已的情形之下，不能主动去实施，特别是中立的裁判机关，更应当审慎行之。毕竟，诸如羁押等刑事强制措施虽然说是与刑事追诉目的有关，也只能说其是“附带目的”，它绝对不是刑事认知程序的主要目的，更不容许以羁押为侦查的手段。羁押只能作为防止侵害侦查的一种“消极”侦查目的，但毕竟侦查的目的系“积极地”去收集证据、调查证据，所以刑事强制措施与侦查、起诉、审判程序的法律性质并不相同。①

在我们看来，刑事强制措施虽然与其他刑事诉讼制度一样，都是为了达成刑事诉讼目的，但是，其实现刑事诉讼目的的方式与其他诉讼制度有所差别。刑事强制措施的目的是具有层次性的。在微观层面上，刑事强制措施的直接目的表现为排除因行为人和犯罪事实所引起的妨碍，但是，刑事强制措施最终所要追求的宏观目的，则表现为诉讼程序的保障，更为准确地说，是一种以排除障碍为手段所达成的程序保障。

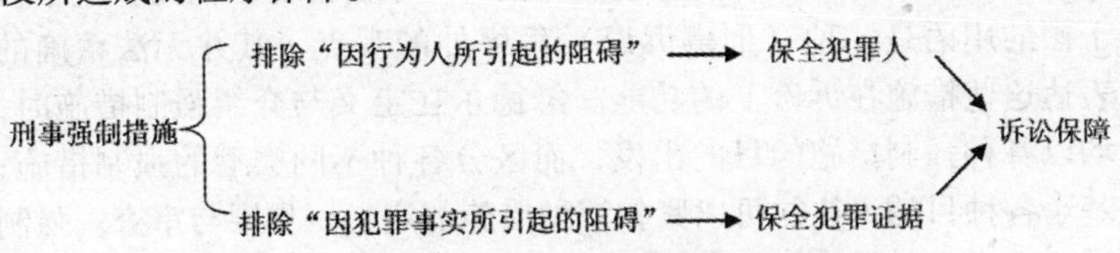

图1－1　刑事强制措施的诉讼保障目的实现图

二、实体处分（干预基本权）的手段

我国台湾学者林山田在解析刑事强制措施的概念时，指出

① 陈志龙：《检察官与羁押犯嫌》，载《宪政时代》第21卷第2期。

"强制处分系一种诉讼行为（Prozeβhandlungslehre）"，而且"强制处分乃使用强制手段之诉讼行为"，同时"强制处分乃对基本自由与权利之干预"。[①] 也就是说，刑事强制措施兼具"诉讼行为"和"基本权干预"双重属性。我们认为，刑事强制措施虽然是诉讼行为的一种，但是其本质不能仅仅定位为诉讼行为。诉讼行为，是指在诉讼的开始、进行、终结的过程中所为的各个行为，然而有学者认为这样广泛的概念，过于空泛，而认为应该将诉讼行为予以限缩，也就是说，只有依其意思引发特定诉讼效果的意思表示，才是诉讼行为，如起诉、判决、提起上诉，等等。"固然强制处分在诉讼程序上具备次第进行、并完成整个刑事程序的地位，而不失为诉讼行为之一种；然而却不能因此而忽视其在实体干预权利上的特性。"[②]

在德国，针对涉及基本权利的刑事强制措施，究竟应被称为所谓的强制措施或是基本权干预曾展开一场论争。从20世纪50年代开始，学者赖兹（Niese）就整体检讨诉讼行为论，基于强制措施的实体性质，提出"双重性质的诉讼行为"之后，即引发一系列的讨论[③]。首先，学者舒德尔（Schroeder）认为，从程序法上的功能与干预的目标来看，强制措施的用语，相较于所谓基本权干预的称谓，前者有比较好的表达意涵。其次，学者舒德尔认为，基本权干预的用语是一种（刑事诉讼）程序外的观点，其并无法精确的表达这些措施在诉讼上的功能。舒德尔在定义与介绍强制措施时，均以各种强制措施的目的出发，而区分各种不同类型的强制措施；基于各种目的，往往可以紧扣该种措施的定义、界限与审查。强制措施在多数时候并非仅存在单一目的，如羁押即同时存在确保程序

---

① 林山田：《刑事程序法》，台湾地区五南图书出版公司2000版，第253~256页。

② 李瑞敏：《论强制处分之同意》，台湾政治大学法律学研究所硕士论文（2002），第6页。

③ 林钰雄：《刑事诉讼法》（上册　总论编），中国人民大学出版社2005年版，第225页。

进行、确保日后执行以及预防犯罪等诸多目的，故仅有强制措施这样的用语与称谓，可以在一个统一的概念下，将这些多样化的功能纳入[①]。对于此种的观点，德国学者阿米朗（Amelung）则认为应该放弃强制措施的用语，而改称为“刑事诉讼上的基本权干预”。阿米朗认为，强制措施的用语并不精确，因为并非每一种刑事诉讼上的干预措施都具备身体强制的特性，诸如在监听过程中，受处分者往往无法自知，且不具备身体上的强制特性。再者，运用强制措施的用语，再加上传统以来诉讼行为论的影响，实在无法看出这些刑事措施本身的性质究竟为何，也容易忽略决定这类措施时所应遵守的法治国原则（诸如法律保留原则、比例原则，以及权利救济的赋予等等）[②]。上述的名词之争，在当代德国，为求法治国原则清楚明确、一目了然的被适用在这些干预措施中，其已几近一统地以刑事诉讼上的基本权干预（strafprozessuale Grundrechtseingriffe）的用语称之[③]。我国台湾地区有一些学者也赞同此种观点。[④]

将刑事强制措施定位为一种基本权的干预手段的意义在于，“基于其权利干预的本质、特性使然，如同一切公法上的权利干预行为，其所着重者，应从其程序、诉讼行为的迅速性，转移为干预有无授权基础、是否合于比例原则，以及事后有无救济制度等考量”。[⑤] 以事后的救济手段为例，将刑事强制措施界定为普通的诉讼行为和基本权的干预就会产生很大的区别。按照传统的诉讼行为理论，“除了法律有特别规定外，不受法院事后之审查。事实上，

---

① Schroeder, JZ 1985, S. 1028ff. 转引自李瑞敏：《论强制处分之同意》，台湾政治大学法律学研究所硕士论文（2002），第7页。

② Amelung, JZ 1987, S. 737ff. 转引自前注，李瑞敏文，第7页。

③ Lin, Yu – hsiung, Richtervorbehalt und Rechtsschutz gegen strafprozessuale Grundrechtseingriffe, 1998, S. 36ff. 转引自前注，李瑞敏文，第7页。

④ 陈志龙：《法治国检察官之侦查与检察制度》，载《台大法学论丛》第27卷第3期；林山田：《刑事程序法》，台湾地区五南图书出版公司1999年版，第244页。

⑤ 李瑞敏：《论强制处分之同意》，台湾政治大学法律学研究所硕士论文（2002），第7页。

排除法院审查，正是之所以提出诉讼行为论的根本目的，论者认为为避免诉讼拖延，诉讼行为应与本案裁判一并接受审查即可，毋庸再个别审查其适法妥当与否。就此点而言，有其立论基础，因为整个刑事诉讼程序，从侦查、起诉及审判、确定，其间可能经过数以百次计的诉讼行为，假设大大小小的诉讼行为每个都可能单独声请救济，那案件势必难以终结，更何况如果这些诉讼行为分别救济、分别审查而又分别确定，容易产生裁判矛盾的情况，因此，至少就一般的诉讼行为而言，除非法律另有考量而予救济规定，否则仅需随同本案一并为终局裁判即可。① 而按照公法的一般理论，“只要是基本权的干预，都要被法院救济”②。同样的，如果将刑事强制措施的简单的看作普通的诉讼行为之一种，那么，强制措施实施前的授权和实施过程中遵循比例原则也不是必须，反之，将刑事强制措施视为对基本权利和自由的干预，则应当与其他公法上的干预行为一样，必须遵循同样的法律要求。

因此，虽然刑事强制措施是在刑事诉讼程序中所实施，但是其所引起的后果却是对被处分人的基本权利（即宪法权利）之侵犯。③ 如同本文导论中所述，只有将被处分人的重要权利，即宪法权利（或者说是基本权利、基本权）是否受到侵犯作为界定强制措施和任意措施的标准，才能使得强制措施与基本宪法权利联系在一起，揭示强制措施的本质和正当化标准。

三、刑事程序中不得已的“恶”

刑事诉讼意义上的“案件”包含犯罪事实和犯罪人两个重要

① 林钰雄：《刑事诉讼法》（上册　总论编），中国人民大学出版社 2005 年版，第 225 页。

② 林钰雄：《以宪法之名——刑事诉讼法作为应用宪法的趋势与危机》，参见林钰雄教授 2001 年 11 月 30 日在台北大学法学系的“刑事诉讼法作为应用宪法”演讲发言稿。

③ 刑事强制措施的这一特征和刑罚、行政处罚有相似之处。因此，在刑事强制措施的实施中，应当遵循比例原则、谦抑性等刑罚适用原则。

构成要素。犯罪事实的认定与具体犯罪人的确定在理论上应是刑事程序的两大支柱，不可偏废。[①] 虽然，在理论上，刑事程序的（形式上）目的在于确认对于某行为的国家具体刑罚权的存在，但是，在实际运作上，因为刑罚实施的效果终究是归属于特定人的身上，也就是说，刑罚原则上应是施于个人身上，所以，即使诉讼程序应以行为的存在为前提而发动，但诉讼程序最终依存于特定人的"发现"与"确保"。换言之，刑事实体法的重心在于"行为"这个客观事实（即使有行为人的观念，这也是抽象的人）；反之，刑事程序的重点则在于具体"犯罪人"的存在，而由刑事（侦查与审判）程序发展至执行程序的关键，即在是否有效地利用（司法人员或陪审团）对事实的主观意思（有罪的认定）将物理性存在的事实与人结合在一起这一点之上。[②] 可见，为了达到刑事诉讼的目的，囿于国家在通过任意手段追诉犯罪上的局限性和被追诉者自我防卫的必然性，司法机关不可避免地会动用刑事强制措施。尽管刑事强制措施以保全证据和保全行为人（不仅仅包括被追诉者）为手段，来排除刑事程序中的障碍，最终确认国家刑罚权。但是，刑事强制措施所引起的人身、财产、隐私等权益的剥夺事实上构成对仅仅具有犯罪嫌疑的人的一种暂时性刑罚预期支出。

如同国家在现代社会中是必要的"恶"，刑事强制措施也是刑事诉讼活动中不得已的"恶"。众所周知，人生病后为了尽快治愈，病人不得不吃药，同时忍受药物的副作用。在刑事诉讼中，由于事实上的犯罪行为破坏了法秩序，为了确认具体案件中国家刑罚权的有无，恢复法秩序，国家不得不在诉讼产生障碍的情形下，施用以排除障碍为目的的刑事强制措施，被处分者也不得不忍受这样的剥夺基本权益的措施。当然，药物的副作用必须被控制在一定的

---

① 李茂生：《人权、侦查结构与强制处分权——由结构到解构的历程》，载《宪政时代》第 21 卷第 2 期。

② 同①。

度之内，如果药物本身可能带来一定更为严重的疾病，这种药物的存在也就没有必要了。刑事强制措施就是一剂猛药。刑事强制措施所带来的人身、财产、隐私等权益的限制与剥夺就是副作用，牺牲被追诉人的人身、财产、隐私等权益换来程序顺利进行的保障是必要的，也是正当的。但是，如果单纯为了保障强制措施目的的实现，而牺牲了与之不相称的利益，也就是说，刑事强制措施本身可能对被追诉人造成无可挽回的伤害，那么，这种强制措施本身也就失去了其存在的正当性了。

第三节　程序价值观对刑事强制措施的影响

立法者、司法者的程序价值观对于刑事程序的设计和运作有着重要的影响。在程序价值观上存在着两种相互对立的学说：一种是偏执于法律程序的功利性，强调程序对于形成好的法律或者实施实体法的有用性，主张从程序所产生的结果方面来评价其正当性，这种倾向被称为程序工具主义；另一种则偏执于法律程序的正义性，强调程序的内在道德性，主张从法律程序本身的公正性来建立其价值标准，此种倾向被称为程序本位主义或者过程中心主义。① 在不同的程序价值观的指引之下建构的刑事强制措施制度可能具备不同的品质。

一、程序工具主义视角中的刑事强制措施——兼及刑事强制措施的经济分析

传统程序工具主义主张，程序法的直接目的在于实现判决的正确性和准确性，也就是说，程序法必须有助于正确地将法律适用到已得到证明的事实上。功利主义理论的鼻祖边沁曾对绝对工具主义

---

① 陈瑞华：《走向综合性程序价值理论——贝勒斯程序正义理论述评》，载《中国社会科学》1999 年第 6 期。

程序理论做过经典的阐述："程序法的唯一正当目的，则为最大限度地实现实体法"，"程序法的最终有用性要取决于实体法的有用性……除非实体法能够实现社会的最大幸福，否则程序法就无法实现同一目的。"[①] L. M. 弗里德曼也指出，"程序仅仅是相对于一定目的的手段而已"。[②] 程序法作为所谓"附属法""助法"，只在它有助于执行实体法实现的情况下才具有善的品质，程序的目的就在于形成正确的裁判结果。正确的裁判，即对实体法的正确适用，是工具主义程序理论权衡程序价值的唯一标准。

传统程序工具主义影响下的刑事强制措施的适用，也必须为达成正确的裁决结果之目的服务。如果仅仅是为了达成裁决结果的正确，必然不能放纵任何被追诉者，因为被追诉者一旦脱离诉讼的约束，追诉的目的就可能会落空。在这一理念指引之下，拘留、逮捕、羁押等剥夺人身自由的措施必然被广泛应用，而取保候审等非羁押措施运用的比例就会很小。因为，欲使每一个被追诉者都不脱离控制，最好的办法莫过于将其全部羁押起来；同时，为了更加有力地保全证据、查明案件事实，在任意措施无法达成的情形之下，诸如搜查、扣押、监听等刑事强制措施就要被积极地、广泛地适用，而不是仅仅作为排除收集保全证据的障碍的手段。

随着程序工具主义理念的发展，美国学者波斯纳将经济效益分析方法引入法律程序研究中，他指出，最大限度地减少法律实施过程中的经济耗费是评价和设计法律程序时所应考虑的重要价值，也是司法活动所应达到的价值目标。为了实现这一价值，两种经济成本应当减少：一是直接成本，即在法律实施过程中所耗费的经济资源，包括公共成本和私人成本两部分；二是错误成本，即由于法院作出错误的裁判而发生的资源耗费。对法律程序进行经济分析的一

---

① J. Bentham, *The Principles of Judicial Procedure*, in 2 Works of J. Bentham 1, 6 (J. Bowring ed. 1838 – 1843).

② 转引自季卫东：《程序比较论》，载《比较法研究》1993 年第 1 期。

般目标在于衡量法律程序和司法活动能否最大限度地降低上述两种经济成本的总和。① 也就是说，在资源稀缺、成本有限的诉讼状态下，欲实现诉讼程序的优化，必须在满足诉讼结果合乎目的性的同时，侧重追求诉讼过程的经济性。

在程序纬度内，刑事强制措施必须为达成正确的裁决结果之目的服务，同时兼顾诉讼的效率性。但是，单就刑事强制措施本身的实体设计而言，如何实现其效率最大化呢？众所周知，刑事强制措施的适用本身所带来的既有正面效应，也有负面效应。刑事强制措施的正面效应（主要作用）系为程序保障，此目的指向应当最大化；相应地，刑事强制措施的负面效应（次要作用）主要表现在实体上对司法资源的耗费以及给被追诉者（公民权利的剥夺、限制）带来的讼累，应当尽量缩小与限制，主要表现在对非羁押手段、任意措施的扩大适用上。②

相反，如果给刑事强制措施人为地增加惩罚、教育、预防，以及其他社会治理的主观目的，必然扩大对刑事强制措施的适用范围，增加其耗费（即负效应）。同时，即使是在保全证据和保全行为人的范围内适用刑事强制措施，如果将其作为刑事认知程序的主

---

① Richard A. Posner, *An Economic Approach to Legal Procedure and Judicial Administration* ,in *The Journal of Legal Studies*, Vo l. 2, 1973, pp. 399 -400. 转引自陈瑞华：《走向综合性程序价值理论——贝勒斯程序正义理论述评》，载《中国社会科学》1999 年第 6 期。

② 我国台湾地区有学者认为，刑事强制措施的成本包括以下三个方面："一、政府实施强制处分之成本，例如拘提逮捕所支出的警力或费用。二、政府实施强制处分而造成被害人隐私或名誉损失之成本，例如搜索扣押造成案件曝光，被害人名誉或隐私因此受损之成本。三、强制处分之社会成本，如逮捕或羁押人犯后，必须派员看守被逮捕人之人事费、拘束于警察局或看守所之设施费、供应其食物等费用，以及被逮捕羁押之人不能工作之社会损失"。参见王兆鹏：《当事人进行主义之刑事诉讼》，台湾地区元照出版公司 2004 年版，第 40 页。

要目的（如以羁押作为侦查的手段①），或者“积极的”目的，也会徒增刑事强制措施适用的成本。

在程序工具主义理念影响下，上述刑事强制措施内部的经济分析似乎与诉讼程序的宏观目标存在抵触，因为，尽管经济效益主义强调效率应当作为程序价值的判断标准，但最终仍然以程序是否能达成好的结果为归宿。刑事强制措施制度内部对效益价值的追求还会服从于达成正确的裁决结果之目标。

就刑事强制措施的程序设计而言，如果对刑事强制措施的行使没有或者很少设置约束条件，无论是形式上的约束还是实质上的约束，就会减少刑事强制措施的实施成本。一旦有约束条件，特别是比较多的约束条件或实质性的约束条件的运用，将导致权力运行成本增加。具体表现在：“第一，约束本身需要付出成本，比如对法官和检察官的监督，需要设置监督人员、机构和程序，监督越多，资源投入越多。第二，相应地，被约束的主体为了接受约束，去设置接受约束的机制也需要付出成本，比如审查逮捕是否合适，一方面是接受审查，另一方面还有申请审查，而两方面都要花时间和成本。同时，追求权力的经济性，势必要求减少或取消权利指涉对象的防御和保护措施，最典型的方式就是对被指控人诉讼权利的弱化、淡化和漠视。”② 然而，不容忽视的是，单方面的追求权力实

① 在我国刑事诉讼中，从羁押期限延长的法定理由上看，3次羁押期限延长都只能适用于“案情复杂”、“在法定羁押期限内无法侦查终结的”案件。换言之，保证侦查人员在羁押嫌疑人的条件下完成侦查工作，这已经成为未决羁押的主要诉讼功能。陈瑞华：《未决羁押制度的理论反思》，载《法学研究》2002年第5期。此外，有实证研究表明，在我国司法实践中，侦查人员对犯罪嫌疑人实施羁押有两点“灰色”的原因：一是为了获取口供，二是为了自身经济利益。目前刑事侦查仍然主要依赖口供，口供不仅是起诉的关键证据，其他间接证据的取得也主要是靠“以供找证”，大部分侦查人员都反映没有口供则无法办案。而口供一般是通过羁押“关”出来的。而目前的预审工作由刑侦部门负责，因此侦查人员会充分利用羁押的心理和肉体压力来获取口供，事实上绝大部分案件在羁押期间都可以顺利地获得口供。在这样的情况下，羁押和口供就形成了一种“共生”关系。唐亮：《中国审前羁押的实证分析》，载《法学》2001年第7期。

② 参见左卫民：《刑事诉讼的经济分析》，载《法学研究》2005年第4期。

施的经济，所带来的直接成本可能相对较小，但是，因此而带来的错误成本（即由于司法机关作出错误的裁判而发生的资源耗费）可能就较大。在两种成本相折抵之后，未必比兼顾权力抑制与权利保障二者所引起的诉讼成本要低。

二、程序本位主义视角中的刑事强制措施

程序本位主义理念是英美法系程序至上理念发挥到极致的表现。这种理念与程序工具主义理念相对，强调程序的内在道德性，主张从法律程序本身的公正性来建立其价值标准，那么，法律程序的公正标准究竟表现在哪些方面呢？美国学者罗伯特·S. 萨默斯（R. S. Summers）认为，程序内在价值的标准包括参与性治理、程序正统性、程序合法性、人道性和尊重个人尊严、个人隐私、合意性、程序公平性、程序法治、程序理性、及时性和终结性。[①] 迈克尔·D. 贝勒斯（Michael D. Bayles）总结的程序价正义标准包括：和平解决争端；受裁判影响的人富有意义地参与裁判的制作过程；程序保持公平或对双方平等对待；程序具有可理解性；程序及时地提供裁判结论；程序对争端提供终结性的解决。[②] 概而言之，所谓“和平性”、“参与性”、“公平性”、“合法性”、“合理性”、“人道性”、“及时性”、“终结性”等原则均为程序正义最基本的要求。

所谓程序的参与性，就是要求在民主社会中，法律程序给公民们以及由公民选举的公民（或由那些被选举出来的公民们授职的公民们）分享了不同的参与角色；程序合理性则要求程序的主导者能够“仔细地确定有关的证据，仔细地划分有关的论据”、“仔细地权衡证据和论据”、“冷静地、仔细地裁断”，而且能够“公平

---

① R. S. Summers, *Evaluating and Improving legal process: A Plea for "Process Values"*, Cornell Law Review, Vol. 61 ,1981. pp. 885 -931.

② Michael D. Bayles, *Procedural Justice: Allocating to Individuals*, Kluwer Academic Publishers 1990. 中译本参见［美］迈克尔·D. 贝勒斯：《程序正义——向个人的分配》，邓海平译，高等教育出版社2005年版。具体见该书第一部分的论述。

无偏地”，并“为决断的事情说明理由”；程序的及时性既反对拖延，又反对冒进；程序的终局性则反对在同一个问题上“重复眷顾”，它确保了安宁，避免了不停的诉讼骚扰；程序的人道性要求，诉讼中的参与主体的人格尊严和意志自由应受到尊重，“法律程序的构成性规则和调节性规则可以保护人们不致遭到不人道行为的酷毒”；程序的公平性，要求裁判者应对参与各方保持不偏不倚的中立态度；给予参与各方平等的对待，参与各方还应当有平等的参与机会。[①]

在刑事强制措施制度的设计中，遵循上述程序内在价值基本标准，才有可能彰显刑事程序的内在道德性。具体而言，遵循“程序的参与性”原则，主要表现在刑事强制措施的运用过程中，特别是被处分者是程序的主体，而不是消极的被处分者，它能够以主动的角色参与到诉讼程序之中。遵循“程序的合理性”原则，即要求刑事强制措施的决定者能够冷静地考虑各方参与者所提供的证据，以及双方的具体情况，为刑事强制措施的实施与否给定充分的理由。遵循“程序的及时性”原则，不仅要求刑事强制措施的裁决必须及时，不拖延，而且要求整个案件的裁决应及时，相应地要求保障诉讼顺利进行的强制措施执行的适当及时，不至于给受处分者添加更多的讼累。遵循“程序的终局性”原则，要求确定被告人刑事责任的程序不能反复进行，与之相应的排除诉讼障碍的刑事强制措施亦不可无端地重复加以运用。遵循“程序的人道性”原则，要求司法机关采取的强制措施的种类、程度应与被追诉者的人身危险性相适应。而且，对于被强制处分的被追诉者，执行者应尊重其人格尊严和自由意志，保障其基本权利不受无理侵犯，与已决犯加以区别对待。在司法机关对被追诉者采取刑事强制措施以后，可能直接导致被追诉者的防御能力急剧下降，事实上带来被处分者

① R. S. Summers, *Evaluating and Improving legal process: A Plea for* “Process Values”, Cornell Law Review, Vol. 61, 1981. pp. 885 –931.

一方对抗追诉能力的弱化。按照“程序的公平性”原则要求，被追诉者应被立法赋予一系列的程序性权利（尤其是辩护权），程序性权利的赋予与充分保障有利于防止“天平”倒向司法机关一方。

程序工具主义要求刑事强制措施的适用，必须为达成正确的裁决结果之目的服务。在满足诉讼结果合乎目的性的同时，侧重追求诉讼过程的经济性。程序本位主义理念强调包括刑事强制措施在内的程序制度必须符合程序的道德性要求，符合程序正义价值的基本标准。尽管两种不同的程序价值观可能存在矛盾，但是二者均统摄于法律的正义价值框架之内。体现程序工具价值的效率性，在某种意义上也是公正的第二要义。在当今世界任何国家刑事诉讼立法和司法实践中，刑事程序的工具价值以及自身的独立价值都会在不同的程度上得以体现。忽视任何一种价值的重要性，不仅会使得这种价值目标的实现大打折扣，而且会伤害到程序系统之外的诸多利益。刑事强制措施作为刑事程序的重要制度之一，在具体制度的实体设置和程序设置上也应当兼顾工具价值以及自身的独立价值。也就是说，刑事强制措施制度本身既要为达成正确的裁决结果之目的服务，又应当具有经济性，同时必须体现正当程序的最低要求。

第四节　刑事强制措施正当性的理论基础

基于上述对刑事强制措施本质以及对不同程序目的的实现要求，我们初步提出思考刑事强制措施制度正当性的三个理论基础。这三个理论基础主要从刑事强制措施的三个要素的角度提出，即强制处分权的实施主体、实施程序和实施对象。从刑事强制措施实施主体角度来看，公共权力的节制理念应当得到彰显；从刑事强制措施实施程序角度而言，刑事强制措施实施必须以程序为指向；从刑事强制措施实施对象角度看，基于无罪推定的理念，被处分者必须具有诉讼主体性。上述三个基本理念既是保障整个刑事强制措施制度正当性的根本要素，也是考虑任何一种刑事强制措施实施科学、恰当与否的检验标准。

一、权力节制

（一）国家权力的本质与界限

资产阶级启蒙思想家们认为，权力源自权利，是权利的让渡物，他们通过社会契约理论阐述了权利如何让渡产生权力。边沁指出："主权的来源是社会契约即人们自愿达成的协议；人们原来生活在自然状态之中，通过自愿的协议而组成一个社会，并且因之而承认一个主权者。"[①] 洛克同样认为，社会契约是人民与政府之间的合约，人民相约将一部分权利让诸一个统治者，欲借统治者所取得的权力保障人民所保留的权利，所以，人民有义务服从统治者，但统治者也终究要受人民割让的权利的限制，不能侵犯人民所保留的基本权利。[②] 卢梭在阐释社会契约论时提出，"要寻找出一种结合的形式，使它能以全部共同的力量来卫护和保障每个结合者的人身和财富，并且由于这一结合而使每一个与全体相联合的个人只不过是在服从自己本人，并且仍然像以往一样地自由"。[③] 斯宾诺莎认为，国家的建立是基于人的本性的要求，而人就其本性而言是一个功利主义者。功利主义是衡量一切的原则。人们放弃部分权利将其交给社会，就是要借助的社会力量保护每个结合者的共同利益，这就导致转让公民权利建立国家的社会契约的签订。他指出："一个社会就可以这样形成而不违反天赋之权，契约能永远严格地遵守，就是说，若是每个个人把他的权利全部交付给国家，国家就有统御一切事物的天然之权；就是说，国家就有唯一绝对统治之权，每个人必须服从，否则就要受最严厉的处罚。这样的一个政体就是

① ［英］边沁：《政府片论》，沈叔平等译，商务印书馆1997年版，第83页。

② ［英］洛克：《政府论》（下篇），叶启芳、瞿菊农译，商务印书馆1964年版，第77~80页。

③ ［法］卢梭：《社会契约论》，何兆武译，商务印书馆1980年版，第23页。

一个民主政体。”①

在奴隶制、封建制社会，君王往往宣扬“君权神授”的观念，即国家权力来自天意神权，可以不受限制，而且个人必须服从。在启蒙思想家所宣扬的社会契约论的视野下，人的至上性取代了神性的权威，个体之间的平等关系取代了不平等的隶属关系，人与人之间的合意成为国家与社会的权力来源，而且，国家权力终究受制于个人的权利，必须保护人民的权利。在这种思想的基础之上，才有可能建立现代民主、宪政国家。也就是说，宪政实际上就是民主政治的契约化和法治化，因此可以把宪政理解为契约宪政。②

总之，国家权力来源于个人权利，权力行使的目的是为了保障个人自由和增进公共福祉，国家、政府或法律的存在就是为了扩大和保障公民的自由和权利。也就是说，人们为达成社会契约，必须交出一部分权利，其目的是为了更好地享受其他权利。当然，为了保障权利与自由，国家权力必须有节制，必须受到限制。国家权力的节制和限制规定主要体现在作为社会契约体现的宪法和法律之中。因此，美国政治家潘恩说：“在专制国家中，国王就是法律，同样地，在自由国家中法律也应该成为国王，而且不应该有其他的例外。”③

（二）刑事诉讼中的国家权力节制——刑事法的谦抑性

宪法和法律中对权力和利益的分配主要是为了保证启蒙思想家们所想象的社会契约的实现，然而，国家权力本身却有着天然的扩张本性，现代民主社会中的宪法和法律基本正是围绕国家权力的限制和节制加以规定的，尤其表现在公法领域之中，特别是刑事法和行政法。在这两个法域中，国家权力与个人权利表现得更为针锋相对。美国学者诺内特和塞尔兹尼克将法律在社会中的表现区分为以

① ［荷］斯宾诺莎：《神学政治论》，温锡增译，商务印书馆 1963 年版，第 216 页。

② 陈兴良：《刑法理念导读》，法律出版社 2003 年版，第 53 ~ 54 页。

③ ［美］潘恩：《常识》，何实译，华夏出版社 2004 年版，第 56 页。

下三种基本“状态”：第一，作为压制性权力的工具的法律；第二，作为能够控制压制并维护自己的完整性的一种特别制度的法律；第三，作为回应各种社会需要和愿望的一种便利工具的法律。他们认为，虽然强制存在于所有三种类型中，但其意义却不一样：它在压制型法中是居支配地位的，在自治型法中是有节制的，而在回应型法中则是潜在的。压制型法的法律目的是秩序，其规则是粗糙而繁琐的，对规则制定者只有微小的约束力，对服从的期望是无条件的，不服从本质上被作为蔑视加以惩罚，它还要求谦恭的依从，批评被视为不忠诚。而自治型法的法律目的是正统化，其规则是精细的，被认为同样约束统治者和被统治者，允许有依法证明为正当的背离规则行为，如检查制定法或命令的有效性，出现了法律批判，但评价要受既定程序限制①。毫无疑问，对个人权利和自由的强制是国家权力行使的典型表现。压制型法中，国家权力表现为一种强势的状态，而自治型法中国家权力则较为理性、克制。现代民主法治社会中的法律往往表现为后一种形态。

在刑事法领域中，国家权力的克制不仅表现在实体的刑罚权的节制之上，还表现在刑事追诉权的克制之上②，这二者可以统称为刑事法的谦抑性。对于刑事诉讼的谦抑性，我国有学者做过具体分析，刑事诉讼谦抑不仅表现在刑事诉讼基本原则（诸如程序法定原则、无罪推定原则、诚信原则等）之中，而且还体现在刑事诉讼制度运行过程中，它要求刑事诉讼制度、实践的克制、妥协、宽容。刑事诉讼中的克制不仅表现为通过权力制约权力形成的克制，

---

① ［美］诺内特、塞尔兹尼克：《转变中的法律与社会：迈向回应型法》，张志铭译，中国政法大学出版社2004年版，第16～18页。

② 正如德国学者赫尔曼所指出的那样，我们可以由法治国家程序原则推导出要公正地实施刑事程序的规定。这一点在禁止国家滥用权力，要求国家权力自我限制，应当给予公民防御权利，借以抵御国家权力侵犯的规定上，得到了体现。［德］赫尔曼：《〈德国刑事诉讼法典〉中译本引言》，载《德国刑事诉讼法典》，李昌珂译，中国政法大学出版社1995年版，第11～12页。

而且表现为权力的自我克制（即侦查权、控诉权、审判权的自我克制），典型的情形如检察机关的起诉犹豫、审判机关在裁判阶段的宣告犹豫等；在刑事强制措施的运用中，能用轻缓的措施时就尽量不用严厉的，如尽量使用保释制度，尽量不夜间搜查住宅，尽量不查封财产，等等。①

（三）权力节制理念在强制措施实施中的体现

刑事强制措施运用过程中的国家权力节制理念不仅是刑事诉讼经济性的要求，也是程序正义的必备要素，更是国家权力本质的体现。

在刑事诉讼过程中，国家权力的节制主要通过诉讼程序的设置而实现。正如孟德斯鸠所言："在政治宽和的国家里，一个人，即使是最卑微的公民的生命也应当受到尊重。他的荣誉和财产，如果没有经过长期的审查，是不得被剥夺的。""对公民的荣誉、财富、生命与自由越重视，诉讼程序也就越多。"② 这些限制国家权力（尤其是政府权力）的程序设置主要表现在两个方面：国家权力的自我克制和它向制约。

就刑事强制处分权的自我克制而言，应当主要表现在实施刑事强制措施的审慎性上，拥有强制处分权（包括决定权和执行权）的机关必须在充分考虑被处分人的个人情况和特点、实施刑事强制措施可能对被处分带来的后果，替代措施使用的可行性以及现有法律、事实条件是否满足，综合、客观地品评刑事强制措施的适用性。

就刑事强制措施实施权的它向制约而言，主要表现在司法审查权和被处分人的诉讼权利的制约之上。当自我克制难以实现权力节制的目的之时，通过另外的一种权力来监督和通过被处分对象的诉

① 郭云忠：《刑事诉讼谦抑论》，北京大学出版社2008年版，见该书第二章。

② ［法］孟德斯鸠：《论法的精神》（上册），张雁深译，商务印书馆1961年版，第75~76页。

讼权利来与之防御、对抗莫过于最好的选择。

二、程序指向性

（一）刑事强制措施程序指向的必要性

程序指向性理论是相对于实体指向性理论而言的，其基本内核在于强调刑事强制措施属于刑事程序重要制度之一，程序性乃是刑事强制措施的本质属性。我国学界通说所提倡的刑事强制措施的预防性、保障性等属性实际上是程序性派生而来的，是刑事强制措施的派生属性，派生属性必须以程序性为基础。脱离程序性，来讨论刑事强制措施的预防性、保障性甚至其他属性，往往会偏离刑事强制措施之本质。

由刑事强制措施的程序属性所决定的目的也是特定的，应表现为诉讼程序的保障。具体而言，包括排除因行为人和犯罪事实所引起的妨碍。对此，本书已经在前面详细论述。但必须明确的是，因为所针对的对象不同，两种不同类型的刑事强制措施不能混用。也就是说，排除犯罪事实障碍的刑事强制措施不能替代排除行为人障碍的强制措施；排除行为人障碍的刑事强制措施不能用来排除因犯罪事实所引起的障碍，尤其是后者，以保全行为人为目的的刑事强制措施不能作为保全、搜集证据的手段来使用。

刑事强制措施的程序指向性，决定了刑事强制措施绝对不能同刑罚和行政处罚一样，以实体的惩罚目的指向，被用来作为惩罚、教育犯罪嫌疑人、被告人甚至其他案外人。此外，刑事强制措施也不能额外的兼具诸如预防犯罪、维护社会秩序、教育公民的社会功能。总之，以程序保障以外的目的为指向，必然会使刑事强制措施的运作异化。

（二）程序指向性对强制措施正当化的影响——对强制措施实体化倾向的批判

与刑事强制措施的程序指向理念相对应的强制措施实体化倾向，忽视了强制措施是实体处分手段与程序保障目的的统一体，将强制措施混同于刑罚、行政处罚以及其他社会治理措施，片面地注重强制措施具备刑罚、行政处罚同样的实体处分手段，忽略了他们之间不同的目的指向，进而曲解了强制措施的属性、目的以及功能。我国有学者曾对刑事强制措施的功能做过这样的概括，“刑事强制措施的功能可以分为应有功能、法定功能和实有功能。刑事强制措施的应有功能是强制措施在刑事诉讼中确立并应用的内在性功能，如保障性、预防性、保护性、教育性功能”。① 具体而言，“刑事强制措施的预防性功能主要体现在预防犯罪嫌疑人、被告人继续犯罪。有些犯罪嫌疑人、被告人涉嫌犯罪后并不思悔改，伺机继续犯罪。尤其是那些主观恶性较深的惯犯，更难轻易停止犯罪。有的犯罪嫌疑人、被告人在其罪行暴露后，还可能铤而走险对举报人、被害人、证人等进行报复。根据不同的情况采取相应的刑事强制措施，限制或者剥夺犯罪嫌疑人、被告人的人身自由，就能起到预防其继续犯罪的作用”。② 刑事强制措施的教育功能主要表现在以下三个方面：（1）对被采取强制措施本人的教育；（2）对社会上不稳定分子的教育；（3）对公众的鼓舞教育。对涉嫌犯罪的人采取强制措施，极大地鼓舞和调动公众同犯罪作斗争的积极性。③ 如果说刑事强制措施防止被追诉者对举报人、被害人、证人进行打击报复还算得上是其程序保障功能的表现的话，那么，预防被追诉者继

---

① 李忠诚：《刑事强制措施功能研究》，载《法制与社会发展》2002 年第 5 期。我国还有学者对刑事强制措施的功能作出如下概括，即保障刑事诉讼目的和任务的实现；保障刑事诉讼法的程序法治；实现刑事诉讼的内在价值；保障公民的宪法性权利。参见孙连钟：《刑事强制措施研究》，知识产权出版社 2007 年版，第 45 ~ 58 页。笔者认为，与其说上述 4 点是刑事强制措施的功能，不如说是刑事强制措施制度立法与实践应当遵循的标准。要说是功能的话，也只能说是刑事强制措施的宏观功能，这些功能可以说是刑事诉讼中的任何一项制度所必须具备的“功能”，因此，从这个意义上来讲，上述归纳没有点出刑事强制措施功能的实质、特殊性所在。

② 李忠诚：《刑事强制措施功能研究》，载《法制与社会发展》2002 年第 5 期。

③ 李忠诚：《刑事强制措施制度研究》，中国人民公安大学出版社 1995 年版，第 18 页；李忠诚：《刑事强制措施功能研究》，载《法制与社会发展》2002 年第 5 期。

续犯罪和教育被适用强制措施的人、社会不稳定分子乃至社会公众则明显地有悖于强制措施的程序本质，带有浓厚的实体化色彩。

刑事强制措施的实体化倾向不仅仅停留于理论层面，而且在立法者、执法者的观念中有着明显的体现，并直接影响到世界各国刑事立法、司法实践中强制措施的适用，其中预防性羁押制度在立法上的确认和司法中的广泛适用就是最为典型的表现。一般认为，这种预防性羁押一方面为了防止被追诉者逃跑或者破坏证据，另一方面则是为了预防被追诉者继续犯罪或者报复被害人或者告发人。

在德国，“审前的羁押已经成为一种带有惩罚性和犯罪预防目的的综合功能工具”。[①] 过去几十年里，“对审前羁押之法定基础的改革在严格地将之理解为一种确保刑事审判的工具与寻求其预防和压制的潜力之间摇摆不定”。[②] 对于特定种类的犯罪行为，被告人有继续实施其他同类犯罪行为或者连续实施同一犯罪行为的危险时，法官可以将其作为羁押的理由。这种“再犯之虞”的理由最初仅仅适用于特定的性犯罪，但自 1972 年 8 月之后，法律又将这一理由适用到一系列特定犯罪案件之中。因为实务上认为趁早对那些具有“人身危险性”的被告人进行羁押，要比其他预防措施有效得多。德国联邦宪法法院虽然对预防性羁押提出了一些限制性的要求，但是仍然承认了这类羁押理由的合宪性[③]。此外，在司法实践中，一些法律之外的羁押理由被认为已经与法律之内的理由使用得旗鼓相当，具体包括：为了达到一种短促有利的监狱震慑效果；可以迫使他或她与警察合作并触发他们坦白；为了破坏黑市交易；

---

① 岳礼玲、张朝霞、卞建林：《德国刑事司法程序的若干问题——赴德考察报告》，载陈光中、［德］汉斯－约格·阿尔布莱希特主编：《中德不起诉制度比较研究》，中国检察出版社 2002 年版，第 255 页。

② ［德］汉斯－约格·阿尔布莱希特：《审前羁押——实证的情况》，载陈光中、［德］汉斯－约格·阿尔布莱希特主编：《中德强制措施国际研讨会论文集》，中国人民公安大学出版社 2003 年版，第 124～125 页。

③ ［德］克劳思·罗科信：《刑事诉讼法》，吴丽琪译，法律出版社 2003 年版，第 285 页。

为了确保移民政策的实施。[1]

在美国，1984 年的《联邦保释改革法案》将基于人身危险性而带来的羁押纳入规制范围内，随后，美国联邦最高法院于 1987 年的 United States v. Salerno[2] 一案中肯定其合宪性。联邦最高法院坚持认为，基于犯罪嫌疑人或者被告人的人身危险性而实施的审前羁押不是为了惩罚，而是为了规制被追诉者未来的行为，以保障社会和他人的安全。预防性羁押理由遭到了被告方和学者们的猛烈批判。[3] 甚至下级法院也认为这种审前羁押不合宪。联邦第二巡回区法院在 United States v. Melendez – Carrion 和 Salerno v. United States 两案中均主张，预防性羁押与美国传统上的宪法制度背道而驰，因为，阻止犯罪的羁押只能基于法院最终的定罪裁决。法院还指出，这种审前羁押不能因为是一种促进社会安全的“合理的手段”而被支持，如果按照这种逻辑，联邦政府也可以将没有被指控犯罪但是被认为可能具有将来犯罪危险的人也关押起来。此外，该法院还认为，这种审前阶段的预防手段与联邦宪法第五修正案对被告人的正当程序保障相抵触。法官 Ervin 甚至认为，预防性羁押是警察国的象征和类似盖世太保的策略。[4]

预防性羁押手段虽然受到各国立法及实务界的青睐[5]，但是无

---

① ［德］汉斯 – 约格 · 阿尔布莱希特：《审前羁押——实证的情况》，载陈光中、［德］汉斯 – 约格 · 阿尔布莱希特主编：《中德强制措施国际研讨会论文集》，中国人民公安大学出版社 2003 年版，第 132 页。

② United States v. Salerno, 481 U. S. 739, 755 (1987).

③ Michael Louis Corrado, *Criminal Law*: *Punishment And the Wild Beast of Prey*: *the Problem of Preventive Detention*, 86 J. Crim. L. & Criminology 778(1996).

④ United States v. Melendez – Carrion, 790 F. 2d 984 (2d Cir. 1986). Salerno v. United States, 794 F. 2d 64 (2d Cir. 1986).

⑤ Kurt X. Metzmeier , *Preventive Detention*: *A Comparison of Bail Refusal Practices in the United States*, *England*, *Canada and Other Common Law Nations*, 8 Pace Int'l L. Rev. 399 (1996).

论从学理层面，还是实践角度，都缺乏正当性。[①] 其原因是多方面的：首先，预防性羁押的目的在于对犯罪行为的反复实施提供一般性的防卫，这种防卫明显不同于防止被追诉者逃避追诉、破坏证据的程序目的；其次，刑事诉讼活动一般只能以过去发生的犯罪行为为对象，对于被追诉者是否适用羁押也应当基于已经发生的案件事实进行裁断；若以被追诉者将来有可能实施同一犯罪为本案的羁押理由，将使得国家追诉权乃至于刑罚权的运用更加不确定，毕竟，犯罪是否会发生常常取决于多方面的因素，对于将来是否可能犯罪的纯粹主观预测，往往会缺乏一定的客观性；再次，尽管预防仍然被学界主流观点列为刑罚的首要目的[②]，但是，鲜有实证数据证明这一目的得到了彻底的实现。依此类推，对被追诉者实施严厉的羁押措施也未必能够预防、阻吓其重新犯罪。相反，未决羁押对被追诉者所带来的一系列不利影响（诸如交叉感染、难以再社会化等等）则是显而易见的。最后，预防性羁押将刑事强制措施当作一种实体化的手段来预防犯罪，徒增诉讼成本，极大地浪费了国家的司法资源。

在我国的司法实践中，刑事强制措施，特别是羁押还有着一种

① 我国台湾地区在1997年修改“刑事诉讼法”中，肯定了预防性羁押的合法性。但是，学者对此亦提出了诸多批判性意见。有学者指出，“以被告有再犯之虞而为之预防性羁押，至少有以下3种显而易见的弊端，值得检讨：一、预防性羁押与羁押制度根本格格不入，因为预防性羁押是预防未来犯罪的保护社会安全措施，已经逸脱羁押原来保全追诉、执行的目的。二、预防性羁押违反法治国刑事程序之无罪推定原则，因为所谓的再犯之虞的判定，是以被告过去所犯之罪为基准，显然认为可以从被告过去之犯罪来推定未来之犯罪，就如同以被告过去之前科来推定被告未来之犯罪一样，也就是有罪推定，更何况所谓的被告过去之犯罪，在此阶段还只是嫌疑而已。三、从刑事政策观点而言，预防性羁押亦不妥当，因为此种羁押本质上就是一种弊多于利的短期自由刑，违反再社会化之特别预防目标。为了避免扩大此种不当立法的损害，司法实务就预防性之认定，应该特别审慎”。参见林钰雄：《刑事诉讼法》（上册　总论编），中国人民大学出版社2005年版，第272页。

② 高铭暄、马克昌主编：《刑法学》，北京大学出版社、高等教育出版社2000年版，第233～237页。

强大的权力符号功能。公安机关为了解决大量案件，维护社会稳定，对于那些没有足够证据的犯罪嫌疑人（常常是惯犯）予以羁押，以此来警示、震慑其他类似的潜在的“犯罪人”不要犯罪，从而解决手头上的治安资源不足的状况，实现本辖区内的治安秩序的完好。此外，明显违背刑事诉讼法的公开逮捕也是如此。司法实践中的公开逮捕目的在于，营造强大的社会舆论，既对暴力抗法者产生震慑的效果，更是对广大群众的教育。① 总之，在国家自身治理资源不足、国家和社会对个人的常规控制较弱的情况下，一些执法机关往往会以刑事司法的表面强悍来掩饰其底气的不足。在这些场合之下，刑事强制措施着实演变为一种社会治理方法。实际上，对于多数执法者而言，利用刑事诉讼程序来教育、惩罚犯罪嫌疑人、甚至案外人的观念根深蒂固，我们对河北省某市 99 名办案人员进行的调查显示，44% 的人认为“给予嫌疑人、被告人一定惩罚”是刑事强制措施的重要功能之一。另外，在司法实践中，刑事强制措施还常常成为防止干扰、方便办案的手段。办案人员通常主观上认为“人押在里面比较听话”，在这种情况下，办案机关必然尽量将犯罪嫌疑人或被告人羁押，以利于采取一切手段取得口供，同时避免出现当事人对办案机关非法行为的举报和“申冤”，以及进行办案机关认为有碍其执法的其他活动。②

综上所述，不论在理论上的错误倾向，还是实践中诸如预防性羁押、公开逮捕、超期羁押等错误的做法，都是将刑事强制措施当作一种实体化的手段来教育、惩罚被追诉者、预防犯罪，甚至作为

① 执法机关召开公捕大会，其主要目的有以下几个：第一，结合犯罪率上升、案件增多、社会影响大的特点，号召群众揭发和打击犯罪；第二，震慑犯罪分子，杀鸡儆猴，弘扬正气，促使高危人群自首，遏制犯罪；第三，营造强大的舆论氛围，对群众开展法制教育；第四，表明政府打击犯罪的信心和决心，提供社会安全感。申君贵、臧艳华：《公捕大会应依法禁止》，载《法学》2007 年第 2 期。

② 王心安：《未决羁押问题的实证分析》，载陈瑞华主编：《未决羁押制度的实证研究》，北京大学出版社 2004 年版，第 207 页。

社会治理的方法，都与刑事强制措施的程序指向属性背道而驰，在根本上缺乏正当性。刑事强制措施实体化倾向，既有违无罪推定原则，也与刑事诉讼的基本任务、目的不相一致。首先，刑事强制措施实体化有违无罪推定原则。无罪推定是现代刑事法的基石。无罪推定最基本的内涵，即要求犯罪嫌疑人或被告人在经法定程序判决有罪之前，应当假定或者推定为无罪之人。这就要求，司法机关只能把刑事强制措施当作一种程序性行为，而不得将刑事强制措施的实施当作刑罚的预演。其次，刑事强制措施实体化，与刑事诉讼法的基本任务、目的不相一致。刑事诉讼法基本的任务是确定被告人的刑事责任的有无，而不是教育、惩罚被追诉者；刑事诉讼法的基本目的是通过正当程序保障人权，透过判决实现刑罚权，重建法的和平秩序，而不是在未判决之前即惩罚犯罪。

三、诉讼主体性

（一）诉讼主体性理念在刑事诉讼中的体现

在哲学领域中，笛卡尔、康德是倡导人的主体性思想的先驱，笛卡尔提出“我思故我在”这一近乎夸张的理念，强调个人主体性的重要性。而康德更为明确地表示：“人以及一般的任何理性存在物都作为自身的目的存在着，而不仅仅是在这个或那个意志任意使用的手段。在他的一切行动中，不管他们涉及自己还是其他理性存在物，都必须总是被当作目的。”① 我国学者郭湛认为，人的主体性，是人作为活动主体的质的规定性，是在与客体互相作用中得到发展的人的自觉、自主、能动和创造的特性。② 在处理国家与个人关系时，同样要注意个人的主体性。因为，国家并不是启蒙思想家们想象的那样温顺的个体，霍布斯曾将国家比喻成一种洪水猛

① ［德］康德：《道德形而上学基本原则》，刘克苏等译，载《康德文集》，改革出版社 1997 年版，第 91 页。

② 郭湛：《主体性哲学——人的存在及其意义》，云南人民出版社 2002 年版，第 9~31 页。

兽——利维坦，所以，法国学者马里旦在其著述中一再声称，在处理个人与国家关系中，必须强调个人的主体性地位。他认为，国家并非像黑格尔所相信的那样，是理念的最高的体现；国家也不是一种集体的超人；国家不过是一个有资格使用权力和强制力、并由公共秩序和福利方面的专集或专门人材所组成的机构，它不过是一个为人服务的工具。使人为这一工具服务，是政治上的败坏现象。人作为一个个体是为政治体服务的，而政治体是为作为一个人的人服务的。但人绝不是为国家服务，国家是为人服务的。①

主体性理念可能体现在社会生活的方方面面。目前我国所提倡的全社会贯彻“以人为本”正是强调人的主体性思想的体现。在解决纠纷的诉讼活动中，人的主体性思想表现为对诉讼主体性的提倡。诉讼主体性理论大致可以表现为以下三方面：首先，司法裁判程序的构成及运作须以保障受裁判者的程序主体权即程序上的基本人权为主要内容；其次，不论立法者或法院均应致力于充实诸项程序制度，巩固诉讼程序上当事人及利害关系人的程序主体地位；再次，在各司法裁判上，其裁判所涉及的当事人及利害关系人应受尊重为程序主体，而不应仅被当成程序之客体来对待或支配。② 日本刑事法学家团滕重光曾谈到刑事诉讼中的主体性理论，他指出：“承认人格的主体性，就是承认人的尊严；即使是犯人，当然也应该承认其作为人的尊严（正因为这样，才可能有真正意义上的刑罚）。而我在主体性理论中所说的‘主体’，却是意味着超过单单是法的主体，更具有人格性的可以说是存在意义上的主体。应该说，法官、检察官、被告人、嫌疑人、辩护人、侦查机关进而是证人、鉴定人及其他一切参与刑事程序的人，都具有这种存在意义上的主体性。刑事诉讼，不外乎是由上述主体构成的一系列人与人之

① ［法］马里旦：《人和国家》，霍宗彦译，商务印书馆 1964 年版，第 15～16 页。

② 邱联恭：《司法之现代化与程序法》，台湾地区三民书局 1993 年版，第 111～112 页。

间的关系，尽管它是暂时的。”① 由此可见，诉讼主体性的关键在于尊重其诉讼参与者的人格尊严及自身的目的性。

（二）无罪推定原则对诉讼主体地位的法律拟制

所谓无罪推定，是指犯罪嫌疑人或被告人在经法定程序判决有罪之前，应当假定或者推定为无罪之人。作为追诉方的检警必须承担证明被告人有罪的任务，若不能证实有罪，被追诉者即获无罪。无罪推定是现代刑事法的基石。许多国家在国际公约的影响之下，均将其上升为宪法基本原则，无罪免证特权亦被视为公民的基本权利。现代法中的无罪推定原则不论是肯定性描述，抑或否定性界定，也不论是作为司法机关证明法则的规定，还是对被追诉人诉讼地位的谕示，它都可能在下列三层含义上使用②：作为基本权利的无罪推定；作为证明规范的无罪推定；作为刑事诉讼中人权保障之统率，成为法律对被追诉者诉讼地位的认定，对侦查、公诉及审判机关的教导式宣示。

贝卡里亚从社会契约论出发，曾鲜明指出：“在法官判决之前，一个人是不能被称为罪犯的。只要不能断定他已经侵犯了给予他公共保护的契约，社会就不能取消对他的公共保护。”③英国法学家斯蒂芬（Stephen）也曾指出，“假若有人问我被告人为什么被推定无罪，我认为真正的答案不是这个推定可能是正确的，而是今天的社会看来比个人太强大了，它可能给人带来的伤害远远大于要付出代价的社会个体通常给社会整体造成的破坏”。④ 无罪推定原则在刑事程序中能够保护面对强势国家权力机关的被追诉者。无罪

---

① ［日］团滕重光：《刑事诉讼中的主体性理论》，宋英辉译，载《外国法学译丛》1989 年第 2 期。

② 黄朝义：《无罪推定——论刑事诉讼程序之运作》，台湾地区五南图书出版公司 2001 年版，第 12 页。

③ ［意］贝卡里亚：《论犯罪与刑罚》，黄风译，中国大百科全书出版社 1993 年版，第 31 页。

④ Stephen, James Fitz james, *A History of English Criminal Law*. Vol. I,1883, P. 354.

推定原则作为宪法原则，不仅是对真正有罪者的保护规则，亦属保护真正无罪者之规则。而且，无罪推定的受益者，绝不仅仅是犯罪嫌疑人、被告人个人，而是社会的全体公民，须知，任何一个公民都是刑事诉讼的潜在主体，都有可能因为某种原因而进入到刑事诉讼的流程中，这样，无罪推定实际上反映了国家与公民个人之间的关系。在这个意义上，“无罪推定是比刑事诉讼更高层次的体系的组成部分，它说明的不是刑事被告人在刑事诉讼中的地位，它是公民一般法律地位的因素”。①

那么，对被假定无罪的被追诉者实施刑事强制措施限制其基本人权，是否违背无罪推定原则呢？我们认为，二者看起来相互矛盾，其实不然。无罪推定是一个程序法原则，而不是实体法原则，即无罪推定不等于无罪认定。无罪推定所反映的是被告人在刑事诉讼过程中的法律地位，而不是对刑事案件进行实体裁判的法律依据。侦查机关的侦查、强制措施的实施、检察机关的审查起诉、法院的审理等诉讼活动都是程序性行为，不是对被追诉人的实体处分，更不是一种惩罚。② 也就是说，只要理解了刑事强制措施的程序属性，不将其与刑罚等同起来，就很容易理解无罪推定与其的一致性。此外，被假定无罪的被追诉者不能等同于普通的社会公众。因为涉嫌犯罪的被追诉者之所以卷入刑事诉讼程序，是因为司法机关已经有一定的证据基础为前提，而且，国家为了维护更广泛的其他公众的利益，有权力限制被追诉者的某些基本权利，被追诉者也有接受调查、审判的忍受义务。

（三）诉讼主体性理念是保障刑事强制措施正当性的基础

刑事强制措施制度本身集中了国家权力与个人权利的对抗。在刑事强制措施实施过程中，尽管国家权力本身应当节制，体现谦抑

① ［前苏联］A·П·古利亚耶夫：《无罪推定的社会政治含义》，载《外国法译评》1988年第5期。

② 汪建成：《刑事诉讼法学概论》，北京大学出版社2001年版，第66页。

性。但是，国家权力的运行最终要体现到被处分人的权利剥夺和限制之上，被处分人的基本权利是否受到尊重，被追诉者的诉讼主体地位是否得以确立，足以体现刑事强制处分权的行使是否恰当。

在刑事强制措施制度中强调诉讼主体性理念，有助于司法机关在实施刑事强制措施过程中，充分尊重被处分者的自由意志，在能够争得被处分人同意的场合下，尽量适用任意措施，而不适用强制措施。也就是说，在尊重被处分人主体地位基础之上，诉讼主体性理念可以促使司法机关更加审慎适用刑事强制措施。而且，诉讼主体性理念要求立法者在设计刑事诉讼制度时，赋予被追诉者一系列的程序性权利，保障被追诉者的诉讼主体地位的确立。因为，拥有诉讼主体地位的被追诉者及其协助者可以监督、约束强制措施实施者的权力行使，通过自身程序性权利对抗强制措施实施权，直接或者间接地矫正强制措施实施中的非正当行为。

总之，只有遵从了诉讼主体性的理念，国家所行使的刑事强制处分权才能显现出一定的理性，整个刑事强制措施制度才具有正当性。

小结

刑事强制措施存在的根据包括社会秩序维护的需要和被追诉者的忍受义务。具体而言，一方面，国家实施强制处分，是为了通过维护诉讼内的秩序，保障诉讼的安定性而间接实现社会秩序；另一方面，当个人破坏作为社会契约的法律，涉嫌犯罪受到刑事追诉或者被判处刑罚之后，个人有必要对社会上的其他个体承担法律所施加的一定忍受强制措施和刑罚的义务。

刑事强制措施的本质是以程序保障为目的的实体处分（实体权利的干预措施）。但实体处分绝非目的，而是不得已的手段而已。“程序保障”与“实体处分”二要素缺一不可，前者构成对后者的目的限制，后者是前者的手段规定。刑事强制措施是程序保障目的与实体处分手段二者的统一。

刑事诉讼意义上的案件包括了“行为人”与“犯罪事实”两部分，刑事诉讼程序中所面临的阻碍一部分是由“行为人”所引起的，而另一部分则是由“犯罪事实”而引起的。相应地，刑事强制措施一方面通过排除“因行为人所引起的阻碍”，保全被追诉者；另一方面通过排除“因犯罪事实所引起的阻碍”，保全犯罪证据，以此来达到保障诉讼顺利进行的最终目的。因为所针对的对象不同，两种不同类型的刑事强制措施不能混用。

刑事强制措施虽然是诉讼行为的一种，但是其本质不能仅仅定位为诉讼行为。刑事强制措施本质上系一种公法意义上的对公民基本权利的干预手段。原因在于，如果将刑事强制措施本质上看作是一种公法意义上的对公民基本权利的干预手段，按照公法的一般理论，“只要是基本权的干预，都要被法院救济”。而且，应当与其他公法上的干预行为一样，遵守法律保留原则、比例原则等法治国基本原则。

刑事强制措施不是刑事诉讼中的通常手段，而是一种不得已的手段，是不得已的“恶”。在刑事诉讼中，由于事实上的犯罪行为破坏了法秩序，为了确认具体案件中国家刑罚权的有无，恢复法秩序，国家不得不在诉讼产生障碍的情形下，施用以排除障碍为目的的刑事强制措施，被处分者也不得不忍受这样的剥夺基本权益的措施。

传统程序工具主义理念，要求刑事强制措施的适用必须为达成正确的裁决结果之目的服务。在满足诉讼结果合乎目的性的同时，侧重追求诉讼过程的经济性。程序本位主义理念强调包括刑事强制措施在内的程序制度必须符合程序的道德性要求，符合程序正义价值的基本标准。在现代刑事诉讼立法和司法实践中，上述两种理念互为补充，科学、合理的刑事强制措施制度设计必须兼顾二者，也就是说，刑事强制措施制度本身既要为达成正确的裁决结果之目的服务，又应当具有经济性，同时必须体现正当程序的最低要求。

基于上述对刑事强制措施根据、本质以及对不同程序目的的实现要求，可以得出思考刑事强制措施制度正当性的三个逻辑基础：从刑事强制措施实施主体角度来看，国家权力的节制理念应当得到彰显；从刑事强制措施实施程序角度而言，刑事强制措施实施必须以程序为指向；从刑事强制措施实施对象角度看，基于无罪推定的理念，被处分者必须具有诉讼主体性。

第二章　刑事强制措施运作的基本模式

一般认为，刑事诉讼目的决定刑事诉讼构造，刑事诉讼构造反过来又影响和制约刑事诉讼目的的实现。作为具体诉讼制度的刑事强制措施设置，不仅受到刑事诉讼目的观的影响，而且会受到不同的刑事诉讼构造的制约。因为，相同的刑事诉讼目的观指引下，会有着不同的诉讼构造，不同的刑事诉讼构造之下，又会有着不同的刑事强制措施设置。本章不仅试图指出刑事诉讼目的观以及刑事诉讼构造如何影响刑事强制措施的制度设置，而且采用类型学的分析方法，指出在不同的诉讼目的观、价值观影响之下的刑事强制措施运作模式的差异。这种分析既有利于廓清具体制度背后的深层次诱因，而且又避开了零散分析带来的“只见树木、不见森林”的弊端，有助于全面、整体、系统地认识刑事强制措施制度诸多环节之间千丝万缕的关联。

第一节　刑事强制措施与刑事诉讼目的

一、刑事诉讼目的的理论反思

刑事诉讼的目的究竟是什么？我国学界众说纷纭，莫衷一是。归纳起来，主要有“单一目的论”、“双重目的论”和“多元目的论”几种不同观点。持“单一目的论”的学者，有的认为刑事诉讼法的首要任务是揭露犯罪和惩罚犯罪，基本目标是有效控制犯罪。[①] 有的认为，“刑事诉讼法是人权保障法，是维护正当程序的限权法”，因而提出了“以正当程序保障人权”为刑事诉讼的单一目的理论。[②] 还有学者提出了“消解社会冲突”的观点。[③] 持“双重目的论”的学者，有的认为刑事诉讼的基本目的是“惩罚犯罪与保障人权的统一”。[④] 还有的将刑事诉讼的目的概括为实体真实与法律程序的统一。[⑤] 持“多元目的论”的学者，有的认为刑事诉讼目的包括三个方面：实现“实体真实”（实现刑法的价值）、保障人权、通过正当化的程序来实现“法和平性”。[⑥] 还有的将刑事诉讼的目的区分为浅层目的与深层目的（或者说低层次目的与高层次目的）两个层次。浅层目的包括根本目的和直接目的，根本目的是维护法治秩序和民主政治制度，直接目的是公正地实施刑法和公正地保障人权。深层目的是通过刑事诉讼实现自由、平等、公正和安全。[⑦]

我们认为，不论是刑事诉讼目的的单一理论，还是双重理论、多元理论，都从一定的角度揭示了刑事诉讼活动的特征。但是，探讨严格意义上的刑事诉讼目的，必须明确以下几个基本前提：

1. 应当从“目的”本身的概念出发来理解刑事诉讼目的。我国诉讼法学者大多以“目标”来定义刑事诉讼的目的，有学者认为：“所谓刑事诉讼目的，就是以观念形式表达的国家进行刑事诉

---

① 徐静村主编：《刑事诉讼法学》（上），法律出版社 1997 年版，第 66 页。

② 郝银钟：《刑事诉讼目的双重论之反思与重构》，载《法学》2005 年第 8 期。

③ 梁玉霞：《论刑事诉讼方式的正当性》，中国法制出版社 2002 年版，第 53 页。

④ 宋英辉：《刑事诉讼目的论》，中国人民公安大学出版社 1995 年版，第 84 页；陈光中、徐静村主编：《刑事诉讼法学》，中国政法大学出版社 2002 年版，第 38 页。

⑤ 李心鉴：《刑事诉讼构造论》，中国政法大学出版社 1992 年版，第 140 ~ 142 页。

⑥ 刘文、刘磊编著：《刑事诉讼原理研究》，厦门大学出版社 2007 年版，第 49 ~ 53 页。

⑦ 陈建军：《刑事诉讼的目的、价值及其关系》，载《法学研究》2003 年第 4 期。

讼所要期望达到的目标。”[①] 实际上，目的是意志的目的，“这种目的或者是在表象着的意志中的那内部的或主观的目的，或者是通过使主观的东西转化为客观性的活动中介而现实了的、已达成的目的”。“主观的目的实现于行为的结果之中，目的是行为的结果的灵魂”。[②] 显然，目的和目标二者的概念是不同的，目的是种概念，目标是属概念，目的具有普遍性的形而上学含义，而目标指的则是具体的东西，因此用目标代替目的，来界定刑事诉讼目的是不适当的。国家在刑事诉讼活动中，具体实施侦查、起诉、审判等行为，在这一过程中，国家实质上扮演了多重角色[③]，由于角色的不同，各阶段具体的诉讼目标也不一样，这些特殊的诉讼目标显然不能认为是整个刑事诉讼的目的。

同时，在现代法治社会中，立法者在设计刑事诉讼制度时，不能只考虑自身目的的实现，应当考虑到刑事诉讼各个参与者（包括政府、被告人、被害人等）的客观需要。必须注意，基于保护诉讼参与者尤其是被追诉者的利益，现代各国都提倡人权保障、正当程序，但是，这些并不是刑事诉讼活动的主要目的，而是刑事诉讼法（或者说是法律化的刑事诉讼制度）的目的，许多学者将所谓的“正当程序”、“人权保障”列为刑事诉讼的目的，实际上混淆了刑事诉讼与刑事诉讼法的目的的区别。

2. 应从历史角度看刑事诉讼目的的发展变化，应当分析现代法治国家的刑事诉讼目的，而不是历史各个阶段的刑事诉讼目的，

---

① 宋英辉：《刑事诉讼目的论》，中国人民公安大学出版社 1995 年版，第 5 页。

② ［德］黑格尔：《法哲学原理》，范扬、张企泰译，商务印书馆 1961 年版，第 20 页、第 119～120 页。

③ 对此，有学者指出，“刑事诉讼所展现的国家与个人之间的关系有两个方面，一是在实质意义上，国家与个人之间潜在的刑罚权的存在，决定了国家与个人之间的直接的对立关系：追究与被追究的关系，处罚者与被处罚者的关系；二是在形式上，国家作为冲突解决者主持审判活动，形成了裁判与被裁判的诉讼关系”。徐赫喃：《刑事诉讼中的国家、社会与个人——权力和权利分析》，中国政法大学博士论文（2004），第 72 页。

因为历史各个阶段的刑事诉讼目的是各不一样的。在古罗马弹劾式诉讼制度下，刑事诉讼目的与民事诉讼目的一样，均为了纠纷的解决。但是，在纠问式诉讼模式下，控审不分，被告人成为被追诉的客体。刑事诉讼的目的就在于不计代价、不择手段、穷追猛打式的发现实体真实，进而惩罚犯罪。在现代各国混合式的诉讼模式下，单纯侧重打击犯罪的诉讼目的，被恢复法的和平性以及法秩序所代替。

3．应当兼顾当代两大法系各个国家的共同目的，而不能局限于某个国家的刑事诉讼目的。在理论上，刑事诉讼目的应当具有普适性。当然，我们并不否认各国立法者在设置自己的刑事诉讼制度时所持有的目的观之间的差异性。毕竟，刑事诉讼目的有应然目的和实然目的之分。

4．要区别各种诉讼（包括民事诉讼、刑事诉讼、行政诉讼）的共同目的与每一种诉讼直接目的的独特性。一般认为，纠纷的解决是每一种诉讼的共同目的，只不过每种诉讼所解决的纠纷标的不同，刑事诉讼解决的是国家与被告人之间的矛盾；民事诉讼解决的是平等的民事主体之间的矛盾；行政诉讼解决的是政府与行政相对人之间的矛盾。实际上，纠纷的解决目的只是表象，各种纠纷的解决都是为了恢复法的和平性以及法秩序。当然，因为不同的诉讼所解决的矛盾之不同，各种诉讼有着不同的直接目的，民事诉讼是为了保护私权、行政诉讼为了审查行政行为的合法性，而刑事诉讼就是为了确认国家刑罚权的有无。可以说，三种诉讼形态以不同的方式实现恢复法的和平性和法秩序。

基于上述四个前提，我们认为，现代法治国家刑事诉讼目的应当是通过确认国家刑罚权的有无，从而实现实体法，恢复法的和平性以及法秩序。而刑事诉讼法的目的则在于，一方面，促进真实的发现①，实现刑事诉讼目的；另一方面，则设定诸多权力限制、权利保障条款，通过正当法律程序来限制刑事诉讼目的的实现。显然，正当程序本身并非刑事诉讼的目的，只不过是通过对程序利益的保障，使刑事诉讼制度得以正当化。

二、刑事诉讼目的观决定刑事强制措施制度

刑事诉讼目的具有一定的宏观指导性，国家设置具体的刑事诉讼制度时，总是在一定的目的论的指导之下进行的，目的不同，则立法者所设计的诉讼结构、具体制度、诉讼权利（权力）的配置、价值取向以及各个目标的和谐程度等方面就会有所差别。

具体而言，刑事诉讼为了达成确认国家刑罚权的有无，实现实体法、恢复法秩序的目的，必须以每一个诉讼案件为基础，因为，诉讼意义上的案件由犯罪人和犯罪事实两个最为基本的部分所构成，其中犯罪人是实体法适用的对象，而犯罪事实是实体法适用的前提。为了实现刑事诉讼的目的，侦诉机关、裁判机关都会采取刑事强制措施，排除查获犯罪人、犯罪证据方面的障碍。基于不同的刑事诉讼价值观，各国刑事诉讼立法者往往对刑事强制措施的制度设计会有所不同。侦查、起诉、裁判机关依据自身所承担的诉讼职能的不同，在适用刑事强制措施制度时，也往往采取不同的方式实现刑事诉讼目的。

那么，刑事诉讼目的观对刑事强制措施的决定作用主要表现在哪些方面呢？我国学者李忠诚博士曾指出，“刑事诉讼目的决定强制措施种类的数量”。具体而言，他认为，“一般而言，在侧

---

① 发现真实并非仅是“职权主义”国家的“专利”，在采“当事人主义”诉讼模式的国度中，如英美法系，发现法律意义上的真实仍为其刑事诉讼孜孜以求的目标，职权主义与当事人主义所不同的，仅是在于对哪一种制度较能达成“发现真实”的认知不同罢了，在英美法系国家，发现真实仍被视为刑事审判的主要目的，只是其认为采当事人主义，更能达到发现真实的目的。［美］丹尼尔·傅特：《当事人进行主义——日本与美国》，王兆鹏译，载《法学丛刊》第174期。

重追求惩罚控制犯罪实现国家刑罚权的刑事诉讼目的支配下，刑事强制措施的种类就比较多，立法者规定了与罪轻罪重、人身危险大小相适应的各种不同的强制措施，以求刑事措施种类齐全以便更好地发现犯罪事实惩罚控制犯罪。而在侧重于保障犯罪嫌疑人、被告人人权的刑事诉讼目的支配下，刑事强制措施的种类相对较少”。① 我们认为，这一观点过于武断，刑事强制措施种类多并不意味着倾向于犯罪控制目的，而强制措施种类少也并不意味着侧重人权保障。仅以意大利和我国对人身自由的刑事强制措施为例，可以明显看出这一点。《意大利刑事诉讼法典》将刑事强制措施的规定单独成编，也就是该法典的第四编“防范措施”，该编第一章规定的人身防范措施具体可分为强制措施（禁止出国、向司法机关报到、居住的禁令、住地逮捕、预防性羁押）、禁止性措施（专门适用于无期徒刑和三年以上有期徒刑的犯罪，包括暂停行使父母的权利、暂停行使公共职务或者服务、暂时禁止从事特定的职业活动或经营活动）。此外，人身防范措施还规定了临时适用的保安处分。相比而言，我国的对人身自由的强制措施仅为拘传、拘留、逮捕、取保候审、监视居住等五种。依此就能说明，我国更为强调正当程序、人权保障，而意大利更倾向于犯罪控制吗？显然不能。

李忠诚博士还指出，“刑事诉讼目的决定强制措施的条件”；“如果统治阶级的刑事诉讼目的侧重于尊重程序，保障人权，则强制措施的条件控制就相对严格一些，尤其是对羁押条件更是如此。如果统治阶级的刑事诉讼目的侧重于实体真实、惩罚犯罪、实现刑罚权，则强制措施的条件就可能宽松一些，使得一些涉嫌犯罪的人

---

① 李忠诚：《刑事强制措施制度研究》，中国人民公安大学出版社 1995 年版，第 71 ~ 74 页；朱晓法：《刑事强制措施与刑事诉讼目的》，载《中国刑事法杂志》2000 年第 4 期。

都进入强制措施的范围。”① 此外，李忠诚博士认为，“刑事诉讼目的决定适用强制措施主体范围的大小”，“如果刑事诉讼目的倾向于犯罪控制模式或实体真实主义，适用强制措施的主体范围就相对大一些。如果刑事诉讼目的倾向于正当程序，则较多强调司法权的专属性和制约，借以保障人权，因此适用强制措施的主体范围就相对小一些。”② 我们认为，这种观点过于笼统，值得商榷。原因在于，刑事强制措施很显然不仅仅包括那些较为严厉的手段，诸如羁押等，还包括一些较温和的手段，典型的表现就是保释。因为保释本身既包括无条件保释，还包括附条件保释（具体条件有缴纳保证金、接受电子监视器的监视，等等）。附条件保释的强制性虽不是直接的，但在某些情况下甚至不亚于羁押措施。一般认为，大陆法系的羁押适用比例较高，而英美法系，保释的比率较高，保释在英国的适用率达到了90%以上。但是，不论是剥夺人身自由的羁押，还是限制人身自由的保释，都构成刑事强制措施的适用。总体而言，在西方国家，适用刑事强制措施的主体范围都是比较大的，从某种意义上讲，西方国家刑事强制措施的适用范围与我国的差别并不大。所以，笼统地认为，刑事诉讼目的观决定了刑事强制措施的适用范围大小是不合理的。准确地来讲，刑事诉讼目的观决定的是像羁押这样的较为严厉的强制措施的适用范围和条件，而不是所有的强制措施。以犯罪控制为刑事诉讼目的观的国家中，较为严厉的强制措施适用范围要比以人权保障为刑事诉讼目的观的国家大得多；相反，后者适用较轻的强制措施的频率要比前者高得多。

因此，一国刑事强制措施设置究竟体现犯罪控制抑或人权保障的刑事诉讼目的观，不在于刑事强制措施本身种类多少，而在于刑事强制措施的体系是否合理（即轻重层次分明等）、刑事强制措施

---

① 李忠诚：《刑事强制措施制度研究》，中国人民公安大学出版社1995年版，第72页。

② 同①引，第73页。

适用范围是否恰当以及适用条件是否体现比例原则；对较严厉的刑事强制措施适用范围大还是较轻的刑事强制措施适用范围大；较严厉的刑事强制措施与较轻的强制措施之间相互变通的灵活性大小，等等。

三、刑事强制措施是实现刑事诉讼目的的保障

国家基于刑罚权取得了诉权，并派生出刑事诉讼中的强制措施。国家在立法赋予侦查机关、检察机关刑事强制措施实施权时，必然要考虑满足追诉犯罪的需要。追诉犯罪得以实现的重要前提就是发现犯罪事实。刑事强制措施在保障司法机关发现真实这一目的上，主要表现在消极层面上，而不是积极层面。正如本书在第一章论及刑事强制措施本质时提到的那样，为保全行为人的刑事强制措施，在保证被追诉者接受审判、执行的同时，也在客观上防止了被追诉者实施破坏证据、干扰证人作证、串供等行为。同时，追诉机关为了搜集、保全证据，厘清犯罪事实，在刑事诉讼中当司法机关手中所掌握的证据不足以厘清犯罪事实时，侦查就产生阻碍，而需动用保全犯罪证据的刑事强制措施来加以排除，这类为排除查明犯罪事实障碍的措施包括搜查、扣押、监听、人身检查等，此类刑事强制措施是直接地以发现真实为目的的。

值得注意的是，刑事强制措施在保障刑事诉讼目的得以实现的方式上，并不是传统观点所认为的一概积极地实现。刑事强制措施应当以排除障碍的方式来保障诉讼的顺利进行，使刑事诉讼目的得以实现。在某种程度上，刑事诉讼过程中，出现障碍时才能采取刑事强制措施，没有障碍就不能实施强制措施。在明确刑事强制措施本质的基础上，还要将刑事诉讼中的“认知程序”与强制措施的适用分开。刑事认知程序主要由侦查机关、检察机关主导，这一认知程序以强制措施为后盾，但是，这并不是说，刑事认知程序的每一个环节都要实施刑事强制措施。原则上，在没有出现认知障碍的情况之下，应当适用任意措施，查明案件事实；相反，出现了认知

障碍，确有必要，才需实施刑事强制措施。如果在刑事认知程序的每一个环节，都以实施刑事强制措施为手段，那就是不计代价、不择手段、穷追猛打式的发现真实，这种刑事强制措施实施手段虽然是为了实现刑事诉讼目的，但是最终却违背了刑事诉讼目的。①

四、刑事强制措施正当化制约刑事诉讼目的的实现②

刑事诉讼活动是由国家所主导的司法活动，因此，刑事诉讼的目的在于最大限度地通过确认国家刑罚权的有无，从而恢复法的和平性和法秩序。在这个意义上，人权保障不是国家展开刑事诉讼活动的初衷，不是刑事诉讼的基本目标。但是，现代法治国家的立法者在制定刑事诉讼法的时候，不能仅考虑实现国家的职能，置被追诉者的利益、甚至其他社会利益于不顾。刑事诉讼法在保证刑事诉讼活动实现实体法的同时，也为这一目的实现设置了边界：通过正当程序保障诉讼参与人，尤其是被追诉者的诉讼权益。

通过正当程序所设置的人权保障边界在刑事强制措施中表现得尤为明显，毕竟，刑事强制措施是国家公权力干预公民（尤其是被追诉者）基本权益最为突出的表现。如何控制这种刑事强制处分权的扩张是任何一个法治国家刑事诉讼法予以关注的重要内容。

---

① 我国台湾学者陈志龙教授指出，“诸如羁押等强制措施虽然说是与刑事追诉目的有关，也只能说其是‘附带目的’，他绝对不是认知程序的主要目的，更不容许以羁押为侦查的手段。羁押只能作为防止侵害侦查的一种‘消极’侦查目的，但毕竟侦查的目的系‘积极地’去收集证据、调查证据，所以二者性质并不相同”。陈志龙：《检察官与羁押犯嫌》，载《宪政时代》第21卷第2期。

② 我国学者李忠诚博士认为，“刑事诉讼目的以观念的形态存在，而强制措施是以实在形态存在的。刑事诉讼目的的形成与发展决定于统治阶级的物质生活条件，物质生活条件的变化，其刑事诉讼目的也随之相应地变化，而强制措施则要经过一定的立法程序才能制定和修改，具有相对的稳定性。未变化的强制措施就对变化了的刑事诉讼目的的实现起着制约作用。也就是说，强制措施制度变化的滞后性就对刑事诉讼目的起制约作用”。李忠诚：《刑事强制措施制度研究》，中国人民公安大学出版社1995年版，第78～79页。笔者认为，是刑事强制措施正当化制约刑事诉讼目的实现，而不是刑事强制措施本身制约了刑事诉讼目的的实现。

刑事强制措施制度中的人权保障内涵，制约了刑事强制措施制度实现刑事诉讼目的的功能。换句话说，就是刑事强制措施正当化构成刑事诉讼目的实现的限制。

具体而言，不能以保全行为人的刑事强制措施来积极地获取犯罪证据，就明显体现了正当化的刑事强制措施制度对刑事诉讼目的实现的制约。为保全行为人的刑事强制措施，在保证被追诉者接受审判、执行的同时，也防止破坏证据、干扰证人作证、串供等行为。但是，司法机关绝不能仅仅为了获取犯罪证据而实施逮捕、羁押等限制、剥夺人身自由的刑事强制措施。赫伯特·帕卡（Herbert Packer）所描述的犯罪控制模式即主张，对于有前科的人，发现与前科犯所犯罪行同种罪行发生时，也可以实施逮捕；某人行为显示其即将实施犯罪，也可以为了讯问而实施逮捕，目的在于阻止相关人员实施犯罪行为。① 这种手段，实际上在保障公民基本权益的正当程序之下是不允许的。很显然，被追诉者可能是最好的获取证据相关信息的来源，通过羁押讯问获取口供可能是发现证据最为有效的手段，如果加以限制，明显就构成实现刑事诉讼目的的障碍。

对于搜查、扣押、身体检查等保全犯罪证据的刑事强制措施而言，保障人权的正当法律程序往往设置一定的证据门槛，并要求执法者只能在采取任意措施无法达到认知目的的情形之下，才允许实施刑事强制措施来排除认知上的障碍。这实际上也构成达致刑事诉讼目的一种限制。毫无疑问，刑事认知程序的每一个环节都能实施刑事强制措施，当然便利执法者发现真相。对于电子监听能否被运用于刑事程序中，帕卡所描述的犯罪控制模式，认为电子监听在当今是打击有组织犯罪的不可避免的犯罪调查手段，而且，警察利用电子监听调查犯罪，不应有任何限制。对监听的司法控制对于防止

---

① Herbert Packer, *The limits of the criminal sanction*, *Stanford University Press*, 1968, PP. 175 – 178.

执法人员过于热衷此项活动，是不奏效的。而正当程序模式则认为，基于保护宪法第四修正案中“隐私权”保护的需要，在任何情况下，无论何人实施的电子监听都是违法的。即使无法避免适用电子监听，其运用也应缩减到最小的范围内，应仅限于相当严重的犯罪才可适用。而且，采取“令状主义”实行严格的司法控制也是绝对必要的。

此外，对于违背正当程序实施刑事强制措施所获取的证据进行排除，甚至驳回基于非法证据提起的诉讼，也限制了真实的发现，相应地，也体现了刑事强制措施正当化对刑事诉讼目的实现的制约。帕卡所描述的犯罪控制模式认为，非法搜查所获取的证据只要与其他证据相印证，确属真实，即可运用。而正当程序模式则认为，要减少非法搜查等行为的发生，对被害人适当救济，应当剥夺因为非法行为取得证据可能产生的任何利益。

总之，从某种意义上讲，包括令状主义、证据排除在内的体现人权保障理念的正当法律程序构成刑事强制措施实施的边界，这一边界在保障被追诉者乃至每一个公民的同时，也制约了刑事强制处分权的无限扩张，同时，在一定程度上阻碍了司法机关确认行为人身上的国家刑罚权的有无，导致事实上被破坏的社会秩序难以在法律上予以恢复。

第二节　刑事强制措施与刑事诉讼构造

所谓刑事诉讼构造，是指由一定的诉讼目的所决定的，并由主要诉讼程序和证据规则中的诉讼基本方式所体现的控诉、辩护和裁判三方的法律地位和相互关系。① 刑事诉讼构造与刑事诉讼目的有着十分密切的联系。一般认为，刑事诉讼目的决定刑事诉讼构造，刑事诉讼构造反过来又影响和制约刑事诉讼目的的实现。作为具体

① 李心鉴：《刑事诉讼构造论》，中国政法大学出版社 1992 年版，第 7 页。

诉讼制度的刑事强制措施设置，不仅受到刑事诉讼目的观的影响，而且会受到不同的刑事诉讼构造的制约。因为，相同的刑事诉讼目的观指引下，会有着不同的诉讼构造，不同的刑事诉讼构造之下，又会有着不同的刑事强制措施设置。

刑事诉讼构造理论，是通过建立理想模型的方法，获得对诉讼程序进行认识、描述、分析和评价的工具。诉讼程序发展史上，一直有众多的学者对刑事诉讼构造进行着探索，试图建构完善、精美的模型。有学者对历史上所存在的若干诉讼模式理论进行了归纳，认为西方诉讼模式理论的发展大致经历了三个阶段。① 首先是法国著名学者埃斯梅恩（Esmein）在其《大陆刑事诉讼法史》中提出的三分理论，即诉讼模式可以分为弹劾式诉讼、纠问式诉讼和混合式诉讼②；其次是美国学者帕卡在对该国刑事诉讼实践归纳得出的两分法理论，即犯罪控制模式和正当程序模式③，当然，针对这种理论，许多学者提出了各种各样的质疑④，而且，其本身能否算是关于刑事诉讼模式的概括也存有疑问，但是，无可置疑的是，帕卡

① 易延友：《陪审团审判与对抗式诉讼》，台湾地区三民书局2004年版，见该书“绪论”部分。

② *A. Esmein*, *A History of Continental Criminal Procedure*: *With Special Reference to France*, translated by John Simpson, The Law Book Exchange, Ltd., New Jersey, 2000. 我国多数教科书介绍刑事诉讼历史发展过程，多结合社会发展阶段来介绍这三种诉讼模式的演变。当然，在我国，还有学者归纳出职权主义和当事人主义，但是从内涵上讲，与弹劾式诉讼、纠问式诉讼差异并不大。

③ Herbert Packer, *Two Models of the Criminal Procedure*, 113 U. PA. L. Rev. 1 (1964). Herbert Packer, *The limits of the criminal sanction*, Stanford University Press, 1968.

④ 如Griffiths, *Ideology in Criminal Procedure or A Third "Model" of the Criminal Process*, 79 Yale L. J. (1970); Abraham Goldstein, Reflections on *Two Models Inquisitorial Themes in American Criminal Procedure* 26 Stan. L. Rev. 1009 (1974); Mirjan Damaska, *Evidentiary Barriers To Conviction And Two Models Of Criminal Procedure*: *A Comparative Study*, 121 U. Pa. L. Rev. 506, 1973; Kent Roach, *Four Models of the Criminal Process*, The Journal of Criminal Law &Criminology (1999). 对于这些批评，可参见张泽涛：《反思帕卡的犯罪控制模式与正当程序模式》，载《法律科学》2005年第2期；李心鉴：《刑事诉讼构造论》，中国政法大学出版社1992年版，具体见该书第二章“美国刑诉模式学说”。

的两分法在美国甚至在整个世界范围内引起了一场关于刑事诉讼构造的大讨论，在这场讨论中，学者们大多总结、批判前人对刑事诉讼构造的研究，综合可能影响到刑事诉讼构造的诸多因素，最后提出自己的见解①。当然，最为精致的就是美国学者米尔伊安·R·达玛什卡提出的四分理论②，达玛什卡将诉讼构造背后的国家意识形态和权力结构形式等问题，引入到刑事诉讼构造的分析之中，提出诉讼模式大致可以分为：科层型权力组织的政策实施程序、科层型权力组织的纠纷解决程序、协作式权力组织的纠纷解决程序、协作式权力组织的政策实施程序四种。

的确，正如达玛什卡所言，所谓抗辩式诉讼与审问式诉讼（或者说职权主义与当事人主义）这类术语，除了在核心涵义上具有一致性，在很多方面存在着不确定性。“每一个标签都指涉着若干套由各种特点的不同组合构成的特性集合，而这些不同的特点组合之间有时甚至是彼此矛盾的”，“抗辩式诉讼究竟在多大程度上会屈从于当事人的自愿？在审问式诉讼程序中，官方的控制究竟有多普遍？这些问题的答案都是很不清楚的。”③ 那么，相应的，所谓的混合式诉讼蕴涵多少抗辩式诉讼因素、多少审问式诉讼因素就更是一笔糊涂账。对于帕卡的两分法，诸多的质疑甚至包括帕卡本人也称，他的理论“非模式（model）而是视角（perspective）或

① Griffiths 提出的争斗模式和家庭模式，Griffiths，*Ideology in Criminal Procedure or A Third “Model” of the Criminal Process*，79 Yale L. J.（1970）；Goldstein 的弹劾模式和纠问模式，Abraham Goldstein，*Reflections on Two Models Inquisitorial Themes in American Criminal Procedure* 26 Stan. L. Rev. 1009（1974）.

② Mirjan Damaska，*Evidentiary Barriers To Conviction And Two Models Of Criminal Procedure：A Comparative Study*，121 U. Pa. L. Rev. 506，1973. Mirjan Damaska，*Faces of Justice and State Authority*，Yale University，New Haven and London，1986. 中译本参见［美］米尔伊安·R·达玛什卡：《司法和国家权力的多种面孔——比较视野中的法律程序》，郑戈译，中国政法大学出版社2004年版。

③ ［美］米尔伊安·R·达玛什卡：《司法和国家权力的多种面孔——比较视野中的法律程序》，郑戈译，中国政法大学出版社2004年版，第5页。

者解释”①。也就是说，帕卡对于美国刑事司法实践的归纳虽然包含着相当的诉讼构造色彩，但是，更蕴涵着一定的诉讼目的观。因此，所谓的三分法和帕卡的两分法对于评价、分析具体的诉讼制度有着一定的局限性。基于此，达玛什卡提出引入国家意识形态和权力结构层次等诉讼模式背后的因素分析欧陆诉讼制度与英美诉讼模式的区别，我们认为，达玛什卡所提出的这种细致入微的分析方法有助于探明两大法系刑事强制措施制度的区别。②

一、国家权力结构：科层型权力结构与协作型权力结构中的刑事强制措施

按照程序背后的国家权力行使的主体及其相互关系、决策方式的不同，达玛什卡将法律程序分为科层理想型程序和协作理想型程序。在科层理想型的权力结构中，官员是职业化的，遵循自上而下的等级序列；对于技术性决策严格要求；权力主体的自由裁量权受到严格限制，下级官员的决策受到上级严格的常规、全面的审查。恰恰相反，在协作理想型的权力结构中，官员非职业化，权力掌握在临时官员手中，权力在平等的外行官员之间平行分配，上级对下级决策的审核是例外，外行官员无需遵从技术性规范（即使有此类规范），而适用着实质正义的标准，相应的，外行官员手中把持

① What does Packer give us ? Not “Models”, surely , but perhaps “perspectives” or “interpretations”. John Griffiths, *Ideology in Criminal Procedure or A Third “Model ” of the Criminal Process*, 79 Yale L. J. (1970), P362.

② 当然，刑事诉讼构造不仅表现在横向的构造上，还表现在纵向的构造之上。我国有学者对此做过精辟的分析，该学者指出，从纵向来看，西方各国的诉讼程序大体上都具有“以裁判为中心”的构造模式，而相比之下，中国的刑事诉讼程序则具有“流水作业式”的构造模式（陈瑞华：《刑事诉讼的前沿问题》，中国人民大学出版社 2000 年版）。这样的纵向构造区别，也对刑事强制措施制度有着重要的影响。尤为重要的表现在于，“以裁判为中心”的构造模式下遵循司法机关最终裁决原则，剥夺、限制公民基本权益的刑事强制措施的决定权自始至终掌握在法院手中，而在“流水作业式”的构造模式下，强制措施的决定权被追诉机关和裁判机关按照起诉前和起诉后两个不同阶段分而治之。

着较大的自由裁量权。大陆法系国家的法律程序背后的权力构造更类似于达玛什卡所指称的科层型；而英美法系国家的程序性结构更加类似于协作型。

在不同的程序权力结构之下，法律程序的运转方式会有所差别，科层型程序结构强调上级对下级的监督，“上级的审查不仅是常规的，而且是全面深入的”①。这一因素往往会影响到刑事强制措施的具体运用，尤其是羁押措施。为了防止被追诉者逃避追诉、破坏证据、干扰证人作证，下级官员在审查羁押的适用时，往往会考虑到上级监督的存在，在能够不用非羁押措施的场合，下级官员会宁愿不用非羁押措施，因为，将被追诉者予以释放所带来的风险本身很难预测，被追诉者逃跑或者破坏证据会被用来证明下级官员决策的错误。大陆法系上下级法院之间严格的监督机制，不能不说是大陆法系羁押率高于英美法系的一个重要因素。相比而言，英美法系国家，外行官员拥有较大的自由裁量权②，尽管英美法系国家也有审级的监督，但是，这里的监督相比大陆法系要弱得多。可以说，英美法系的治安法官有着更大的裁量权来考虑与案件相关的因素，包括被追诉者个人的情况，给予被追诉者以保释，而不用担心被认定为决策错误。正如达玛什卡所言，对于协作式机构中的外行人士而言，“他们宁可选择有人情味的混乱，也不愿选择冷酷的逻辑一致性”。③

在科层型的法律程序之中，官方程序具有排他性，官僚机构的排外作风往往会抑制私人的程序行动。④ 在大陆法系科层型刑事司

---

① ［美］米尔伊安·R·达玛什卡：《司法和国家权力的多种面孔——比较视野中的法律程序》，郑戈译，中国政法大学出版社2004年版，第74页。

② 达玛什卡认为，尽管在英美法系协作型的程序中，存在着一些复杂的技术性规则，但是，“技术规则上的精巧并不能防止实质正义标准对审判过程的影响”。参见达玛什卡书，同①引，第97页。

③ 同①引，第43页。

④ 同①引，第81~82页。

法程序中，对被追诉者的权利限制较多，而且不善于发动被告人参与刑事诉讼程序，因此，不论是为了排除来自行为人方面的障碍而实施的强制措施，还是对排除犯罪事实方面的障碍而对被追诉者予以限制的强制措施，都较协作型刑事程序实施频率较高。这主要表现在大陆法系职权主义国家的保释适用率低。也就是说，职权主义国家存在着一种对当事人不信任的倾向，设置较多的限制自由的强制措施，防止被告人实施破坏证据、干扰证人的行为。相对而言，协作型的英美司法程序，善于发动被告人方去搜寻证据，而且对其主动性要求也高，所以保释适用率高。而且，在协作型司法程序中，存在一种天生的对国家权力不信任的观念，尤其对国家权力限制公民基本权益的手段，设置了较多的限制。相反，从保护被追诉者的角度，并没有规定较多羁押被告人的强制措施，他们强调判决前的羁押是例外，而释放应当是原则。而且，关于搜查等的规则数量也很多。毕竟关于搜查的规范主要是限制国家权力的，被告人方调查证据往往限制较少。当然，两种不同理念支配之下的刑事强制措施设置，也体现了不同的诉讼权力理念，即究竟是对被追诉者不信任，还是对追诉者的不信任，这在不同的诉讼权力结构中往往表现不一。很显然，科层型刑事司法程序中，往往是对被追诉者不信任的因素较多；而在协作型刑事司法程序中，则体现了较多的对追诉者的不信任。

此外，由于科层型司法程序中，官方行为排斥私人的程序行动，律师在刑事诉讼中的参与往往就会受到抑制；相反，在协作型司法程序中，外行官员“没有对官方领域和私人领域作出明确的界分”，“协作型机构倾向于依赖私人当事人去准备供审判时考虑的材料”。律师往往作为私人的代表，在刑事程序中，发挥着很大的作用，这一点对于保护被强制处分者的诉讼权利而言，有着十分重要的意义。

二、法律程序的目的：纠纷解决型程序与政策实施型程序中的刑事强制措施

对国家与社会的关系的讨论是中西方政治学理论中的一个重要话题，在处理国家与社会的关系中，政治学家往往在建构最小国家和全能型国家之间争论不休。在奉行干预主义的政治原则中，政府被赋予一种全摄性的职能，允许它的触角伸展到社会生活的所有领域；而在有限政府的意识形态中，国家的职能限定在维持社会均衡上。就司法与国家的职能而言，如果把政府视为一个社会的总管，那么司法活动就必须致力于贯彻国家的纲领、执行国家的政策；相反，如果政府仅仅负责维持社会的平衡，司法的目的就必然同解决冲突和纠纷联系在一起。在回应型国家中，程序被设计为以私人竞赛为特征，以纠纷解决为目的；在能动型国家中，程序则被赋予官方调查的特征，以达到政策实施的目的。两者分别被命名为纠纷解决型程序与政策实施型程序。①

在纠纷解决型的法律程序中，程序规则仅仅是当事人应当遵守的一种守则，而不是出于其他目的而设置的规则，相反，在政策执行型程序中，程序规则往往成为达致实体目的的工具，程序法成为陪衬。显然，在政策执行的模式中，刑事强制措施也可能成为追诉机关发现真实的工具，即使刑事诉讼法中对刑事强制措施规定得再完美，也只会留于虚置。最严厉的手段，往往是获取证据最为有效的手段，这些手段往往会被追诉机关使用到极致。此外，刑事强制措施甚至可能被用来达成程序外的目的的工具，比如预防重新犯罪、社会治理等。

在纠纷解决型的程序中，国家存在的唯一任务就是维护平等对抗并作出公正的裁判。整个诉讼程序由控辩双方当事人主宰。裁判

① 陈颖淑："'教授野心的披露'——一出程序类型学的精彩大戏"，http://www.chinapublaw.com/gfsp/200553164026.htm.

者主要依赖当事人和他们的协助者完成自身使命。裁判者在这样的程序中，没有必要积极主动地发现真实，所谓的案件真实是双方当事人对抗的结果而已，一切将当事人视为信息来源的作法是不能容忍的。相反，在政策执行模式中，司法官员成为整个诉讼程序的主宰，他们（尤其是裁判者）有责任为自己的案件裁判提供真实可靠的依据。因此，政策执行模式的诉讼程序很容易将当事人转变为信息的提供者。在这样两种不同的目的观指导之下的刑事强制措施，往往有着很大的差异。在自治平等的纠纷解决型程序中，虽然不能排除为了保障诉讼顺利进行，限制、剥夺被追诉者的基本权益，但是，可以排除追诉者以获取证据为目的，而对被追诉者实施羁押等剥夺或限制人身自由的强制措施。而在政策执行型程序中，这种状况可能屡见不鲜。

三、我国科层型权力组织的政策实施型程序中的刑事强制措施

毫无疑问，由于我国几千年的集权统治和新中国成立初期仿效苏联的高度计划体制，国家权力对社会每一个角落的干预存在一种惯性。虽然，随着20世纪90年代以来的社会主义市场经济的迅速发展，市场机制的逐步形成，将社会及其个人逐步解脱出来，但是，国家权力对社会各个方面的介入依然十分强大。如果说我国解放初期，国家是在改造社会，而现如今就是在“改革”社会。可以说，国家干预社会的力度降低了，但是，我国依然可以列入能动型国家序列之中，新中国建立以来的政策实施型的刑事诉讼结构依然没有改变。而且，我国实行职业化、科层式的司法官员制度，这不仅表现在公安、检察机关内部，而且在法院体制之中也有着明显的体现。虽然，在司法机关内部还是没有达到完全的职业化，但是，职业化、精英化已经成为理论界、实务界共同追求的目标，这种模式与英美法系国家基层司法体系中的外行人员作为官员执法的路子迥然不同。总体来看，我国的刑事诉讼模式属于达玛什卡笔下的科层权力组织的政策实施型程序。

严格的科层制下的司法官员在办案时，往往严格遵守法律的规定，防止上级官员的审查对其带来的不利后果。即使法律本身留下了较大的裁量空间，司法官员执法时也往往选择有利于自身利益的决策。这一点在我国检察机关审查批捕实践中表现得尤为明显。我国的逮捕标准虽然较高，但是并不意味着对于逮捕措施，执法者没有裁量权。根据我国《刑事诉讼法》的规定，适用逮捕必须同时满足三方面的要件，即证据要件、刑罚要件和必要性要件。前两个要件相比第三个要件更为严格。某种意义上，必要性要件就是赋予批捕者的裁量权。但是，在司法实践中，多数执法者却很少考虑这一“社会危险性”条件。据统计，2002 年，北京市某区经侦查机关提请但未被批准逮捕的犯罪嫌疑人共 33 人。其中，证据不足、事实不清的占 64%；情节显著轻微不构成犯罪的占 15%；无逮捕必要的占 21%。①

我国刑事诉讼活动的政策执行目的在司法实践中也有着十分明显的体现，这一目的实际上有时甚至取代了刑事强制措施应有的诉讼保障目的。我国刑事政策中最常见的就是“严打”。“严打”这一刑事政策对刑事强制措施的影响，我国许多学者对其都有相关的论述，孙长永教授认为，“持续不断的‘严打’斗争和专项打击活动，进一步强化了侦查、起诉机关对羁押手段的依赖，从而导致羁押的普遍化”。② 陈卫东教授等也指出，我国三次“严打”中都出现的公开逮捕问题。在“严打”开始后，各地普遍实行公开逮捕，甚至还有地方将犯罪嫌疑人游街示众或者在媒体上曝光。③

总之，科层制的权力结构与政策执行模式有着某种程度上的一致性，科层制保障了政策自上而下的执行，政策也往往只有在科层

---

① 岳金矿、侯晓焱：《从实证角度谈我国取保候审制度的适用和完善——兼以英国的保释制度为借鉴》，载《检察日报》2004 年 12 月 13 日第 3 版。

② 孙长永：《比较法视野下的刑事强制措施》，载《法学研究》2005 年第 1 期。

③ 陈卫东、石献智：《刑事政策在刑事司法中的地位和作用》，载《江海学刊》2002 年第 5 期。

制的权力结构中才能得以有效实现。科层式的、政策实施型的刑事诉讼构造为我国刑事强制措施偏离其本质追求埋下了伏笔。

第三节　刑事强制措施运作的模式分析

在不同刑事诉讼价值观与诉讼构造的影响之下，刑事强制措施往往会形成不同的运作模式。我们在归纳各国刑事强制措施立法和实践的基础上，根据其特点，大致可以分为保障型和追诉型两种运作模式①。但是，这两种刑事强制措施运作模式都只是理想化的，世界上没有任何一个国家完全属于这两种模式的一种。受到各种不同因素的影响，许多国家的刑事强制措施立法与实践（或者说在不同的历史时期）都在两种模式之间摇摆不定，具备两种运作模式的某些特征。

一、刑事强制措施的保障型运作模式

所谓刑事强制措施的保障型运作模式，是指基于诉讼保障的目的，而展开的刑事强制措施模式。在保障型模式下，刑事强制措施的目的单一，不允许以其他目的来实施刑事强制措施。正因为这种模式下的刑事强制措施只具有保障的单一目的，所以，在没有出现障碍的情形之下，刑事强制措施不能被发动。因此，保障型运作模式中，刑事强制措施是消极、被动地发动的，当然，这并不是说强制措施不是依照职权而发动，而是表明刑事强制措施是受限制的。在保障型的运作模式之下，刑事强制措施的运转也是理性的，整个刑事强制措施的体系呈现多元化，为了促使保障目的的实现，刑事强制措施的种类齐全、层次分明、体系完整、结构严谨、宽严相济、目标统一。也就是说，每一类强制措施内部，轻重有别，既有

---

① 当然，刑事强制措施作为促进刑事诉讼目的实现的诉讼机制而言，尤其是侦诉机关适用，必然具有追诉的功能，但是这里的追诉型运作模式只是相对而言。

较重的强制措施，如羁押、监听等，也有较轻的强制措施，诸如保释和盘查等；既有剥夺基本权利的强制措施种类，也有限制基本权利的强制措施种类。而且，每一种刑事强制措施所适用的对象、范围十分明确，司法机关不是模糊地对具体情形不加区分，一概适用同样的强制措施。相反，司法机关针对不同的对象、在不同的法定条件下，依据比例原则，适用不同种手段的刑事强制措施，以显示刑事强制措施本身的限度。

基于刑事强制措施的保障目的，为了慎重适用，刑事强制措施的决定权必须保留在作为裁判机关的法院手中。由于裁判机关的中立性，可以保证刑事强制措施保障目的的实现，促进刑事强制措施适用的理性化。在保障型运作模式下，不允许追诉机关掌控刑事强制措施的决定权。即使追诉机关有着所谓的客观义务，在追诉利益的影响之下，作为追诉机关的侦查机关和公诉机关往往会突破刑事强制措施的保障目的，或者说，即使在保障目的限度内适用刑事强制措施，往往也会突破刑事强制措施的适用限度。

在刑事强制措施的保障型运作模式中，遵循无罪推定的原则，被强制处分者被视为无罪者，其基本权利，尤其是程序性权利受到充分的保障。为了促进刑事强制措施仅仅在保障范围内适用，保障型运作模式下，立法者往往赋予被强制处分的对象以各种权利，来对抗国家强制处分权的行使。尤其是被处分者认为刑事强制措施本身不合法、不合理时，被强制处分者有权要求强制措施的实施者予以纠正，请求有关机关对强制措施的实施者给予各种方式的制裁。

总之，在刑事强制措施的保障型运作模式中，既要遵循实体正义的原则，也要遵循程序正义的基本理念。当然，这些最为基本的原则都是为了促进刑事强制措施的保障目的最终得以实现。

二、刑事强制措施的追诉型运作模式

在刑事强制措施运作的另外一个极端就是追诉型运作模式。这种模式中，刑事强制措施以追诉利益的实现为目的。围绕追诉目

的，刑事强制措施的运作往往又呈现出一些与保障型运作模式不同的特征。

在运用刑事强制措施实现追诉目的时，由于追诉机关往往还同时担负着其他的国家职能，刑事强制措施的实施机关自觉不自觉地就会带入其他的目的，诸如社会治理、预防犯罪，等等。由于这些目的的渗入，刑事强制措施的实施机关往往就会以积极的、能动的方式来运用强制措施。在追查犯罪过程中，不论有无障碍，刑事强制措施的实施机关都会将刑事强制措施作为追诉行为的先导。换句话说，刑事强制措施的实施机关习惯于以强制措施为手段实现追诉目的，诸如，利用羁押来获取被告人的有罪供述，等等。

在刑事强制措施的追诉型运作模式中，刑事强制措施本身的设置和运用往往是一元化的，即使在立法上刑事强制措施种类是多元的，适用过程中也会朝着一元的方向演变，此处一元化的刑事强制措施不是较轻的强制措施，而是对追诉更为有利的较重的强制措施。在保全犯罪人的刑事强制措施中就是羁押，在保全犯罪证据的强制措施中就是对各种权益干预较为严厉的监听、侵入性检查，等等。而且，这种一元化的刑事强制措施运作模式不仅表现在强制措施的适用种类上，还表现在强制措施的适用条件和适用对象上。具体而言，一元化的刑事强制措施运作模式下，刑事强制措施的适用范围往往相当模糊，给刑事强制措施的实施者留下了很大的裁量权，在这种刑事强制措施制度中很难发现比例原则的影子。

基于追诉目的的需要，刑事强制措施的决定权也不是掌握在中立的裁判者手中，而是掌控于追诉机关手中。在这种模式之下，刑事强制措施的决定权和执行权往往合二为一，因为这样的设置对于追诉目的的实现更为便利。在没有监督机制的情况下，刑事强制措施的实施机关也可以十分方便的利用强制措施随心所欲地达成其他目的。

在刑事强制措施的追诉型运作模式中，被强制处分的对象往往被看作是有罪之人，所以，追诉机关对其适用刑事强制措施被视为理所当然。被强制处分的基本权益往往被以最为严厉的方式被剥夺，而且，这种干预即使违法或者不合理，被强制处分者也难以获得救济。因为，被处分者本身没有被赋予相应的程序性救济权利，即使被强制处分者有一定的程序权利，往往在追诉利益下也被“牺牲”了。在追诉型模式下，即使刑事强制措施行为违法，也难以获得救济，强制措施的追诉目的要得以实现，必须尽量避免刑事强制措施带来的法律效益被宣布无效。

综上可见，在刑事强制措施的追诉型运作模式下，刑事强制措施制度和运作一切以追诉为出发点，被追诉者几乎成为刑事诉讼的客体。在这种模式下，刑事强制处分权发挥到了极致。

三、徘徊于两种模式之间的刑事强制措施制度

比较上述两种刑事强制措施运作模式，基于实现实体法，恢复法和平性以及法秩序的目的，虽然两种模式在刑事强制措施的目的设置上不是完全对立的（毕竟保障在某种程度上也是为了追诉），但是，在做法上表现得却截然对立。保障型运作模式体现了法治国家理性运用国家权力的思想以及保障自由的正当程序理念，而追诉型运作模式则较多的表现出维护安全、犯罪控制的刑事诉讼价值观。显然，符合国际刑事司法发展趋势的刑事强制措施正当化运作模式就是体现个人自由、权利理念的保障型模式，而追诉型模式则是非正当化强制措施运作模式的代表。

但是，在当今两大法系主要国家中，笔者所描述的两种极端的刑事强制措施运作模式都不存在原型，即使是在倡导正当程序的英美法系国家中，追诉型运作模式的某些特点也在一定的时期表现得相当明显，如美国 20 世纪 80 年代的预防性羁押制度的确立。即使是在强调犯罪控制价值观的国家中，保障型运作模式中的一些理念也会有所体现。一句话，当代两大法系主要国家的刑事强制措施运作都徘徊于两种模式之间。当然，我国也不例外，在 1996 年刑事诉讼法修改之前，我国即有学者提出，“我国在强制措施制度设计

方面完全是从控诉方角度出发，偏重于积极追求国家权力对犯罪的追诉”。[①] 1996年刑事诉讼法修改之后，这种追诉的色彩虽相当浓厚，但是，如同刑事诉讼中的其他制度一样，刑事强制措施制度中也融入了一些保障理念。只不过，这些体现正当程序的理念在司法实践中几乎被留于虚置而已。面临着新一轮的刑事诉讼法的修改，我国必须向保障型的刑事强制措施运作模式迈进，毕竟，这种模式下的刑事强制措施制度更符合该制度的本质。

小结

探讨严格意义上的刑事诉讼目的，应当从“目的”本身的概念出发；应当从历史角度看刑事诉讼目的的发展变化；应当兼顾当代两大法系各个国家刑事诉讼的共同目的；要区别各种诉讼（包括民事诉讼、刑事诉讼、行政诉讼）的共同目的与每一种诉讼直接目的的独特性。基于上述四个前提，我们认为，现代法治国家刑事诉讼目的应当是通过确认国家刑罚权的有无，从而实现实体法，恢复法的和平性、法秩序。刑事诉讼法的目的则在于，一方面，促进真实的发现，实现刑事诉讼目的；另一方面，则设定诸多权力限制、权利保障条款，通过正当法律程序来限制刑事诉讼目的的实现。

刑事诉讼目的观决定刑事强制措施制度。一国刑事强制措施设置究竟体现犯罪控制抑或人权保障的刑事诉讼目的观，不在于刑事强制措施本身种类多少，而在于刑事强制措施的体系是否合理（即轻重层次分明等）、刑事强制措施适用范围是否恰当以及适用条件是否体现比例原则，等等。

刑事强制措施是对刑事诉讼目的实现的保障。刑事强制措施在

① 李忠诚：《刑事强制措施制度研究》，中国人民公安大学出版社1995年版，第72页。

保障刑事诉讼目的得以实现的方式上，并不是传统观点所认为的一概积极地实现。刑事强制措施在消极层面上，应当以排除障碍的方式来保障诉讼顺利进行，使刑事诉讼目的得以实现。

刑事强制措施正当化制约刑事诉讼目的实现。包括令状主义、证据排除在内的体现人权保障理念的正当法律程序构成刑事强制措施实施的边界，这一边界在保障被追诉者乃至每一个公民权利的同时，也制约了刑事强制处分权的无限扩张，同时，在一定程度上阻碍了司法机关确认行为人身上的国家刑罚权的有无，导致事实上被破坏的社会秩序难以在法律上予以恢复。

依据米尔伊安・R・达玛什卡提出的诉讼构造四分理论，科层型程序结构强调上级对下级的监督，抑制私人的程序行动。这一特征导致了刑事强制措施的广泛适用。协作型司法程序中，则恰恰相反。在政策实施型程序中，程序规则往往是程序达致实体目的的工具，很容易将当事人转变为案件信息的提供者。刑事强制措施也可能成为追诉机关发现真实的工具。最严厉的手段往往会被追诉机关使用到极致。刑事强制措施甚至可能被用作达成程序外的目的的工具。在纠纷解决型程序中，则恰恰相反。总之，科层制的权力结构与政策实施模式有着某种程度上的一致性，科层制保障了政策自上而下的执行，政策也往往只有在科层制的权力结构中才能得以有效实现。科层式的、政策实施型的刑事诉讼构造为我国刑事强制措施偏离其本质追求埋下了伏笔。

在受到不同刑事诉讼价值观与诉讼构造的影响之下，刑事强制措施往往会形成不同的运作模式。在归纳各国刑事强制措施立法和实践的基础上，我们认为，最为基本的两种刑事强制措施运作模式是保障型运作模式和追诉型运作模式。基于实现实体法，恢复法和平性以及法秩序的目的，虽然两种模式在刑事强制措施的目的确立上不是完全对立的（毕竟保障在某种程度上也是为了追诉），但是，在制度设置上表现得却截然对立。保障型运作模式体现了法治国家理性运用国家权力的思想以及保障自由的正当程序理念，而追诉型运作模式则较多的表现出维护安全、犯罪控制的刑事诉讼价值观。显然，符合国际刑事司法发展趋势的刑事强制措施正当化运作模式就是体现个人自由、权利理念的保障型模式，而追诉型模式就是非正当化强制措施运作模式的代表。在当今两大法系主要国家中，两种极端的刑事强制措施运作模式都不存在原型，当代两大法系主要国家的刑事强制措施运作均徘徊于两种模式之间。

第三章 刑事强制措施正当性的宪法控制

宪法作为国家的“根本大法”和“治国安邦的总章程”，规范国家政府的组织和公民基本权利的保障及国家发展的方向。因此，宪法即成为国家的“万法之法”。刑事诉讼法系规定国家刑罚权运用的程序法，涉及国民自由、生命、财产的剥夺，而且由于刑罚权源自国家主权而须有宪法的依据，所以，宪法与刑事诉讼法两者之间，具有极为密切的关系。在美国，刑事诉讼，经常被称为“宪法性刑事诉讼”（constitutional criminal procedure）。德国刑事法学者克劳思·罗科信（Claus Roxin）称“刑事诉讼法是国家基本法之测震器”①、“应用之宪法”、“宪法之施行法”。“没有哪一个部门法能够像刑事诉讼法这样得到宪法如此多的青睐，究其原因是多方面的，但最根本的原因在于，宪法是规定国家权力和公民权利的根本法，而在刑事诉讼中，国家司法权和公民个人权利发生了直接的对话。刑事诉讼事关公民的生命和自由两项最基本的权利，这两项权利是其他一切权利赖以存在的基础，在法治国家中，如何保证国家司法权的适度行使，防止国家司法权的滥用，使其不至于任意侵犯公民个人的权利，理所当然要成为宪法所关注的重点问题。”②

刑事强制措施制度尤为体现了刑事诉讼法与宪法之间这种密切关系。美国对于逮捕、拘留、羁押、保释、搜查、扣押等刑事强制

---

① 德文原文为：Das Strafverfahrensrecht als Seimograph der Staatsverfassung，参见［德］克劳思·罗科信：《刑事诉讼法》，吴丽琪译，法律出版社2003年版，第113页。

② 汪建成：《冲突与平衡——刑事程序理论的新视角》，北京大学出版社2006年版，第115～116页。

措施均在宪法及其修正案中加以规定，并且，是作为一种防御性的宪法权利而出现，而不是简单地作为一种国家权力表现形式出现，比如宪法第四修正案关于不受非法逮捕、搜查、扣押的权利[①]、宪法第八修正案关于不得被要求过高保释金的权利等[②]。而且，在普通法系判例法传统的影响之下，美国对于逮捕、拘留、羁押、保释、搜查、扣押、监听等涉及宪法性权利的强制措施往往还通过一系列的判例具体化，诸如一些是否侵犯宪法性权利等细节性问题均在判例法中能够找到具体答案[③]。比如，刑事强制措施实施的程序规定（包括搜查、逮捕、羁押令状的申请、批准、执行、证据排除等）大多通过判例来体现。总之，美国通过浩如烟海的判例来保障了显现在宪法及其修正案中的一系列基本权利的实现。

英国同美国一样，在不成文的宪法中，对于刑事强制措施早已有所涉及。比如，1215 年《大宪章》就曾规定了“非经正当法律程序，任何自由民不被拘留或者监禁”；1677 年通过的《人身保护法》和 1689 年通过的《权利法案》等宪法性文件中，对于涉及人身自由的羁押、保释等强制措施有了明确的规定[④]。

在宪法框架内，基于宪政理念，来探讨刑事诉讼法中关于国家权力的限制与基本人权的保障问题就尤为必要。刑事强制措施作为国家刑事追诉权的展开，如何行使才符合宪政理念的要求，这是思考刑事强制措施制度正当性的必备要素之一。本章即从欧陆宪法学

① 美国宪法第四修正案规定：“人民的人身、住宅、文件和财产不受无理搜查和扣押的权利，不得侵犯。除依据可能成立的理由，以宣誓或代宣誓言保证，并详细说明搜查地点和扣押的人或物，不得发出搜查和扣押状 。”

② 美国宪法第八修正案规定：“不得要求过多的保释金，不得处以过重的罚金，不得施加残酷和非常的惩罚。”

③ 当然，美国 1968 年制定的《综合控制犯罪和街道安全法》、1986 年通过的《电子通讯隐私法》以及在“9·11 事件”后国会通过的《爱国者法案》（又译为反恐法）也均对监听作出了一定的规定。

④ 汪建成、杨雄：《从英美保释制度看我国取保候审制度存在的问题及出路》，载陈卫东主编：《保释制度与取保候审》，中国检察出版社 2003 年版。

界的基本理论出发，以其为理论分析框架，逐一探析刑事强制措施制度在宪政层面上的正当性基础，进而分析宪政视野下我国刑事强制措施改革的若干基本思路。

第一节　刑事强制措施的合宪性检验

一、基本权利与国家权力关系的辨正——宪法基本权之一般理论

对权力的控制和对权利的保障是宪政国家的基本任务，二者有着密不可分的联系。从基本权利的角度来审视国家权力行使（干预）的合理限度，比那种孤立探讨国家权力限制的研究进路更加符合制度运行的本性。

（一）基于人性尊严的基本权利

近代宪法之价值体系，植根于个人的自由不可侵犯之“基本人权”。近代立宪主义本身，亦无非是保障自由人权制度之原理而已。[①]“纵观世界各主要民主国家，对于宪法上基本权之保障，均有其核心概念与基础理论，如德国之人性尊严原理，以及美国天赋人权之理念，再由基本权保障之核心概念与理论，导出国民与国家、政府的关系，甚至影响该国宪法与国民对于民主概念的定义与认知。最终影响该国统治制度与法律之建立与废除。换言之，国家基本权保障之核心概念与理论，是建构国家统治制度与理论的根本。”[②]

在宪政主义思想指引下，基于民意所创制的宪法，不但能规范、约制国家的统治权，同时也能保障个人在国家面前起码应享有

① 陈文贵：《基本权利对民事私法之规范效力》，“中央警察大学”法律研究所硕士论文（2001），第6~7页。

② 萧淑芬：《论基本权核心概念之规范——一个比较法学的观察》，载《东海大学法学研究》第19期。

的地位，这就是人性尊严的要求。人性尊严是基本权利的基础。康德提出："人乃理性、自决的主体，不得加以物化与客体化。"易言之，每个人对自己均拥有自主的决定性地位，而不受外来力量的强制、干预或侵害。德国学者迪特·德汝戈（Dieter Dürig）据此提出所谓的"客体公式（Objektformel）"，经德国联邦宪法法院多次加以援用，作为具体化的人性尊严标准，即"凡是具体的个人被贬抑为客体、纯粹的手段、或是可任意替代的人物，便是对人性尊严之侵害"。[①] 人性尊严具有两个最为基本的内涵：其一是人的主体性。所谓主体性，指不得将人视为是国家统治权的客体或当作一项工具加以使用。人若丧失主体性，就可能变为交易的客体，从而丧失对自身自主性与完整性的支配，所以，个人在人性尊严的要求下，可以本于其生物性、物理性存在而与生俱来的尊严性主体地位，在社会共同生活中，享有一定的社会价值，以及有权主张受到充分的尊重[②]。其二是人的自由意志应受绝对的尊重。人性尊严既为一种植基于"人"的存在所形成的价值，代表及展现这一价值的具体个人，均有权主张其尊严应受到绝对尊重与保障，每个人的人性尊严都是不可处分、无法放弃，也不会丧失的绝对价值[③]。

基本权利以人性尊严为基础，并不是说只有宪法或者法律将其规定在条文中，公民才可能拥有该权利。德国的基本权利理论认为，基本权利具有双重性质[④]，它"不仅属于客观法规范（objektivs Rechte），同时亦是主观之权利（subjektivs Rechte）"。它也是

① G. Dürig, in: Maunz/Dürig, GG - Kommentar, Art. 1, Rdnr28. 转引自陈文贵：《基本权利对民事私法之规范效力》，"中央警察大学"法律研究所硕士论文（2001），第18页。

② 蔡宗珍：《人性尊严》，载许志雄等著：《现代宪法论》，台湾地区元照出版公司1999年版，第48页。

③ 李震山：《人性尊严之宪法意义》，载李震山著：《人性尊严与人权保障》，台湾地区元照出版公司2000年版。

④ 关于基本权利双重性质的具体分析。参见张翔：《基本权利的双重性质》，载《法学研究》2005年第3期。

一种“客观法规范”。所谓客观法规范，是指基本权利对于国家权力，无论是立法权、司法权或行政权，都具有拘束力。首先，国家权力作用不得以侵害基本权利为其目的。若国家权力对基本权利予以限制时，就必须符合保护公共利益的理由，而且不得过度加以限制。其次，基本权利本身还作为“主观权利”而存在。在这个意义上，基本权利可以要求通过国家具体制度得到实现。也就是说，当基本权利受到侵害时，可以寻求司法的救济。此外，国家还应制定出一套健全的制度来保障基本权利的实现。总之，基本权利在实体层面，可以防御、对抗国家公权力的侵害，在程序层面上，可以请求国家公权力给予，使得基本权利最终得以实现。

（二）基本权利的保障与干预（限制）

基本权利本身既包含了消极意义上的防御公权力的侵犯，又包含积极意义上的寻求公权力保障。然而，如果没有宪法和法律的规定，基本权利往往是难以实现的。可以说，宪法的规定是实现公民基本权利保障的前提。一般而言，宪法上对基本权利保障方式有两种，一是列举式的基本权利保障，另外一种是概括式的基本权利保障。所谓列举式的基本权利保障，是指将宪法上所应保障的基本权利，全部以列举的方式加以表示，而没有概括的条款，所有的基本权利均包括在内。采用这种方式的宪法，主要以德国 1919 年威玛宪法为代表。所谓概括式的基本权利保障，是指除在宪法上列举所应保障的基本权利，宪法一般还有一个概括性的条款，以涵盖那些未列举出的基本权利。采取这种模式的宪法，主要以美国宪法为代表。

“无论是权利还是权力，在本质上均可归结为利益，而‘趋利避害’乃人之常情；利益驱动机制的既存以及人性欲望的难以遏止，使得权利与权力在享有者手中皆易泛滥成灾。此种道德沉沦趋势普遍存在于每个人心中，且不因地位高低、权利或权力大小而有所区别；这是现实中的人所必须面临的永恒困惑：所有的人都无一例外地在人性上具有‘恶’的要素且永远无法消解。”[①] 有学者据此归结出对公民基本权利予以限制的哲学根据是人性恶。的确，尽管历史上哲学家围绕人本性善、人本性恶的问题争论不休，但是实际上人性如果都是“善”的话，法律就显然是多余的。法律等规范的存在就是以人性恶为前提的，具有最高法律效力的宪法同样如此。

任何权利和自由都是有界限的，“人是生而自由的，但却无往不在枷锁之中。自以为是其他人们的主人，并不比其他人们更是奴隶。”[②] 人的自由或者权利如果没有边界的话，这个人本身就不自由了。“任何权利均有其界限，为权利之本质所在，盖权利若毫无界限，则将造成权利行使之龃龉，导致权利主体间之相互倾轧，从而失去权利应有之作用。为了预防此种冲突现象之发生，使各种利益有所分际，各得其份，达到和谐之境界，国家自得对基本权利之行使，设定某种程度的界限”。[③] 宪法所规定的基本权利本身的行使有其边界，对于这一边界的框定就是对基本权利的限制。这一限制主要是为了协调宪法所保护的各种国家利益、社会利益以及其他个人利益之间的关系，根本上讲，是为了维护整个宪法制度的稳定。

对于基本权利的限制方式，我国台湾学者李建良概括为以下几种：首先，基本权利构成要件的限制。这种限制又称为基本权利的本质限制。一种行为或状态归属何种基本权利，可从个别基本权利的构成要件来加以审查。也就是说，个别基本权利虽然有时在范围上不易确定，但在内容上却有一定的构成要件。而对于个别基本权利的构成要件加以分析，则有助于厘清该基本权利保护的范围及其

---

① 胡肖华，徐靖：《论公民基本权利限制的正当性与限制原则》，载《法学评论》2005年第6期。

② [法] 卢梭：《社会契约论》，何兆武译，商务印书馆1980年版，第8页。

③ 李建良：《基本权利理论体系之构成及其思考层次》，载李建良著：《宪法理论与实践》(一)，台湾地区学林文化实业有限公司1999年版。

可限制的方式。其次，李建良依据法律效力的层级为标准，分为宪法对基本权利的限制、法律对基本权利的限制。此外，他还认为，“国家在依法律限制人民之基本权时，仍须受到宪法原则之拘束，此即所谓对基本权限制之限制”。① 此外，依据对基本权利限制的来源，划分权利限制的种类，可以分为“外在限制”和“内在限制”。所谓“外在限制”，其主要观点认为“公共利益”乃是基本权利之外的对基本权利的制约。② 我国有学者认为，外在的制约是指为实现秩序、福利及公序良俗而对基本权利所必须设定的且为宪法价值目标所容许的制约。③ 我国宪法上对基本权利的外在限制主要表现在《宪法》第 51 条规定上，该条明确指出：“中华人民共和国公民在行使自由和权利的时候，不得损害国家的、社会的、集体的利益和其他公民的合法的自由和权利。”④ 这一条对限制公民基本权利的理由作出了规定，只有为了防止公共利益受到损害，才可以对公民基本权利做出限制，除此以外以任何理由对基本权利进行的任何限制都可能是对基本权利的侵害。将国家利益、社会利益以及其他个人利益的保护作为公民基本权利的界限，同时作为立法机关限制基本权利的唯一理由，是当今世界各国宪法的通例。⑤ 而“内在限制”，则主要体现在基本权利相互之间的制约，即一种基

① 李建良：《基本权利理论体系之构成及其思考层次》，载李建良著：《宪法理论与实践》（一），台湾地区学林文化实业有限公司 1999 年版。

② ［日］芦部信喜：《宪法》，李鸿禧译，台湾地区元照出版公司 2001 年版，第 112 页。

③ 胡肖华、徐靖：《论公民基本权利限制的正当性与限制原则》，载《法学评论》2005 年第 6 期。

④ 我国《宪法》第 13 条第 3 款也是对基本权利外在限制的体现，该条规定：“国家为了公共利益的需要，可以依照法律规定对公民的私有财产实行征收或者征用并给予补偿。”

⑤ 国际著名人权理论家汉弗莱精辟地论述道：“极少有绝对的人权，即使是最基本的自由，在特定情况下也可能因道德规范、公共秩序和大众利益——也就是社会或国家的利益而受到限制。”［加］约翰·汉弗莱：《国际人权法》，庞森等译，世界知识出版社 1992 年版，第 13 页。

本权利对另一种基本权利的制约，某一主体的基本权利对另一主体基本权利的制约。对此，有学者提出质疑，"公共利益"这种限制实际上是依基本权利自身的性质产生的，是存在于基本权利自身之中的限制。[①] 按照这种观点，所谓的外在限制本质上也只不过是权利内部的限制。

（三）对基本权干预的合宪性思考[②]——三阶段思考模型

对基本权利的限制必须依据一定的规则，这些规则旨在调整人与人之间的关系，调整国家利益、社会利益与个人利益之间的关系。这些规则在表面上或者体现为对权利的外在干预或者是内在限制。宪法是最高效力等级的法律，因此，基本法律对基本权利的干预及其执法者对基本权利进行具体干预都会存在合宪性的问题，包括合乎宪法规定以及宪法的基本精神。

我国台湾学者李建良认为，在处理基本权利规定的实际适用问题时，原则上可以分成两大部分：一、首先讨论国家行为是否"干预"或"侵害"到个人的基本权利？二、检视该侵害行为是否具有"宪法上之合法化理由"？只有当基本权利受有侵害时，才有进一步探讨该干预行为是否合乎宪法意旨的必要。不过，由于基本权利是否受有侵害与宪法所保障的基本权利的范围有关，所以，在讨论上述两项问题之前，还必须先探明基本权利的保障范围，依此作为判断基本权利是否遭受侵害的基础。也就是说，在探讨基本权利的问题时，可以分为以下三个思考层次：

（1）基本权利"保障范围"（构成要件）的诠释。

（2）基本权利是否受有限制（侵害）的判断。

（3）限制基本权利之宪法上合法化理由（阻却违宪事由）的审查。

---

① 李雅萍：《德国法上关于基本权利之限制》，载《宪政时代》第22卷第1期。

② 参见李建良：《基本权利理论体系之构成及其思考层次》，载李建良著：《宪法理论与实践》（一），台湾地区学林文化实业有限公司1999年版。

这种三段论式的思维方式，是欧陆德语系国家宪法学界及实务界逐步建立的审查方式与理论结构，特别是德国联邦宪法法院及奥地利宪法法院，乃至于欧洲人权法院，经常运用此种方法[①]，处理基本权利的问题，使之成为基本权利理论体系的基础建构“要素”（Bauelemente）或“础石”（Bausteine）。[②]

李建良认为，这种基本权利的思考方法是值得借鉴的，从基本权利的“构成要件”、“限制”及“阻却违宪事由”三方面，依次讨论，可对基本权利问题做层次分明的观察。它“可使基本权利问题的理论过程系统化、合理化，并有检证的可能性”。而且，在此过程中，“可使各种不同的利益受到比较周全的考量与兼顾”。反之，若没有这种体系分明的思考模式，将导致基本权利实际问题的讨论毫无章法、焦点模糊，进而无法使相互冲突的利益获得比较细致的区别观察与考量。

这种思考模型是典型的法律释义学产物，但是，它不是机械的空对空的逻辑演绎，在这一思考模型的背后有着一定的价值判断。正如有学者所言，这一思考模型的建立并非恣意，而是取决于一定的目的。基本权限制的思考模型，其目的取向在于个人自由的保障，因此，其预设了一个原则上不受干预的个人活动场域，国家对个人自由的干预权限则必须受到节制。换句话说，这一思考模型的

① 在美国，宪法权利限制的司法审查也遵循一套类型化多元标准模式，该审查标准是从最初的较为宽松、内容不确定的合理审查标准，而逐渐提高并类型化。其提高方式，则是依各种权利类型、限制手段与不利益程度的综合考量，由个案而类型，并从实质价值层面结合各个权利保障范围的分析，逐渐累积出各种权利类型的多元化审查标准。黄昭元：《宪法权利限制的司法审查标准：美国类型化多元标准模式的比较分析》，载《台大法学论丛》第33卷第3期。

② Höfling, Grundrechtstatbestand – Grundrechtsschranken – Grundrechtsschranken-schranken, *Jura* 1994：169 – 170；Jarass, Bausteine einer umfassenden Grundrechtsdogmatik, AöR120（1995）:345ff.，见李建良：《基本权利理论体系之构成及其思考层次》，载李建良著：《宪法理论与实践》（一），台湾地区学林文化实业有限公司1999年版。

背后乃是节制国家权力的法治国家图像。①

1. 基本权利的保障范围

如前所述，宪法所规定的公民基本权利内部是有一定的界限的，并不是无限的，这种范围构成基本权利的内在限制。在基本权利思考模式的第一阶段，就主要在一般意义上探讨每一种基本权利所保障的范围。宪法上的基本权利种类不同，其保护的范围也往往不同。基本权利保障的范围主要解决的是，哪些事项属于基本权利的保障事项，以及哪些人构成基本权利的权利主体。② 或者称为，“事物的保障范围”与“人的保障范围”。前者是指与该基本权利保障规定有关的行为方式、法益、特性及状态等。质言之，基本权利的保障范围可以是积极的作为，或消极的不作为，也可以是“单纯的存在”或存续的状态。后者则是指受基本权利保护的对象，就是基本权利的主体问题。③

对基本权利保障范围进行诠释，为基本权利提供了一种“表面”或“初步”的保障领域。这种对基本权利保障范围的确认，可以让人了解宪法保障各基本权利的可能范围，并通过对权利内涵的分析与塑造，建立案例类型，逐步充实宪法上空洞的用语，以便于适用。同时，把握基本权利的内涵和外延，也为判断其是否受到侵害确立了前提要件。④

2. 基本权利的限制（侵害）

什么样的行为才构成基本权利的限制或者侵害呢？首先，从主体上讲，这种对基本权利的限制来自于公权力机关，如果是公民与公民之间的权利侵害，就不构成这种宪法意义上（公法意义上）

---

① 张桐锐：《行政机关对公众之提供信息行为》，载台湾《成大法学》第2期。

② Michael Saclus, Verfassungsrecht Ⅱ Grundrechte, Berlin u. a. Springer, 2000. S. 94ff. 转引自张翔：《基本权利限制问题的思考框架》，载《法学家》2008年第1期。

③ 李建良：《基本权利理论体系之构成及其思考层次》，载李建良著：《宪法理论与实践》（一），台湾地区学林文化实业有限公司1999年版。

④ 同③。

的对公民基本权利的侵害；其次，公权力机关所实施的侵害行为造成了基本权利主体的损失，也就是说，如同民法上的侵权行为、刑法上的犯罪行为一样，侵害与损失之间必须有因果关系。最后，从基本权利被限制的对象上看，基本权利主体必须受到了侵害。那么，应当如何认定这种侵害呢？传统上对基本权利的侵害的认定要符合以下几个标准：（1）目的性，也就是国家对基本权利进行限制出于主观上的故意，也就是其行为目的就是限制基本权利；（2）直接性，也就是国家对基本权利的限制是国家行为的直接结果而非间接或者附随的结果；（3）法效性，也就是国家行为必须具有法律效果。例如，法律、行政行为、法院判决等就属于具有法效性的国家行为；（4）强制性，也就是国家在必要的时候得以强制力保障其该行为的实施。① 根据上述特征，所谓的“侵害”，通常系指如处罚、禁止、管制等国家措施，例如科处罚金、拘留、羁押、勒令歇业和土地征收等。但是，在现代多元社会中，国家功能不变，但是国家行为呈现多样化与多元化的趋势，加上基本权利的功能因社会变迁与个人需要，已逐步扩大，若局限于过去传统上对“侵害”概念的理解方式，不足以保护基本权利。因此，对于“侵害”概念的诠释，不应再停留于过去的狭隘观念，而应加以扩张。也就是说，凡因国家行为而导致基本权利无法完善行使，均可能构成对基本权利的“侵害”，至于该行为是否出于有意或无意、直接或间接，属于法律行为或事实行为，以及是否实施强制等，则再所不问。②

3．限制基本权利之合宪性：阻却违宪事由

国家行为若干预到公民基本权利的保障范围，通常可以被视为

---

① Bodo Pieroth, Bernhard Schlink, Grundrechte: Staatsrecht Ⅱ, uberarbeitete Aufl. Heidelberg. 1990. S. 64. 转引自张翔：《基本权利限制问题的思考框架》，载《法学家》2008 年第 1 期。

② 李建良：《基本权利理论体系之构成及其思考层次》，载李建良著：《宪法理论与实践》（一），台湾地区学林文化实业有限公司 1999 年版。

一种违宪的征兆，从而，除非国家能够提出宪法上的正当理由，否则即构成对公民基本权利的违法侵害。也就是说，国家负有提出合宪理由的举证责任。那么，哪些理由构成阻却国家行为违宪的事由呢？一般而言，所谓国家限制公民基本权利的阻却违宪事由，可分为形式要件和实质要件。前者要求国家必须有法律依据，才能实施，一般称为法律保留原则；而后者则着眼于限制的内容，主要审查侵害的原因及程度，特别是审查该侵害有没有超过必要的限度，一般称为比例原则。[①] 法律保留原则和比例原则虽然都诞生和滥觞于行政法领域，但是，在经过理论和司法实践的发展后，逐渐被赋予了新的内容，上升为多数国家宪法的基本原则，尤其是限制公民基本权利应当遵循的基本原则。

（1）形式阻却违宪事由：法律保留原则

法律保留原则的主要理论依据在于，主张法律支配以保护人权的法治国思想和主张议会支配的民主思想。[②] 法律保留原则强调对基本权利的限制都必须以代议机关通过的法律为准。之所以认为只有法律而不是其他规范才能规定限制基本权利，是因为通过一般性的、公开的、可预见的法律的支配可以达到人权保障的目的。而且，这里的法律不能是君主片面决定的，而是通过人民的代表组成的议会所制定的，通过议会的表决机制让法律在逻辑上也获得了民主的正当性基础。

法律保留原则在我国现行宪法已有所涉及，我国《宪法》第62条、第67条规定，全国人民代表大会制定和修改刑事、民事、国家机构的和其他的基本法律。全国人大常委会制定和修改除应当由全国人民代表大会制定的法律以外的其他的法律。我国《立法法》中对此原则也有明显的体现，《立法法》第8条规定了法律保

① 李建良：《基本权利理论体系之构成及其思考层次》，载李建良著：《宪法理论与实践》（一），台湾地区学林文化实业有限公司1999年版。

② 许宗力：《论法律保留原则》，载许宗力著：《法与国家权力》，台湾地区月旦出版有限公司1993年版，第121页。

留的10项内容，《立法法》第9条还将有关犯罪和刑罚、限制和剥夺人身自由的强制措施和处罚、司法制度等被列为不可授权的“绝对保留”。

（2）实质阻却违宪事由——比例原则

法律保留原则是保护公民基本权利的一种“手段”，但是，这并不是说仅有代议机关所制定的法律就足够了，法律作为一种形式上的存在，构成阻却违宪的形式要件。此外，“法律本身尚且须合乎一定之要求，以免重蹈法实证主义之覆辙。一般而言，法律保留之实质内涵主要为法律之内容必须符合比例原则”①。比例原则是公法上的“帝王条款”，其思想最早可追溯到英国大宪章的“人民不得因轻罪而受重罚”的规定。该理念作为行政法上的重要原则已经被两大法系多数国家所确立，一些国家已将其视为一项宪法原则。②

比例原则的基本要求是符合宪法，具体表现为：首先，一项法律行为对公民利益范围的触动，不但在目的上，而且在实现目的的手段上均要符合宪法。其次，要符合有效性要求，指此国家对公民利益范围进行必要干涉时所使用的手段是有效的。再次，要符合必要性原则，又称“最少侵害原则”或“最温和方式原则”，此原则要求国家在同样可以实现符合宪法的目标的方式中，必须使用对公

① 李建良：《基本权利理论体系之构成及其思考层次》，载李建良著：《宪法理论与实践》（一），台湾地区学林文化实业有限公司1999年版。

② 我国台湾学者蔡宗珍认为：“于任何一植基于宪政理念的国家或政治体制中，若暂且不论名词、用语方面的歧义，那么都必定蕴含某种合比例性的思想，或至少具有可以孕育合比例思想的土壤——节制国家权力行使，以维护自由权领域原本为宪政思想的基本预设任务。”蔡宗珍：《公法上之比例原则初论——以德国法的发展为中心》，载《政大法学评论》1999年第6期。“美国对宪法权利限制的司法审查，同时审查目的和手段，而且是‘成比例地’要求目的与手段，亦即：如果系争限制被认为是越重大的侵害，则目的之要求也会相对提高。法院通常会要求更严格的目的要求，来正当化那些较严重的侵害，换句话说，法院对目的与手段的要求，通常是‘成比例地’或‘成对应关系地’提高或放松。”黄昭元：《宪法权利限制的司法审查标准：美国类型化多元标准模式的比较分析》，载《台大法学论丛》第33卷第3期。

民利益损害最小的方式来实现国家所追求的目标。最后，即使是上述提到的对公民利益影响最小的方式，该方式所追求的目标的价值也不能明显高于该方式对公民的基本权利中的保护物所造成的损害的价值。①

二、刑事强制措施的合宪性检验

刑事强制措施是一种干预、限制公民基本权利的手段，对于这种强制性行为，按照上文对欧陆宪法理论的分析，依据基本权利限制的三重审查标准，我们将对刑事强制措施所可能干预的各种基本权利进行一一检讨，试图勾勒出宪政背景下的刑事强制措施正当化蓝图。

（一）刑事强制措施对基本权利的干预

毫无疑问，刑事强制措施所干预的基本权利是广泛的，它包括公民的身体不受伤害的权利、身体自由、行动自由、财产权、隐私权、通讯自由、通讯秘密权、言论自由权、住宅不受侵犯权和反对强迫自证其罪特权，等等。但是，刑事强制措施所干预的基本权利也是有限的，它往往不会涉及公民的政治权利与自由及其文化权利等。当然，囿于篇幅所限，我们不可能涉及所有的基本权利，主要探讨刑事强制措施对身体不受伤害权、人身自由权、财产权和隐私权等主要宪法性权利的干预问题。

1. 刑事强制措施对身体不受伤害权的干预

依据我国台湾学者李震山的观点，身体不受伤害权有广义及狭义之分②，广义上对身体的伤害是指对身体施加的抽象的、一般性的侵害，如交通、卫生、环境污染对人体健康的伤害；而狭义上对身体的伤害则指的是在具体个案中对身体造成的伤害。身体不受伤

---

① 范剑虹：《德国宪法法院关于侵犯人的基本权利的诉讼程序及其实质性比例原则的适用》，载人大报刊复印资料《海外法学》2005 年第 2 期。

② 李震山：《从宪法观点论身体不受伤害权》，载李震山著：《人性尊严与人权保障》，台湾地区元照出版有限公司 2000 年版。

害权旨在确保个人的完整性，包括人的外在形体与内部器官、组织。换言之，身体不受伤害权在物质层面，是指每个人有权主张其作为人类生命基础的肉体与健康不应受伤害；扩大到精神层面，则应包括人在心理、精神、灵魂上对其身体的完整性有不受外在操控的主体地位，若该项自我操控权丧失或遭受了侵害，无疑会侵害人性尊严的生物基础且限制人的本质发展中的人格外在形象。

我国宪法上并没有对公民身体不受伤害权的规定，但是，这并不意味着身体不受伤害权不是公民的基本权利。可以说，公民身体不受伤害权系一种自然权，是人类与生俱来的权利。公民所享有的身体不受不合理或不正当侵犯的权利，是人类得以生存的最为基本的条件。公民的基本权利不仅包括在宪法上明示的权利，还包括这些推定的权利。美国宪法第九修正案规定："本宪法对某些权利的列举，不得被解释为否定或轻视由人民保留的其他权利。"公民的身体不受伤害的权利是公民最为基本的生命权、健康权的体现。尽管我国宪法没有对身体不受伤害权的规定，但是在我国刑法中规定了故意伤害、故意杀人等罪名以及多种可能适用到这些罪名的条款；在刑事诉讼法中，也明确规定"严禁刑讯逼供"；在民法中，对于造成伤害后果的，受害人可以请求赔偿。

在刑事强制措施的实施中，很多措施都可能涉及对身体不受伤害权的干预。这里的伤害包括对生命健康权的侵犯，还包括对精神自由权的侵犯。最为典型、最为直接的侵犯措施就是身体检查，尤其是侵入性身体检查。侵入性身体检查，则是指使用医疗器械对被检查人的身体进行物理侵入获取有关证据资料的检查方式。诸如使用抽取血样、腰椎穿刺、插入内视镜以及使用 X 光、超声波等医疗技术探知被检查人体内活动的检查方式，均属于透过被检查人的身体的方式来收集证据，系有损被检查人的身体完整权的侵入性身体检查。[①]

诱惑侦查作为一种强制措施，主要是对人的精神自由的干预，因为诱惑侦查有“引诱”行为的实施，不免会介入当事人的意思形成过程，实际上，属于对行为人精神自由权之干预。具体而言，犯意诱发型的诱惑侦查，属“直接”干预个人精神自由权的强制措施；提供机会型的诱惑侦查，虽然没有创造被诱捕者的犯意，但在被诱捕者决意实施犯罪行为的过程中，仍有一定程度的影响，可以说是“间接”地干预个人精神自由权。

2. 刑事强制措施对人身自由权的干预

人身自由权有广义和狭义两种含义。广义的人身自由包括公民的人身自由不受侵犯、公民的住宅不受侵犯、公民的通讯自由和通讯秘密受法律保护等。狭义的人身自由，又称为身体自由权和行动自由权。行动自由包括“消极的行动自由”与“积极的行动自由”。消极的行动自由，是指任何人有权消极抵抗无法律依据的违反其意志的移动措施。故而，消极的行动自由包括：住宅不受不法侵入的自由。而积极的行动自由，系指公民有依其自由意志选择居住何处的自由，及前往某处而不需经过事先许可的自由。[②] 人身自由权是一项基本的人权，公民享有人身自由权是其进行社会生活的基本前提，如果人身自由权得不到保障，那么其他基本人权的实现均无从谈起。正因为人身自由权如此重要，所以它受到了各国基本法和国际公约的重点保护。

我国宪法学上探讨人身自由权，往往是广义上的。我国《宪法》第37条、第38条、第39条、第40条对广义上的人身自由进

① 杨雄：《刑事身体检查制度的法理分析》，载《中国刑事法杂志》2005年第2期。

② 李惠宗：《宪法要义》，台湾地区元照出版公司2000年版，第119页。

行了明确的规定。[①] 这些规范与我国的刑事诉讼法对强制措施的规定有着十分密切的关系，刑事诉讼法有些规定甚至直接就是宪法条文的克隆。我国刑事诉讼法意义上的强制措施仅仅局限于对狭义的人身自由权的干预。

我国刑事诉讼法意义上的拘传、拘留、逮捕、监视居住、取保候审等刑事强制措施都是对被处分人人身自由不同程度上的限制或者剥夺。拘传是暂时的限制行动自由的手段；监视居住、取保候审则是较长时间的限制积极的行动自由；而拘留、逮捕及其伴随的羁押则会长时间的剥夺被处分人的人身自由。

对住宅、处所的搜查构成对公民消极的行动自由的干预。盘查过程中的短暂拦阻是否构成对受处分人的行动自由的干预呢？如果构成，究竟是限制人身自由还是剥夺人身自由呢？当受处分人或者车辆在被拦阻之后，受处分人拒绝回答警察的询问，或者不能提供完整的信息，或者信息不实，并且利用其他方法也无法查清其身份，需要将其携往警局继续盘问时，此时就构成留置。留置毫无疑问是对受处分人自由的剥夺。[②]

① 我国《宪法》第37条规定："中华人民共和国公民的人身自由不受侵犯。任何公民，非经人民检察院批准或者决定或者人民法院决定，并由公安机关执行，不受逮捕。禁止非法拘禁和以其他方法非法剥夺或者限制公民的人身自由，禁止非法搜查公民的身体。"第38条规定："中华人民共和国公民的人格尊严不受侵犯。禁止用任何方法对公民进行侮辱、诽谤和诬告陷害。"第39条规定："中华人民共和国公民的住宅不受侵犯。禁止非法搜查或者非法侵入公民的住宅。"第40条规定："中华人民共和国公民的通信自由和通信秘密受法律的保护。除因国家安全或者追查刑事犯罪的需要，由公安机关或者检察机关依照法律规定的程序对通信进行检查外，任何组织或者个人不得以任何理由侵犯公民的通信自由和通信秘密。"

② 在德国，学界对此看法不一。雷德（Reder）等学者认为，拦阻系单纯警察措施，由于其伤害轻微，不构成人身自由之干预。而科里戈（König）等学者则主张，时间长短并不重要，只要违背当事人自由行动之本意，就显然已干预人身自由，需要有一定法律依据。也有学者反对，认为留置行为仅是"暂时人身自由之限制"或单纯"限制人身自由"。李震山：《人性尊严与人权保障》，台湾地区元照出版公司2000年版，第266～268页。

此外，在身体检查中，不论是对被检查人采取的提取汗液、测量身高、查看被检查人体表状况等非侵入性检查，还是通过抽取血样、腰椎穿刺、插入内视镜等检查方式实施的侵入性身体检查，都会对人的生理自主权予以剥夺，对人身行动自由有着一定的限制甚至剥夺。具体而言，一般的非侵入性检查所需要的时间比较短暂，只是限制被处分人的身体自由，但是，侵入性身体检查的实施并非一般人所能够胜任，一般应由医师进行，往往要将被检查人携往医院或者法医部门，所需时间也较长，因此，实质上就会构成对被检查人的身体自由的剥夺。而且，这种时间较长的人身自由限制，在西方国家就构成对被处分人的留置或者逮捕。

3. 刑事强制措施对财产权的干预

在民法上，财产被称作物，对于物的占有，占有人享有其财产权，即占有、使用、受益、处分四项权能，或者只是享有其中任何一项权益。不论怎样，这种占有，必然会对占有人带来某种利益，即物本身具有一定的价值。一旦该物品脱离占有人的控制，或是被迫终止对该财产的利用，则构成财产权的限制。

我国宪法上对公民财产权的保护，主要体现在2004年宪法修正案将私有财产权写入宪法，但是该条文并未规定在公民基本权利一章中，而是在“总纲”中加以规定。我国《宪法》第13条规定：“公民的合法的私有财产不受侵犯。国家依照法律规定保护公民的私有财产权和继承权。国家为了公共利益的需要，可以依照法律规定对公民的私有财产实行征收或者征用并给予补偿。”对于财产权，我国法律不仅给予其私法上的保护，而且在公法上也给予保护，诸如行政法上的征收、征用、没收等都对此作出了规定。

在刑事诉讼法中，最为典型的针对财产权的刑事强制措施，就是搜查、扣押、查封和冻结4种。就搜查而言，不论是以发现犯罪人为目的的搜查，还是以查获犯罪证据为目的的搜查，都会以直接或间接的手段侵及公民的财物，短暂地限制公民对财物的控制和使用。以调查证据为目的的搜查，往往在其后还伴随着对财物的处分，即查封、扣押和冻结。查封针对与案件有关的不动产，扣押针对作为犯罪证据的动产，“冻结”则针对与案件有关的“存款、汇款”。查封、扣押、冻结的目的在于取得和保全证据，防止证据的毁损和灭失。

在警察盘查过程中，不论是要求个人交出身份证件供其查询，或是提供携带物品供其检查，均会使该文件、物品脱离个人的控制范围，而置于警察的实力支配下；另外，当警察在街道上拦阻行进中的车辆时，不只是限制了车辆驾驶者的行动自由，也中断了该驾驶者对于车辆原来的使用方式，甚至在警察检查车辆时，驾驶者若坚持前往某处，势必被迫放弃汽车，步行离去，以换得行动自由。① 总之，警察盘查活动中的拍搜、扣押等措施无不与公民个人财产权的限制有关。

另外，值得注意的是，尽管我国没有在刑事诉讼法中专门规定对单位的刑事强制措施，但是从学理上来讲，在单位犯罪案件中，对单位实施破产禁止、撤销禁止、从业禁止、查封不动产、关闭机构等刑事强制措施，实际上是对单位的民事权利能力和民事行为能力作了限制或者暂时剥夺，使之无法随心所欲地从事民事活动。在单位的背后操控单位运转的实际上是其法定代表人或者主要负责人。对单位的民事权利能力或者行为能力予以限制、剥夺实际上是对其法定代表人及其主要负责人的经营权的限制或者剥夺。这种限制和剥夺的结果是使得单位的法定代表人、主要负责人甚至是股东、职工的财产利益受损。归根结底，对单位实施的刑事强制措施往往实质上涉及对单位相关利益人的财产权的干预。

4. 刑事强制措施对隐私权的干预

隐私权作为一种法律概念及权利，是美国法的产物。但是，究竟何谓隐私权？在各国法院判例上呈现多样化的趋势，隐私权的概

① 冯君杰：《街头警力行使应有之规范——以美国拦阻及拍触（Stop and Frisk)》，台湾大学法律学研究所硕士论文（2000)，第8页。

念具有相当的“流动性”。许多学者认为，隐私权的定义很难有明确的界定，在各国立法上也没有法律条文直接对其作一般性的定义描述或者解释。但是有一点可以明确的是，英美法系的隐私权法以判例逐步累积，涉及宪法和侵权法等多个领域，形成独立的权利保护体系；而大陆法系国家则将隐私权统摄于一般人格权中，在宪法位阶的隐私权保护上，往往透过基本人权保护的一般性概括补充条款实现。随着信息社会的发展，隐私权已由“个人私事不被公开”、“个人私生活的决定权”等不受干涉的权利演变成为“自己支配个人信息资料的生成、储存与利用”的权利。或者说，隐私权在消极方面表现为私生活不受干扰的权利，在积极方面表现为对个人领域内事务的决定权（德国法理论称为个人资讯自决权）。①

我国《宪法》第38条、第39条和第40条规定，公民人格尊严不受侵犯、公民的住宅不受侵犯、公民的通信秘密受法律保护，这几条内容可以看作是对隐私权的保障规范。此外，我国《民法通则》第5条规定：“公民、法人合法的民事权益受法律保护，任何组织和个人不得侵犯。”这一条也被认为构成隐私权的法律保护根据。

一般看来，在刑事诉讼中，刑事搜查似乎是对个人财产权的干预。但是，随着现代社会的逐步发展，人们越来越认识到隐私作为一种独立价值的重要性。从美国判例法发展来看，人们对于刑事搜查所干预对象的认识，经历了一个从财产权到隐私权的过渡。也就是说，与搜查密切相关的美国宪法第四修正案所保护的权利不仅是财产权，而且也包括更为重要的隐私权。美国联邦最高法院通过Katz v. united States一案②，将搜查、扣押所干预的对象从物理领域延伸到隐私领域。

---

① 对于隐私权的本质或者价值基础的分析，大致有独处权论、亲密关系自治论、一般人格权论、资讯保留权理论等几种。

② Katz v. United States, 389 U.S. 347 (1967).

同时，监听也被看作是广义的美国宪法第四修正案中搜查的内涵之一。相比传统的搜查而言，监听对个人隐私的干预更为严厉。在传统意义上的搜查过程中，被搜查的当事人往往在场，而监听实施过程中，除了同意监听之外，一般情况下，被监听人往往无从知晓。在被国家机关实施监听的过程中，被监听人之间选择自由的方式交流思想的权利被限制甚至被剥夺了，而且，被监听之后，国家公权力机关对所获取的个人资讯也难以受到被监听者的控制，总之，不论是狭义上的隐私权还是广义上的隐私权都无从得到保障。

在警察盘查过程中也可能涉及隐私权的干预。首先，盘查中的询问是对个人信息的探知，可能涉及隐私权问题。其次，盘查中的辨识措施，包括按捺指纹、量身、照相等方式，确定受处分人的身份，这些措施也意味着对受处分人个人资讯控制权的侵入。

身体检查中的呼气采集、尿液采取等会对受测者造成身体侵入及其心理骚扰。它除了需要被检查者消极容忍外，而且需要被检查者积极配合才能完成。可以说，身体检查多半以人为的方式来操纵属于人类基本的生命活动。此外，在身体检查过程中，诸如按捺指纹、量身、照相等非侵入性身体检查方式，确定受处分人的身份，同样意味着对被检查者个人资讯控制权的侵入。

通缉措施在运用过程中，司法机关会将被通缉者的肖像等个人信息在一定范围内公之于众，这很显然是对个人资讯控制权的干预，如果适用不当，会对被通缉者的名誉造成相当大的影响。

（二）刑事强制措施干预基本权利的合宪性（阻却违宪事由）

在刑事诉讼中，国家公权力实施剥夺、限制公民基本权利的刑事强制措施，必须能够提出宪法上的正当理由，否则，即构成对公民基本权利的违法侵害。这里的正当理由既包括形式上的法律保留要件，还包括实质上的比例原则。

1. 形式阻却违宪事由（限制基本权利的形式要件）——法律保留原则

（1）刑事强制措施中的法律保留原则（程序法定原则）的体现

刑事诉讼中的法律保留原则还可以称为程序法定原则、合法性原则。程序的法定可以说是法律保留原则在刑事诉讼中的体现。首先，该原则要求公权力干预个人基本权利必须具有合法的授权即主体合法，其次，该原则要求在诉讼进行的过程中公权力的干预行为均应符合法律明定的程序要件，程序行为的后果具有明确性与必然性。[①] 这一要求不仅使得刑事诉讼中的行政权与刑事立法授权分开，而且让执法者有明确的法律指引，明确违法与守法的边界。同时，只有从立法上将诉讼行为的具体步骤、程序加以细化，才能让诉讼中的被处分者在接受权利的限制时，针对执法者的违法和瑕疵有效地申请救济。总之，刑事诉讼法本身是控权法，法律保留原则就是实现控权的基本要素之一。这一要素的存在，让国家公权力在法定的框架内行使，而不至于如脱缰的野马肆无忌惮，危及公民个人基本权利。

法律保留原则对刑事强制措施制度最为基本的要求就是，刑事强制措施的种类、条件和适用程序都必须有严格的法律规定，“法无明令不得行”是法律保留原则的基本内核。具体包括：第一，在立法方面，要求所有刑事强制措施都必须由法律事先明确规定，不应有存在法律之外的刑事强制措施。这里的“法律”只能是基本法律，而不是其他效力等级的规范性文件。当然，刑事强制措施更不能是没有任何规范性文件授权的措施。而且，不光刑事强制措施的种类要明确界定，每一种刑事强制措施具体适用的实体要件、程序要件也应由法律明确规定，这些规定为刑事强制措施的司法实践提供基本前提性限制。法律对每种刑事强制措施的实施程序不能仅仅只是模糊规定，给执法者留下过大的裁量权。第二，在司法方

① 陈卫东、程雷：《刑事程序合法性原则论纲》，载《法律科学》2005 年第 1 期。

面，要求依据国家法律规定的种类、条件和程序来适用具体的强制措施，不得超出法律设定的界限范围。第三，是禁止事后法，即不得针对特定案件或者特定的人员事后设立特种刑事强制措施，也不得在刑事诉讼过程中任意创制新的刑事强制措施，以保证使所有案件和当事人受到公平的待遇。

（2）我国刑事强制措施立法、司法中违背法律保留原则的表现

在我国刑事强制措施的立法和司法实践中，存在着诸多的违宪行为，这些违宪行为主要表现在三个方面：第一，刑事诉讼法外设立刑事强制措施；第二，执法主体适用没有任何规范授权的刑事强制措施；第三，刑事诉讼法本身对刑事强制措施的实施留下了过大的裁量权，这些裁量权一部分交给了追诉机关，一部分交给了裁判机关。总之，以上“法外立法”和“行政、司法立法”的现象都是对法律保留原则的违背。

第一，刑事诉讼法外的强制措施——行政执法手段被作为刑事强制措施适用。①

在现代社会中，警察既是治安行政主体，也是刑事诉讼主体，承担着预防犯罪、维护治安和发现犯罪、追诉犯罪的双重功能。警察盘查程序与刑事侦查程序往往存在先后的承继关系，多数情况下，警察因盘查发现犯罪嫌疑，进而通过刑事拘留转化为逮捕，正式进入刑事诉讼程序。因此，警察在执勤办案中，几乎经常在“行政盘查”和“司法侦查”之间徘徊，也因此之故，往往就像走在法律的钢索上，很容易处于违法的边缘，在这方面，警察似乎不够自觉甚至不能自律，其更严重的后果便是“假盘查为名而行侦查之实”。

① 在“羁押制度与人权保障”研讨会上，有人士提出，实践中，劳动教养也被用来代替刑事强制措施。参见闵春雷、杨波、刘铭：《关注人权保障 重构羁押制度——羁押制度与人权保障理论研讨会综述》，载《当代法学》2004 年第 6 期。

我国司法实践中，留置盘查常被作为刑事强制措施加以适用。这种现象是由我国《人民警察法》中的留置盘查与《刑事诉讼法》关于刑事拘留规定欠缺协调所致。我国《人民警察法》第 9 条规定的 4 种留置盘查情形基本涵盖了《刑事诉讼法》第 61 条规定的先行拘留的所有内容。但是，在司法实践中，根据《刑事诉讼法》和《公安机关办理刑事案件程序规定》的规定，警察如果发现了现行犯和重大嫌疑分子符合拘留条件的，并不能立即采取抓获行动，他们要先填写《呈请拘留报告书》将犯罪嫌疑人及现行犯的犯罪事实及证据材料一并呈请县以上公安机关负责人审批，在公安机关负责人批准的情况下，警察才能去办《拘留证》，然后对现行犯或重大犯罪嫌疑分子实行拘留。而《人民警察法》第 9 条规定的留置盘问措施，却允许警察在紧急情况下仅仅出示相应证件就可以对其盘问、检查，发现其具有 4 种法定情形之一的，就可将其留在公安机关继续盘问，经盘问、检查，认为其具有《刑事诉讼法》第 61 条规定的情形，警察就可以直接抓获犯罪嫌疑人或现行犯。相比先行拘留而言，留置盘查为警察提供了便利。但是，留置盘查剥夺被盘查人的人身自由可以长达 48 小时，实际上已经与作为刑事强制措施手段的拘留无异，[①] 这种立法中的重叠，不仅带来了留置盘查的广泛滥用，而且导致法律适用的冲突，严重有损法律的权威性。

司法实践中，另外一个现象就是，由于拘传在时间上和次数上受到刑事诉讼法的严格限制，而被公安机关搁置不用，公安机关舍拘传而用留置的现象严重，在一些调查中显示，某地对犯罪嫌疑人、被告人第一次适用强制措施的比例中，适用拘传的比例只有 0.4%。[②] 由此可见，盘查留置作为一种行政执法措施与刑事强制

---

① 在英美法系，这种留置实质上已经构成无证逮捕，应事后受到司法约束。

② 张会峰：《非羁押性刑事强制措施实施问题研究》，载陈瑞华主编：《未决羁押制度的实证研究》，北京大学出版社 2004 年版。

措施混用完全背离了法律保留原则的本意。

第二，刑事诉讼法外的强制措施——党内的纪律被当作刑事强制措施来适用。

“双规”最早见于1990年12月9日国务院颁布的《行政监察条例》（已废止），该条例明确规定：监察机关在案件调查中有权责令有关人员在规定的时间、地点就监察事项涉及的问题做出解释和说明。1997年通过的《行政监察法》第20条规定：“监察机关在调查违反行政纪律行为时，可以根据实际情况，责令有违反行政纪律嫌疑的人员在指定的时间、地点就调查事项涉及的问题做出解释和说明，但是不得对其实行拘禁或者变相拘禁。”《行政监察法》中的“双指”代替了原行政监察条例中的“双规”，成为突破要案的一种行之有效的重要手段。《中国共产党纪律检查机关案件检查工作条例》第28条第（三）项“要求有关人员在规定的时间、地点就案件所涉及的问题做出说明。”这些规定即是“双规”的基础。双规、双指在司法实践中作为检察机关办理党内人士职务犯罪的前奏，有些重大案件多在“双规”阶段调查完毕，后转归检察机关批捕、审查起诉。“双规”系在刑事诉讼法外的授权，违背了刑事强制措施的法律保留原则。尽管我国《行政监察法》和党内纪律一再重申不得“对其实行拘禁或者变相拘禁”，但在实践中，通过这种办法剥夺有关人员人身自由的现象却是不争的事实，有的期限还相当长。

第三，执法主体适用没有任何规范授权的刑事强制措施。

对单位适用的刑事强制措施，往往是暂时限制、剥夺单位从事民事活动的权利能力和行为能力，避免单位继续实施违法犯罪行为。此类刑事强制措施包括关闭企业、停业、限制经营等。在我国目前的立法中，对于职业利益的干预措施尚属空白。这种立法上的缺憾导致我国对职业利益实施干预的强制措施基本上处于失范的状态之下。较为典型的事例就是，2002年，涉嫌非法经营的北京蓝极速网吧失火案，直接导致官方关闭20多万家网吧。

第四，刑事诉讼基本法律对某些刑事强制措施的实施缺乏明确化的规定，为司法实践留下了过大的裁量权。

这种现象的突出表现就是，我国《国家安全法》第 10 条和《人民警察法》第 16 条所规定的“技术侦察措施”①。监听、催眠、测谎、诱惑侦查、秘密拍照等秘密手段被诉讼法学界和侦查学界许多学者认为是此类“技术侦察措施”。由于《国家安全法》和《人民警察法》可以被看作广义的刑事诉讼法的范畴，我们不能将这类技术侦察手段看作是“法”外的刑事强制措施。但是技术侦察措施已经成为刑事诉讼中的“大口袋”，正如我国现行《刑法》修改之前的“流氓罪”以及现行《刑法》中的“非法经营罪”。技术侦察措施已经成了无所不包的刑事强制措施范畴。这类措施在立法上突出的违反法律保留原则之处就在于，包含监听、催眠等的技术侦察措施几乎在法律上没有任何程序性的规范，导致了司法实践中的滥用现象非常严重。

第五，司法解释超越刑事诉讼法本身对刑事强制措施作出强制性规定。

由于刑事诉讼法本身的规定过于原则，最高人民法院、最高人民检察院、公安部等执法、司法机关出于办案的便利，纷纷制定了具有操作性的法律解释或实施细则，各部门解释之间充满了冲突、矛盾，且多处违背刑事诉讼法的禁止性规定，扩充授权。比如，对于取保候审、监视居住等刑事强制措施的适用期限，我国《刑事

① 1993 年颁布的我国《国家安全法》第 10 条规定：“国家安全机关因侦察危害国家安全行为的需要，根据国家有关部门规定，经过严格的批准手续，可以采取技术侦察措施。”该法第 33 条规定：“公安机关……执行国家安全工作任务时，适用本法有关规定。”1995 年颁布的《人民警察法》第 16 条规定：“公安机关因侦查犯罪的需要，根据国家有关规定，经过严格的批准手续，可以采取技术侦察措施。”1989 年最高人民检察院、公安部《关于公安机关协助人民检察院对重大经济案件使用技侦手段有关问题的答复》规定：“对经济案件，一般地不要使用技术侦查手段。对于极少数重大经济犯罪案件主要是贪污贿赂案件和重大的经济犯罪嫌疑分子必须使用技术侦查手段的，要十分慎重地经过严格审批手续后，由公安机关协助使用。”

诉讼法》第58条明确规定："人民法院、人民检察院和公安机关对犯罪嫌疑人、被告人取保候审最长不得超过十二个月，监视居住最长不得超过六个月。"但是，在刑事诉讼法制定之后不久，公、检、法三机关通过各自制定的司法解释或规定实际上将其解释为在诉讼的不同阶段各自采取取保候审和监视居住最长不得超过12个月和6个月，致使犯罪嫌疑人、被告人从侦查到起诉、审判，可能被累计取保候审长达36个月。上述三机关司法解释或规定明显违背刑事诉讼法本意，属非法扩充授权性规定。

此外，公安部颁布的《公安机关办理刑事案件程序规定》第112条规定："犯罪嫌疑人不讲真实姓名、住址、身份不明，在三十日内不能查清提请批准逮捕的，经县级以上公安机关负责人批准，拘留期限自查清其身份之日起计算……"。这一规定与《刑事诉讼法》第128条第2款的规定明显冲突，因为后者规定"犯罪嫌疑人不讲真实姓名、住址，身份不明的，侦查羁押期限自查清其身份之日起计算"。显然，这里的"侦查羁押期限"是指"逮捕后的"羁押期限，而不是拘留以后提请批准逮捕的期限。

另外，2005年，最高人民检察院朱孝清副检察长在全国第二次侦查监督工作会议上首次提出并阐述了附条件逮捕的理念，放宽了部分案件批准逮捕的证据条件。[①] 2006年，最高人民检察院颁布的《人民检察院审查逮捕质量标准（试行）》明确规定了附条件逮捕的要求和工作流程，《人民检察院审查逮捕质量标准（试行）》第4条规定："有证据证明有犯罪事实，一般是指证据所证明的事

① 朱孝清副检察长提出，对逮捕条件要正确把握，其中"有证据证明有犯罪事实"这一条件，要以"证据所证明的事实构成犯罪"为原则，"证据所证明的事实基本构成犯罪"为补充。基本构成犯罪确需逮捕的，一是证据所证明的事实必须基本构成犯罪，即要达到"八九不离十"的程度；二是根据现有证据综合分析，案件经过进一步侦查，能够取到构成犯罪的证据。为了保证这类案件的逮捕质量，在批捕时，要采取两条保障措施：一是要给侦查机关发补充证据通知书，并跟踪掌握其补证情况；二是对侦查机关经过努力仍然难以取到证明构成犯罪的证据的，要及时撤销逮捕决定。参见朱孝清：《强化法律监督 维护公平正义》，载《人民检察》2005年第6期。

实已构成犯罪。对于证据有所欠缺但已基本构成犯罪、认为经过进一步侦查能够取到定罪所必需的证据、确有逮捕必要的重大案件的犯罪嫌疑人，经过检察委员会讨论决定可以批准逮捕并应当采取以下措施，（1）向侦查机关发出补充侦查提纲，列明需要查明的事实和需要补充收集、核实的证据，并及时了解补充取证情况；（2）批准逮捕后三日内报上一级人民检察院备案；（3）侦查机关在侦查羁押期限届满时，仍未能取到定罪所必需的充足证据的，应当及时撤销批准逮捕决定”。一般认为，这一规定确立了一种新的审查逮捕制度——附条件逮捕制度。① 检察实务部门认为，这是逮捕工作机制的一种创新。各地检察机关通过与公安机关联合发文的方式对此项制度的具体操作予以规定。② 我们认为，附条件逮捕制度系检察机关自我授权，突破了刑诉法对逮捕要件的规定，降低了逮捕的证据要求，从根本上违背了法律保留原则。

2. 实质阻却违宪事由（限制基本权利的实质要件）——比例原则（相当性原则）

（1）刑事强制措施中比例原则的要求

比例原则和法律保留原则一样，都属于控权性法律原则。某种意义上，在成文法国度，法律条文不可能事无巨细，也不可能包罗万象，必然会留给执法者一定的裁量权，执法者在处理法律主体之间的利益取舍时，往往需要依据一定的标准，那么，比例原则可以

① 在实务探索中，有的称为“风险逮捕”，有的称为“有条件逮捕”，还有的称为“相对批捕”。刘金林：《附条件逮捕：人权保障背景下的探索》，载《检察日报》2008 年 9 月 5 日第 3 版。

② 例如：2005 年 11 月 10 日，上海市人民检察院、上海市公安局联合签发了《关于有条件逮捕的实施细则》；2006 年 6 月，北京市海淀区人民检察院和海淀区公安分局制定了《海淀区人民检察院、海淀分局关于存疑不捕和有条件批捕的适用条件》；2006 年 10 月 23 日，云南省个旧市人民检察院、云南省个旧市公安局联合签发了《关于有条件批捕和绝对不捕、相对不捕、存疑不捕适用条件的规定》；2007 年 8 月 29 日，重庆市公安局渝北区人民检察院、重庆市渝北区分局、重庆市公安局经济技术开发区分局、民航重庆机场公安局联合签发了《附条件逮捕实施办法（试行）》。

说是法治理念在裁量权中的体现，当然也可以将其看作是自然法的必然要求。

公法领域中，比例原则在涉及国家公权力干预基本权利的场合有存在并适用的必要。我国台湾地区学者林山田对刑事诉讼中贯彻比例原则的必要性进行了分析："为了发掘探索犯罪之事实真相，搜集或保全犯罪证据，以确保刑事程序之顺利进行，刑事追诉与审判机关有必要采行强制措施或紧急措施以行追诉或审判犯罪……此等强制或紧急措施均违反受处分人之意思，而限制或剥夺其基本权利或自由，包括剥夺人身自由与财产权、干预对身体之不可侵犯性，或侵犯居住自由或秘密通讯自由。况且，此等措施或多或少均需使用强制力，始得顺利执行而达成程序目的。因此，无论系决定处分或执行处分之机关，均必须遵守比例原则。"① 但是，德国学者施密特（Db. Schmidt）在1969年发表的《刑事诉讼法》一文中，反对立法者将比例原则引入刑事法领域内，同时也反对宪法法院的法官运用该原则来作判决基础。施密特认为，比例原则没有一定的标准，会流向"主观的"、"反理智的"（情感主义的）后果，使得其他同属宪法理念，如平等权、法律安全性及确定性原则都遭到伤害，而且加上法官滥用这种原则，足以构成"比例原则"的"暴力统治"。② 还有学者指出，"比例原则模式由于强调单一标准，又要能适用到所有权利类型，因此，其思考方向是与各种权利的内涵分离，而总论式的抽象单一标准发展，故容易成为价值中立的空洞公式。"③ 我们认为，施密特的担心恰恰体现了比例原则的必要

① 林山田：《论刑事诉讼原则》，载《台大法学论丛》第28卷第2期。

② 陈新民：《论宪法基本权利的限制（下）》，载《政大法学评论》第36期。

③ 此种观点可见，李建良：《基本权利理论体系之构成及其思考层次》，载李建良著：《宪法理论与实践》（一），台湾地区学林文化实业有限公司1999年版；蔡宗珍：《公法上之比例原则初论——以德国法的发展为中心》，载《政大法学评论》1999年第6期；黄昭元：《宪法权利限制的司法审查标准：美国类型化多元标准模式的比较分析》，载《台大法学论丛》第33卷第3期。

性，尤其是在成文法中的必要性。实际上，如果没有比例原则的话，那么，就需要对法律适用的每种场合加以细致地规定，而这一点对于成文法来说，是很难做到的。所以，承认成文法自身的局限性，就必须认可比例原则的必要。从这个意义上讲，比例原则是不得已的规范法律实施行为的手段。事实上，不仅在大陆法系国家立法和执法中适用比例原则，即使在判例法统治之下的英美法系，比例原则也是法院权衡利益保护的基本准则。①

在刑事强制措施的立法和执法中贯彻比例原则，就应当遵循下列基本要求：按照适合性、有效性原则的要求，国家机关所采取的每一措施都必须以实现宪法或法律所规定的职能为目标，并且每一措施的适用都有利于实现该法定职能和目标。依据必要性原则，刑事强制措施的种类应当与所要追究的犯罪嫌疑人罪行严重程度及人身危险性相适应。所采取的刑事强制措施在各种可供选择的手段当中是最温和的、侵害最小的。欲实施对公民的权利将会造成不可避免的侵害时，应当选择损害最小的刑事强制措施。按照损益相称性要求，刑事强制措施所侵犯的公民利益应与该措施所保护的公共利益相称。

（2）我国刑事强制措施立法、司法中违背比例原则的表现

第一，在羁押措施与非羁押措施适用的选择上未遵从比例原则。

按照比例原则，刑事强制措施的实施主体应当依据犯罪嫌疑人、被告人的罪行轻重、可能判处的刑罚、人身危险性的大小等因素来确定羁押措施或者非羁押措施的适用。对于那些罪行较重、可能判处刑罚较重、可能妨碍刑事诉讼程序进行的犯罪嫌疑人、被告人，可以适用较为严厉的羁押性强制措施；反之，则对其适用较轻的非羁押性强制措施。但是，在我国司法实践中，出于种种目的的

① 黄昭元：《宪法权利限制的司法审查标准：美国类型化多元标准模式的比较分析》，载《台大法学论丛》第33卷第3期。

需要，执法机关偏好羁押性强制措施的适用。有调查显示，对犯罪嫌疑人、被告人首次适用的刑事强制措施中，70.3%的都是拘留，适用拘传、监视居住、取保候审等非羁押性强制措施的犯罪嫌疑人、被告人仅占23.8%。① 还有调查显示，山东某地法院审理的已决刑事公诉案件中，不论在侦查阶段、审查起诉阶段以及审判阶段的羁押率都保持在90%左右，该数据表明，对被追诉者的羁押成为刑事强制措施适用的常态。② 有些地方机械地将案件类型、被告人的户籍确定为是否羁押的标准，导致了许多罪行轻微的刑事被告人被不当的羁押。③

笔者通过对《中国法律年鉴》中公布的官方权威数据，进行细致分析后，发现自1997年至2004年的8年间，全国检察机关每年批准和决定逮捕的犯罪嫌疑人人数与决定提起公诉的人数基本相当（见图3-1），在1997年、1998年和2000年3个年份，被逮捕的人数明显的超过了被提起公诉的人数，尽管相比提起公诉的人数而言，被逮捕的人数比例在逐年降低，但是，被逮捕和被提起公诉的人数比例最低也达到了92.23%（2004年）。这一点充分证明了我国刑事司法实践中，羁押的常态化。当然，从图3-2和图3-3中，我们可以看出，经侦查机关提请而被逮捕的犯罪嫌疑人与被起诉人数的比例相对较高，从图3-2中可以看出，1998年、1999年、2001年逮捕的人数甚至超出了被提起公诉的人数。相对而言，在检察机关直接立案侦查的案件中，被决定逮捕的人数与被提起公诉的人数比例相对较低，没有一年超过100%。

---

① 张会峰：《非羁押性刑事强制措施实施问题研究》，载陈瑞华主编：《未决羁押制度的实证研究》，北京大学出版社2004年版。

② 王心安：《未决羁押问题的实证分析》，载陈瑞华主编：《未决羁押制度的实证研究》，北京大学出版社2004年版。

③ 唐亮：《未决羁押报告——两个城市的比较》，载陈瑞华主编：《未决羁押制度的实证研究》，北京大学出版社2004年版。

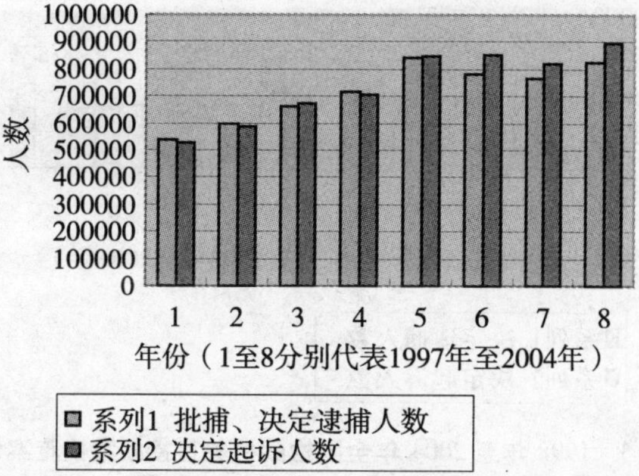

图 3－1　1997 年至 2004 年全国检察机关批捕、决定逮捕人数与决定起诉人数比较图

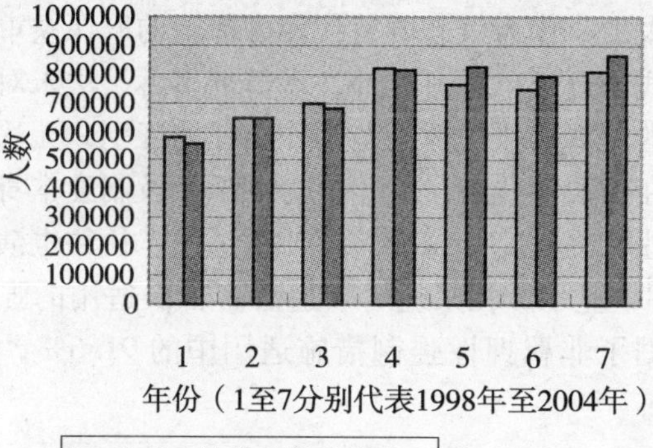

图 3－2　1998 年至 2004 年公安、安全、监狱机关提请被批准逮捕人数与决定起诉人数比较图

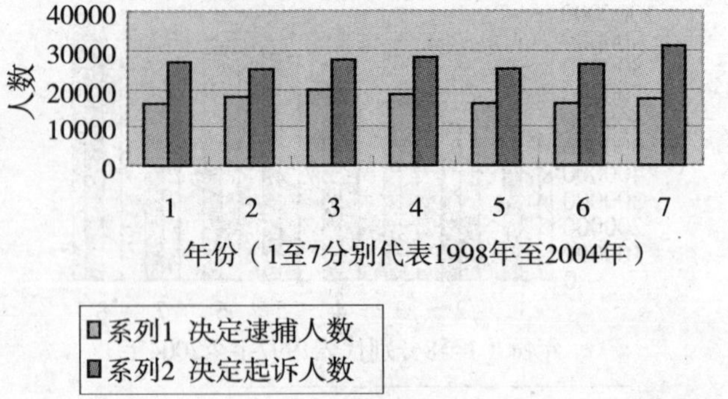

图3－3 1998年至2004年全国检察机关直接立案侦查案件决定逮捕人数和决定起诉人数比较图

第二，在非羁押性强制措施内部的适用上违背比例原则。

在立法上，就保全犯罪人的刑事强制措施而言，我国替代羁押的刑事强制措施太少，作为仅有的替代羁押措施的取保候审和监视居住，其适用方式也过于单一。此外，现行刑事诉讼法未对较轻的取保候审和较重的监视居住的适用范围作出任何区别，无法体现比例原则的要求。在司法实践中，由于警力的不足及制度本身的欠缺操作性，监视居住几乎被完全抛弃，即使被适用，往往也演化成了变相羁押①。有调查显示，在某地对被追诉者首次适用的强制措施中，取保候审占据了非羁押性强制措施适用中的91.6%，监视居

① 有调查表明，“某区公安分局监视居住的603人中，放在治安拘留所执行的就达588人，放在居住地执行的仅15人”。陈建新：《监视居住别“走调”》，载《法制日报》2002年6月1日第6版。

住只占到非羁押性强制措施的 6.7%。[①] 在非羁押性强制措施中，对于取保候审的适用本身也应当遵循比例原则，尤其是保证的方式，应当与被取保候审人个人的基本状况相适应，但是，在实践中，多数取保候审需缴纳保证金，而且保证金数额的确定，也根本不考虑案件类型、被取保候审人的自身状况，保证金收取的任意性很大。

第三，羁押性强制措施的适用未体现比例原则。

在羁押性强制措施的适用中，最能直观的体现比例原则的就是羁押期限。按照比例原则的要求，羁押的期限应当与被羁押人涉嫌犯罪类型、可能判处的刑罚、人身危险性等诸多方面相适应。但是，在司法实践中，羁押期限的长短取决于司法机关的实用主义要求，侦查机关往往将取证的难易程度作为羁押期限长短的最重要的参考。[②] 有实务界人士对北京市某区法院判决有期徒刑 6 个月、有期徒刑 3 年和有期徒刑 7 年以上的案件各 30 件进行了统计，发现判决刑期不同的三类案件从逮捕到法院作出判决的平均羁押期限分别为 3 个月、4 个月和 5 个月。由此可见，几乎所有可能判处有期徒刑以上刑罚的案件，无论犯罪嫌疑人、被告人被指控犯有何种罪行，也无论其犯罪严重程度如何，在逮捕后的羁押期限上差别极小。尤其是被判处有期徒刑 6 个月的被告人通常在法院作出判决前就已经被羁押近 6 个月，甚至有的案件，法院基本上根据被告人的

① 张会峰：《非羁押性刑事强制措施实施问题研究》，载陈瑞华主编：《未决羁押制度的实证研究》，北京大学出版社 2004 年版。据统计，重庆市 S 区公安局 2003 年移送审查起诉 1013 人，适用监视居住 1 人，适用率不到千分之一；S 区人民检察院在自侦案件中自 2000 年至 2005 年以来，只对 1 人适用过监视居住措施。徐静村、潘金贵：《我国刑事强制措施制度改革的基本构想》，载《甘肃社会科学》2006 年第 2 期。某县人民法院统计资料表明：1999 年 1 月至 2000 年 12 月，该县刑事案件中犯罪嫌疑人、被告人采取取保候审与监视居住比例为 56:0。罗哲孟、彭军海：《监视居住为何被冷落》，载《检察日报》2001 年 10 月 15 日第 3 版。

② 王心安：《未决羁押问题的实证分析》，载陈瑞华主编：《未决羁押制度的实证研究》，北京大学出版社 2004 年版。

羁押期限作出判决。[①]

第四，以保全犯罪证据为目的的刑事强制措施适用，彼此之间存在违背比例原则的现象。

以保全犯罪证据为目的的刑事强制措施在剥夺和限制被处分人基本权利方面有着强弱之分。按照比例原则的要求，司法机关在适用不同强制措施时应与案件的类型以及所遇到的诉讼障碍大小相适应。比如，监听、跟踪监控、诱惑侦查等主动型侦查行为相比勘验、搜查、讯问、询问等传统的被动型侦查方式，具有隐秘处分性和较强的权利侵害性。因此，监听、跟踪监控、诱惑侦查等主动型侦查行为只能是作为最后的手段按照特定的程序适用于特定的案件类型（如毒品犯罪等）之中。然而，在我国立法上，对于被动型侦查行为的适用条件和程序只有粗略的规定，对于有些主动型侦查行为的适用规则则根本付之阙如。这就导致我国司法实践中，司法机关对保全犯罪证据为目的的刑事强制措施的选择适用上缺乏有效规范，随意性较大，无法体现比例原则的要求。比如，有的司法机关对于任何案件都一律允许适用监听、跟踪监控等主动型侦查手段；有的司法机关只要保全证据遇到障碍，首先考虑的就是监听、跟踪监控、诱惑侦查等主动型侦查手段，而非传统的勘验、搜查、讯问、询问等传统侦查手段；有的司法机关在适用主动型侦查手段的条件消失后，仍然未予以解除，等等。

第五，以保全犯罪证据为目的的刑事强制措施内部未遵循比例原则。

每种以保全犯罪证据为目的的刑事强制措施内部在适用上的比例原则，主要体现在每种刑事强制措施的适用对象、手段与适用程序的对应性上。比如，依据适用对象不同，可以将搜查、人身检查区分为对被追诉者的搜查、人身检查和对第三人的搜查、人身检

① 北京市石景山区人民检察院课题组：《刑事强制措施适用与完善之实证研究》，载许海峰主编：《法律监督的理论与实证研究》，法律出版社2004年版。

查。按照比例原则的要求，在搜查、人身检查的启动上，对第三人实施搜查、人身检查的启动标准要比对被追诉者的标准更高。[①] 依据适用手段的不同，可以将人身检查区分为非侵入性检查和侵入性检查。非侵入性检查相比侵入性检查对身体健康损伤程度大，所以，对其启动的标准一般要求更高。这里的标准常涉及案件事实的重要性、案件的类型、犯罪嫌疑的轻重等因素。[②]

但是，由于立法对保全犯罪证据为目的的刑事强制措施的适用条件和程序缺乏完善的规定，我国司法实践中违背比例原则的现象屡见不鲜。就人身检查而言，为了破获大案、要案，查明案件真相，侦查机关往往不惜一切代价，实施大规模的诸如抽取血样的侵入性身体检查。犯罪嫌疑人、被害人，甚至包括与案件无关的第三人在内的被检查人随时可能承受基本权利被侵犯的危险。据新华网报道，湖北警方在2003年为侦破一起恶性强奸杀人案，深入91个村逐村逐户逐人排查15万人，从中确定重点对象1748人，之后又给其中的1262人做了常规血型检测。[③] 就搜查而言，在实践中，侦查人员在缺乏正当理由或不具有法定理由的情况下实施无证搜查；任意扩大搜查范围，缺乏对搜查时空范围的特定性限制，对搜查场所侵入的随意性较大；搜查手段或者方法不当，造成有关物品的毁损等。就扣押而言，侦查人员对与犯罪无关的财物的扣押；长期占有被扣押财物，无限期扣押，甚至侵吞扣押物；不是为了收集某一特定的犯罪证据，而盲目地随意扣押。就查封而言，侦查机关超越权限查封财产；超范围查封财产；无限期查封；非法使用查封财产。就查询、冻结而言，侦查机关任意扩大查询对象，不论有无犯罪嫌疑、有无证据证明有犯罪嫌疑以及犯罪嫌疑程度如何，皆查

① 关于各种刑事强制措施发动的证明标准，本书将在第六章第一节具体分析。

② [德] 克劳思·罗科信：《刑事诉讼法》，吴丽琪译，法律出版社2003年版，第319页。

③ 张先国、傅君清：《流窜作案的"杀人淫魔"张光旗在湖北被抓捕归案》，http://news.xinhuanet.com/legal/2004-07/20/content_1620738.htm.

询其在银行或者其他金融机构的存款、汇款情况；查询通知书上不写明查询原因、不列明查询范围；无期限冻结；冻结与犯罪无关的犯罪嫌疑人存款、汇款，等等。①

三、宪政视野下的我国刑事强制措施制度改革

从上述分析中，可以发现，欲改革我国的刑事强制措施制度，使其正当化，不仅仅应当从刑事强制措施内部的完善，更应当从宪法层面着手，使宪政的理念植根于刑事强制措施制度中，让刑事强制措施制度具备宪政基础。

我们认为，当务之急就是完善我国的违宪审查机制，通过有违宪审查权的国家机关，依据法定程序审查和裁决某项立法或者某种国家公权力行为是否合宪，以保证宪法的实施，维护宪政秩序。当然，由于现代各国的违宪审查机关不同，其违宪审查的范围也不同，如同我国一样以立法机关作为违宪审查机关的国家，主要审查立法、行政法规、地方性法规是否合宪，却很少直接宣布行政法规等规范性文件违宪。以司法机关或者宪法法院为违宪审查主体的国家，往往既对于抽象的规范文件（包括司法解释）进行清理，也宣布违宪的文件无效。因此，要将违宪审查制度落到实处，违宪审查机关应当从现在的立法机关转变为司法机关或者是宪法法院。而且，只有司法机关才可能以裁决的方式，真正贯彻宪法的基本原则和精神。尤其是比例原则，宪法法院在审查违宪案件时，即使宪法中未规定比例原则，也应当在法院审理案件中加以运用。此外，在赋予司法机关违宪审查权的同时，还应当赋予公民提起宪法诉讼的权利，针对国家公权力机关的违宪行为，允许公民申请救济。以此激活宪法对公民基本权利的保障，让抽象的宪法权利不仅通过一般立法来实现，而且可以通过裁判机关的宪法适用给予公民宪法

① 参见张中：《论私有财产的宪法保护与侦查程序改革》，载樊崇义主编：《刑事审前程序改革与展望》，中国人民公安大学出版社 2005 年版，第 243 ~ 245 页。

保障。

众所周知，宪法制度的落实往往还需要具体法律制度的保障，按照宪政理念和基本原则，我国刑事诉讼立法也应当在一些方面做出修正与调整。尤其是在具体的刑事强制措施制度上，应当充分体现宪政精神。

首先，刑事强制措施立法本身要遵循法律保留原则。将作为党内纪律的“双规”予以取消；将干预职业利益的刑事强制措施明确规定到刑事诉讼法中；将《国家安全法》、《人民警察法》中的“技术性侦察措施”纳入到刑事诉讼法中，并对其明确化，尤其是技术性侦察措施的范围，应明确规定各种技术性侦察措施实施的基本原则、条件、主体、证据要件、程序、违法后果等，以保证宪法中所规定的实体、程序基本权利能够得以保障；另外，应当清理司法解释，将司法解释中超越刑事诉讼法本身的规定予以取消，但是，对于一些合理的规定可以纳入到刑事诉讼法中。

其次，刑事强制措施立法过程中要遵循比例原则。尤其要对刑事强制措施的体系进行完善，使其遵循比例原则，具体而言：第一，排除犯罪事实障碍的刑事强制措施应体系化，将搜查、扣押、勘验、检查、通缉等手段纳入到刑事强制措施一章中加以规定，此外，还应将各种强制措施实施的条件按照比例原则予以细化。比如，对于搜查，应当区别对嫌疑人的搜查和第三人的搜查、对场所的搜查与对人的搜查，将检查分为侵入性检查和非侵入性检查、对嫌疑人的检查和对第三人的检查、追诉性检查和预防性检查，依据不同的对象适用不同的条件和程序。第二，排除行为人障碍的强制措施内部应当具有一定的层次性，法律应规定释放为原则，羁押为例外。第三，对于羁押性强制措施应当改革。将逮捕、拘留与羁押分离，羁押单独列为一种刑事强制措施，对其适用条件应重新进行界定，此外，羁押期限应当与被追诉者涉嫌的犯罪及可能判处的刑罚联系起来，按照轻罪和重罪对羁押期限予以区分，并规定最长羁押期限不得超过可能判处刑罚的1/3。第四，对于非羁押性强制措施需要进行改革。首先，应当保留并改造我国的监视居住制度，以体现非羁押措施内部的层次性①。尤其应在监视居住适用条件上区别于取保候审，监视居住的适用对象有必要限定为“符合取保候审条件，且没有固定住处的犯罪嫌疑人、被告人”。其次，应当将取保候审视为被追诉者的一项权利，扩大取保候审的适用范围。尤其应取消三机关司法解释中对于取保候审的禁止性规定，取消适用取保候审的罪名标准，并进一步细化《刑事诉讼法》第 51 条中关于“社会危险性”标准，制定统一的《取保候审指南》，规定取保候审决定者必须考虑被告人所涉嫌的罪名、可能判处的刑罚、自身品性以及有无前科等因素，综合作出是否给予取保候审的评断。取保候审的保证措施应多样化，立法可以在现有保证方式基础上增加实物保证、具结保证，而且多种保证方式可以灵活运用。对于保证金保证，法律必须规定类似于“不得对被取保候审者收取过高保证金”的条款，并制定统一的规则和标准，来引导司法的自由裁量，影响保证金的因素主要包括被告人所受指控的严重性、被告人的犯罪记录、被告人的经济能力、工作状况、被告人的社会关系，等等。

---

① 我国有学者持不同观点，主张在刑事诉讼法再修改时应取消监视居住制度。主要理由如下：（1）监视居住与变相羁押之间的界限难以把握，执行难度大；无论从字面上理解，还是从司法实践中的操作情况来看，一个人在 6 个月甚至更长的时间内不能离开自己的住处或指定的居所，不能会见其他人，而且一举一动处于被监视之下，这与被羁押 6 个月或是更长时间有何本质的区别？（2）监视居住极大地增加了执行机关的诉讼成本，不符合诉讼经济原则；（3）监视居住适用条件模糊，适用率低，实践价值不大。徐静村、潘金贵：《我国刑事强制措施制度改革的基本构想》，载《甘肃社会科学》2006 年第 2 期。类似的废除论者还有，樊崇义等：《刑事诉讼法再修改理性思考》，中国人民公安大学出版社 2007 年版，第 251 页；田文昌、陈瑞华主编：《中华人民共和国刑事诉讼法再修改律师建议稿与论证》，法律出版社 2007 年版，第 349 页；李卫平：《监视居住制度废弃论》，载《河南省政法管理干部学院学报》2003 年第 4 期；徐美君：《对刑事强制措施制度的研究》，载《法学杂志》2004 年第 1 期；姚玉林、张伟：《监视居住强制措施存在的合理性分析》，载《检察实践》2004 年第 2 期。

第二节 刑事强制措施正当化与程序基本权保障

对政权组织形式以及基本人权的规定是当代成文宪法的两大构成要素，这两个要素被德国著名宪法学者卡尔·施密特（Carl Schmitt）誉为“法治国构成要素”①。其中后者为重中之重。基本权，也可以称之为宪法权利、宪法基本权、基本人权等。基本权的保障是宪法及其所统摄之下的各个部门法的根本任务之所在。依据基本权本身所涵盖内容的不同，可以将其分为实体基本权和程序基本权，实体基本权以公民实体性的基本权利为内容，主要包括人性尊严、自由权（包括人身自由、居住自由、迁徙自由、言论自由、出版自由、秘密通讯自由、宗教自由、集会自由以及结社自由）、平等权、经济上基本权利（生存权、工作权与财产权）等。而程序基本权则是“专以程序为内涵的权利”，换言之，其必须是一种“权利”，且以“程序”为内容，二者缺一不可。② 从历史悠久的英美正当法律程序理念和大陆法系（以德国为典型）的宪法基本权理论为出发点，探究刑事程序基本权及其保障机制在刑事强制措施制度中的运用，将有助于我国正当化的刑事强制措施体制的建构。

一、程序基本权的导入

欲廓清程序基本权的内涵、外延、性质以及相关保障机制，必须从英美正当法律程序理念和大陆法系（以德国为典型）的宪法

---

① Carl Schmitt, Verfassungslehre, 5. Auf, 1928, S. 164ff. 转引自陈文贵：《基本权利对民事私法之规范效力》，“中央警察大学”法律研究所硕士论文（2001），第6页。

② 李建良：《论基本权利之程序功能与程序基本权——德国理论的借鉴与反思》，载《宪政时代》2004年第4期。

基本权理论①中寻求灵感。在英美法系中，虽然有程序权利（procedural rights）一词的存在，但是没有形成十分完善的理论体系。准确来讲，程序基本权（Verfahrensgrundrecht）及其相关理论是大陆法系理论家们在当代的发明。具体而言，程序基本权是从大陆法系学者对基本权（主要是实体基本权）以及功能的理论阐释中逐步演变而来的。

（一）基本权利理论体系及其功能

在德国宪法的理论与实践中，基本权利被认为具有“主观权利”和“客观法”的双重性质。在个人有权请求国家予以保护这一意义上，基本权利是一种“主观权利”。同时，基本权利又被认为是德国基本法所确立的“客观价值秩序”，公权力必须自觉遵守这一价值秩序，尽一切可能去创造和维持有利于基本权利实现的条件，在这种意义上，基本权利又是直接约束公权力的“客观规范”或者“客观法”。② 德国早期的理论着重强调公民个人所行使基本权利的“主观权利”性质，直至20世纪初，宪法学界开始检讨基本权利在法秩序客观层面的作用，进而发展出基本权利的客观规范功能理论，极大地丰富了基本权利功能体系。

1. 作为“主观权利”的基本权利

（1）防御作用③

从基本权利的发展史来看，古典基本权利的建构与形成，以公民个人对抗国家权力的防御权为最初形态，宪法往往通过基本权利“清单”，或通过法院判解的方式，将这种防御权逐步细化，保障公民个人不受国家特定或不特定行为的干预，进而创造一个不受国

① 美国学者也在借鉴德国的基本权理论，See David P. Currie, *Positive and Negative Constitutional Right*, 53 U. Chi. L. Rev. 864(1986).

② Robert Alexy：《作为主观权利与客观规范之基本权》，程明修译，载《宪政时代》第24卷第4期。

③ 关于基本权利的防御作用，具体描述可参见张翔：《论基本权利的防御权功能》，载《法学家》2005年第2期。

家权力干预的“自由空间”。在1958年的吕特判决中，德国联邦宪法法院首先说明了基本权利的这种“主观权利”性质：“毫无疑问，基本权利的主要目的在于确保个人的自由免受公权力的干预。基本权利是个人对抗国家的防御权，从基本权利在人类历史上的发展，以及各国将基本权利纳入宪法的历史过程中，我们可能看出这一点”。①

可以说，基本权利的“防御功能”是古典基本权利最主要的机能。此种最原始和核心的功能，赋予了个人对抗国家权力侵害的防卫能力。基于基本权利的防御权功能，公民个人对于国家权力所为的任何侵害行为，不仅可以要求国家停止侵害，还享有通过提出救济的途径予以排除，包括对于抽象法规、具体行政行为、司法裁判的侵害，等等，均应享有通过法律途径的救济。

（2）给付作用

由于基于基本权利的防御功能只能要求国家不得侵犯公民自由，国家的义务是“不作为义务”或者“消极义务”，也就是不为侵害基本权利的行为。也就是说，基本权利的防御功能不能导出国家有实现基本权利内容的义务。所以，宪法理论及判例又在防御权功能之外，推导出基本权利的给付请求功能。这种功能赋予公民个人可以向国家请求为一定给付的权利。这种给付请求功能不是基于个人相对于国家的“消极的地位”，而是基于个人在国家面前的“主动地位”。个人站在主动的地位，在一定条件下具有直接请求国家积极“作为”以使个人享有某种利益的权利。就国家作为的内容而言，公民个人可以向国家请求的范围可以分为“程序性”、“物质性”、“资讯性”等三大类。程序性给付，主要是指国家应给公民开放救济途径，并且确保审判独立、公开审判、言词辩论、武器平等、审检分立等符合法治国原则的程序内涵。“物质性”给

---

① BVerf GE 7，198（1958）. 转引自张翔：《基本权利的双重性质》，载《法学研究》2005年第3期。

付，指公民可以享用国家的公用设施、请求一定扶助的要求。“资讯性”给付，即要求政府的资讯公开，满足人民的知情权。①

2. 作为“客观法”的基本权利

第二次世界大战后，德国学界与实务界从基本权利保障的理念出发，就宪法所保障基本权利规范整体加以观察，演绎出宪法所蕴含的“客观价值秩序”。从而，基本权利的作用不再仅限于个人的主观“权利”，还是整个社会共同体的价值基础，是国家公权力以至于全体人类应该共同追求的目标。这种客观价值秩序的基本认识具有两方面作用，一是作为整个社会共同体的基本秩序，基本权利的影响力超越了“个人——国家”关系的层面，而能够笼罩社会生活的一切侧面，对法的一切领域都产生扩散的效力，整个社会生活都应该在基本权利这一价值基础上进行整合②。二是将基本权利解释为国家机关一切行为的准则，国家负有积极义务以积极的作为促进基本权利得以实现，这就意味着扩大了基本权利适用范围。《德国基本法》第 1 条第 3 款体现了基本权利作为客观价值制度的作用，该条款规定：“下列基本权利是约束立法、行政和司法的直接有效的法律”。

此种基本权利的客观价值秩序，将基本权利保障体系放射到所有法律领域。基本权利作为客观价值秩序的主要功能，要求国家必须尽到保护个人基本权利的义务，使个人免受公权力或第三人的侵害，因此也可以称之为“基本权利的保护作用”。客观价值秩序理

① 李建良：《基本权利理论体系之构成及其思考层次》，载李建良著：《宪法理论与实践》（一），台湾地区学林文化实业有限公司 1999 年版。有学者将“程序性”给付单独归为“基本权之程序保障功能”，他认为，基本权利的程序保障功能，主要是课以国家提供人民一个诉讼上的“程序保障”，此种功能原则上是属于消极性的，但是此项基本权对现代民主法治国家建立一个“可供人民信赖的司法制度”，却是不可或缺的。此约略相当于美国法上的“正当法律程序（due process of law）”之义。陈文贵：《基本权利对民事私法之规范效力》，“中央警察大学”法律研究所硕士论文（2001），第 28 页。

② 张翔：《基本权利的双重性质》，载《法学研究》2005 年第 3 期。

论赋予基本权利以开放性的特质，基本权利含义不再限于“排除国家干预”，在“客观价值秩序”这一抽象可能性之下，一切有助于基本权利实现的具体行为和具体制度都可能被解释为基本权利的内涵而被正当化。具体来讲，为了基本权利的具体落实，立法机关所需建构和维护的制度包括：财产权制度、婚姻制度、劳动保障制度、新闻传媒制度、大学制度，等等。同时，基本权利只有在一定的组织和程序的背景之下才能得到充分的实现，从而，基本权利作为客观价值秩序就要求国家提供这种组织和程序上的保障。①

由上可知，基本权利的主观属性和客观属性之间是相互渗透的。客观法理论是以“国家对基本权利负有保护义务”为基本逻辑的，也就是概括性地、抽象地要求国家承担帮助、促进、发展基本权利的义务。而当这种义务的内容在一定情况下足够明确时，个人也就有了可以确定的请求对象，在这种情况下个人也就有了主观权利。也就是说，客观法是单纯要求国家承担义务，而主观权利只是使得部分的国家义务有了对应的个人权利。在这种意义上，客观法是可以包含主观权利的。②

（二）程序基本权的理论基础

每项实体性基本权利的实践，都蕴含着程序的内容，而且有“程序保障”的需求与功能，这既是从宪法所保障的个别基本权利的客观功能中推导出来的，也是把基本权利看作一种“主观权利”的应有之意。也就是说，当个人权利受到国家公权力的侵犯时，个人基本权防御功能中也存在一种请求权——通过个人的请求获得国家公权力机关的救济。所以，不论从主观权利的角度，还是从客观法的角度，都可以推导出与基本权利密切相关的程序保障机制的存在。相对应，国家公权力也有积极的义务来通过正当法律程序保障公民个人基本权利的实现。这种“基本权的程序保障功能”理论

① 张翔：《基本权利的双重性质》，载《法学研究》2005 年第 3 期。

② 同①。

单纯从实体基本权出发思考程序机制，有其弊端，正如有学者所指出，“对于承认基本权的程序保障功能所产生的重要革新，并不是要来强调这些程序基本权对法院的程序以及组织所带来的意义，而是要来指出实体的基本权，也会涉及组织以及程序的问题。因此，在学说上所关注的焦点，主要也是集中于实体基本权来做讨论”。[①] 如果只是在实体基本权维度上探讨程序基本权对其的保障功能，势必会仅仅将程序基本权当作实现实体基本权的工具，程序基本权始终会处于一种依附地位，甚至可能在某些情况下面临被牺牲的危险。因此，有必要提出独立的程序基本权理论。我国台湾学者李震山认为，将性质相同的程序保障可以一般化为“程序基本权”，就如同平等权、人性尊严、一般人格权，其既内含于各项具体权利中，亦可外显为宪法原则，作为个别基本权保护范围无法涵盖时的补充依据，并支配所有公权力，包括行政、立法、司法等。[②] 程序基本权就是将附含于个别基本权利中的程序保障，加以一般化与主观化，使之成为宪法上的原则。

“程序基本权”理论和“基本权之程序保障功能”理论的关键区别在于，是否强调程序基本权的独立性。“基本权之程序保障功能”理论从每个实体基本权规范中推导出程序保障的来源和结构，这种程序保障具有派生性、从属性，始终无法脱离实体基本权自身，这种程序性权利只是在保障实体基本权实现的维度上才有意义；而“程序基本权”理论不再囿于实体基本权的约束，它不仅强调程序基本权对实体基本权实现的保障功能，而且，强调体系化的程序保障机制和程序性权利的独立价值。具体而言，程序基本权作为一种重要的宪法性权利，它的创设区分了国家权力与公民权利的界限。程序基本权具有内在的道德性，它直接保障了公民在国家

① 刘宪英：《基本权之程序保障功能——以德国法为中心》，台湾辅仁大学硕士论文（1994），第39～40页。

② 李震山：《程序基本权》，载《月旦法学教室》2004年第19期。

面前的主体地位，促进了人性尊严价值的实现。可以说，程序基本权以程序为内容，与实体基本权一样体现着宪法的基本精神，维护着宪政秩序的稳定。[①]

（三）程序基本权的内涵及其外延

由于程序基本权系宪法性权利，所以它在各国宪法中均有所体现。程序基本权的宪法化，不仅昭示着程序基本权的重要性，具有宣示性意义；而且，实际上给予了程序基本权更高层次的保护和救济。在德国基本法中，有些基本权的规定明文指出程序保障的内涵，此种明文规定的程序基本权又被称为诉讼基本权（Prozeβgrundrecht）。这些权利包括权利救济或者司法保障请求权（德国基本法第 19 条第 4 项）、法定法官的权利（德国基本法第 101 条第 1 项）、请求法院公平审判的权利（德国基本法第 103 条第 1 项）、人身自由受到限制时，请求法院依法定程序审理的权利以及人身自由受到剥夺的法官保留原则（德国基本法第 104 条）。

学者李建良指出，司法程序基本权的存在，可以由宪法明确规定；宪法若无明确规定的，则可由个别实体基本权导出，实体基本权若缺乏司法救济权的搭配，将无法完全实现其内涵。[②] 所以，基于各国的国情和历史传统的不同，能够上升为程序基本权的内容有所区别。而且除了刑事、民事、行政诉讼程序中共同的程序基本权（如诉权即司法请求权；对质诘问权；提出证据与主张的权利；程

---

① 我国大陆有学者亦指出，“宪法权利是宪法为保护特定的利益而设定的。宪法为保护某一特定的利益并不只设定一种静止的权利，而是设定一系列前后相连的权利，前面的权利随着特定的法律事实而转化为后面的权利，这一系列相互关联的权利根据其逻辑顺序可以分为宪法性原权利与宪法性救济权。在人权的‘逻辑链条’上，宪法性救济权发生的前提条件是宪法性原权利遭到国家的不法侵害，而宪法性救济权是宪法性原权利得以实现的保障”。余军：《宪法权利的逻辑构造——分析法学路径的诠释》，载《法学》2005 年第 3 期。但是，遗憾的是，该学者并未将宪法救济权归结为程序基本权的范畴。

② 李建良：《论基本权利之程序功能与程序基本权——德国理论的借鉴与反思》，载《宪政时代》2004 年第 4 期。

序救济权，如上诉权）之外，还存在一些各个程序自身的特殊程序基本权。我们认为，刑事诉讼中的程序基本权至少包括公平审判权、获得迅速审判的权利、辩护权、免受双重危险权利，等等。[①]只有保障这些基本程序权的实现，才能达到程序保障的最低限度，即公平、公正、参与、理性与经济。

按照前述基本权的双重属性，承认程序基本权的存在，就有主客观两方面的意义。在主观层面，公民个人有权按照法定的程序参加诉讼，行使各种程序基本权，影响司法裁决的形式，在程序基本权遭到国家侵害时，公民有权提出救济申请要求停止侵害；在客观层面，国家应当建立完善的程序机制，以积极的作为促进程序基本权的实现，即给予诉讼参与人充分的程序保护，让诉讼参与人能够利用程序机制，确保自身基本权得以实现。

（四）程序基本权与实体基本权的关系

从大陆法系基本权理论的演变轨迹来看，基本权从诞生之日仅仅局限于自由权、平等权等实体基本权，而程序基本权只是在近代才从实体基本权中逐步独立出来，形成自己独立的理论体系和保障机制。而从英美法系的正当法律程序理念来看，程序基本权事实上早已经独步于世[②]，而且内容日渐丰富。

不论是德国学者从基本权本身提炼出来的程序要素，还是独立的程序基本权，二者都对实体基本权的保障提供了坚实的基础。正

① “实体法和程序法规定之内容，就实体法而言，如须遵守罪刑法定主义；就程序法而言，如犯罪嫌疑人除现行犯外，其逮捕应践行必要之司法程序，被告自白须出于自由意志、犯罪事实应依证据认定，同一行为不得重复处罚，当事人有与证人对质或诘问证人之权利，审判与检察之分立，审判过程以公开为原则及对裁判提供审级救济等为其要者。”李震山：《程序基本权》，载《月旦法学教室》2004 年第 19 期。

② 英国《大宪章》第 39 条规定：“自由民非依国法（Law of the Land）而受其同类的合法审判，不得逮捕、监禁、没收其财产、逐放于国外，或加以任何危害。”美国宪法第五修正案中规定为：“非经正当法律程序，不得剥夺任何人的生命、自由或财产。”第十四修正案中规定为：“无论各州，非经正当法律程序，不得剥夺任何人的生命、自由或财产。”

如有学者所指出的，“基本权利的程序要素，其中心旨趣在于，预防实体基本权利受到贬损的危险”。① 作为实体基本权的自由权、社会权、平等权能否转化为宪法上的请求权就成为一个至关重要的问题，在许多西方宪法学者看来，这甚至是验证一项权利是否真正成为宪法权利的“试金石”。②

具体而言，程序基本权对于实体基本权实现的保障功能主要表现在以下诸方面：首先，程序基本权为实体基本权免受无理侵犯提供了预防机制。诸如逮捕、搜查等刑事强制措施实施之前原则上必须经过司法审批等环节，防止恣意的行为的实施。其次，程序基本权作为基本权利限制具体化的媒介。学者李建良指出，程序权本身并非对于基本权利的干预或者限制，而是作为基本权利限制具体化的媒介而存在。③ 再次，程序基本权为实体基本权免受无理侵犯提供了救济机制。在受到国家行为对基本权利的无理侵犯之后，受侵犯者可以利用上诉权等程序基本权来申请救济、赔偿或者补偿。

所以，实体法上限制基本权利的规范越是抽象而有填充的必要，则其相对应程序的设计与配置，越是不可或缺。就此而言，程序法乃是基本权利保障的工具。④

二、刑事强制措施正当化与程序基本权保障

（一）免受无理强制处分之基本权

免受无理强制处分究竟属于实体基本权抑或程序基本权，这是该基本权的属性问题。欲澄清这一问题，我们认为应当明确各国宪

---

① BVerfGE 63,131(143).李建良：《论基本权利之程序功能与程序基本权——德国理论的借鉴与反思》，载《宪政时代》2004 年第 4 期。

② 胡敏洁、宋华琳：《美国宪法上的福利权论争——学理与实践》，载《政治与法律》2004 年第 2 期。

③ 李建良：《论基本权利之程序功能与程序基本权——德国理论的借鉴与反思》，载《宪政时代》2004 年第 4 期。

④ 同③。

法权利规定的特点。由于各国宪政发展的路径以及宪法所处的历史时期等诸多方面的原因，各国宪法在对基本权的表述方式上有所不同，“美国宪法的人权条款只保障个人权利不受国家权力之侵犯，而德国和我国宪法则同时从正反两个方向来保护公民权利：它不仅提供禁止国家权力侵犯的防御性权利，而且规定国家有责任从正面去保护宪法权利的实现。美国宪法中关于公民权利的规定集中在宪法修正案之第1~10以及第13、14、15、19、26条。就表现方式而言，除修正案第6条1、第10条2外，皆属于针对国家的防御性权利。德国基本法中关于公民权利的规定集中在基本法第一部分，共包括19条，其中确认公民权利之规定集中在第1~14条，在表述方式上，同时从正反两个方面来界定公民权利，既包括了对国家权力的警觉和防范，也增加了国家对公民权利实现的正向责任”。[①]此外，美国宪法多将基本权细化为程序性条款，使之转化为公民基本的程序性权利，确保实体基本权的真正实现。严格来讲，免受无理强制处分权是从美国宪法第四修正案中归结而来。该条的规定恰恰是美国宪法权利上述特征的表现，即从反面规定公民基本权。该条文中诸如令状授权、合理根据和排除规则的程序规定使得僵化的实体基本权（人性尊严、人身、财产、隐私权等）转化为可操作、易于实现的程序基本权。这一程序基本权构成了实体基本权的限制在正当法律程序上的体现。

我国台湾学界传统上认为，程序基本权主要是以“司法救济程序”为重心，一般泛称“诉讼权”，或可称为“司法程序基本权”或“诉讼基本权”，包括请求法定法官的权利、请求法院听审的权利等。甚至有学者认为，“基本权利的限制须经由法官决定（所谓法官保留），并非是一种程序基本权，而是基本权利的限制须经正当法律程序的问题，以人身自由的剥夺为例，德国基本法第

---

① 刘志刚：《公民宪法权利比较研究》，载《河南政法管理干部学院学报》2004年第3期。

104条规定，均由法院为之，按人身自由乃是一种实体基本权，而次等正当法律程序的规定旨在保障人民的身体自由，未经法院决定所为的剥夺人身自由措施，即构成违宪，而非谓人民享有请求法院决定的司法程序权；反之，于人民被非法逮捕、拘禁时，得请求法院提审的权利（提审权），则是一种独立的程序基本权……”。[①] 我们认为，这种观点是值得商榷的，程序基本权应当不仅仅限于诉讼基本权，而应包括一系列的对抗公权力的程序权利，法官保留原则属于程序基本权中的重中之重。上述表述仅仅将程序基本权限于诉讼权，尚未摆脱出“基本权的程序保障功能”的思维，不利于程序基本权理论的确立与发展。

（二）程序基本权的互动对刑事强制措施正当化的促进

刑事强制措施系国家公权力运用的典型体现。为防御这种公权力的滥用危及公民基本权，必须有一系列的程序基本权来维护。这些权利不仅包括免受无理强制处分基本权所要求的令状主义、合理根据以及证据排除规则，还包括无罪推定的权利、辩护权、获得公平、公正、及时审判（或者称为速审权，The Right to a Speed Trial）[②] 的权利等。如果要将这些权利进行分类的话，有些权利，如沉默权、免受酷刑权都是为了克服被告人不利的处境而设置的，另外一些权利，如公正审判权（The Right to a Fair Trial）、不受双重危险权利则是为了确保某些公平、自然正义的理念不受特殊情况影响而赋予的。这些权利使各国刑事司法制度呈现出不同的特征，但它们共同构成被追诉方防御国家权力不合理侵犯的甲胄。在这一系列程序基本权的互动之下，刑事强制措施自身的正当性才能得以促

① 李建良：《论基本权利之程序功能与程序基本权——德国理论的借鉴与反思》，载《宪政时代》2004年第4期。

② 关于要求迅速审判的理由，美国联邦最高法院在 United States v. Ewell 一案中，明确表示，这项重要的宪法权利对于保护被告人有着三项不同的利益：第一，防止审判前不当的羁押；第二，将被告因为受公开控诉所产生的焦虑及煎熬减到最低限度；第三，避免侵害被告人的攻击防御权。United States v. Ewell,383U . S. 116 (1966).

进，公民的基本人权才可以得到切实的维护。

1. 无罪推定的权利与免受无理强制处分权

无罪推定是刑事法律的基石，也是刑事诉讼中的一条黄金定律。但它不仅是一条证据规则、诉讼法律原则，还是一项人权保护准则。无罪推定的存在根据，学者们有不同的解释。英国法学家Stephen曾言，假若有人问我被告人为什么被推定无罪，我认为真正的答案不是这个推定可能是正确的，而是今天的社会看来比个人太强大了，它可能给人带来的伤害远远大于要付出代价的社会个体通常给社会整体造成的破坏。① 对于无罪推定的属性理解，既可以是规范上的，也可以是理念上的。规范意义上的无罪推定要求司法官员必须遵守对被告人或任何人加以定罪的程序条件（如证明责任分配规则等），而且在诉讼过程中，不应将受到刑事追诉或者审判的嫌疑人、被告人，当作犯罪人来对待，应当给予其无罪公民的一切权利，并可以为维护其自身权益而与追诉者展开程序上的对抗和论辩。② 理念层面上的无罪推定意义在于，国家公权力实施必须对所有公民一视同仁，包括对国家、政府怀有敌意的犯罪者，在未被犯罪标签化之前，公权力不得武断地对其某些权利进行剥夺、限制。

免受无理强制处分权正是基于此种理念促进犯罪嫌疑人、被告人获得与一般公民同样的自由权。正因如此，英国有学者结论性指出，保释权是无罪推定的必然结果，尽管它们的历史根源不同。③ 具体而言，与保释相对应的审前羁押在保释制度产生阶段往往被看作是对嫌疑人的惩罚机制，嫌疑人常常被当作实际的有罪者对待，被作为获取证据的客体，而非程序的主体参与者。并且，羁押本身以及给被羁押者带来的痛苦事实上表明国家已经将其与无罪的公民

---

① Stephen ,James Fitz james , *A History of English Criminal Law* . Vol. I,1883 , P. 354.

② 陈瑞华：《刑事审判原理论》，北京大学出版社 1997 年版，第 146 ~ 148 页。

③ Neil Corre & David Wolchover: *Bail in criminal proceedings* , London : Blackstone Pr. Ltd. , 1999 , P. 11.

区分开来。相反，审前的释放则给嫌疑人创造了准备辩护的机会，为其程序上的防御与对抗公诉提供了保证，而这一系列权利均是无罪推定的应有之意。应当说，免受无理强制处分权保障了无罪推定原则在刑事诉讼中的实现，同时，无罪推定所拟制的无罪状态，又促进了被追诉者主体地位的确立，进而保证了免受无理强制处分权的落实。正如美国联邦最高法院前首席大法官文森（Vinson）在一份判决理由书中提到的那样："……这项被定罪之前有人身自由的传统权利使得辩护准备不受到妨碍，并且有助于防止在被定罪前遭受处罚。除非这项审判前获得保释的权利得以保留，否则，经过好几个世纪的斗争才获得的无罪推定原则就会失去意义。"①

2. 辩护权与免受无理强制处分权

刑事被追诉者的辩护权和免受无理强制处分权二者之间看似毫无联系，实际上，互相起着十分重要的促进作用。

不论是行为人纬度的强制措施，还是犯罪事实纬度的强制措施，它们的实施一般都必须受到中立司法机关在事前或者事中、事后的审查。在审查过程中，被强制处分者往往会提出自己的主张，但是，以充分的事实根据和法律理由来论证主张的成立，往往需要专业的律师为其提供帮助，只有这样，才有助于被追诉者自身更好地维护自身权益，切实防止被追诉者的实体基本权受到恣意侵犯。

相反，免受无理强制处分权本身亦可以对辩护权起到强化作用。众所周知，审前阶段无疑距离案件发生时间最近，是控辩双方收集证据最为关键的阶段（the critical stages），羁押犯罪嫌疑人固然可以防范被追诉者逃跑或者串供、伪证、破坏、毁灭证据的危险，但另一方面则限制了被追诉者寻求积极证据来为自己洗脱嫌疑的机会。由于犯罪嫌疑人被羁押于看守所，很难了解到案件的进展情况，而且缺乏专门的法律知识和素养，只能凭借朴素的正义感来站在被追诉者的立场上进行防御，这种防御往往受到羁押而引起的

① Stack v. Boyle, 342 U. S. 1, 72 S. Ct. 1, 96 L. Ed. 3 (1951).

恐惧、焦虑、绝望、害怕的心情所冲击，缺乏理性，无法达到辩护的最终目的。被追诉人获得释放，特别是审前阶段的释放不仅有助于寻找辩护律师，为自己提供法律咨询，及时得到帮助来准备辩护，保障辩护权的有效行使和切实兑现，而且，对于实现当事人主义诉讼模式下的“平等武装”（equality of arm），也是很有意义的。

3．获得公平、公正、迅速审判的权利与免受无理强制处分权

刑事被追诉者的公平、公正、迅速审判的权利和辩护权同样也是一项程序基本权。[①] 公平审判权要求，立法者及国家机关对于任何人或程序主体，不得恣意的处理，而应致力于使双方当事人在实质上相对等的条件下，参与进行程序。公平不仅意味着当事人在机会上的平等，还蕴含着“武器平等”。公正审判权要求被告人不仅能够得到适格、独立且不偏不倚的法庭所进行的公正、公开的审讯，而且能够参与到审判之中，通过理性说服、辩驳影响裁决的结果的做出。迅速审判权则要求法院在法定期限内对被追诉者应当及时、不延迟的进行审判。获得公平、公正、及时审判权需要有完善的司法体制以及诉讼制度（如回避制度、审级制度、诉讼救助制度等）作保障。获得公平、公正、及时审判的权利中的“审判”一词不仅包括针对被告人定罪量刑的庭审，还应当扩张及针对刑事强制措施发动、实施行为合法性的司法听审中。从这一角度来看，获得公平、公正、及时审判的权利可以保障被追诉者免受无理强制处分。同时，获得及时审判亦要求针对被追诉者自身定罪量刑问题的裁决应当尽快作出，避免对被追诉者的长期羁押或附条件的保释。

对免受强制处分权的保障有助于被追诉者在正式的庭审过程中公平、公正、迅速审判权的最终实现。刑事诉讼审判前程序的实践

---

① 对公正审判权的具体分析，参见熊秋红：《解读公正审判权》，载《法学研究》2001 年第 6 期。对迅速审判权的分析，参见王兆鹏：《建构我国速审法之刍议——以美国法为参考》，载《台大法学论丛》第 33 卷第 2 期。

与法庭对被告人的审判有着直接关系。有外国学者指出，审前的羁押不仅影响被追诉者及其家庭的精神、社会生活，而且对它的审判结果本身也有着实质性的影响。[①] 对此，美国学者曾做过实证调查，其统计资料显示，审前被羁押的犯罪嫌疑人后来更可能被宣告有罪和被判宣告有罪和被判处入监狱或看守所，而不是被判缓刑或另外的社区制裁；特别是穷困的被告人更可能遭受与保释制度相关的不利影响。[②] 当然这种结果的产生固然与美国刑事诉讼程序本身（大量被羁押者接受了“辩诉交易”）有关，但从中也可以发现羁押所给被告人带来的辩护准备不充分、法官有罪的偏见等对审判中造成的非正义也是不可避免的。[③] 刑事强制措施正当化的促进，可以使得被追诉者免受恣意的强制处分，进而，通过优化犯罪嫌疑人、被告人的自身处境和待遇消除了这些不利因素的影响，使被追诉方的理性辩驳更能制约法官的裁决过程，进而保证其在程序和实体上均获得裁判者公正的对待。

总之，免受无理强制处分权与辩护权、获得公正、公平、迅速的审判权等程序基本权之间是互相促进的关系，程序基本权的互动有助于刑事强制措施制度的正当化，缺乏程序基本权作为基础支柱，刑事强制措施难以实现正当化的目标。

（三）刑事强制措施制度中的程序基本权保障与救济

1. 权利保障机制

程序基本权是刑事被追诉者对抗政府强制处分权的重要手段，是保障刑事程序上当事人对等原则实现的重要机制。刑事诉讼中的

---

① R. sharma , *Human rights and bail* , A. P. H. Publishing Corporation, 2002, P82.

② ［美］爱伦·豪切斯泰勒·斯黛丽、南希·弗兰克：《美国刑事法院诉讼程序》，陈卫东、徐美君译，中国人民大学出版社2002年版，第361～362页。

③ 特别是对被告人审前的羁押所引起的心理压力，这种压力经常导致被告人法庭上的敌意或者不合作行为，而审前的自由通过消除这种心理压力，提高了被告人接受公正审判的机会。D. Freed & P. Wald , Bail in the United States: 1964, p. 46 (1964), 转引自 Verrilli , Donald B. Jr. : *The Eighth Amendment and the Right to Bail: Historical perspectives*, Columbia Law Review82 (1982). P 358.

程序基本权在理论上可以分为消极的程序基本权和积极的程序基本权。在刑事强制措施的实施过程中，辩护权属于积极的程序基本权，它包括被追诉者在针对强制措施的司法听审中提出证据（包括证据调查申请以及知悉对方证据）的权利、陈述主张的权利以及对证人、鉴定人进行对质诘问的权利等；积极的程序基本权还包括申请救济权，包括针对刑事强制措施提出变更、撤销的权利以及对通过违法强制措施获取的证据排除的申请权等。

为了保障免受强制处分权的实现，在刑事强制措施实施中，司法机关在采取强制措施之前，必须告知被追诉者所涉嫌的罪名，以及实施强制措施的理由（即显示被追诉者涉嫌犯罪的初步证据），记载上述内容的授权文书还必须向被强制处分人出示。在以言词方式针对强制措施的启动、实施合法性进行听审的过程中，被强制处分人有权在场，这种在场权亦属于消极程序基本权的一种。

获得公平、公正、迅速审判的权利亦需要一系列的诉讼机制来保障，依据我国有些学者对国际人权公约的分析，受刑事指控者获得公正审判至少需要组织和程序两方面的保障。组织性保障主要包括对司法机构和司法人员的要求，即要求组成“独立和不偏袒的法庭”；程序性保障主要包括程序公开与程序公正两项原则。程序公开包括动态的审理公开和静态的判决公开。程序公正通过无罪推定、最低限度的程序保障、少年案件的特殊程序、上诉制度、刑事错案赔偿制度、禁止双重受罚等规定得到体现。[①] 这些为国家赋予的义务实际上也是构成被追诉者消极程序权的范畴。

不论消极程序权抑或积极程序权，不仅必须有一系列的诉讼机制予以保障，而且，在遭到侵犯之后必须有一定的救济、制裁机制。因为，侵犯程序基本权的行为，实际上也直接或者间接的侵犯了与之相应的实体基本权。针对侵权的强制措施，这里的救济手段包括排除所得证据、撤销该强制措施行为、撤销起诉等程序性的救

① 熊秋红：《解读公正审判权》，载《法学研究》2001 年第 6 期。

济手段；还包括追究强制处分的实施者的刑事责任、行政责任、民事责任。①

2. 权利救济渠道

在美国法中，被采取强制措施的被追诉者可以提出动议（motion）、直接上诉、人身保护令（writ of habeas corpus）、禁令（injunction，又译为强制令）等方式来申请救济。动议是一项向法官要求采取与案件有关具体行为的请求，动议常常与刑事被告人的权利相关，动议要求法官签发支持其具体权利的指令和弥补已经发生的对权利的侵犯。动议所针对的事项包括诸如要求法官回避、转换审判地点、合并或者分离指控、排除证据、隐匿证据的展示，等等。② 上诉是被强制处分人针对违法行为的另一种救济手段，如果被告方适时地对触犯程序规则争论的行为和法官对被告方的裁决提出反对，被告方可以提出主张法官错误的上诉。上诉法官如果认为违背了程序规则和审判法院的错误造成有罪判决或触犯了被告人其中的一项基本权利，上诉法院可以法律错误撤销原判决。③ 人身保护令作为一种程序性救济措施，是一种获得司法审查的手段，目的在于使受到非法羁押的人尽快获得自由。禁令是享有一般管辖权的初审法院发布的命令。禁令经常被用来针对命令警察停止违反宪法第四修正案的行为，禁令可以由受害者单独向法院提出申请，也可与其他诉讼请求一起被附带提起。在前一种情况下，禁令往往被用来制止那些针对特定人或者特定群体的非法行为。④

在德国，学者们往往将刑事强制措施违法的状态区分为发动层

---

① 排除规则、撤销起诉以及追究刑事责任、行政责任、民事责任究竟是对程序基本权的救济，还是对实体基本权的救济呢？这一问题值得进一步深思。

② ［美］爱伦·豪切斯泰勒·斯黛丽、南希·弗兰克著：《美国刑事法院诉讼程序》，陈卫东、徐美君译，中国人民大学出版社 2002 年版，第 76～78 页。

③ 同②引，第 78 页。

④ Joel Samaha, *Criminal Procedure*, West Pub., 1996, P492. 转引自陈瑞华：《问题与主义之间——刑事诉讼基本问题研究》，中国人民大学出版社 2003 年版，第 80 页。

次的违法与执行层面的违法，然后，再细分由何人（法院、检察官或是警察）所发动的处分，再加上已经终结与未终结的强制措施的区分，逐一细致化地指出其救济渠道。在结论上，关于违法强制措施的救济渠道，德国法的处理大致可归纳为：（1）法官实施的尚未终结的强制措施，针对该类强制措施的救济方式，应依照《德国刑事诉讼法》第304条关于抗告的规定，向抗告法院声明不服，提出救济；（2）对于法官实施的已终结的强制措施不服的，因该措施业已终结，所以，应当模拟行政法上的确认诉讼，也可以抗告的方式申请救济；（3）检察官、警察所实施的尚未终结的强制措施，其救济渠道则视该措施的发动是检警的原来权限或紧急、例外权限，而分别适用《法院组织法实行细则》（EGGVG）第23条与《德国刑事诉讼法》第98条第2项的规定，而提起救济；（4）对于检察官、警察所实施的已终结的强制措施，其救济应当比照《法院组织法施行细则》与《德国刑事诉讼法》的规定，以确认诉讼的形态救济。①

- 违法强制措施的救济渠道
  - 未终结的措施
    - 法官实施→《德国刑事诉讼法》第304条以下关于抗告
    - 检警实施
      - 检警的紧急、例外权限：《德国刑事诉讼法》第98条第2款
      - 检警原来的权限：《法院组织法实行细则》第23条的规定
  - 已终结的措施
    - 法院实施的措施：类似行政法上的确认诉讼，以抗告方式救济
    - 检警实施的措施：处理模式同上

图3－4 德国违法刑事强制措施救济渠道一览

从美国与德国对被强制处分人基本权的救济渠道上来看，两国

① 李瑞敏：《论强制处分之同意》，台湾地区政治大学法律学研究所硕士论文（2002），第71页。

存在着一定的区别，诸如美国的救济手段虽多于德国，但是显得缺乏体系性，而成文法的德国则十分具体、具有体系性；此外，德国的处理方法多向行政法方向靠拢，而美国无此特征。尽管如此，两国仍然有着相似之处，主要在于两国都有着非常通畅的渠道来救济，申请救济的对象都是来自控诉方之外的法官，而且在整个刑事诉讼过程中都随时有着通畅的救济渠道，而不是等到审判之中与定罪量刑等实体问题一并来解决，此外，对于基本权的侵犯，当事人还可以寻求宪法救济，即提起宪法诉讼。

3．制裁措施

在确认刑事强制措施是否违法之后，针对违法的刑事强制措施，就应当判断其产生的何种法律效果。在德国刑事诉讼中，当刑事强制措施被判定为违法时，最为通常的就是所谓的证据使用禁止。然而证据使用禁止却不是违法实施刑事强制措施的“唯一”与“必然”的法律效果，刑事强制措施经司法机关审查确认违法后，除了产生证据使用禁止的法律效果之外，在其他各个领域当中也可能有各种不同的法律效果，诸如实体法上的犯罪构成、公务员惩戒与国家赔偿，等等。在程序法之外的刑法、行政法以及民法上，针对较为严重的违法强制措施，相关人员还将承担刑事、行政和民事责任。

在美国，当基本权遭到警察、检察官或者法官的无理侵犯之后，被追诉者一般可以获得两种司法救济方式：一是诉讼程序内的救济，也就是以宣告无效为基本标志的程序性制裁制度，包括针对警察违法的排除规则、针对检控方严重侵权行为的撤销起诉制度，以及针对法官审判程序违法的撤销有罪判决制度；二是实体性救济，也就是通过追究那些实施过宪法性侵权行为的警察、检察官个人的刑事、民事或者纪律责任，来提供权利救济的制度。①

① 对于美国法上的相关救济程序，参见陈瑞华：《刑事诉讼中的权利救济——以美国法为范例的考察》，载陈瑞华：《问题与主义之间——刑事诉讼基本问题研究》，中国人民大学出版社2003年版，第50~92页。

从美国与德国对违法强制处分的制裁措施的比较来看，两国有着惊人的相似之处。虽然两国在证据排除的力度上有所差异，但是均将这种程序纬度内的制裁手段作为首选，而实体性的制裁手段只不过遇到较为严重的违法行为才予以补充性的加以适用。

三、我国刑事强制措施中程序基本权保障机制的缺陷及完善

囿于我国传统的“重实体、轻程序”的惯性思维，在我国现行宪法中，2004 年宪法修正案虽然宣示“国家尊重和保障人权”①，但是，对于这种“人权”在多数人（包括立法者）心目中主要局限于实体性宪法权利。对于程序基本权，常常受到忽视。以我国的现行宪法文本为例，我国宪法第二章“公民的基本权利和义务”部分，第 37、39、40 条蕴含着“免受无理强制处分权”的精神②，第 41 条规定了公民的“批评、建议、申诉、控告、检举的权利、获得国家赔偿的权利”③，包括辩护权④和获得公开、公平

① 我国《宪法》第 33 条第 3 款：“国家尊重和保障人权。”

② 我国《宪法》第 37 条和第 39 条蕴含免受非法逮捕、搜查的权利。其中，我国《宪法》第 37 条规定：“中华人民共和国公民的人身自由不受侵犯。任何公民，非经人民检察院批准或者决定或者人民法院决定，并由公安机关执行，不受逮捕。禁止非法拘禁和以其他方法非法剥夺或者限制公民的人身自由，禁止非法搜查公民的身体。”我国《宪法》第 39 条规定：“中华人民共和国公民的住宅不受侵犯。禁止非法搜查或者非法侵入公民的住宅。”我国《宪法》第 40 条规定蕴含免受非法监听的权利。该条规定，中华人民共和国公民的通信自由和通信秘密受法律的保护。除因国家安全或者追查刑事犯罪的需要，由公安机关或者检察机关依照法律规定的程序对通信进行检查外，任何组织或者个人不得以任何理由侵犯公民的通信自由和通信秘密。

③ 我国《宪法》第 41 条规定：“中华人民共和国公民对于任何国家机关和国家工作人员，有提出批评和建议的权利；对于任何国家机关和国家工作人员的违法失职行为，有向有关国家机关提出申诉、控告或者检举的权利，但是不得捏造或者歪曲事实进行诬告陷害。对于公民的申诉、控告或者检举，有关国家机关必须查清事实，负责处理。任何人不得压制和打击报复。由于国家机关和国家工作人员侵犯公民权利而受到损失的人，有依照法律规定取得赔偿的权利”

④ 我国《宪法》第 125 条规定：“被告人有权获得辩护。”

审判的权利[①]（如果能算得上的话）都规定在第三章“国家机构”中的“人民法院和人民检察院”一节中，并不是作为基本权利来加以规定的。由上述可知，我国宪法对基本权的宣示是相当不完整的，包括获得迅速审判的权利、诉讼救济权等基本权都没有予以规定。

在刑事诉讼层面上，对于程序基本权的落实与保障也是相当的欠缺。在保障机制上，对于被强制处分人免受无理强制处分的权利、获得律师帮助的权利、被告知强制处分理由和指控罪名的权利、对强制处分提出异议的权利、合理时间内接受审判的权利以及法定情况下获得保释的权利、因违法强制处分获得补偿、赔偿的权利等诸多方面的保障均不完善。首先，狭义上的免受无理强制处分的权利规定缺乏科学性。我国刑事诉讼法将强制措施的决定权依诉讼阶段赋予公、检、法三方。作为与案件有直接利益关系的诉讼主体，公安司法机关自身追诉利益的需要往往会影响到刑事强制措施决定的做出，这种决定机制本身无疑从根本上违背了古老的自然正义原则和正当程序理念，可以说，犯罪嫌疑人、被告人的所谓的基本权利获得与否完全取决于司法人员自身的利益取向，缺乏一定的确定性和可预期性。其次，获得律师帮助的权利在立法和司法实践中难以落实，《宪法》第125条、《刑事诉讼法》第11条虽然明确规定被告人有辩护权。《刑事诉讼法》第32条也规定犯罪嫌疑人有自主辩护权及委托辩护权，但第33条规定公诉案件自案件移送审查起诉之日起，犯罪嫌疑人才有权委托辩护人。在侦查阶段，《刑事诉讼法》第96条规定，犯罪嫌疑人在被侦查机关第一次讯问后或者采取强制措施之日起，可以聘请律师为其提供法律咨询、

---

① 我国《宪法》第125条规定，人民法院审理案件，除法律规定的特别情况外，一律公开进行。第126条规定，人民法院依照法律规定独立行使审判权，不受行政机关、社会团体和个人的干涉。第134条规定，各民族公民都有用本民族语言文字进行诉讼的权利。人民法院和人民检察院对于不通晓当地通用的语言文字的诉讼参与人，应当为他们翻译。

代理申诉、控告。犯罪嫌疑人被逮捕的，聘请的律师可以为其申请取保候审。受委托的律师有权向侦查机关了解犯罪嫌疑人涉嫌的罪名，可以会见在押的犯罪嫌疑人，向犯罪嫌疑人了解有关案件情况。可见，律师在侦查阶段并不是以辩护人的角色出现，加之《刑事诉讼法》第 96 条对这种介入的诸多限制，导致了司法实践中被追诉者获得律师帮助权利形同虚设。与获得律师帮助权相配套的法律援助制度所保护的范围亦十分狭窄，《刑事诉讼法》第 34 条规定的法律援助，仅仅限于被告人，而且局限于可能被判处死刑的被告人或盲、聋、哑及未成年被告人。法律并没有规定犯罪嫌疑人要求指定辩护人的权利。而且，即使被追诉者得到律师的帮助，我国目前对辩护律师权利的保障的不力也会给被追诉者辩护权的实现大打折扣。再次，刑事强制措施决定机关作出的决定往往是终局性的，不受任何复审程序审查，即使申请方对司法机关不同意强制措施的决定持有异议，也无法获得程序救济，从而使得被强制处分人的基本程序权利大多留于虚置。最后，在程序性制裁后果上，如前所述，在西方国家，被实施刑事强制措施的被追诉者针对通过违法的强制措施手段所获取的证据，可以要求法庭在审判中予以排除，同样，对于实施违法强制措施的主体，可以追究相关的纪律责任、民事赔偿责任、国家赔偿甚至刑事责任。在我国刑事诉讼法中，缺少这一系列的制裁措施规定。就证据排除规则而言①，尽管我国刑事诉讼法和相关的司法解释对非法证据规则有着有限的规定，但是只有对非法言词证据的规定，对于像搜查、身体检查等类似手段获得的实物证据的排除，尚属立法空白，即使立法增加了对实物证据的规定，由于法律没有对非法证据证明的启动主体、阶段、证明责任分配、证明标准等作出具体可操作性的规定，非法证据排除规则也将落于一纸空文。而对于国家赔偿，我国《国家赔

① 对于通过违法刑事强制措施所获取证据的排除问题，本书将在第六章第二节中具体论述。

偿法》第15条至第17条对违法拘留、逮捕、羁押，违法查封、扣押、冻结、追缴等，给予刑事赔偿的规定，但是，犯罪嫌疑人、被告人针对上述要求获得赔偿的权利和途径仍有缺失，范围亦相当狭窄。在司法实践中，因违法、错误实施刑事强制措施而导致的国家赔偿数额相当少，而且难以得到落实。

总之，在我国现行宪政体制之下，尚未形成程序基本权互动的法律机制，包括刑事强制措施在内的刑事诉讼制度的正当性基础难以获得保障。因此，首先，在制宪者心目中应当确立程序基本权的理念；其次，在宪法中应当确立程序基本权的条款，对于刑事被指控者，所必须确立的基本程序权至少包括无罪推定的权利、获得公正、公平、迅速审判的权利、诉讼救济权等；最后，在宏观宪政体制改良的基础之下，立法者必须改良司法体制和相关诉讼机制，为上述基本权的落实提供充分的制度保障。

为了落实刑事被追诉者的基本程序权，在刑事诉讼制度层面上，必须有相当完善的机制予以保障。我们认为，在未来的刑事诉讼立法修改上，应当确立、完善以下诸多的法律制度：（1）确立由法官裁决刑事强制措施中违法问题的诉讼机制，使法官真正成为被强制处分人的保护主体。如果没有中立的法官来保障被强制处分者的权利，那么，被处分者的程序基本权就无从救济了；（2）在刑事诉讼中，要确立即时上诉制度，上诉不能仅仅限于对定罪量刑的实体结果，对于程序性违法，被侵权的主体有权提出上诉，鉴于美国法中的动议与上诉有着相似的功能，有必要完善我国的上诉制度，而不模仿动议制度，至关重要的是，被强制处分人在穷尽现行诉讼制度上的救济手段时，还可以提出宪法诉讼，寻求宪法层面上的救济，不至于使宪法对程序基本权的规定仅仅留于纸面；（3）在程序性制裁后果上，应当充分重视证据排除对被强制处分人的救济，而实体性的救济手段只是作为补充手段加以适用。

小结

按照德国宪法学关于基本权利的理论，可以从基本权利的“构成要件”、“限制”及“阻却违宪事由”三方面来思考基本权利干预的合宪性问题。依据基本权利限制的三重审查标准，对刑事强制措施所可能干预的各种基本权利进行逐一检讨，可以发现，刑事强制措施所干预的基本权利是广泛的，它包括公民的身体不受伤害权、人身自由权、财产权、隐私权、通讯自由、通讯秘密权、言论自由权和住宅不受侵犯权，等等。在刑事诉讼中，国家公权力实施剥夺、限制公民基本权利的刑事强制措施，必须能够提出宪法上的正当理由，这里的正当理由既包括形式上的法律保留要件，还包括实质上的比例原则。在我国刑事强制措施的立法和司法实践中，存在着诸多的违背上述两项原则的行为，其中，违背法律保留原则的行为在本质上体现为“法外立法”和“行政、司法立法”。违背比例原则的行为不仅表现在每种强制措施内部，还表现在各种刑事强制措施之间。

欲改革我国的刑事强制措施制度，使其正当化，不仅仅应当从刑事强制措施内部的完善，更应当从宪法层面着手，使宪政的理念植根于刑事强制措施制度中，让刑事强制措施制度具备宪政基础。我们认为，当务之急就是完善我国的违宪审查机制，通过有违宪审查权的国家机关，依据法定程序审查和裁决某项立法或者某种国家公权力行为是否合宪，以保证宪法的实施，维护宪政秩序。在刑事诉讼的立法、执法层面，按照宪政理念和基本原则，也应当做出一些修正与调整。

干预实体基本权利的刑事强制措施要获得正当性，还需要有宪法层面的程序基本权的保障。免受无理强制处分权与辩护权、获得公正、公平、迅速的审判权等程序基本权之间是互相促进的关系，程序基本权的互动有助于刑事强制措施制度的正当化，缺乏程序基本权作为基础支柱，刑事强制措施难以实现正当化的目标。在我国现行宪政体制之下，尚未形成程序基本权互动的法律机制，包括刑事强制措施在内的刑事诉讼制度的正当性基础难以获得保障。因此，首先，在制宪者心目中应当确立程序基本权的理念；其次，在宪法中应当确立程序基本权的条款，对于刑事被指控者，所必须确立的程序基本权至少包括无罪推定的权利、获得公正、公平、迅速审判的权利、诉讼救济权等；最后，在宏观宪政体制改良的基础之下，为了落实刑事被追诉者的程序基本权，在刑事诉讼制度层面上，必须有相当完善的机制予以保障。这其中主要包括在救济渠道、制裁措施等多个方面。

第四章　刑事强制措施正当性的程序保障

第一节　刑事强制措施适用中的权力配置

——以强制措施决定权为中心的分析

整个刑事诉讼流程是国家追诉权、刑罚权的实施过程，权力的交织、运行贯穿于整个诉讼进程中。刑事诉讼中的权力配置是决定诉讼行为正当性的关键因素之一。刑事强制措施的适用也不例外。我国学者一般认为，强制措施适用中的权力包括强制措施的决定权、执行权和监督权。决定权是其中的核心。毕竟执法者必须依据决定者的裁决意旨来实施，监督者（如果存在监督者的话）也只能在事中乃至事后纠正执法者和决定者的错误。在摆脱纠问式诉讼模式之后，法官就退居消极裁判者的位置。强制措施的执行权毫无疑问地交给了警察或检察官。把持监督权的主体除了强制措施执行中的检察官之外，执行结束后的审查亦成为多数国家法官必不可少的职能。① 唯独刑事强制措施的决定权扑朔迷离，即从表面看，西方法治国家均由法官独占，但实际上，西方国家日益扩大化的警察、检察官自身的强制措施决定权给强制措施决定权的走向蒙上了一层神秘的阴影。法制变革国家及地区仍然存在对强制措施决定权

① 虽然，在我国，对于检察机关的法律监督权，学者们有着较多的诟病和论争，但仍有部分学者主张检警一体，加强检察官对警察的指挥与监督。对于强制措施的监督权问题，笔者将在另文中详细探讨。

归属的论争。[①] 司法审查制度本身缘何存在如此魅力？如何看待西方国家的无令状主义扩大化的趋势？我国对强制措施决定权的配置应采用何种模式？排除行为人障碍的刑事强制措施与排除犯罪事实障碍的刑事强制措施在决定权配置上应有何区别呢？这些都是值得反思的问题。

一、刑事强制措施决定权配置模式

综观当今各国刑事立法和司法实践，刑事强制措施决定权的配

① 在俄罗斯，1992 年的俄罗斯联邦旧刑事诉讼法典不仅保留了“任何人非依法院决定或者经检察长批准，不受逮捕”，而且，为了保障逮捕措施的正确运用，避免造成对公民人身自由的侵犯，该法第 220.1 条、第 220.2 条规定了“被逮捕人有权申诉并要求就羁押他的合法性和是否有根据进行司法审查”。参见苏方遒等译：《俄罗斯联邦刑事诉讼法典》，中国政法大学出版社 1999 年版，第 133 ~ 134 页。在 2001 年俄罗斯国家杜马通过的俄罗斯联邦新刑事诉讼法典中进一步完善了司法审查原则，根据新法典第 10 条、第 12 条、第 13 条的规定，只有经过法院决定，才能正式羁押人（临时拘捕时间不得超过 48 小时）；才能对住宅进行勘验和对住宅进行搜查和提取物品（但在刻不容缓的特别情形除外）；才能限制公民的通信、电话和其他谈话、邮件、电报和其他通信秘密的权利；才能搜查、扣押和电报以及在邮电机构提取邮件和电报、对电话和其他谈话进行监听和录音（但在刻不容缓的特别情况下除外）。不过，侦查员、调查员必须经过同级检察长同意才能向法院提出申请。也就是说，一些重要的侦查行为或者强制处分必须经过检察长和法院两道程序批准，才能实施。参见陈光中：《〈俄罗斯刑事诉讼法典〉简介》，载黄道秀译：《俄罗斯联邦刑事诉讼法典》，中国政法大学出版社 2003 年版，第 5 页。

在法国，2000 年 6 月 15 日的刑事诉讼法修改中，设立了“自由与羁押法官”，改变了预审法官主导审前强制措施决定权的局面。所有审前羁押由自由与羁押法官决定，自由与羁押法官的裁决应当说明理由，尤其是说明为什么必须适用先行羁押而不采用替代措施，自由与羁押法官的级别必须是法院的院长或副院长，负责决定对被告人进行审前羁押及其延期，并在预审法官驳回被告人要求被释放的申请时作出裁定，即羁押必须有两个法官“预审法官和自由与羁押法官”同意。而释放只需要他们中的一人作出裁定即可。参见赵海峰：《法国刑事诉讼法典的重大改革评介》，载《欧洲法通讯》（第 1 辑），法律出版社 2001 年版。

在我国台湾地区，1997 年 12 月 19 日和 2001 年 1 月 28 日分别将检察官的羁押权和侦查中的搜查决定权予以废除，改由“法院”行使，同样引起了各路纷争，我们在后文中详细论述。

置，主要存在单一模式和混合模式两种。依据裁判机关和追诉机关的界分，单一模式又可归为两类，即法官决定模式和作为追诉机关的检察官、警察决定模式。在混合模式中，依据不同的排列组合，各国又存在不同的区分。刑事强制措施决定权的不同配置模式与各国不同的历史背景、国情以及宪政体制有着十分密切的联系。

（一）刑事强制措施的单一决定模式

刑事强制措施的法官决定模式，又称为法官保留原则，在这种强制措施决定权配置模式之下，涉及限制、剥夺被处分人人身、行动自由等诸项基本人权的强制措施决定权均委诸于法官来行使，肩负追诉职责的检察官、警察只具有请求强制处分的权力。这种强制措施决定权配置模式可以追溯到英国的人身保护令制度。英国早期的人身保护令法要求对于人身自由予以限制的逮捕、羁押必须由法官最终决定。迄今为止，对于限制或者剥夺人身基本权益的逮捕、羁押、搜查、扣押等强制措施必须经过法官审查，已经是现代法治国宪法以及国际公约的共同要求。

与作为追诉机关的检察官、警察决定强制措施的适用相比，由法官或者法院来决定刑事强制措施的优点在于“防范滥权、保障民权”。林钰雄教授指出，其中的理由主要有三：第一，就工作方式与职业倾向而言，追诉机关主要的任务是侦查犯罪、追诉犯罪人，工作方式亦与法官有别，由于发动强制措施往往是侦查犯罪、收集证据较为容易（或者唯一可能）的方法，因而，斟酌应否发动搜查等强制处分时，侦查机关自然较法官倾向从宽解释；第二，就制度保障而言，法官除受人身及事物独立性原则的保障外，另受法定法官原则及听审原则的拘束，在法官决定强制措施时也应当适用以上三原则，反之，检察官虽与法官受同等的法学教育，与前述三重保障仍有相当的落差。第三，就分权制衡观点而言，法官保留原则，尤其是侦查中的法官保留原则，“决定权”固然保留给侦查法官，但“申请权”仍在侦查机关，因此，诉讼上之权力分立原则在此模式中仍然以“检察官—主动申请/法官—被动决定”方式继续作用，透过诉讼分权而彼此制衡作用，与个人品行素养如何无涉，更与法官、检察官孰优孰劣无关。[①] 但是，因为分权制衡难免妨碍追诉效率，这也是采取法官决定模式的缺点。在侦查阶段，对犯罪嫌疑人、被告人的保全或对证据收集与保全，时机往往稍纵即逝，强制措施的申请权与决定权分离的结果，容易坐失良机。同时，侦查犯罪具有高度的机动性，必须发动强制处分的时间点常常不分昼夜，如果强制措施都采取法官决定模式，不但法官的人力建制必须相当庞大，并且还得全天候待命，因此，另一种避免此种决定模式缺陷的做法，就是强制措施的追诉机关决定模式。

刑事强制措施的追诉机关决定模式，系由追诉机关自行发动强制措施，无须事先获得法官许可的模式。依据追诉机关的种类不同，可以将这种模式细分为检察官决定模式与警察决定模式。当然，在检察官决定模式之下，可能是警察申请，由检察官决定之后，再由警察执行；也有可能由检察官自行决定并执行。如果说按照权力区分、制衡原则理解的话，在“警察申请—检察官决定”模式中存在一定的监督机制；但是，在检察官、警察自我决定并执行的模式中，则不存在任何外在的事前监督。当然，检察官决定模式与警察决定模式不仅在监督机制的有无上存在区别，而且，由于主体自身的原因，也会对决定的效果产生一定的影响。林钰雄教授认为，“一般而言，由于检察官与法官受同等的法学教育与专业养成，并且受制于严格的法定性及客观性义务的拘束，因此，通常比起司法警察更能保障受处分人的基本权利，但是，基于两者悬殊的人数编制，检察官有无可能担当决定所有的强制处分之职责？更何况刑事实务上司法警察经常扮演第一线的侦查者，也有可能径行经由司法警察决定的模式”。[②]

---

① 林钰雄：《刑事诉讼法》（上册　总论编），中国人民大学出版社 2005 年版，第 227 ~ 228 页。

② 同①引，第 228 页。

强制措施的追诉机关决定模式与法官决定模式之间仍然存在一定的差异，尽管作为追诉机关的检察官和警察具备一定的法律素质、执法时应体现公正、客观的义务，但是，追诉机关的公正、客观义务的实现总是存在一定的局限性的。特别是在追诉利益的影响之下，追诉机关往往可能被迫放弃自身所肩负的客观公正义务。而对于作为裁判者的法官或者法院来讲，不存在所谓的追诉利益，而且与案件没有利害关系，法官的义务仅仅只是裁判而已，尤其是保证天平的实质平衡，所以，中立的裁判者决定的模式，某种程度上更加有助于对被追诉者的基本权利的保障。

（二）刑事强制措施的混合决定模式

在追诉效率和保障公正双重目的的追求之下，任何单一的强制措施的决定模式都有着难以克服的缺点，各国立法多采用刑事强制措施的混合型决定模式。相对单一决定模式而言，混合模式最为基本的特点就是，刑事强制措施的决定主体多元化。但是，刑事强制措施的决定主体究竟如何组合，在各国则呈现五花八门的样态。

在刑事强制措施的混合型决定模式中，影响强制措施决定主体的因素主要有以下几个：最为通常的决定因素是刑事强制措施的种类，基于各种刑事强制措施的特性与严重程度，刑事强制措施由不同的主体决定。一般而言，对于公民基本权益干预较为严重的强制措施，如羁押、监听等，往往必须由法官决定实施；而干预较轻的刑事强制措施，比如盘查，其决定权可以赋予检察官或者警察。第二个决定强制措施决定主体的关键因素，就是刑事强制措施可能适用的场合。对于那些较为紧急情况下实施的强制措施，其决定主体往往赋予检察官或者警察，如果不具备这些紧急情形，刑事强制措施的实施仍然需要法官决定。因为，在紧急场合下，申请令状往往不切实际。比如，紧急搜查、逮捕的场合下，不直接赋予警察决定权，犯罪嫌疑人、被告人可能逃脱，与案件有关的犯罪证据可能被破坏或者难以收集。再如，国境检查或者机场检查时，如果该决定权交由法官决定，因为时间的延误，被检查者可能已经离开一国司法管辖的范围，追诉的机会也就丧失殆尽。决定刑事强制措施决定主体的第三个因素，就是一国的裁判机关和追诉机关之间的关系以及检警关系。一般而言，检警关系较为松散的国家，警察往往具有较多的主导权，刑事强制措施的决定权多赋予警察，美国刑事诉讼程序中较多地体现了这一特点；相反，检警关系较为紧密的国家中，检察官对警察的制约较多，刑事强制措施的决定权多赋予检察官。这一特点较多地反映在德国刑事诉讼程序中。

刑事强制措施的决定主体究竟如何组合呢？目前世界上采取绝对的法官决定模式系一元化的模式的国家甚少；多数国家采取相对的法官决定模式，也就是说，在法官拥有刑事强制措施决定权之外，检察官、警察等执法主体也具有一定的强制措施决定权。也有些国家根本不遵循法官决定模式，换言之，刑事强制措施的决定权只赋予检察官和警察。因此，所谓的刑事强制措施的混合决定模式只可能表现为四种形式，第一种为法官与检察官主导强制措施的决定权；第二种为法官与警察主导强制措施的决定权；第三种为法官与检察官、警察共同主导强制措施的决定权；第四种为检察官与警察二者主导强制措施的决定权。实际上，世界上多数国家都将强制措施的决定权赋予法官、检察官和警察共同行使，我国的刑事强制措施决定权很显然也属于此类。但是，我国与多数国家之间的显著区别之一就是，法院决定实施强制措施时，无须检察院和公安机关的申请。

- 刑事强制措施决定模式
  - 单一决定模式
    - 法官决定模式
    - 追诉机关决定模式
      - 检察官决定模式
      - 警察决定模式
  - 混合决定模式
    - 法官决定＋检察官决定＋警察决定
    - 法官决定＋检察官决定
    - 检察官决定＋警察决定
    - 法官决定＋警察决定

图4－1　刑事强制措施决定权配置模式图

二、刑事强制处分权配置模式的理论基础

在现代民主社会，国家往往通过民主控制，以制度来控制统治者，使其制衡于人民。但是，即便没有民主控制，也并不存在一个不受限制的权力。作为一个独裁者，仍然必须依赖其他人的帮助，如秘密警察，或者是酷吏。他必须透过对这种种力量的利用以及安抚，他才能遂他的统治。① 卡尔·波普尔向我们揭示了国家权力运用的奥秘。其实，任何民主国家在运用国家权力的时候，都不可避免地运用权力之外和权力内部的因素来制约权力。换言之，对于国家权力的限制，一方面可以通过公民权利的制约，另一方面，可以通过权力内部的分立制衡。所谓权力分立，即将国家权力之作用，依其性质区分为若干单位，并由各别构成的独立机关来行使，以形成互相制衡（checks and balances），借以排除国家权力的集中与防止权力滥用，保障国民主权与基本人权的政治原理。② 权力分立的理论可以追溯至亚里士多德，但一般都认为起源于洛克的《政府论》和孟德斯鸠的《论法的精神》中。一般而言，权力分立原则的目的有二：一为追求"效率"，在不同政府部门间进行分工；二为"避免专权暴政"，保障人民自由。③ 弗里德里希·冯·哈耶克认为，分权对权力的制约在于："首先，彼此分立的权力机构会通过彼此的嫉妒而阻止对方僭越自己的权力；其次，更为重要的乃是这样一个事实，即实施某些类型的强制，需要对不同的权力予以共同的和协调一致的使用，或者要求对若干种手段加以共同的和协调一致的运用，因此，如果这些手段操握在彼此分立的机构的手里而

---

① ［英］波普尔：《开放的社会及其敌人》（上），陆衡等译，中国社会科学出版社1999年版，第288～290页。

② 谢瑞智：《宪法新论》，台湾文笙书局1999年版，第441页。

③ Sharp，*The Classical American Doctrine of "The Sepration of Powers"*，2 U. Chi. L. REV. 385，at 397(1935)，转引自汤德宗：《权力分立新论》，台湾地区元照出版公司2000年版，第186页。

得不到协调运用，那么任何机构都根本不可能实施上述类型的强制。”①

权力分立原则根本上建立在对人性，尤其是对统治者，极端不信任的假设前提上。② 其精髓在于分权及其制衡。依据孟德斯鸠在《论法的精神》中对权力的论述，可以将权力分立分解为功能上（function）的权力区分和机关组织上（organic）的权力制衡。③ 权力区分和权力制衡理念主要目的在于防止权力集中，造成对基本权利的干预没有任何缓冲和预防的机制。德国宪法学者卡尔·施米特指出，“权力的区分……是一项组织原则，对它的实施可以确保一切国家权力的可预测性和可监督性”④。当然，也有论者认为，权力的区分与不同功能配置不同机关，其主要目的无非在于要求国家决定能够达到“尽可能正确”的要求。⑤

孟德斯鸠的重要贡献还并不在于对国家权力作了这样的划分，重要的在于他特别强调这三种权力必须由不同的国家机关行使。他说：“立法权和行政权集中在同一个人或同一个机关之手，自由便不存在了；因为人们害怕这个国王或议会制定暴虐的法律，并暴虐地执行这些法律”。“如果司法权不同立法权和行政权分离，自由也就不存在了。如果司法权和立法权合而为一，则将对公民的生命和自由施行专断的权力，因为法官就是立法者。如果司法权同行政权合而为一，法官便将握有压迫者的力量”。“如果同一个人或是

① ［英］弗里德里希·冯·哈耶克：《自由秩序原理》，邓正来译，三联书店 1997 年版。

② Benjamin F. Wright , Introduction to the Federalist 1, 27 (John Havard Library ed. 1961),转引自汤德宗：《权力分立新论》，台湾地区元照出版公司 2000 年版，第 200 页。

③ 陈慈阳：《论权力分立原则在自由民主宪法秩序中之意义与定位》，载陈慈阳：《人权保障与权力制衡》，台湾神州出版社 2001 年版，第 56 ~60 页。

④ ［德］卡尔·施米特：《宪法学说》，刘锋译，上海人民出版社 2005 年版，第 86 页。

⑤ BVerfGE68，1，86，转引自许宗力：《法与国家权力》，台湾地区月旦出版有限公司 1993 年版，第 139 页。

由重要人物、贵族或平民组成的同一个机关行使这三种权力，即制定法律权、执行公共决议权和裁判私人犯罪或诉争权，则一切便完了”。① 此外，孟德斯鸠还指出，从事务的性质来说，要防止滥用权力，就必须以权力约束权力。② 这一点即要求国家机关组织上的权力制衡。

诉讼这种解决纠纷的机制本身就是统治阶级运用权力治理国家的主要体现，尤其在刑事诉讼中，不仅有法院作为裁判机关参与，还有作为追诉机关的检察院和公安机关参加，显然，在刑事诉讼中，国家权力的配置需要更加科学合理。国家权力区分、制衡的原则应当在刑事诉讼中得到明显的体现。具体而言，在现代法治国家中，该原则主要表现在以下两个方面：一方面是纵向的审判前程序和审判程序的区分；另一方面则是横向的控辩审三种职能的分立。随着对犯罪私诉向公诉的嬗变，依据权力分立原则，刑事诉讼区分为审判前的侦查、起诉与正式审判两阶段，分别由行政权与司法权主导。在纠问式诉讼制度下，侦查、起诉、审判、执行均由一名官员包办，我国古代的包公即为典型。在这种缺乏制衡机制的诉讼体制下，只有请求更高一级的官员才能达到防止权力滥用的效果。特别是在侦查、起诉阶段，虽然检察机关能够起到一定的监督和权力抑制作用，但是，这种监督受到追诉职能的局限，易被滥用。而且，在诸如强制措施这样的干预基本权利的诉讼行为实施之后，若产生争议，必然需要解决，此时就需要有中立的司法机关的参与。那么，就必须有司法权的延伸，并且将审判阶段的裁决机制引入审判前程序，彻底实现横向上的权力区分与制衡。当然，上述横向、纵向上的权力区分在各国实现的程度有所区别，有的国家只存在横向上的权力分立，有的国家在纵向上的权力分立不彻底，比较注重

① ［法］孟德斯鸠：《论法的精神》（上），张雁深译，商务印书馆 1961 年版，第 155 ~ 157 页。

② 同①引，第 154 页。

审前程序中的追诉效率。基于这种差异，各国对基本权利的保障力度也有所区别。我们认为，只有彻底贯彻这种权力分立的理念，才能进而达到基本权保障之根本目的。

三、刑事强制措施决定权与司法审查原则

司法审查制度与权力分立原则两者具有一种互为约束、相生相克的关系。一方面，设立司法审查制度缘起于维护权力分立原则，某一权力部门的活动是否逾越其权限，而侵犯其他部门的权限，须由司法审查机关裁判；另一方面，权力分立原则对于司法审查制度之建构（设计）亦产生一定之约制。[①] 司法审查原则是上述权力分立理念的具体体现。[②] 在最早确立司法审查制的美国，司法审查制是指对立法机关和行政机关制定的法律、法规或者执法活动进行审查，宣告违宪的立法和行政行为无效的一种制度，这被学者们一般称为狭义上的司法审查。广义上的司法审查原则不仅包括违宪审查制度和行政诉讼制度，还包括公法领域内一切对国家行为合法性、正当性进行事前或者事后审核的程序性机制。司法审查原则的确立实质上是分权制衡机制的体现，它通过中立的法院行使司法审查权来对议会的立法权和政府的行政权进行平衡、制约，以防止立法权和行政权的膨胀、扩张或滥用。

司法审查不仅是一种控权机制，又是一种权利救济手段，它在公民的重要权益受到国家权力的侵犯时，为公民提供了获得救济的机会，即允许公民向法院寻求司法保护，由法院对国家权力行使的

---

① 汤德宗：《权力分立新论》，台湾地区元照出版公司2000年版，第202页。

② 我国有学者认为，“法律至上”的实质是“司法至上”，其核心理念是由法院来对国家和社会的强制权的合法性进行审查，因此，也被称为司法审查原则。谢佑平：《刑事诉讼视野中的司法审查原则》，载《中外法学》2003年第1期。值得注意的是，对于司法审查的概念，目前学界的使用比较混乱。宪法学者一般在违宪审查意义上使用，行政法学者将其等同于行政诉讼（即对行政行为的司法审查）。刑事诉讼法学界多对司法审查制度引入持赞成态度，但鲜有学者明确界定之。

合法性进行审查，以向公民提供有效的法律保护。在诉讼结构上，司法审查原则在刑事诉讼中的确立是以现代“控辩式”构造为背景和依托的。在观念层面上，司法审查原则的生成是西方国家传统中的“正当程序”观念的逻辑展开。① 刑事诉讼领域集中体现了个人权利与国家权力的紧张冲突与平衡，为保障个人权利免受国家权力的侵犯，必须遵循和贯彻司法审查原则，未经法院的司法审查，任何人不得被剥夺生命、自由或者科处其他刑罚；未经法院审查，不得对公民实施逮捕、羁押等强制措施。

（一）刑事强制措施中司法审查功能的实证考察

1. 范例1：我国台湾地区羁押权、搜查权收归“法院”

（1）羁押权收归“法院”

基于任何限制或干预公民基本权利的刑事强制措施均须有法律依据，且所依据的法律不得抵触宪法这一理论，我国台湾地区“司法院”于1997年宣告台湾地区“刑事诉讼法”中检察官有羁押权这一规定违宪，将检察官的羁押决定权予以废除，收归“法院”行使。② 羁押决定权的转移对未决羁押的人数产生了较大的影响。以下两图分别显示了我国台湾地区在检察官丧失羁押权之后的羁押人数变化情况和我国台湾地方“法院检察署”新收案件数目

① 谢佑平：《刑事诉讼视野中的司法审查原则》，载《中外法学》2003年第1期。

② 关于我国台湾地区刑事诉讼中羁押权归属的论争，可以具体参见以下论著，林子仪：《人身自由与检察官之羁押权》，载《月旦法学杂志》第6期；林明锵：《人身自由与羁押权》，载《宪政时代》第21卷第2期；林辉煌：《从宪法之观点谈羁押权之归属》，载《律师通讯》第194期；陈运财：《侦查中羁押处分权应归法院》，载《律师通讯》第194期；陈运财：《羁押处分决定权之归属与羁押被告辩护权之保障》，载《军法专刊》第43卷第3期；陈志龙：《检察官与羁押犯嫌》，载《宪政时代》第21卷第2期；朱楠：《检察官应拥有强制处分权之剖析》，载《月旦法学杂志》第6期；罗明通：《检察官羁押权合宪性之研究》，载《宪政时代》第21卷第2期；苏永钦：《检察官实施侦查羁押合宪性问题意见书》，载《宪政时代》第21卷第2期，李茂生：《人权、侦查结构与强制处分权——由结构到解构的历程》，载《宪政时代》第21卷第2期。

变化情况①：

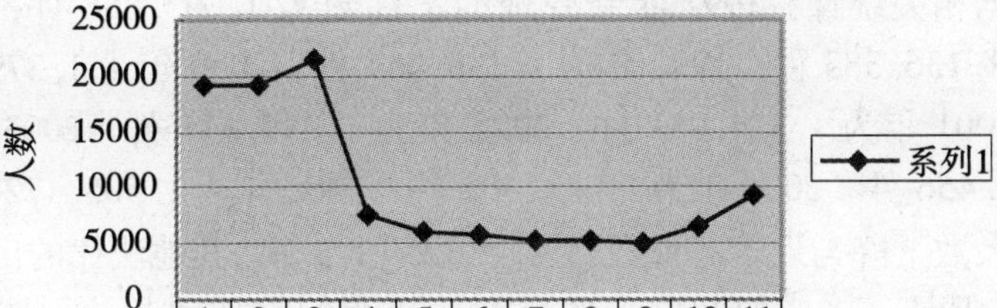

	1	2	3	4	5	6	7	8	9	10	11
系列1	1912	1915	2145	7508	6168	5701	5368	5339	5069	6507	9296

年度：1～11分别代表1995年~2005年11个年度

图4－2　我国台湾地区检察官丧失羁押权前后年度检察官羁押人数

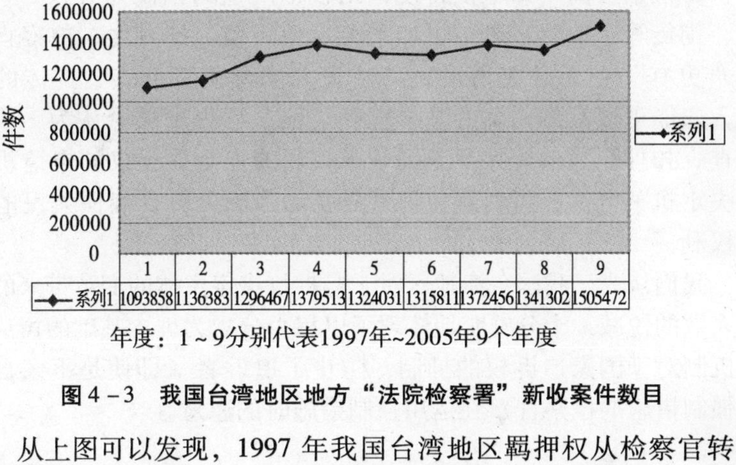

	1	2	3	4	5	6	7	8	9
系列1	1093858	1136383	1296467	1379513	1324031	1315811	1372456	1341302	1505472

年度：1～9分别代表1997年~2005年9个年度

图4－3　我国台湾地区地方“法院检察署”新收案件数目

从上图可以发现，1997 年我国台湾地区羁押权从检察官转归法官之后，1997 年到 1998 年检察官所羁押的人数骤减，以后每年都呈递减趋势，2003 年的羁押人数降到最低点。尽管 2003 年到 2005 年因为案件数目的增加，羁押人数呈现上升趋势，但是也没有超过 1997 年及其以前年份。与此同时，在 1997 年到 2005 年间，

① 表格中的主要数据均来源于我国台湾地区“法务部”网站：http://www.moj.gov.tw。

我国台湾地区地方“法院检察署”新受理刑事案件数目却有增无减。据相关统计，1997 年新受理的案件数为 1,093,858 件，1998 年为 1,136,383 件，1999 年为 1,296,467 件，2000 年为 1,379,513 件，2001 年为 1,324,031 件，2002 年为 1,315,811 件，2003 年为 1,372,456 件，2004 年为 1,341,302 件，2005 年为 1,505,472 件。[①] 羁押人数下降与刑事案件数目递增，尽管与一些其他法律的出台有关[②]，但是，二者如此之大的反差，让我们有理由相信，羁押人数的下降并不是缘于刑事案件数目的减少，而应归功于法官对羁押权的掌控。我国台湾学者王兆鹏由此推断，与 1998 年相比较，在 1997 年是否有2/3的人没有羁押的必要？若对最严重的强制处分权，检察官尚不知审慎行使，则较不严重的强制处分权——搜查、拘传等，检察官恐怕更加不会审慎行使。换言之，检察官可能“更有”在无必要情形，“显著大量行使”搜查、拘传的情形，未能审慎斟酌人民的基本权利。他最后得出结论认为，若将搜查、扣押、逮捕等涉及人民基本权利的强制处分权的申请机关与决定机关分离，可以避免没有必要的强制处分，确保人民的基本权利。[③]

我们认为，我国台湾地区对于羁押权决定主体的变革带来的羁押人数的锐减，十分鲜明地体现了以权力分立为理念基础的司法审查机制对于国家追诉权的抑制，防止了追诉者（即使是不亲自执行强制措施的检察官）在运用强制措施时的恣意。

---

① 主要数据来源于我国台湾地区“法务部”网站：http://www.moj.gov.tw。

② 我国台湾地区司法主管机关在“八十九年法务统计重要指标分析”中指出，“羁押决定权自 1997 年由‘法院’行使后，以往之‘暂押候保’、‘暂押候执行’之做法改变，使得羁押被告人数由 1997 年之 21000 多人锐减为 1998 年之 7500 人；唯 1999 及 2000 两年再分别减为 6200 人、5700 人，其关键因素则与毒品新制施行，对吸毒犯改以向‘法院’声请观察勒戒，不再声请羁押有关”。http://www.moj.gov.tw。

③ 王兆鹏：《刑事诉讼讲义》（一），台湾地区元照出版公司 2003 年版，第 108 页。

（2）搜查权

如果说羁押权是对人身自由干预作为严重的强制措施的话，那么，搜查权可以说是国家权力机关所掌握的最为严重的对财产权、隐私权的干预手段。在我国台湾地区，鉴于陆续发生多起检警机关搜查不当或违法事件（如搜查廖福本奇美假股票案、搜查“中时晚报”刘冠军案），侦查中检察官所拥有的搜查权的正当性引起各界的广泛注意，继 1997 年修改“刑事诉讼法”，将对被追诉者的羁押权收归“法院”行使之后，2001 年我国台湾地区再次修法将搜查权也转归“法院”行使，同时，侦查中检察官对于搜查的决定权被废除。以下是关于搜查权是否回归“法院”的论争观点①：

表 4－1　我国台湾地区关于搜查权转归“法院”之论争观点

理由＼主体	反对者的主要理由	赞成者的主要理由
搜查权的发动	检察官固然有可能不当发动搜查权，但法官依职权发动搜查时，亦不能免除相同之疑虑。	侦查中搜查与否由检察官全权决定，则无疑是“球员兼裁判”的做法，对嫌疑人毫无保障可言。若将搜查决定权回归“法院”，方能衡平检察官于侦查中易失之主观之弊。
侦查效率	若将搜查决定权回归“法院”，将影响侦查效率。	以目前实务运作来看，自羁押决定权回归“法院”之后，“法院”对检察官提出之羁押声请案，高达 90% 都予以同意，由此可见一方面检察官更加自我节制，审慎地提出羁押声请；另一方面法官也在羁押必要性与检察官声请理由间寻找平衡，仔细、审慎地审核。

① 徐政大：“2001 年搜索修法之探讨”，http://www.license.com.tw/lawyer/learning/thesis/thcm0...70K 2002－6－20. 台湾民间司改会：《搜索决定权应回归法院》，载《司改杂志》第 31 期。

续表

主体 理由	反对者的主要理由	赞成者的主要理由
武器对等	侦查为公诉之准备，并不是诉讼程序，并无所谓“当事人”之概念，也无所谓“武器对等”可言。	被告或犯罪嫌疑人既无强制处分权，基于检察官与被告或犯罪嫌疑人地位对等，检察官自不应具有强制处分决定权，仅中立之第三人即法院方具有强制处分决定权，否则将造成武器不对等。
打击犯罪成效	将搜查权回归“法院”，将不利检察官打击黑金。	过去由检察官具搜查决定权的时代中，亦未见打击黑金有何具体成效，实则打击黑金之成败关键应在于检调单位是否主动出击，认真以调查及确实掌握证据，与搜索权由谁决定无甚关系。
检察官士气	搜查权回归“法院”，将打击检察官之士气。	检察官之所以能担任侦查主体，即在于检察官在犯罪侦查中累积之办案技巧、经验、推理及法律知识，而非凭借强制处分手段让人民感到恐惧。
办案时机掌握	搜查令状需由“法院”核发将影响办案时机。	检察官于紧急情况下仍有不要式搜查权，可不经由院方核发搜查令状而径行搜查，并无碍于取得办案先机。
检察官角色定位	检察官系具客观中立司法性质之“国家公益代表人”，拥有搜查权并无不妥。	德、日等国检察官之角色亦与我国台湾地区相同，即客观中立司法性质之“国家公益代表人”，然其搜查决定权亦归“法院”所有。

从上述论争观点中，可以看出，作为反对搜查权移转的一方明显主要以追诉效率为立足点，而搜查权移转的支持者则主要基于保障人权的理念，那么，这种刑事搜查权的转移所带来的审检关系变革，是否真的如同反对方所说的那样，可能影响追诉效率呢？

2001 年至 2005 年，我国台湾地区“法务部”在对检察官办案绩效进行评价时指出，各地方“法院检察署”新收检察案件（包括侦查、执行及其他案件）数目，2001 年为 132.4 万件，较 2000 年减少 4%（2000 年为 138 万件），2002 年继续减少到 131.5 万件，2003 年增至 137.2 万件，2004 年减少为 134.1 万件，2005 年增至 150.5 万件；平均每位检察官每月新收检察案件数目，2001 年为 251 件（2000 年 268 件），2002 年为 236 件，2003 年为 240 件，2004 年为 189 件，2005 年为 199 件；各地方"法院检察署"终结侦查案件平均每件所需日数，2001 年为 62 日（2000 年为 54 日），2002 年为 75 日，2003 年为 64 日，2004 年为 56 日，2005 年为 52 日。上述数据显示，搜查权的移转并没有对追诉犯罪的效率带来很大的变化，虽然其中也有细微差异，但是，经历适应期之后，尤其是 2003 年后，已经基本保持与以前相当的水平。

在司法实践中，警察、检察官总体而言都能严格、谨慎地按照法律规定的要求，向法官申请搜查令状。统计数据显示，2002 年到 2005 年间，每年"法院"办理侦查中申请搜查证相关案件共计 2 万余件，其中属事前向法官申请搜查证的案件，占全部搜查案件的比例每年都在 95% 以上，2004 年、2005 年两年都达到 98% 以上，而属紧急搜查事后陈报法官者每年仅有 400 多件，比例较小。"法院"对搜查申请审查之后，核发搜查证的比率每年都在 94% 以下，而且呈下降的趋势。换言之，警察、检察官申请搜查证遭"法院"驳回的比率在逐年增加，至于执行紧急搜查后陈报"法院"，未获院方许可而被撤销的比率也从 2001 年的 4% 增加到 2005 年的 5.6%。在这 5 年中，我国台湾地区"法务部"得出的一致结论是"显见检察官对搜索票之申请相当谨慎"。①

① 笔者综合了我国台湾地区"法务部"公布的"九十年法务统计重要指标分析"、"九十一年法务统计重要指标分析"、"九十二年法务统计重要指标分析"、"九十三年法务统计重要指标分析"和"九十四年法务统计重要指标分析"。

表 4－2　我国台湾地区地方“法院”受理侦查中搜查案件收结情况表（2001 年～2005 年）（单位：人）

类别＼年度	终结情形							搜查证核发率	径行搜查备查率
	总计	事前申请	核发	驳回	备查	撤销	其他		
2001. 7—12	9085	—	7268	498	1231	51	37	93.6%	96%
2002	21121	20191	18892	1280	860	38	51	93.7%	0.0
2003	20251	19794	18344	1437	424	21	25	92.7%	95.3%
2004	26458	25998	23807	2179	435	20	17	91.6%	95.6%
2005	29394	28931	26309	2600	431	28	26	91.0%	94.3%

根据笔者所掌握的资料，虽然不能如同羁押权那样，对搜查权归属变更前后的实施效果加以比较，但是，至少可以得出这样的结论：令状主义的实施，可以促使作为追诉者的检察官、警察更加审慎地对强制措施的发动作出明智的判断，毕竟提出搜查申请之后，还需要经过法院的审查，即使是紧急搜查，事后也需要呈报备查。这也就相应地避免了被搜查者受到无理甚至武断的刑事强制处分。

2. 范例 2：俄罗斯建立法院对逮捕、羁押司法审查机制

在俄罗斯，1992 年的俄罗斯联邦旧刑事诉讼法典不仅保留了“任何人非依法院决定或者经检察长批准，不受逮捕”，而且，为了保障逮捕措施的正确运用，避免造成对公民人身自由的侵犯，该法第 220.1 条，第 220.2 条规定了“被逮捕人有权申诉并要求就羁押他的合法性和是否有根据进行司法审查”。

在该法实施的前 6 个月中，有 14387 个羁押审查申请，仅仅有 2032（14.1%）获得同意。在 1993 年到 1994 年间，羁押申请的数量和在法院获得同意的申请数量均有平稳的上升趋势，在 1995 年的前 6 个月，获得成功的数量上有轻微的下降，但是，羁押申请的数量仍然在继续上升（见表 4－3）。

表 4-3　俄罗斯 1992 年至 1995 年羁押审查申请数目与成功比例①

年度	羁押申请数目	成功比例
1992（后 6 个月）	14387	14.1%
1993	n/a	17.9%
1994	62000	19.9%
1995（前 6 个月）	34556	19.0%

根据美国学者托德·福格松（Todd Foglesong）对俄罗斯刑事司法实践的观察，这些关于逮捕的羁押数目让人对稳定性、一致性可能产生误解的印象。这一新制度的实施面临着重重困难。羁押听审的有效性被一些未解决的问题（如辩护人的参与资格）所影响。尽管法官们在努力地以合理的、平等的方式分配着案件负担，但是，司法拖延在实践中仍很常见。

新制度实施面临的最大困难是，俄罗斯法官难以得到检察官的配合。极少有检察官将申请及其相关资料及时递交给法庭。依据 1993 年夏天，俄罗斯总统下属的州法律管理机构的调查表明，监狱管理人员报告给检察官（可能是监狱过于拥挤）的案件中，只有 1/3 的案件在 24 小时内递交给法院，半数以下（42%）的案件在 3 天内递交，2/3 的案件在 5 天内递交。按照俄罗斯联邦最高法院的描述，法律所要求的时间限制完全被检察官忽略了。而且，材料到了法院后，在正式听审时，检察官也很少到庭。据相关统计，萨拉托夫地区的一个法院，检察官到庭率只有 1/6。在其他法院，检察官的参与率也只有一半左右。

托德·福格松认为，俄罗斯 1992 年对刑事诉讼法的改革，很难说使得人身保护令制度在俄罗斯得到成功建立。俄罗斯以及西方

① 该数据来源俄罗斯司法部统计局，Todd Foglesong, *Habeas Corpus or Who Has The Body? Judicial Review Of Arrest And Pretrial Detention In Russia*, 14 Wis. Int'l L. J. 541 (1996), p. 561.

观察家试图通过控制政府权力过程中严重的制度竞争和来自司法改革的敌对势力，来解释法律执行中的困境。习惯于未受制约的权力行使和对犯罪嫌疑人、被告人逮捕和羁押的权力垄断，警察和检察官仍然试图保留自身的权限。警察和检察官对逮捕、羁押司法审查制度的反感非常强烈，有一些严重地试图使刑事政策倒退的迹象得逞。法律的执行者（法官）对司法审查制度的反感和正反交织的情绪也存在。俄罗斯联邦最高法院试图通过破坏法官在羁押听审和裁决犯罪嫌疑人和被告人肯定基本法律原则的方式，来规制司法实践。基层法院的领导者也在努力地淡化法院裁判警察行为的权力，限制司法审查的范围。审判法院对被追诉者的申请，态度较为冷淡，某种意义上也纵容了警察和检察官的非法行为。①

重重阻力无法抵挡住俄罗斯政坛司法改革的决心，1992 年俄罗斯刑事诉讼法典的修改，仅仅是在东欧剧变之后，将警察和检察官的权力移交法院行使的一个步骤而已。在 1993 年之后，新的俄罗斯宪法（1993 年 12 月）又规定，干涉私人通信、安装窃听器、实施住宅搜查必须获得法官的命令。② 在 2001 年俄罗斯国家杜马通过的俄罗斯联邦新刑事诉讼法典中进一步完善了司法审查原则，根据新法典第 10 条、第 12 条、第 13 条的规定，只有经过法院决定，才能正式羁押人（临时拘捕时间不得超过 48 小时）；才能对住宅进行勘验和对住宅进行搜查和提取物品（但在刻不容缓的特别情形下除外）；才能限制公民的通信、电话和其他谈话、邮件、电报和其他通信秘密的权利；才能搜查、扣押和电报以及在邮电机构提取邮件和电报、对电话和其他谈话进行监听和录音（但在刻不容缓的特别情况下除外）。不过，侦查员、调查员必须经过同级检察长同意才能向法院提出申请。也就是说，一些重要的侦查行为

① Todd Foglesong, *Habeas Corpus or Who Has The Body? Judicial Review Of Arrest And Pretrial Detention In Russia*, 14 Wis. Intl L. J. 541(1996), p. 577.

② 同①引，第 578 页。

或者强制处分必须经过检察长和法院两道程序批准，才能实施。[1]

尽管如此，从俄罗斯刑事司法改革的实践中，可以明显看出，司法审查制度虽然代表着法治国前进的方向，但是，其最终实现也不可一蹴而就，往往要突破重重难关，特别是改变旧的权力格局，确立新的权力结构，往往会触动部分机构的利益。这一点在我国台湾地区的实践中也是存在的。毕竟，任何制度的改革都不仅仅是纸面上制度的胜利，而且也应是实践中的成功落实。

（二）刑事强制措施中司法审查的运作机制

从微观角度来看，刑事诉讼中的司法审查有着怎样的运作机制呢？特别是作为事前审查机制的令状主义究竟对于制约国家权力和保障基本权利有着怎样的作用？对于那些未经事前审查而实施的强制措施，是不是没有任何制约机制呢？如果有的话，如何在其中引入司法审查的理念呢？

司法审查从形式上可以分为两种，即事前的审查（before－the－fact review）和事后的审查（after－the－fact review）。前者表现为国家强制性行为实施之前，有权决定机关对该行为的正当性进行审查，之后，以令状方式授权给特定的执行机关予以执行。这种事前的司法审查机制，即通常所讲的令状主义。[2] 而后者是指待国家强制性行为实施完毕之后，由一定主体对其合法性进行事后的审查，决定该行为的正当性，进而依此确认其合法或者非法。事前的

---

① 陈光中：《〈俄罗斯刑事诉讼法典〉简介》，载黄道秀译：《俄罗斯刑事诉讼法典》，中国政法大学出版社 2003 年版，第 5 页。

② 有学者甚至认为，“所谓令状主义，即要求侦查机关在对犯罪嫌疑人采取有关强制措施以前，向法官或其他享有司法权限的官员说明理由，获得后者的授权，并根据后者签发的令状执行强制措施；而司法审查制度，则要求侦查机关在对犯罪嫌疑人采取有关强制措施以后，及时将其带至法官或其他享有司法权限的官员面前，由后者审查确定强制措施的采取是否存在合理理由，以决定将犯罪嫌疑人予以羁押或加以释放”。陈光中、张小玲：《中国刑事强制措施制度的改革与完善》，载《政法论坛》2003 年第 5 期。这种对司法审查、令状主义的理解是值得商榷的。司法审查制度不光包括事前审查（即令状主义），还包括事后审查。

司法审查虽然可以在一定程度上保障强制措施的正当性，但是，可能使得强制行为的实施滞后、甚至被耽误，事前审查不具有灵活性；而事后的司法审查可以弥补这一点缺憾，但是可能无法抑制政府强制性权力的滥用，被处分人可能受到随意的处置。有学者基于被干预人的权利，对事先审查可能产生的效果提出质疑，事先审查由于是由追诉机关方面提出申请的，法官仅凭书面审核，被强制处分人并没有陈述意见的机会，除非提出的申请明显不具实质理由，或有明显错误，否则无法发挥审查的功能。被告代理人的不在场也会带来偏向于政府利益的令状审查。而且治安法官对大多数令状申请临时、迅速的审查不利于对政府标准的精确适用。[①] 相反，事后审查制度，由侦查机关自行事先作出是否达到实施强制措施标准（主要是证据标准）的判断，无令状而先实施强制处分，实施后检查相关资料，陈报司法机关对其行为达到实施强制措施标准的判断，该程序中当事人双方参与，且被告有辩论的机会，法官有较充裕的时间从事审查，若事后审查判断认为不具强制处分的实施标准，则侦查机关所实施的行为不合法，因此取得的证据应当予以排除，而且违法实施强制措施的公务员也应受制裁处罚，通过这一阻

---

① William J. Stuntz , *Warrants and Fourth Amendment Remedies* , 77 Va. L. Rev. 881 (1991), p. 890；类似的批评，参见 Duke, Making Leon Worse, 95 Yale L. J. 1405 (1986)；Goldstein, *The Search Warrant, the Magistrate, and Judicial Review*, 62 N. Y. U. L. Rev. 1173 (1987). 治安法官对于警察申请及宣誓书的审查是不够充分的，依据美国州法院中心 (National Center for State Courts ,简称 NCSC) 的研究统计，他们的审查一般不过几分钟时间而已。R. Van Duizend, L. Sutton & C. Carter, *The Search Warrant Process: Preconceptions, Perceptions, and Practices* 42 (1985), p. 26. 另外一些统计表明，在美国实务中，对于令状的申请，法官平均花 2 分 48 秒时间审核申请资料，其中 10% 的申请不及一分钟的时间审核完毕，警察提出令状的申请几乎完全被核准，不准的比例尚不及 10%。因此，法院在令状的申请及审查程序中，似乎仅扮演着橡皮图章的角色，实质上仍是侦查机关在自行判断。参见王兆鹏：《自令状原则论我国相关规定之缺失》，载台湾《刑事法杂志》第 44 卷第 4 期。

吓效果，约束侦查机关不得对公民实施无理的强制措施①，所以，认为事后审查中的惩罚也能防止无理的强制措施，事后审查制也是一种预防机制（a preventive device）。但是，事后审查制一般在对被干预人实施强制措施并发现证据后，被告人请求法院判断追诉机关实施强制措施，是否具有发动强制措施的要件，此时，法官一般已经形成对被干预者不利的心证，那么，当法官在判断追诉机关行为的合法性时，也等于在决定本案的判决结果，其是否还能公平地做出警察行为不法的裁定，并将证据排除，令人质疑。而在强制措施发动之前的事先审查程序中，对被告不利的证据尚未被发现，法官一般不大可能产生对被告不利的心证，法官较能公平客观地判断是否有实施强制措施的实质理由。

由此可见，事前审查与事后审查各有利弊，因此，恰当协调对强制措施的事前审查和事后审查的关系，就成为各国立法和司法实践面临的关键问题。

1．事前审查——令状原则的功能与运作

（1）令状原则的功能

令状主义起源于中世纪的英格兰，当时，普通法院的诉讼必须以诉讼令状为基础，原告只有申请到合适的令状才能提起诉讼。人身保护令制度正是在古代英格兰普遍实行诉讼令状制度的基础上演变而来的。15 世纪，人身保护令作为对抗非法关押的独立手段逐渐分离出来。1679 年英国的《人身保护法》规定被羁押者可以向法官申请人身保护令，要求保释。随着英国殖民地的扩张，普通法的这种独特的救济制度迅速扩散到世界各地。如今包括美国、日本、意大利等国在内的宪法及其国际公约中均确立了强制措施适用的令状原则。② 令状主义本身之所以拥有如此的魅力，主要源于其自身设计符合国家权力运作的特

① William J. Stuntz，*Warrants and Fourth Amendment Remedies*，77 Va. L. Rev. 881（1991），p. 893。

② 例如，美国宪法第四修正案、日本宪法第 35 条、韩国宪法第 11 条、意大利 1947 年宪法第 13 条均确立了令状主义原则。

性。在刑事强制措施适用中，令状主义具有事前节制权力、事中作为权力行使的依据、事后对权利的救济的三重功能。

①事前节制

现实生活中，公民在许多地方都可能需要获得事先的许可，诸如在职业、商业活动中，由特定行政机构颁发的许可证（license），实质上，刑事强制措施实施中的令状与之有异曲同工之妙用，均起到了事先的过滤作用。但是，与之有所区别的地方在于，令状所处理的对象更加具有机动性和灵活性，令状程序更加具体、细致。具体的搜查情形如同医师开药方一样，医师在获得执业许可证之后，对于具体病例中如何开药、治疗，这些具体的活动均无须再取得特定机构的许可。而搜查、逮捕、羁押等强制措施的实施时，在每个具体案件中，甚至每个刑事强制措施的实施过程中，都可能需要事前的令状许可。也就是说，在刑事诉讼中，令状不仅限制强制措施实施主体（主要是警察、检察官）的资格，而且事前决定每个具体搜查行为的合法性。通过令状的限制，可以节制不必要的、欠缺实质理由的刑事强制措施。①

在美国，申请逮捕、搜查等强制措施令状过程中，作为申请者的警察或者检察官必须以书面说明理由，详细说明事实及所依证据，并列举强制措施实施的对象范围，在司法实践中，侦查人员为取得令状，需要花费相当长的时间来准备相关资料，并等待法院核发令状，因此有学者甚至指出，对侦查人员而言，有效的过滤程序不是治安法官，而是长期的等待②。这种排队的等待可能促使警察只是在一些特别需

---

① 在美国，对于令状的钟爱，主要是基于事前的审查较之事后的审查更能预防非法实施强制措施。Yale Kamisar, Wayne R. LaFave, Jerold H. Israel, *Modern criminal procedure: cases, comments, and questions*(9th ed), West Group, 1999. p. 220.

② 依据美国州法院研究中心的统计，在许多案件中，取得令状意味着警察要花费一天的时间来制作文书，加上在法院等待的时间。所有的就只是等待与治安法官（签发令状）5分钟的碰面。R. Van Duizend, L. Sutton & C. Carter, *The Search Warrant Process: Preconceptions, Perceptions, and Practices* 42 (1985), pp. 19–26.

要令状来发现重要证据、或者是不通过令状无法发现证据（也就是说，无证搜查可能是在明显非法的情况下）、或者证据确实存在的情况下才申请令状。[①] 再者，“申请程序会促使侦查人员做比较精确的强制处分要件判断，提升办案之专业化，因为令状申请书必须叙述事实及理由，且须经第三人的审核，因此侦查人员必须仔细、冷静地思索是否具备实施强制处分的实质原因，在美国有一项实证研究表明，令状的申请程序虽然对于警察而言是负担、费时、令人畏惧、沮丧、混淆，但却促使了警察办案细心度的提升。虽然令状申请程序的繁杂，或者可能会使得警察怯于声请令状，但是美国的实证数字显示，令状程序不会导致证据的不能获得。”[②]

美国学者威廉·斯汤兹（William J. Stuntz）指出，即使事后审查机制运行的比令状完好，一般也不会只选择其一，而会均使用之。令状是事后裁决的补充（supplement），而不是替代（substitute）。依此而言，令状程序有以下两个功能，其一，它在警察与被处分者之间设置了一个更多的裁决者，其二，它迫使警察在实施强制措施之前，解决一些更为实质的问题（因此鼓励他们不实施没有根据的强制措施）。[③] 反之，如果没有书面申请程序，无须经过第三人进行司法审查即可实施强制措施，追诉机关可能会过于冲

---

① William J. Stuntz , *Warrants and Fourth Amendment Remedies* , 77 Va. L. Rev. 881 (1991), p. 909. 对于逮捕，同样如此，只要特殊情况使逮捕令状成为法律上必需的，或者有利益时，警察才会获取令状，而不是进行无证逮捕。这些情况中最普遍的是：(1) 犯罪人位于另一司法辖区的案件；(2) 某人基于未完成的令状而被逮捕的案件，此类案件中，由于嫌疑人无法找到，其姓名会被输入到州或者地方执法信息计算机网络上；(3) 可能需要强行进入寓所执行逮捕的案件；(4) 无须在场目击的轻微犯罪；以及 (5) 警察在进行程序前征求检察官建议的案件。［美］伟恩·R·拉费弗、杰罗德·H·伊斯雷尔、南西·J·金等：《刑事诉讼法》，卞建林、沙丽金等译，中国政法大学出版社2003年版，第13页。

② 王兆鹏：《搜索、扣押与刑事被告的宪法权利》，台湾地区翰芦图书出版公司2000年版，第54~55页。

③ William J. Stuntz , *Warrants and Fourth Amendment Remedies* , 77 Va. L. Rev. 881 (1991), p. 892.

动、草率，依直觉、主观办案，而不能公正、客观地判断强制措施实施的事由是否存在，所以，就某种程度而言，令状的申请程序有助于抑制违法刑事强制措施的实施。

就美国宪法修正案关于令状条款的规定而言，美国联邦最高法院在 Coolidge v. New Hampshire 一案中指出，其目的在于通过治安法官的审核，防止无相当理由的强制措施，因为所有的强制措施都是有害的，在未事先仔细检验是否有实施的必要性前，任何的强制措施皆无正当性。① 此理论基础认为，宪法的目的在于对侦查机关的不法行为事先予以预防，而非事后给予救济。② 因为政府的职权分工，侦查机关的功能为侦查犯罪，当犯罪侦查与基本人权发生冲突时，侦查机关可能过分地重视犯罪侦查而忽视公民的隐私。因此，有必要建立事先审查制度，以预防违法强制处分。

②事中依据

在刑事强制措施的实施过程中，执法者重要的依据就是诸如逮捕证、搜查证、传票等类似的令状。令状中关于执行主体、对象、时间、地点以及具体执行步骤的规定（见表 4－4 中美国纽约州地方初审法院所核发的搜查证即为典型范例）不仅给执法者有效执法、达成追诉目标提供了路径，更为重要的是令状本身为执法者的具体实施行为划定了界限，一旦超越令状所确立的范围，该刑事强制措施的执行行为即为非法。换言之，刑事强制措施令状本身也为被干预者的基本权利设定了干预界限。防止执法者借口一定干预行为实施另外一个不同的未经授权的干预措施，如在没有紧急情况出现的时候，实施逮捕的执法者不得同时对被逮捕者进行搜查、身体检查等处分措施。若要对被干预者实施上述处分行为，必须重新根据一定的事由向法定机关申请搜查和身体检查令状。

① Coolidge v. New Hampshire, 403 U. S. 443, 467(1971).

② Chimel v. California, 395 U. S. 752, 766 n. 12(1969).

表 4-4 美国纽约地方初审法院搜查证

美国纽约地方初审法院①

美利坚合众国诉
这样的建筑物：纽约布鲁林克
coffee 街××号的单层汽车修理间
授权给：美国海关和联邦调查局
的任何特别工作人员

备审案件目录号：
案 件 号：

搜查证

××已经在我面前宣誓声称他有理由相信在以下地点：

纽约地区布鲁林克 coffee 街××号的单层汽车修理间

藏有被盗的大约 3500 套男式服装（价值约 140,000 美元）和一些咖啡袋（违反了美国法典第 18 条第 549 款和第 659 款）。

我相信有相当的理由认为上述赃物正藏在上述地点，并且宣誓书中所陈述的申请颁发搜查证的理由确实存在。

特命令你在××（不超过 10 天）内对具体指明的人或地点进行搜查，执行此搜查证并在白天（早上 6 点到晚上 10 点之间）进行搜查，如果在那里找到赃物就将其扣押，留下这份搜查证的复印件和财物收据，并准备一份所扣押财物的目录，然后按照法律规定立即将这份搜查证连同所扣押财物交给×××（联邦法官或者地方法官）。

日期

×××（法官签名）

从另一方面来说，刑事强制措施令状也为被干预人的事中监督提供了依据。通过执法者事前的令状出示、事后的审核（签字）

① Joseph J. Grau, *Criminal and civil investigation handbook* (2nd), McGraw - Hill, 1993. pp. 2 - 34. 此处省略宣誓书（Affidavit）和回执（Return）。

等方式，被干预者可以明确地了解自己被处分的具体原因以及被干预的权利范围。如果执法者超越令状所授予的权限，被干预者可以通过自身的程序基本权来对抗公权力的滥用。

总之，令状作为刑事强制措施行为实施过程中依据的功能，不仅能够帮助执法者有效地保全证据、排除阻碍，而且也有利于节制执法者的自身权力，防止权力被恣意滥用，从而最终保障被干预人的权益。

③事后救济

刑事强制措施适用中的令状，在事后可以成为被干预者针对非法强制处分行为提出救济申请的依据，防止干预者逃避责任。同时，这种格式化的令状文件也可以作为执法者证明自身清白的依据，避免诬告。追诉者过于热衷犯罪侦查，或碍于破案压力，在强制措施实施之前可能说谎、编造理由，通过这种手段获取刑事强制措施实施令状。在令状实施过程中，执法者也可能通过制造证据来掩盖非法事实。基于此，许多国家确立了依申请或者依职权的事后审查机制。通过嗣后的再次审查，对强制措施有无要件依据，审判中法官可以通过事前所建立的书面记录（即令状），重新审查实施强制处分时要件是否充足，若要件不存在，仍然可以排除通过该强制措施所获取的证据，通过此种手段，达到事后司法审查的目的；若没有书面记录的建立，事后审理过程中的司法审查，将毫无凭据。但是，美国实证研究中的数据显示，所谓重新第二次审核并无太大功效，因为侦查机关只要持令状搜查，若审判中被告提出异议，要求再一次审查强制措施的发动是否具备相当理由，法院认定不具相当理由者不及5%，由此可见，法院的事后审查所发挥的功能非常有限，但不可否认的是，“书面记录记载了侦查人员在强制处分实施前所知之一切事实及证据，得防止侦查人员事后说谎、修改及编造，故在某些案件的审判中仍能发挥防止无实质原因之强制处分的作用”。①

(2) 令状原则的运作

鉴于“一般令状”(general warrant) 对公民权利的侵害，美国宪法第四修正案创设令状原则制度，目的在于监督、防止政府机关滥用强制处分权，以保障个人基本权利。在执法机关发动强制措施时，必须践行一定的程序，包括须由法院签发令状，且令状的核发应具有发动强制措施的要件（有相当理由，且以宣示或代宣誓言确保），并有具体的强制措施实施对象及范围（令状应详细记载准备搜查、逮捕、扣押的客体及其场所范围）。

首先，令状的签发必须为有权限的司法机关。

最初，美国宪法第四修正案并没有明文要求令状的签发者必须是法官。但是，通过判例的发展，逐步确立了相关的规范。在1948年Johnson v. U. S. 一案中，联邦最高法院指出，只有“中立且超然公正的司法人员”(Neutral and detached judicial officer) 有权签发令状。因为“警察在破案及打击犯罪的竞争上，通常面临极大的压力……若警察可以自行判断而为无令状搜查，宪法条文对人民的保护将会落空，人民的住宅安全将完全掌控于警察之手。”② 在1971年Coolidge v. New Hampshire的判决中，联邦最高法院认为，即使依该州法律规定，检察总长有权核发令状，但其仍然不是中立及超然的司法人员，因为“检察官与警察同样扮演打击犯罪的角色，从事的是竞争激烈的事业，对于其本身所侦查的案件，检察官不可能维持宪法所要求的中立地位。”③ 令状的签发者如果在自我授权之后，还自我执行，就丧失其超然及中立的地位，此外，若令状的签发者与令状的签发有利害关系，亦缺乏中立、超然的地位。例如，签发者的报酬计算取决于所发出令状的数目，也

① 王兆鹏：《搜索、扣押与刑事被告的宪法权利》，台湾地区翰芦图书出版公司2000年版，第54页。

② Johnson v. U.S ,17 333 U.S. 10(1948).

③ Coolidge v. New Hampshire, 18 403 U.S. 443(1971).

将使核发者丧失超然品性①。因此，签发令状的官员必须满足两项要件：其一，必须是“中立与超然公正的”，才能审查是否存在相当理由以进行逮捕或搜查；其二，必须是“独立的”，保证该司法官员作为执法程序中的监督者的中立与公正，若其同时处于作为行政机关的检察官的地位，就不能核发令状。美国《联邦刑事诉讼规则》第41条（a）项明确规定，“令状的申请人为联邦法执法官员或政府检察官；令状的核发者，则为联邦治安法官（federal magistrate）或州记录法院（state judge）”。②

在具体个案中，追诉机关尤其是警察，通常在犯罪追诉的第一线，与嫌疑犯有着直接的接触，其应更能就是否具备强制措施发动的实质要件做出正确的判断。熟悉刑事诉讼法令规范的法官，虽然未必比浸淫于犯罪侦查环境中的侦查机关更能对具体状况做出正确且适当的判断。法律制度设计上，追诉机关之所以没有签发令状的权限，主要原因并不是法官对具体案件的令状签发能做出正确的判断，而是追诉机关无法做出正确的判断。因为追诉人员与追诉结果的利害关系，所以比较容易陷于主观，或由于其热切追求事实的发现、案件的侦破，无法独立于当事人（追诉者）的地位，来衡量强制措施实施的必要性。也无法对强制措施实施的实质要件存在与否作出客观的判断，所以，仅依赖追诉机关的自律，无法周全地保障公民的基本权利，只有透过公正、中立的裁判机关的介入，事先预防追诉机关的不法行为。③ 英国刑事诉讼法学者费尔曼教授（Fellman）也曾提出“即使是最谦虚的诉追人，亦难免对被告抱有偏见”的见解。④

---

① 王兆鹏：《搜索、扣押与刑事被告的宪法权利》，台湾地区翰芦图书出版公司2000年版，第58~59页。

② 参见卞建林译：《美国联邦刑事诉讼规则和证据规则》，中国政法大学出版社1996年版，第79页。

③ 同①引，第47页。

④ 黄东熊：《刑事诉讼法论》，台湾三民书局1999年版，第79页。

其次，令状的签发必须基于相当理由（probable cause）。

作为追诉主体的检察官或者警察实施刑事强制措施构成公民基本权利的限制，因此，除了令状作为形式要件之外，还需要具备一定的证据标准作为实质要件，以体现刑事强制措施在实质上的合理性，具备这两个要件，刑事强制措施才能具备基本的正当性基础。达到怎样的标准刑事强制措施的发动才算合理呢？美国宪法第四修正案规定必须达到“相当理由”，追诉机关发动刑事强制措施是否具有相当理由，不是由追诉者自身的判断即可，而应当受到较为客观和中立法官的审查，由法官根据具体情况来判断适用刑事强制措施是否合理。[①] 此外，相当理由还应有宣誓作为保证，美国《联邦刑事诉讼规则》第 41 条（c）项规定，须经宣誓证明书核发令状，若存在请求签发令状的理由或者有相当理由相信扣押物的存在，才能核发令状，而申请人基于宣誓所提供的证明、证人，应加以记载。[②]

最后，刑事强制措施实施的对象及范围必须具体化。

在签发的令状中，必须注明刑事强制措施适用的对象及其范围，以避免出现像一般令状和帮助令状之类滥用的情形。缺乏具体化特征的令状，会使得执法者在令状执行过程中享有太大的自由裁量空间，并因此削弱相当理由要件的作用。[③] 美国宪法第四修正案明确规定，必须在刑事强制措施的实施令状上，详细记载逮捕、搜查、扣押等强制措施在个案中实施的具体对象。通过法官就具体个案的判断，在强制措施实施之前，就为追诉机关执法设置一定的边界。不仅如此，对于令状所实施的对象及其范围，美国《联邦刑事诉讼规则》第 41 条（b）项明确规定，“可扣押的物体则包括能

---

① 至于“相当理由”的具体含义和判断方法，不是本章所要探讨的重点。在第六章第一节中，笔者将详细论述之。

② 卞建林译：《美国联邦刑事诉讼规则和证据规则》，中国政法大学出版社 1996 年版，第 80 页。

③ ［美］约书亚·德雷斯勒、艾伦·C·迈克尔斯：《美国刑事诉讼法精解》（第一卷·刑事侦查），吴宏耀译，北京大学出版社 2009 年版，第 177 页。

构成刑事犯罪证据的财产、违禁品、预备或意图用作犯罪工具、手段或者已经用作犯罪工具、手段的财产，等等，（c）项规定“……在令状上，必须确认被搜查的对象，并应记明或描述被搜查的人或处所”。①

总之，令状主义的运作必须有具体可供操作的程序来保障，否则，令状原则就会落空，沦为“一般令状”，成为国家恣意侵害公民基本权益的工具。

2. 事后审查——西方国家无令状强制处分扩大化的趋势

令状主义并非十全十美，尽管其有着事后审查不可替代的功能，但是，由于令状自身运作的成本耗费较大，而且存在不确定性，容易在追诉犯罪过程中贻误战机，所以，即使在作为令状主义发源的英美法系，令状主义也不像想象中那样普遍。正如美国学者威廉·斯汤兹所言，“如果事前的过滤机制（pre - screening）比事后的过滤机制（post - screening）需要更多的成本，那么，人们就会期望一种使裁判成本较低的执行方式”。② 英美立法、司法实践的历史表明，无令状的逮捕、搜查等强制处分正在被扩大化适用。

（1）无证逮捕的扩大化（以英国为代表）

在逮捕问题上，英国传统上以有证逮捕为原则，只有少数情况下，才得实施无证逮捕。为了确保公民人身自由权不受任意逮捕的侵害，在普通法上，逮捕权专属于治安法官，对于需要逮捕的案件，一般应当先取得法官签发的逮捕令状，然后才得实施逮捕。作为令状原则的例外，公民和警察在一定条件下也可以实施无证逮捕，但其情形十分有限，并因犯罪严重程度不同而有较大的差异。在普通法上，无证逮捕主要适用于被逮捕人已经实施了犯罪且公民或警察迅及发现犯罪人的场合，至于警察更乐于使用的根据个人理

① 卞建林译：《美国联邦刑事诉讼规则和证据规则》，中国政法大学出版社 1996 年版，第 79 ~ 81 页。

② William J. Stuntz , *Warrants and Fourth Amendment Remedies* , 77 *Va. L. Rev.* 881 (1991), p. 889.

性判断(“合理怀疑”)实施无证逮捕的权力，则仅适用于极个别的例外情形：在主体上，只有警察才享有该项权力；在对象上，仅适用于重罪案件。① 现如今，警察已经很少寻找事前的逮捕批准了，这主要是因为 1967 年英国颁布的《刑事法》（Criminal Law Act）设置了可捕罪，授权警察针对这些犯罪可以实施无证逮捕。这就意味着警察可以根据自身的经验和直觉而不是在治安法官的监督下实施逮捕行为。②“到 20 世纪 70 年代，规定有无证逮捕权的制定法已经有近 70 部。1967 年《刑事法》第 2 条规定则使这一逮捕权力一般化、法典化了”。③ 主要表现在以下三个方面：警察无证逮捕权的一般化；为了询问而（无证）逮捕的合法化；警察无证逮捕权司法控制机制的弱化。④

（2）无证搜查的扩大化（以美国为典型）

美国宪法第四修正案基于保障公民不受无理强制处分的目的，为刑事强制措施的实施设定了一系列的要件，尽管该修正案本身没有明确要求令状，但是，联邦最高法院曾经无数次地宣称，在第四修正案中存在对“令状”的要求。⑤ 关于令状是否必须在美国学界存在严格论和宽松论两种观点：严格论（又称本质论，per se）强调，所有的搜查、扣押都要有“令状”，而宽松论（又称修正论，modified）认为，在严格的“令状”规定之外，精心制定各种常识性

① 吴宏耀：《英国逮捕制度的新发展》，载《国家检察官学院学报》2001 年第 2 期。

② Andrew Sanders and Richard Young, *Criminal Justice* (2nd), London: Butterworths, 2000, p. 141.

③ Steve Uglow, *Criminal Justice*, *Sweet* & Maxwell Ltd 1995, p. 71.

④ 具体参见吴宏耀：《英国逮捕制度的新发展》，载《国家检察官学院学报》2001 年第 2 期。

⑤ Mincey v. Arizona, 437 U. S. 385, 390 (1978); Coolidge v. New Hampshire, 403 U. S. 443, pp. 454 - 455 (1971); Johnson v. United States, 333 U. S. 10, pp. 14 - 15 (1948).

的特例是必要的。①这些无令状搜查的例外情况，主要由法院依据搜查、扣押行为是否合理作界定而形成，主要为避免犯罪嫌疑人逃逸或毁灭证据。美国联邦最高法院借由种种的合宪解释，于不同的案件中所承认的无令状搜查的情形包括盘查（stop and frisk）、同意搜查（consent search）、一览无余的搜查（plain view）、径行搜查（又称热搜查，hot pursuit）、汽车搜查（auto search）、紧急搜查（exigent search）、合法逮捕后的附带搜查（search incident to lawful arrest）等。联邦最高法院多从实用主义的立场出发，来解释上述无令状搜查的正当性，如有紧急情况，警察无法及时申请令状，或者被搜查的对象拥有较少的隐私期待，等等。此外，许多行政性的搜查也无须令状即可实施，如机场的探测器、年度的自动发射物测试、严密管理的工业检查、公立学校的管理、边界巡查，等等。

正因如此，有学者担心，因为顾及犯罪侦查的时效性，而可能使得令状原则沦为“理论上的原则规定”，而在实际运作中却成了“例外”。美国宪法学者阿奇理德·爱玛尔（Akhil Reed Amar）甚至尖锐地指出，对于这些不符合原文的所谓的令状要求的例外，（联邦最高法院）根本不是研读第四修正案，而是在重写（rewrite）它。并且，除了历史的例外，由常识决定所谓令状要求的例外，这种修正似乎承认了该修正案的唯一试金石不是“令状”而是“合理”（reasonableness）。②

无令状强制措施实施扩大化的趋势，并不代表令状主义已经丧失其昔日的魅力，也并不是说，司法审查本身没有其存在的必要性。无令状强制措施的实施主要是基于追诉效率的考虑，事先基于强制措施执行机关的观察而伺机实施，事后，被处分人可能针对该强制措施的实施对象、范围、强度等方面的违法向中立的司法机关

① Akhil Reed Amar, *Fourth Amendment First Principles*, 107 Harv. L. Rev. 757(1994), p. 764.

② 同①引，第772页。

提出撤销以及排除所得证据、甚至赔偿的申请。而且，针对较为严重的干预被处分人基本权利的强制措施，如羁押、侵入性身体检查等，中立司法还可能主动依职权进行审查。依据审查的结果（合法或者非法），可作出相应的裁决（或者确认先前强制措施的无效或者排除从该强制措施中所获取的证据），给予强制措施执行机关相应的处罚，从而最终使得被处分人的基本权益获得保障。

也就是说，事后审查同样具有防止无理强制措施的功能。正如美国学者威廉·斯汤兹所言，"一盎司的预防可能确实抵得上一磅的治愈，但是，一磅的治愈—事后审查—其本身就是一种预防机制。对事后惩罚的恐惧可能影响事前的行为模式，这虽然很简单，但是相当重要的一点。警察如同其他管理者一样，会基于法律信号做出回应，对自身行为模式做出改变，从而避免事后的制裁"。①

作为典型事前审查形式的令状授权与无令状的事后审查，二者是互补的。在具体适用形式上，事后的司法审查可以说针对任何强制措施而言均适用，而事前司法审查是否必须，则不仅要考虑到强制措施本身对基本人权干预的严重性，还应考虑到强制措施实施的紧迫性和可行性。诸如羁押以及侵入性身体检查都会对被处分人的自身权益产生重大侵害，且不具有可回复性，所以，事前审查（令状授权）应当是必须的；而对于多数可能具有机动性、时效性的强制措施（如拘留、逮捕、搜查、扣押、监听等）而言，虽然也会在一定程度上干预被追诉者的各种基本权利，但是基于追诉犯罪的权衡，事前审查并不必须，但是如果不会贻误追诉时机的话，事前审查还应当践行。也就是说，刑事强制措施的决定权配置应当在基于前述混合模式的基础上，依据具体情形具体分配。

---

① William J. Stuntz, *Warrants and Fourth Amendment Remedies*, 77 Va. L. Rev. 881 (1991), p. 894.

四、重构我国刑事强制措施决定权配置

（一）我国刑事强制措施决定权配置模式选择

众所周知，我国的刑事强制措施决定权亦是以混合式的形态存在的。但是，这种存在方式具有浓厚的中国特色。从宏观上看，公安机关、检察机关、法院在不同的诉讼阶段都具有强制措施决定权（包括变更、撤销权）。这一点与我国公检法三机关的关系有着很大的关联性，虽然，法律规定三机关分工负责、相互制约、相互配合，而现实是配合有余、制约不足，在强制措施决定权分配上就表现为除了逮捕措施之外，公检法三机关对于自己所拥有的强制处分决定权在侦查、起诉、审判三阶段独立地行使着，不受任何制约。公检法三机关对任何一个机关作出的强制措施决定，都可以撤销或者变更（除了公安机关改变或者撤销逮捕决定时，必须通知检察机关以外）。也就是说，每个机关均享有对其他机关作出的强制措施决定予以撤销或改变的权力。法院可以撤销或改变检察院作出的强制措施决定，公安机关可以撤销或改变检察机关作出的决定，检察机关也可以撤销或改变公安机关或法院作出的有关强制措施的决定。

从刑事强制措施的事前审查和事后审查角度上看，我国不仅欠缺作为事前审查的令状主义，而且对于强制措施的事后审查机制亦十分薄弱。我国刑事诉讼中欠缺相应的救济措施机制。尽管刑事诉讼法中也规定犯罪嫌疑人、被告人及其法定代理人、律师等可以以强制措施的适用超越法定期限为由，要求解除强制措施，但对这项权利未设置以何种程序去实现。法官一般也很少依据自身职权，审查强制措施（特别是对人身自由予以限制的羁押措施）本身的合法性，主动撤销或者变更该强制措施，为被处分人提供救济。

基于我国政治体制和司法体制，我国强制措施决定权的分配具有天然的非正当性，这种强制措施决定权的分配现状不仅违背了权力分立的基本原则，而且不符合基本诉讼职能分工，带来的结果是

权力行使的畸形化，公民基本人权保障机制十分脆弱。①

对于这种现状，学界多数学者认为，应当在刑事诉讼中建立司法审查制度，由法院签署强制措施实施令状。② 有学者进一步指出，强制措施中的司法审查制度主要表现在两方面："一方面是侦控机关采用逮捕、羁押等强制性措施必须事前得到法院的审批，如逮捕需要获得法官签署的逮捕令、搜查需要事先持有法官签发的搜查令；另一方面被逮捕、羁押的被告人有听证权，即有权向法院提出申诉，要求法院通过言词审理的方式对逮捕、羁押的合法性进行审查，逮捕、拘禁不合法的或者没有必要的，被告人有权立即获得释放或保释，为公民提供保护和救济。"③ 还有学者指出，建立司法审查机制，不仅要确立司法令状主义、公开的司法听证程序，以及当事人的救济手段，在体制上的根本保证则是建立预审法官制度。④ 但是，在围绕刑事强制措施完善召开的多次研讨会上，都有来自司法实务部门的人士认为，完善强制措施不应照搬司法审查原

① 针对这种现状，德国学者托马斯·魏根特教授指出，"经过改革后的中国刑事诉讼法同样有其缺陷，其中应该引起关注的最大缺陷有：公安机关单方面掌控侦查程序，甚至可以没有法官监督，像擅自命令实施待审拘留（未决羁押）那样，广泛地侵犯基本权利｛警察享有拘传、取保候审、监视居住、拘留［刑事的和行政的］、搜查、扣押、冻结存款、汇款、逮捕（尽管有检察机关的审批权的制约，但还是在行政权的范围内的制约，并没有升格到司法权的控制），采取技术侦查措施等特别强大的强制处分权，在缺乏制衡控制的制度设计的情况下，极可能发生权力滥用的情形。因此，进一步削夺和控制这种绝对权力应该是今后刑事诉讼法改革的着力点之一｝"。［德］托马斯·魏根特：《对〈中华人民共和国刑事诉讼法〉的比较法评述》，樊文译，载［德］托马斯·魏根特：《德国刑事诉讼程序》，中国政法大学出版社2004年版。

② 如汪建成：《冲突与平衡——刑事程序理论的新视角》，北京大学出版社2006年版，第223～224页；陈光中、张小玲：《中国刑事强制措施制度的改革与完善》，载《政法论坛》2003年第5期；谢佑平：《论我国强制措施的完善》，载《湖南社会科学》2004年第1期；陈卫东、陆而启：《羁押启动权与决定权配置的比较分析》，载《法学》2004年第11期。

③ 谢佑平：《论我国强制措施的完善》，载《湖南社会科学》2004年第1期。

④ 汪建成：《冲突与平衡——刑事程序理论的新视角》，北京大学出版社2006年版，第223页。

则。他们提出的主要理由是：一是司法审查原则与我国政治制度不适应，它是建立在三权分立基础上的；二是它与我国目前司法体制不适应，它背后是审判中心主义，而我国强调侦诉审三阶段并重；三是它与我国行政管理体制不适应，它背后基本上是个人负责制，个人可以在法律授权范围内独立作出决定，这在我们国家是做不到的；四是在我国刑事诉讼中引入司法审查原则将徒增司法成本，影响打击犯罪的效率。①

的确，不顾我国特殊的国情，简单地照搬西方国家的司法审查制度，并将其套用到我国的强制措施制度中，是不切实际的。但是一味地以体制不符、增加司法成本为由，拒绝符合国家权力配置原理、法治发展方向的司法审查制度，也非明智之举。在强制措施决定权配置模式问题上，我国应当选择混合式决定模式。具体而言，考虑到侦查机关和起诉机关同属追诉方，肩负着收集、保全证据、保全行为人的责任，同时，侦查、起诉程序之间的紧密联系，以及侦查、起诉活动灵活性、机动性的特点，可以考虑在侦查、起诉程序中，原则上将那些为排除收集、保全证据障碍而实施的搜查、扣押、监听、身体检查等“犯罪事实思维的强制措施”的决定权交给检察院，而在较为急迫的情形之下实施的紧急搜查、盘查等措施可以交由检察院、公安机关自行决定。但是，基于我国特殊的政治体制和司法体制，为了防止检察院对公安机关的监督不力，可以将那些较为严厉的刑事强制措施（如监听、侵入性身体检查）交给法院来决定。② 在审判过程中，案件已经交给法院，为了保障法院

① 郭恒忠、雷小政：《实现惩罚犯罪和保障人权之间的平衡——刑事强制措施立法完善研讨会综述》，载《法制日报》2005 年12 月29 日第10 版。在全国人大法工委召开的关于刑事诉讼法修改的研讨会上，公安部法制局的柯良栋先生和最高人民法院的南英法官提出了类似观点。湘江北去：《刑事诉讼（即将）修改座谈会记录》，http://www. law - thinker. com/ detail. asp? id = 2066“2004 - 3 - 8”.

② 必须注意，法院内部应设立独立于审判法官的预审法官来决定强制措施的适用，以防止审判结果与强制措施适用之间相互产生影响。

角色的独立性和完整性，检察院若需要实施此类强制措施，必须提出申请，由审判程序的主导者法院来决定。对于排除保全行为人（包括被追诉人、证人等）障碍所动用的拘传、逮捕、羁押、取保候审、监视居住等“行为人思维的强制措施”，基于人身自由权利的重要性，原则上应当全部由法院决定。但是，暂时性、较轻微的拘传措施则分配给检察官，具有急迫性的紧急逮捕决定权可以由检察院和公安机关自行决定。

可以说，这种模式的选择不仅兼顾了犯罪控制的需要，更为重要的是满足了对权利保障的需求。但是，值得注意的是，尽管侦查、起诉程序中的犯罪事实思维的强制措施以及暂时性、较轻微的、急迫性的行为人思维刑事强制措施等均无需法院事前令状授权，但是，对于这些强制措施的事后司法审查是不可缺少的。[①] 这种模式不仅改变了强制措施的决定主体，而且兼顾了事前审查与事后审查的协调。我国目前对刑事强制措施的事后司法审查方面十分欠缺，在这方面的建构上需要下大力气。因为从西方国家的发展趋势来看，事后的司法审查正在成为常态，而且，事后审查不仅表现在审前阶段，也表现在正式审判阶段。需要注意的是，司法审查重要的不在于审查者是法院，而在于是不是通过司法程序进行审查。[②] 也就是说，必须改变我国目前适用刑事强制措施时无须听取当事人的建议与申辩，单方面、职权式的处置局面。

（二）建立我国刑事强制措施中司法审查机制的三重障碍及其克服

对于我国刑事诉讼中（尤其是针对刑事强制措施）建构司法

---

① 在严格要求令状主义的同时，还应当建立诸多的无令状强制措施。这是英美无证逮捕、搜查扩大化，以及我国台湾地区“法院”收回羁押、搜查权的启示，它们在建构了多种的无证逮捕、搜查制度，通过事后审查机制预防强制措施实施中的滥权行为。

② 王敏远教授在 2003 年 10 月 15 日全国人大常委会关于“刑事诉讼法修改”的发言中提出这一观点。湘江北去：《刑事诉讼（即将）修改座谈会记录》，http://www.law - thinker. com/detail. asp? id = 2066“2004 - 3 - 8”.

审查机制，许多学者都如本书一样，在理论上进行了一系列的论证，并提出了若干设想。但是，正如俄罗斯1992年建立的对逮捕、羁押的司法审查机制一样，司法审查机制真正落到实处，可能需要改变一些落伍的制度、变革旧的权力格局。就我国目前而言，在刑事强制措施制度中确立并落实司法审查机制，面临着错案追究制、国家赔偿制度、司法不独立三重障碍。错案追究制、国家赔偿制度的存在，导致我国的检察机关即使将刑事强制措施的决定权交给法院，我国的法院仍然不愿意接受该权力。由于司法不独立，即使由法院来实施司法审查权，可能和追诉机关决定刑事强制措施的适用一样，根本起不到任何保障被强制处分者合法权益的目的。

不论是错案追究制、国家赔偿制度中都存在一个共同的问题，就是何谓错案。按照最高人民法院于1998年颁布的《人民法院审判人员违法审判责任追究办法（试行）》第2条的规定："人民法院审判人员在审判、执行工作中，故意违反与审判工作有关的法律、法规，或者因过失违反与审判工作有关的法律、法规造成严重后果的，应当承担违法审判责任。"也就是说，只有在客观上存在法官违法行为，并且主观上存有过错，才能追究法官的责任。但是在实践中，这里的主客观相统一的原则常遭到曲解，不论主观上是否违法，只要案件处理有错误，法官就会受到追究。由于错案范围的人为扩大，导致本来为了增强法官责任心、提高法官业务素质的错案追究制却演变成了悬在法官头上的达摩克利斯之剑。在建构刑事强制措施中的司法审查机制后，法院将既肩负着案件的裁判权，也掌控着刑事强制措施的决定权。这里就可能存在一个矛盾，那就是，如果法院最终对被告人宣告无罪的话，那么，在此之前，对该被告人所做出的逮捕决定将会被认定为一个错误的决定。做出这个错误决定的法官，就会在前述错案标准之下，势必被追究各种各样的违法审判责任。

在出现错案、甚至疑案的情况之下，不仅相关的决定主体可能承担法律责任，按照我国国家赔偿法的规定，作为执法部门的整体也应当承担赔偿责任。我国《国家赔偿法》第 15 条规定：“行使侦查、检察、审判、监狱管理职权的机关及其工作人员在行使职权时有下列侵犯人身权情形之一的，受害人有取得赔偿的权利：(一) 对没有犯罪事实或者没有事实证明有犯罪重大嫌疑的人错误拘留的；(二) 对没有犯罪事实的人错误逮捕的……” 如何认定国家赔偿法中的“错误拘留”、“错误逮捕”呢？一般认为，犯罪嫌疑人被拘留、逮捕后，因犯罪事实不清、证据不足而被撤销案件、不起诉或宣告无罪的，都可能被认定为错误拘留、错误逮捕，办案机关和人员将面临着赔偿的责任。当然，赔偿的主体不可能是刑事强制措施的执行主体，而是决定主体。在这种国家赔偿制度下，不论由谁来决定强制措施的实施，都将面临着这样的风险。这也是法院不愿意接受刑事强制措施决定权的原因之一。

解决上述两重障碍的方法其实并不难，关键就在于科学、合理地界定错案的范围。不论是追究执法者个体的行政、刑事责任，还是追究执法机关和个人的赔偿责任，都应当遵循诉讼规律，以裁决做出当时的情状来判断执法行为的违法与否。正如丹宁勋爵所言：“倘若法官受贿或者哪怕有一点点腐化行为，或者法官滥用司法程序，那他将受到刑事法庭的惩处。但是除此以外，法官不受要求赔偿的起诉。这倒不是因为法官有任何犯错误和办错事的特权，而是因为他应该能够完全独立地履行职责而无需瞻前顾后。” “当法官依法行事时，每位法官均应受到保护，以免负赔偿损害的责任。所有法官都应该能够完全独立地完成自己的工作，而不需担惊受怕。决不能弄得法官一边用颤抖的手指翻动法书，一边自问‘假如我这样做，我要负赔偿损害的责任吗?’只要法官在工作时真诚地相信他做的事是在他自己的法律权限之内，那么他就没有受诉的责任。”①

① ［英］丹宁：《法律的正当程序》，李克强等译，群众出版社 1984 年版，第 155 页。

那么，科学的错案追究和国家赔偿制度建立之后，是不是就能够真正落实刑事诉讼中的司法审查机制呢？答案仍然是否定的。我们认为，尽管由法院来掌控刑事强制措施的决定权，通过诉讼的方式来裁决某种强制措施的适用与否，可以在客观上给刑事强制措施的申请机关、执行机关以一种无形的压力，让他们能够更加审慎地来适用刑事强制措施。但是，我国公检法三机关分工负责、相互制约、相互配合的司法体制、政法委协调办案和人大个案监督等现状所导致的司法独立的缺少，会将司法审查机制建构的种种努力化为乌有。可以说，法院的独立裁判、司法权威的树立是司法审查机制彻底落实的前提性要件。

第二节　强制与自愿

——刑事强制措施中的同意行为

众所周知，强制的对立面即自愿，在刑事强制措施的实施中，有许多情况下可以获得受处分人的同意，有些国家和地区的立法中甚至将这种经过同意而采取的强制措施予以合法化，如经过同意的搜查、扣押、身体检查、监听和测谎，等等。[①] 在一些国家的司法实践中，这种经过同意的强制措施甚至成为实践的主流。[②] 同意的广泛运用有着一定的缘由：随着刑事诉讼程序中人权保障呼声的日益高涨，政府实施公权力的程序控制（特别是令状主义）愈发严

---

① 古罗马的法学家乌尔比安在《学说汇纂》第47卷中写下：“以被害人的意志所产生的，不是不法的。”此为被害人承诺存在的肇始，后来这句法谚被概括为“得到承诺的行为不违法”的经典刑法格言。

② 同意搜查在美国实务上被普遍应用，美国州法院研究中心（National Center for State Courts study）的一项调查表明，警察的多数搜查都试图得到当事人的同意，在多数山区城市，估计有98%的搜查，都是警察以同意为理由而进行的。Paul Sutton, *The Fourth Amendment in Action: An Empirical View of the Search Warrant Process*, 22 Crim. L. Bull. 405, 407, 415 (1986); Richard Van Duizend et al., *The Search Warrant Process: Preconceptions, Perceptions, Practices* 68 – 69 (1985).

格。为了避免因此带来的追诉犯罪的困难，追诉机关寻求更多的发动无令状授权的刑事强制措施的机会。在诸多无令状审批的刑事强制措施中，其中经同意而发动最为常见。国家追诉机关可能为了免去烦琐的程序，对于同意的运作势必采取乐见其成的态度。犯罪嫌疑人甚至普通公民也可能会因为避免时间的浪费或是免除自己的犯罪嫌疑而同意国家的某些干预措施。学者拉西（N. Lacey）认为，刑事司法常常面临着这样的风险，那就是被视为残酷且具压制性的，并因此而丧失公众的支持和遵从——而这却是司法制度稳定性与有效性所依赖的重要因素。尽管刑事司法权力在最终意义上具有强迫性，但它的实施几乎在各个层面都离不开合作和同意。[①] 美国联邦最高法院大法官斯图尔特从司法实务层面也指出：“虽然警察具有违法活动的证据，但是，如果该证据还没有达到实施逮捕或搜查所需的相当理由的程度，那么，在此情形下，通过征得相对人的有效同意而实施搜查，可能是获得重要可靠证据的唯一方式……而且，如果警察具有实施逮捕或者搜查的相当理由，但是当时尚未获得司法令状的授权，那么，在此类情形下，进行同意搜查同样非常有价值。因为如果通过搜查，警察没有找到他想找到的东西，那么，这一事实可能会让警察相信，对于相对人没有实施逮捕的必要，从而避免了实施逮捕可能给相对人带来的羞辱和尴尬；或者，可能会让警察相信，没有理由再根据令状就此实施更大幅度的搜查。”[②]

但是，“刑事诉讼程序中，国家与受处分之个人（被告或者第三人）之间的实力悬殊，纵使国家机关根本欠缺运用强制处分的实体事由或者程序要件，但是，碍于现实的情境，个人于刑事诉讼程序面对国家机关时候，一来往往误以为其有忍受之义务，二来难

① N. lacey, *Introduction*: *Making Sense of Criminal Justice*, in N Lacey(ed), A Reader on Criminal Justice, Oxford :OUP, 1994, pp. 4 –5.

② ［美］约书亚·德雷斯勒、艾伦·C·迈克尔斯：《美国刑事诉讼法精解》（第1卷·刑事侦查），吴宏耀译，北京大学出版社2009年版，第262页。

以判断合法的与违法的强制处分的区别，三来必须担心随着不同意而来的更不利益之后果，因此，只能‘逆来顺受’，此种同意可否评价为符合表意人的真意？……此外，并不是所有的构成要件该当行为都可以因为承诺而阻却违法，也不是所有的基本权都可以舍弃的，因为这里涉及人性尊严以及公共利益的考量……以同意作为承认强制处分合法性的事由，还有可能带来更多的负面作用。许多毫无授权的干预行为便以同意为名而披上合法的外衣，为国家机关大开规避法律保留乃至比例原则的大门，进而模糊国家权干预人民基本权利的界限。”① 因此，如何通过法律机制让同意行为扬长避短，在刑事强制措施的实施中，既节省国家追诉机关的司法资源，又使公民免受追诉机关的讼累，在紧张的刑事诉讼关系中，缓和国家权力与公民权利之间的冲突，谋求互利共赢、和谐发展，便成为刑事强制措施中同意行为研究的核心问题。本部分即从德国学界关于公法中同意行为的相关学说入手，探讨同意行为的法律地位，进而指出同意的性质、适格性及其界限，之后回到刑事强制措施的实施中同意机制的建构问题上来，分析我国刑事强制措施中同意机制的体系建构。

一、公法领域中同意的法律地位——从德国学说出发

（一）同意行为的法律性质

同意行为，是指通过意思表示，表明其愿意忍受第三人对自己权利的干预与介入。同意不仅在民事领域常见（如同意医疗），在公法领域中，亦常被运用，典型的表现就是刑法上阻却构成要件的同意行为。在德国，学者们一般在刑法、民法上的用语相一致的情

① 林钰雄：《刑事诉讼法》（上册　总论编），中国人民大学出版社2005年版，第235页。

况下使用同意（Einwilligung）一词。[①] 换言之，同意就是同意者关于自己权利，拒绝或接受他人干预的一种表示。同意不仅是宣称容忍他人行为的意思表示，同时亦意味着同意者透过自我决定的权限，合法且自由地放弃法律规范所给予的法律保护。因此这样的举动往往可以排除其所容许的第三人行为的违法性，而使该第三人的行为合法化。[②]

研究同意行为的法律性质，必须回到法律权利这一法学研究的逻辑原点上加以考察。也就是说，这种同意行为在本质上究竟属于权利的行使还是权利的放弃呢？弄清这一问题有助于我们对同意行为的容许界限有更加明晰的认识。德国学界对此问题存有争议，德国学者普罗斯（Pieroth）、史令克（Schlink）在其所著的教科书中，明确地将“是否以及在何种范围内，权利人透过许可、同意的权利支配，而在基本权保护范围内，容忍国家一定作为的问题”纳入“基本权舍弃”的范畴下予以探讨。所以诸如同意搜查、监听等强制措施中的同意行为均被视为可以基本权利的抛弃。[③] 无独

① Amelung, Die Einwilligung in die Beeinträchtigung eines Grundrechtsgutes, 1981, S. 13ff; Amelung, StV, 1985, S. 257ff; Benfer, Rechtseingriffe von Polizei und Staatsanwaltschaft – Voraussetzungen und Grenzen, 2. Aufl., 2001, Rndr. 14. 转引自李瑞敏：“论强制处分之同意”，台湾政治大学法律学研究所硕士论文（2002），第10页。在大陆法系刑法理论上，德国、日本之通说认为被害人承诺（注：权利人的同意）原则上系阻却违法性事由（正当化事由），而在德国将被害人承诺一律以阻却构成要件该当性处理也被有力提倡；同时，德国学者格尔茨将被害人承诺区分为“合意”（阻却构成要件的被害人承诺）与“同意”（阻却违法性的被害人承诺）的传统理论仍然得到了一些学者的有力支持。参见［日］川端博：《刑法总论二十五讲》，余振华译，中国政法大学出版社2003年版，第203～204页；［德］汉斯·海因里希·耶赛克、托马斯·魏根特：《德国刑法教科书》，徐久生译，中国法制出版社2001年版，第450～452页。我们认为，作为公法上的概念范畴，同意和承诺本质上内涵一致，均系指具体利益人对自己所有的权利或利益的放弃，因此，本文在表述上不作具体区分。

② Voll, Die Einwilligung im Arztrecht, 1995, S. 36ff. 转引自李瑞敏：《论强制处分之同意》，台湾政治大学法律学研究所硕士论文（2002），第10页。

③ Pieroth/Schlink, Staatsrecht Ⅱ. Grundrechte, 17. Aufl., 2001, Rdnr. 143f. 转引自前注，李瑞敏文，第12页。

有偶，美国学者威廉·斯汤兹也将同意搜查、沉默权、辩护权的舍弃等放在一篇题为“刑事诉讼中的弃权行为”的文章中加以探讨。[①]

虽然对于同意者所忍受的他人干预而言，同意者自愿忍受他人干预的意思表示，可算是一种权利上的放弃；但是，从同意者本身出发，这种对于自己权利的不行使与放弃，其实也是一种透过同意来支配或者行使自己的权利与自由。[②] 德国学者布莱克曼（Bleckmann)、阿米朗（Amelung）即持此观点。布莱克曼在其教科书中论及基本权舍弃时，针对基本权舍弃、同意以及基本权的单纯不行使作了区分，其认为警察在无令状授权的情形，经受干预人的同意所为的搜查，是所谓的同意问题，而非基本权的舍弃，似乎有将同意排除于基本权舍弃之列，认为是一种权利的行使。[③] 另外学者阿米朗将基本权的舍弃解释为“放弃可以对基本权干预表示异议的权利”，所以，这样的舍弃权利在将来会产生一定的拘束，即在日后不得再以此为据而有所异议或主张。同意与基本权的舍弃之所以不相同，是因为同意的行使并不因此产生法律上的拘束责任；换言之，同意只是一种对他人宣称不行使权利的意思表示，可以随时撤回这样的表示，因此即使同意了，也仅是同意者在当时表示不行使该权利，并没有使权利终局消失、放弃的效果。在阿米朗论述的脉落下，将同意定位为基本权的行使，认为同意是同意人身为事件的主宰者，依自己的意愿去决定、容许国家机关的干预行为，并非同

---

① William J. Stuntz, *Waiving Rights in Criminal Procedure*, 75 Va. L. Rev. 761 (1989).

② 李瑞敏：《论通讯一方同意之监察——以电话通讯一方同意之监察为主》，载台湾《刑事法杂志》第47卷第1期。

③ Bleckmann, Staatsrecht Ⅱ - Die Grundrechte, 3. Aufl., 1989, § 15 Rndr. 10. 转引自李瑞敏：《论强制处分之同意》，台湾政治大学法律学研究所硕士论文（2002），第13页。

意人将自己的一切交由、委由国家处置。[①]

我们认为，上述阿米朗的观点更为贴切，虽然同意行为与基本权的舍弃，二者在本质上有着类似之处，即同意行为与基本权舍弃的结果均是容忍他人作为而放弃原先权利人可以对相对人主张的一切。而且，从某种意义上讲，同意的行使到了极限，就近似于基本权舍弃。但二者的法律效果，正如阿米朗所言，特别是对未来行为的拘束程度存在一定的差异，反倒足以将二者作出不同的处理。而且，德国学界在基本权舍弃的学说上，对于基本权舍弃理论的宪法依据，也有学者认为其根本上是权利的行使，只不过学者们对权利行使的依据有着不同的见解：有学者认为基本权舍弃的权源来自于该受舍弃、放弃的权利[②]；也有学者认为基本权的舍弃是源自于另一独立的行为自由权利[③]。多数的说法坚持后一种见解。由此可见，基本权的舍弃归根结底仍然属于基本权利（行为自由权利）行使的一种表现。

（二）同意的适格性及其界限

德国古典基本权学派认为，基本权利是个人对抗国家的自由权

① Amelung, Die Einwilligung in die Beeintr. chtigung eines Grundrechtsgutes, 1981, S. 15ff; Amelung, StV 1985, S. 257ff. 转引自李瑞敏：《论强制处分之同意》，台湾政治大学法律学研究所硕士论文（2002），第13页。

② 这里的意思是指所谓基本权舍弃是依附于其原来舍弃的权利上；换句话说，权利人的舍弃行为基于原来的基本权（比方说财产权）而来。所以，此说认为抛弃是任何一个权利的主要标征，就如同民法上的处分观念一样，处分当然包含绝对的支配、进而抛弃消灭权利。Frie., Der Verrzicht auf Grundrechte, 1968, S. 7 zit. nach Bleckmann, Staatsrecht Ⅱ - Die Grundrechte, 3. Aufl., 1989, § 15 Rndr. 1. 转引自前注，李瑞敏文，第15页。

③ 也就是说当权利人实施基本权舍弃行为时，舍弃的权利并非来自于被舍弃的基本权，而系来自于另一个独立的自由权限。此说主要是评论前说，其认为抛弃的客体不能同时是抛弃的法源，就拿财产权的抛弃而言，这样的抛弃行为并非在行使财产权的权限，而是另外一个不同于财产权的形成权来对其作处分。因此权利的内容只是包含权利的行使或不行使本身，并不包含权利的抛弃。而此说在基本权舍弃的理论中已经成为多数说法。Frie., Der Verrzicht auf Grundrechte, 1968, S. 7 zit. nach Bleckmann, Staatsrecht Ⅱ - Die Grundrechte, 3. Aufl. 1989, § 15 Rndr. 1. 转引自前注，李瑞敏文，第15页。

利，而且，基本权优先于国家而存在。自由权利既然是一种主观公权利，当然可以舍弃，而且这样的舍弃被认为是一种自由权利的行使。换言之，从此学派的观点出发，基本权的地位是自由权的一种，也是一种对抗国家的防御权利；在确保个人自治的目的下，当然可以容许其放弃，同时也认为这样的放弃是权利行使的一种方式。客观基本权学派则认为基本权是源于整体法秩序的原则规范的价值决定，是属于担保整个社会结构的要素，所以基本权并非单纯的只保障个人的权利，所以，基本权不能由个人任意支配、任意舍弃。①

综上可见，自由基本权理论从基本权自身的角度要求，公法行为不能全面否定公民面对国家机关时，可以自行放弃、或经由同意退让或处分某些权利。客观基本权学派从基本权的外部功能上要求对权利人自行同意、放弃其基本权利予以一定的限制。这两种理论实际上表明，没有不受限制的权利，权利的行使都是有其边界的，即使是权利的放弃。但是，这种以同意为表现形式的基本权放弃究竟以何为限度呢？

依据台湾学者李瑞敏对德国法理论的归纳，可以看出，“倘若将同意问题定位于公法上的基本权舍弃时，则关于同意界限的问题探讨，其出发点多着重于所谓的‘抛弃自由之界限’；又鉴于公法领域的发展与特性，‘抛弃自由之界限’的概念多来自于行政契约的解释与发展，故此部分的讨论则多着墨于基本权之相对国家的特性，亦即权利抛弃后国家行为介入的界限等。所以在此方面，相关论述往往从法律保留、比例原则乃甚于基本权核心理论等方向切入，探究其界限问题。倘若由另一观点出发，即将同意置于基本权行使的脉落下，论述的重心与方向则转为基本权利行使的界限，也就是德国基本法第2条第1项以下所规范的权利行使之限制（如他

① 李瑞敏：《论强制处分之同意》，台湾政治大学法律学研究所硕士论文(2002)，第16~17页。

人权利、宪政习惯与习惯法等限制）”。[①]

学者阿米朗基于德国法的规定，从各个基本权行使的角度，对同意行为的限度做出了逐一考察：[②]（1）对于纯粹的个人基本权，诸如身体不受侵害的基本权、住宅安宁不可侵犯的基本权、邮件与通信秘密的基本权，这类基本权的存在主要是有利于个人的，所以原则上，若权利人允许，可经由同意而处分或支配。（2）对于与政治、文化经济相关的基本权，这类的基本权与纯粹的个人基本权不同，因此类权利除了保障个人以外，还有助于维持整个政治、文化、经济制度，如财产权，它不仅为了保障个人的财产利益，而且蕴涵着维持整个国家社会经济制度的目的。又如，新闻自由的保障，除了保障个人言论、意见发表的自由权利外，还有利于保障民主国家的发展。因此，这类基本权无法像纯粹的个人基本权那样单纯容许同意，而应当视情形而定，若同意权利的行使，将无碍整体秩序的维持或反倒有助于整个制度、价值秩序的存在，才能容许同意。（3）对于婚姻、家庭基本权以及受教育权。此类基本权的目的在于维持特定的社会制度。其特殊之处，在于不仅是基本权主体的权利，所以可以在某种程度上取决于权利人的意愿；更为重要的是，这类权利的保护同时又是维持国家宪政秩序的一环，所以，这类权利既属于权利，也同时是构成基本权主体的义务。（4）对于受羁押者的通知权、听审权等程序基本权，德国称之为作为司法权（Justizgrundrechte）的基本权。这类基本权一方面包含有基本权主观公权利的特质，故在该类权利受到侵害时，可以依法提起宪法诉讼申请救济；另一方面，这种程序权利的设置与保障，又是属于国家法治制度的担保、宪政秩序的维持。这类基本权所保障的内涵不是任何一个国家行为可以破坏、侵害的，更遑论由个人同意、容许

① 李瑞敏：《论强制处分之同意》，台湾政治大学法律学研究所硕士论文（2002），第13～14页。

② Amelung, Die Einwilligung in die Beeintr. chtigung eines Grundrechtsgutes, 1981, S. 33ff.; Amelung, StV 1985, S. 257ff. 转引自前注，李瑞敏文，第19页。

国家行为的介入；所以权利人放弃这类基本权利行为属无效。(5) 对于平等权而言，平等权的保障并不是禁止所有不平等的国家行为，而是禁止国家实施恣意的行为干预个人权利；所以，在恣意的不平等国家行为中，即使存在同意，也会归于无效。

阿米朗的上述观点已经清楚地显示了基本权利的种类、本质构成基本权利放弃与否以及放弃范围的界限。原则上基本权本身如果只涉及纯粹的个人利益，不涉及公益，该权利的行使就有较大的空间，如个人的自由权、隐私权等，与公益没有太大的关联，法律没有为该权利的行使设置太多限制，因而允许同意的范围随之较大。至于某些类别的基本权，如受羁押者的通知权、听审权等程序基本权，因涉及公益，其权利的行使将受到限制，而同意的容许限度亦因而趋近于零。[①] 除了从基本权的种类、本质上，构成权利行使限制的，还有公共利益和他人权利的行使。对于他人权利，一般比较容易从字面上进行理解，但是公共利益则需进一步探究，德国学者阿米朗在其相关论述中列举出了下列范畴，均属于公共利益：首先是所谓的法治国原则，阿米朗认为法治国原则是为担保整个国家的结构，即使其中蕴涵保护个人权利的部分，也无法由个人对其支配或者舍弃。最佳的事例即是《德国基本法》第 104 条规定的受羁押者亲友的通知权，即无法单由个人的同意支配或者舍弃之。除了法治国原则外，阿米朗还提到比例原则，那么，比例原则与同意存在怎样的关系呢？因为同意来自于同意者的自愿性、自我评估，所以在必要性原则中应尽可能地取决于同意者的主观想法，如同意者经过自我衡量后，认为与其花费时间等候法官检查身体的令状，倒不如自行同意执法者实施身体检查更节省时间。这种必要性原则的考量，在同意的情况中，往往取决于同意者（受干预者）的主观

① 意大利刑事法学者经过长期的争论，最后形成一致看法：“权利人只有权处分国家允许个人完全自由享有的权利，一切直接涉及社会利益的权利，都不属于权利人有权处分的范围。”陈忠林：《意大利刑法纲要》，中国人民大学出版社 1999 年版，第 181 页。

意志，不过即使如此，也不允许同意完全不合乎适当性、必要性和狭义比例性的国家行为。公共利益的概念还包含所谓的人性尊严，如刑讯的禁止，就不是同意可以处理的。最后则是个别法律的规定，若在个别法律中有明文排除同意的情形下，也构成同意的限制。①

二、刑事强制措施中的同意行为

（一）刑事强制措施中同意行为的表现

严格来讲，这里只是理论上的探讨，尽管我国实践中可能存在经过被处分人同意而实施的刑事强制措施，但是，我国现行刑事诉讼法并没有规定经由同意而缺乏法定要件的强制措施实施行为。也就是说，这里只不过是探讨刑事强制措施中可能存在的同意行为。

按照学者阿米朗的分类，在刑事追诉机关所可能发动的刑事强制措施中，所可能涉及的权利大致分成三大群：首先是属于个人的基本权利，如身体检查的处分所干预的是身体完整性的法益，羁押所干预的是人身自由，而搜查所干预的是住宅不受侵犯的基本权，至于监听所涉及的则是通信秘密与隐私权利，这些都是属于个人的基本权利，原则上是可以容许个人自由处分的；再者，还有所谓的财产权部分，如扣押往往涉及的是个人的财产权，这一部分权利从私有财产制的角度来思考，亦容许个人对此处分与支配。最后一种权利类型，即是所谓的程序权，在德国基本法第 101 条以下明文规定这类权利，且称之为司法权，如听审权（德国基本法第 103 条），或者是受羁押时的通知亲友权（德国基本法第 104 条第 4 项），这类的权利不仅为了保障人民，亦为了担保法治国程序存

① Amelung , Probleme der Einwilligung in Stafprozessule Grundrechtsbeeintr? chtigungen, StV1985 , 258f. 转引自李瑞敏：《论通讯一方同意之监察——以电话通讯一方同意之监察为主》，载台湾《刑事法杂志》第 47 卷第 1 期。

在，故这类的基本权，人民可否经同意而处分之则有疑义。①

我国一些台湾学者认为，羁押处分应完全排除受干预者的同意，属于因为涉及公共利益无法同意的处分；至于监听（有学者认为属于本质上“不可能同意的处分”），基于侦查实益与该处分性质，也排除由全体通讯者以同意而免除其他法律要件的可能性。至于其他强制处分，如搜查、扣押、盘查与身体检查、拘传与逮捕等强制措施，均属于可能可以存在同意的强制处分。②

我们认为，从广义的刑事强制措施概念出发，除了羁押这一涉及人身自由的最为严厉的强制措施之外，许多强制性行为都可能存在同意行为，除了上述提到的搜查、扣押、盘查与身体检查、传唤与通知、拘留与逮捕之外，还有监听、测谎、催眠、讯问（有学者认为此种手段系精神强制）、取保候审、监视居住等，这些强制性手段虽然强度不一，但是均可能因被干预对象舍弃相应的权利而经同意合法化。对于监听，虽然获得所有的被处分人的同意是不可能的，但是，获得其中一方的监听却是可能的，而且，这种同意监听也为一些国家的立法所确认③。至于测谎、催眠等强制措施，如果没有受测者积极的配合，该强制措施本身就很难实行，换言之，这类强制措施本身就包含着同意的因素。

---

① Amelung, Probleme der Einwilligung in stafprozessule Grundrechtsbeeintr? chtigungen, StV1985, 258f. 转引自李瑞敏：《论通讯一方同意之监察——以电话通讯一方同意之监察为主》，载台湾《刑事法杂志》第47卷第1期。

② 林钰雄：《刑事诉讼法》（上册　总论编），中国人民大学出版社2005年版，第235～236页；李瑞敏：《论强制处分之同意》，台湾政治大学法律学研究所硕士论文（2002），第43～44页。

③ 美国在1968年的《综合犯罪控制与街道安全法》中就确认了一方当事人同意监听的合法性。《美国法典》第2511条第2项第c、d两款规定：如果具有形式上的法律理由，作为通信一方或事先经通信一方同意而对双方的有线、口头或电子信息交流进行截取的行为，不认为是非法；如果不具有形式上的理由，该种监听也合法，除非窃取通信或会话是违反联邦、州宪法、法律的犯罪或以不法侵害为目的。

（二）刑事强制措施中同意行为的要件

虽然刑事强制措施中受干预人的同意可以使不具备法定要件的强制措施正当、合法化，但是，这并不就表明合法化的同意行为不需要任何法定条件。毕竟同意行为存在于国家与个人直接对立的场合之下。如果缺乏法定要件的存在，就很可能带来国家权力的恣意滥用，受干预人的权利难以获得法律保障。纵观两大法系主要国家德国和美国的理论与实践，我们认为，刑事强制措施中同意行为正当、合法化的要件无非存在于两个方面，即实体要件和程序要件。实体要件主要从受干预人的角度体现，具体包括主体要件（同意的能力）和主观要件（自愿性保障），而程序要件则主要体现在强制措施干预者的告知程序上。尽管两大要件在各国的要求不尽相同，但是至少会对我国相关制度的建构有所启示。

1. 实体要件

（1）主体要件——同意的能力

如同刑法中作为正当化事由的被害人承诺（权利人同意）一样，做出强制措施中同意行为的人必须具有认识其同意行为的性质、作用、后果的理解能力。这种能力就是同意的能力，它是强制措施正当化的必备要件之一。何谓同意能力？德国学者阿米朗认为，“同意是一种价值的判断，是同意者的主观价值决定，也是其考量自身利弊所做出的取舍”。他进一步将同意能力解析为“具备理性判断的能力；具备对于整个现实、事件的认识能力；具备能理解事物的自我决定能力；具备可以宣称同意、亦能拒绝同意的能力等等”。①

① Amelung, über die Einwilligungsf. higkeit, ZStW 104(1992), S. 525, 821ff; Amelung, Einwillungsf . higkeit und Rationalit. t, JR 1999, S. 45ff. 类似见解，Benfer 认为同意必须是出于自治的决定，并且能够认识到所有干预所面临的范围。Benfer, Rechtseingriffe von Polizei und Staatsanwaltschaft – Voraussetzungen und Grenzen, 2. Aufl., 2001, Rndr. 990. 转引自李瑞敏：《论强制处分之同意》，台湾政治大学法律学研究所硕士论文（2002），第46页。

这种同意能力与刑法上的刑事责任能力以及民法上的民事行为能力有着一定的关联性，但是不能将其等同。刑事责任能力，是指辨认和控制自己行为的能力，也即辨认自己行为的意义、性质、作用、后果并加以控制的能力。一个人有辨认和控制自己行为的能力，法律才要求他的行为必须要符合国家和人民的利益；否则就应当承担责任。因此，正如阿米朗所言，虽责任能力与同意能力均源于人的自我负责原则，但刑事责任能力乃是针对侵犯他人权限的负责，而同意能力则是对自己权利的负责，二者并非完全等同。①

至于同意能力与民事行为能力、民事责任能力之间也存在区别，民事行为能力是指民事主体通过自己的行为取得民事权利、承担民事义务的资格。民事行为能力主要考察民事主体独立实施行为的能力；民事责任能力则主要考察民事主体独立承担责任的能力。民事责任能力的判断标准主要应以主体财产的独立性来决定。对民事行为能力的考察，主要依据其主观意思能力，与财产独立性无关。因此，虽然同意能力与民事行为能力都是对自己权利的处分，但是所处理的对象不同，所带来的法律后果也不一致。不过，在法律对同意能力缺乏规定的情况下，民法上的民事行为能力规定不失为一个参照对象。根据我国《民法通则》的规定，18 周岁以上的公民以及以自己的劳动收入为主要生活来源的 16 周岁以上不满 18 周岁的公民为完全民事行为能力人。10 周岁以上的未成年人和不能完全辨认自己行为的精神病人为限制民事行为能力人。限制民事行为能力人可以进行与其年龄、智力、精神健康状况相适应的民事活动。不满 10 周岁的未成年人和不能辨认自己行为的精神病人系无民事行为能力人。我们认为，对于完全民事行为能力人，可以推定其具有同意能力；对于无民事行为能力人，应认为完全没有同意

① Amelung, über die Einwilligungsf. higkeit, ZStW 104(1992), S. 525ff, 821ff. 转引自李瑞敏：《论强制处分之同意》，台湾政治大学法律学研究所硕士论文（2002），第 46 页。

能力。至于限制民事行为能力人，则应综合其个人情况理性判断的能力、认识能力，与控制、判断能力来判断有无同意能力。

上述对受干预者同意能力的限定，有利于保证同意人对同意事项的内容、范围、意义、后果等具备理解、判断能力，避免因其理解能力的差距而引起认识上的错误和瑕疵。这样，一方面保障同意者自主自决权利的行使，另一方面则保护其合法权益不因其自身的缺陷而受到国家权力的侵害。

（2）主观要件——自愿性

同意能力是同意行为合法化的前提基础或者假定。但是具备同意能力这一客观前提要件并不代表同意行为正当，可以免除法律保留等法定要件。强制措施中同意行为正当化的另外一个关键因素即主观要件——同意者的自愿性。可以说，任何刑事强制措施中的同意行为，都必须出于自由意思的、自愿的同意，否则就不能援引同意作为干预措施的合法化基础。① 何谓“自愿性”呢？学者阿米朗指出，“自愿性的同意即谓同意的意思表示与宣称，不受国家的强制性所影响，故出于强暴、胁迫、利诱与诈欺所得的同意，就不是自愿性同意”。②

影响刑事强制措施中同意行为的自愿性的因素有很多，如执法人员的暴力胁迫、同意者自身处于羁押状态、同意者的趋利避害心理，等等。就因趋利避害心理而同意而言，最为常见的表现就是受干预者为尽快摆脱犯罪嫌疑，主动接受盘查、身体检查、搜查等强制措施。这种情况下的同意行为是否为自愿呢？这种同意属于半推半就的同意（ Halbfreiwillige Einwilligung），阿米朗将这种同意的情形分成代替法律授权的同意（Die gesetzesvertretenden Einwilligung）

---

① 林钰雄：《刑事诉讼法》（上册 总论编），中国人民大学出版社2005年版，第236页。

② Amelung, Die Einwilligung des Unfreien - Das Problem der Freiwilligkeit bei der Einwilligung eingesperrter Personen, ZStW 95(1983)，转引自李瑞敏：《论强制处分之同意》，台湾政治大学法律学研究所硕士论文（2002），第49~50页。

与所谓减轻干预的同意（Die“eingriffsmildernde” Einwilligung）。前者则是指单纯的由受干预人之同意替代法律授权之情形，如犯罪嫌疑人自愿接受抽血处分以澄清其犯罪嫌疑；而后者则系带有两害相权取其轻的同意情形。阿米朗认为："此时同意者的决定并未受到法律上不利益的压迫，不得谓其非出于自愿性。至于若同意者面对良心上的要求与劝说，进而同意国家行为的介入，若此时的良心上压力并非出于国家行为的强制性或恫以法律上的不利益相迫，则亦属自愿性的同意。"①

对于受羁押者的同意问题，能否以受羁押的事实进而推论其实施的同意不具有自愿性呢？阿米朗否定之，其以为虽然受羁押者较诸一般人而言，的确较易受到诱骗而为同意，然而亦无从以此全面否定受拘禁者之同意自愿性；应考量同意者所面临的干预选项当中是否有助于拘禁或合法之目的，甚而考量此时应有国家义务的介入，以确保其同意之自愿性。有学者指出，这种状态下的同意不能一概而论，"首先，违法的拘禁，尤其是以违法羁押作为取证之手段者，受羁押人之同意搜索，并非出于自愿。反之，受拘捕人主动认罪并且愿意带同警方至其住处起出赃物者，仍有可能是出于自愿"。②

美国法在处理这一问题时，联邦最高法院曾在 Schneckloth v. Bustamonte 一案中认为，对来自警方的强制力，被逮捕之人因为被逮捕的拘禁状态，可能会比一般人感受较强烈，而出于无奈的同

① Amelung, Die Einwilligung des Unfreien – Das Problem der Freiwilligkeit bei der Einwilligung eingesperrter Personen, ZStW 95(1983), S. 1ff.; Amelung, Die Einwilligung in die Beeintr. chtigung eines Grundrechtsgutes, 1981, S. 91ff. 转引自李瑞敏：《论强制处分之同意》，台湾政治大学法律学研究所硕士论文（2002），第50页。

② 林钰雄：《搜索扣押注释书》，台湾地区元照出版公司2001年版，第169页。

意。在3年后的U. S v. Waston[①]案中，法院裁决，该案警察征求被告同意的环境（是在公共场所，即马路上征求被告同意），与讯问的环境不同。故认为当时所征得的被逮捕人的同意是自愿、有效的同意。由此可见，美国法也没有对受羁押者的同意一概作出肯定或者否定其合法性的确认，自愿性是个经验性的问题，应根据具体案件的综合因素做出判断。不过，正像有学者所指出的那样，“由于侦查官员极其容易就可榨取受拘禁者之同意，因此，相较之下，就受拘禁者自愿性之判断，必须特别审慎”。[②]

由上可知，同意者的同意能力只不过是同意自愿性的前提假设，影响同意人同意行为自愿性的因素相当多，综合各种因素，考虑同意行为发生时的一切相关环境因素（如警察是否存在威胁、暴力、欺诈等举动；同意者主观意识的强弱、受教育程度、智商等）[③]，才能准确断定同意者同意行为的自愿性。

2. 程序要件——告知程序

刑事强制措施中同意行为正当化的程序要件主要是执法者的告知程序。这一程序要件在于保证上述实体要件的实现，即保证受干预者同意的自愿性。对于告知程序是否必要，各国理论和实务界颇有争议。德国学者多从国家的诉讼照顾义务、避免错误的风险、平衡国家与公民个体间的权力落差、同意能力的内涵角度来寻找理论

---

① U. S v. Waston, 423 U. S. 411(1976). 该案被告驾驶汽车在公路上被逮捕，逮捕后警察问可否搜查其汽车，在征求被告同意之前，警察先告知被告所发现之物可以成为对其不利的证据，但未告知被告有权拒绝同意。联邦最高法院认为此同意出于自愿、有效。最主要的理由是此案警察征求被告同意的环境，与讯问的环境不同。此案警察是在公共场所，即马路上征求被告同意，而不是在被告被监禁于警察局的情形下讯问被告。王兆鹏：《刑事诉讼讲义》（一），台湾地区元照出版公司2003年版，第242~243页。

② 林钰雄：《搜索扣押注释书》，台湾地区元照出版公司2001年版，第169页。

③ 1999年，美国在United States v. Dortch一案中提出的关于同意搜查自愿性的几个参考要素：被告人所拥有的任意性；强制性的警察程序存在；被告人与警察合作的范围和程度；被告人了解其拒绝同意的权利；被告人的教育和智力；被告人确信没有犯罪证据会被发现。United States v. Dortch, 199 F. 3d 193, 201 (5th Cir. 1999).

依据，主张践行告知程序。德国学者本弗（Benfer）指出，“同意乃出于自由、自愿的给予，故必须是在同意者知道其有请求国家不作为的权利，且国家机关之高权者必须告知同意者其有拒绝同意的权利。[①] 学者阿米朗也从避免所谓的错误风险出发，指出告知义务具有避免同意者为同意时之错误风险的特别作用。[②] 在德国法院的实务运作上，也有认为仅有在明确的告知同意者警方无权强行搜查时，同意者的同意才属有效的同意。我国台湾学者李瑞敏认为运作强制处分的同意时，基于国家之照顾义务、避免错误之风险、平衡国家与私人间的权力落差、且配合同意能力之内涵，应将告知义务视为其程序上的必备要件，如此才能避免同意瑕疵、错误的发生，甚至国家机关滥行利用同意的可能。[③]

否定告知程序主要以美国法为代表。美国联邦最高法院认为，在同意搜查中，要求如米兰达判决那样的权利告知，为完全的不切实际，法院的理由有二：第一，同意搜查与一般的警察讯问发生的场所不同。警察讯问被告通常发生于警察局秘密的环境，为被告不熟悉的环境。反之，同意搜查常发生在高速公路的公开场所中，或者在嫌疑犯的家中、办公室等被告熟悉的环境，或者被告的势力范围中。第二，同意搜查发生的原因、情境不同。同意搜查常发生于警察为调查时，出于非常直接、非常自然的反应，而征求在场之人同意；有时为在犯罪现场继续追踪线索时，而自然地征求在场之人的同意。这与米兰达的判决“拘禁的讯问”不同——被告处于被拘禁的状态，警察与被告处于对峙的状态。据此理由，联邦最高法

① Benfer, Rechtseingriffe von Polizei und Staatsanwaltschaft – Voraussetzungen und Grenzen, 2. Aufl., 2001, Rdnr. 1508f. 转引自李瑞敏：《论强制处分之同意》，台湾政治大学法律学研究所硕士论文（2002），第55页。

② Amelung, Die Einwilligung in die Beeinträchtigung eines Grundrechtsgutes, 1981, S. 105ff; Amelung, StV 1985, S. 257ff. 转引自前注，李瑞敏文，第56页。

③ 李瑞敏：《论强制处分之同意》，台湾政治大学法律学研究所硕士论文（2002），第56页。

院认为警察在请求同意搜查前，无须如米兰达判决事先告知其有权拒绝同意。[①] 我国台湾学者王兆鹏认为："在（美国）宪法增修文第四条搜索部分，向被搜索人为权利之告知，并不能增进保护全体民众免于受不合理搜索的目的，因此成为无必要之事。"[②]

在日本，对此问题的态度，学说和实务经历了复杂的转变过程。日本学说与实务原认为在同意搜查的情况下，不必向同意人告知权利，因同意搜查既无法律明文根据，也无规定要对承诺人为"有拒绝同意权"的告知，且其性质属于任意侦查，从而在同意搜查时，无须告知其有"拒绝同意权"，有没有必要给予权利告知，权利的告知与否仅是作为判断有无"任意性"的一个要素罢了。嗣后，日本最高法院的态度趋于严格，认为"任意性"的同意必须是：（1）同意人明知有拒绝同意权；（2）并给予积极的同意。但是，学说仍然认为出于"默示承诺"或"出于警察之要求"而为承诺，都可以认为具有任意性。尔后，日本实务对于"明示同意"的要求，又随着学说的鼓吹而予以放宽，积极同意的要件已被缓和，往"默示同意"的方向推进，认为当事人在场未提出异议，即为默示的同意。日本有判例认为，纵使有形力的行使，若未达强制程度，且有必要性、紧急性，在相当的限度内可以容许，并不因为有物理力或是有形力的介入，就当然否认搜查的任意性，现今日本实务与学界多数说，对于同意搜查的"任意性"判断，与美国同意搜查的自愿性判断相同，其结论有二：首先，侦查人员不必实施"有拒绝同意之权"的权利告知，并且这一告知并不是判断"任意性"的必要条件；其次，认为同意搜查只要侦查人员合理地相信有任意性同意的存在即为已足，至于当事人是否真有任意

① Schneckloth v. Bustamonte, 412U. S. 218(1973)，王兆鹏：《刑事诉讼讲义》（ ），台湾地区元照出版公司2003年版，第240页。

② 王兆鹏：《经同意之搜索》，载王兆鹏：《搜索、扣押与刑事被告的宪法权利》，台湾地区翰芦出版公司2000年版，第164页。

性同意的存在，则不重要。[①]

在处理同意行为中的告知程序时，德国学说与实务对被搜查人的保护更为周密，值得借鉴。在国家权力与受干预人的权利存在较大落差、信息占有不对等的情况下，有必要赋予执法者告知义务，以保证被强制处分人明确同意强制行为的内涵及其法律后果，使其能更加明智地作出选择。也就是说，应将告知义务视为其程序上的必备要件，如此才能避免同意瑕疵、错误的发生，甚至国家机关滥用同意的可能。实际上，在美国，不仅有学者主张事前告知或者警告受干预者有拒绝同意的权利[②]，甚至有法院也认为警察必须事前告知被搜查人在自愿同意搜查之前有权合法地自由离开（legally free to go）。[③] 从诉讼技术的角度来讲，国家机关履行告知义务，事先告知受干预人在法律上并没有配合或者忍受的义务，并将其告知内容记载于笔录，不仅有利于保障受干预人的真实内心意愿，还有利于杜绝未来审判程序中的证明争议。

在告知程序的设计上，必须注重告知的主体、内容和方式这三个方面。德国学者阿米朗主张："在刑事诉讼上，除了类似前述的一般性告知义务外，尚有所谓的刑事诉讼或公法上之特殊告知义务，亦即针对德国刑事诉讼法中所规范之身体检查或是拒绝证言权

① 胡清竣：《无令状搜索之研究》，台湾"中央警察大学"法律学研究所硕士论文（2001），第102页。

② 美国学者Jeremy R. Jehangiri认为这种预防性的警告不仅保护了个人自由，也维护了执法者追诉犯罪的努力。Jeremy R. Jehangiri, *United States v. Drayton*:"*Attention Passengers, All Carry – On Baggage and Constitutional Protections Are Checked in the Terminal*", 48 S. D. L. Rev. 104, 138 –39 (2002 – 2003)；也有论者指出，这种警告可以减少那些想当然的同意要求的数量。Wesley MacNeil Oliver, *With an Evil Eye and an Unequal Hand: Pretextual Stops and Doctrinal Remedies to Racial Profiling*, 74 Tul. L. Rev. 1409, 1466 (2000). 还有论者认为，联邦最高法院否认告知程序的理由是不切实际的，甚至是可笑的。Steven L. Chanenson, *Get the Facts, Jack! Empirical Research and the Changing Constitutional Landscape of Consent Searches*, 71 Tenn. L. Rev. 399(2004).

③ 俄亥俄州高等法院在Ohio v. Robinette案中即持此主张，Ohio v. Robinette, 519 U.S. 33 (1996).

的同意时，除了前述的一般告知义务的践行而让同意者知其可以拒绝外，必须还要透过国家机关的积极介入与告知，让同意者明了其相关的权利状态，如拒绝证言或身体检查等程序上的意义。就以身体检查处分的同意来说，告知义务除了使同意者明了其有拒绝权利外，关于该身体检查处分的重要事实，如侵犯性身体检查的危险性与后遗症等，均在告知义务所应包含的范围内。”在告知主体方面，阿米朗还指出，若是鉴定人基于国家诉追之目的，而需对被告进行身体检查时，此时若有同意的情形发生，该鉴定人亦应践行告知义务，以让同意人明了自己的权益，进而作出自愿性的同意。[①]

（三）刑事强制措施中同意的法律评价

不论是从古罗马法谚中所谓的“自愿即无侵害”（volenti non-fit iniuria）的观点出发，认为既然是出于同意者的自愿性，则此时同意后所允许的国家基本权干预行为，严格而言并无干预、侵害基本权利，故根本不是基本权干预行为。还是认为同意并非完全无侵害、干预行为，而仅是将同意视为正当化国家干预行为的一项事由。[②] 这两种观点虽然都在为同意行为的正当性寻找理论基础，但是均肯定这种欠缺授权基础的干预基本权利行为的合法性、正当性，符合法制国家的基本原则和理念。具体到强制措施的同意行为上，只要同意者具备上述同意能力和同意的自愿性两个实体要件，并且执法者践行程序上的告知义务，这种同意行为就应当判定为有效，那么，因同意行为而伴生的强制措施就具备合法性、正当性。

若同意行为不具备上述同意能力和同意的自愿性两个实体要件的话，将会导致同意无效，那么，执法机关凭借该同意所发动的强制措施，也就相应地自不具有合法性和正当性。由于这种实体要件

① Amelung, Die Einwilligung in die Beeinträchtigung eines Grundrechtsgutes, 1981, S. 105ff; Amelung, StV 1985, S. 257ff. 转引自李瑞敏：《论强制处分之同意》，台湾政治大学法律学研究所硕士论文（2002），第56页。

② 李瑞敏：《论强制处分之同意》，台湾政治大学法律学研究所硕士论文（2002），第41～42页。

上的瑕疵，根本上可能致使同意者的基本权利遭受侵犯。因此，其法律效果可能有证据排除、民事赔偿、刑事责任、国家赔偿与纪律惩戒等。而如果仅仅是执法者的告知义务未履行，虽然会引起程序上的不合法，但是这只可能是“技术性的程序违法”，一般不大可能致使同意者的基本权利遭受侵犯。故而是否带来证据排除、刑事责任等法律后果，则具体情况具体分析，不能一概而论。各国在证据排除的力度上有所差异，但是均将这种程序纬度内的制裁手段作为首选①，而实体性的制裁手段只不过在遇到较为严重的违法行为时才予以补充性的加以适用。此外，在整个刑事诉讼过程中，被采取强制处分人应随时有着畅通的救济渠道，而不是等到审判之中与定罪量刑等实体问题一并来解决，并且，对于基本权的侵犯，当事人还可以寻求宪法救济，即提起宪法诉讼。

三、我国刑事强制措施中同意机制的建构

从我国现行刑事诉讼法及其相关司法解释出发，刑事强制措施中几乎难以找寻同意机制的迹象。这种制度上的缺失与我国的法律文化传统有着很大的关联性，传统的集权式的国家机器不愿甚至不屑搭造一个平台与社会大众平等对话、交流，更谈不上寻求被处分对象的同意了，法律也就似乎天然地成为强制力的代名词。以刑事搜查规范为例，我国刑事诉讼法及其相关法律所规定的搜查程序虽然涵盖了令状搜查和无令状搜查两种，但是，对令状搜查的要件规定尚不够明确，无令状搜查的体系欠缺科学性，质言之，我国仅有附带搜查、紧急搜查、盘查（《警察法》有所涉及），并未规定诸如同意搜查等其他无令状搜查方式。那么，在学者们都为刑事诉讼中司法审查原则呐喊的今天，如同意搜查这样的强制措施中的同意

① 在美国，对于同意搜查，“法院如果认定同意非出于自由意志，则所搜扣之证据，即应依‘毒树果理论’予以排除，而且法院尤应详酌当事人对其同意有无附加任何直接或默示之限制”。林辉煌：《论证据排除——美国法之理论与实务》，台湾地区元照出版公司2003年版，第35～36页。

行为究竟是否具有现实必要性呢？

我们认为，我国立法有必要确立刑事强制措施中同意行为的合法性，其原因有二：首先，对令状主义（司法审查）的追求，特别是改由法院、检察院来发放令状，可能会占用大量司法资源，导致追诉犯罪力度的下降，这与我国公众的社会期待不协调；其次，现行刑事诉讼法中所确立的无令状强制措施范围狭小，且条件十分严苛，实践中多数情况下的令状强制措施的实施并不规范，如空白搜查证、拘留证、事后填写令状的现象较为普遍，刑事强制措施中的令状要求时常留于虚置。由此可见，无令状强制措施制度的理性建构就成为协调强制措施令状要求日益严格化与追诉犯罪效率提高之间矛盾的关键。

当然，我国有学者已经针对强制措施中同意行为的正当性提出诸如日本和我国台湾地区类似的反对意见①，陈卫东教授等明确指出，"在我国传统上警察权力就十分庞大，而且集行政执法权和刑事侦查权于一身，一旦受处分人表示出不愿意配合的意思，警察完全可以使用其巨大的自由裁量权对其施加不利的影响逼其就范"。②

我们认为，上述反对理由并非是毫无道理的担心，但是，从法理上讲，公民人身自由、住宅及通信秘密、财产、隐私等不受侵犯

---

① 日本否定同意搜查的论者曾指出，为避免借同意或承诺之名而使警方滥权搜查合法化，成为一种脱法行为；也为贯彻宪法上所要求的令状主义；故此应将同意搜查全面禁止。刘芳伶：《同意搜索之研究》，台湾大学法律学研究所硕士论文（2001），第2页。我国台湾地区有"法院"也曾做出判决指出，同意搜查有违宪法法治国原则，因此否定其正当性。具体理由是：其一，对于同意搜查，当事人根本无处分权，因此不可以依据当事人同意而为搜查；其二，同意无法作为搜查的合法依据，即使当事人同意，亦无法阻却无证搜查的违法性，因为警方与当事人地位不对等，故难以有自愿性同意存在；即使有自愿性同意，也无法正当化未申请搜查证而实施的搜查的违法行为。胡清峻：《无令状搜索之研究》，台湾"中央警察大学"法律学研究所硕士论文（2001），第98～99页。

② 陈卫东、程雷：《任意侦查与强制侦查理论之介评——以同意取证行为为核心的分析》，载何家弘主编：《证据学论坛》（第7卷），中国检察出版社2004年版，第34～35页。

的权利一般不会涉及公共利益，属于个人自由控制支配的范围，因此属个人基本权，原则上是可以容许个人自由处分的。而且，基于我们的前述分析，刑事强制措施中的同意行为并不违反令状主义；虽然，同意行为尽管有滥用的可能性，但这属于如何限制的问题，而不至于全面否定其制度自身的正当性。只要同意程序本身能够有效地平抑国家追诉权和个人基本权之间的落差，就可以保证国家权力不被滥用，这样既保证了追诉机关打击犯罪的效率，也有利于保障被处分人乃至一般公民的基本权利不受侵犯。

在具体制度的建构上，刑事强制措施中的同意程序不仅要满足一般无令状强制措施在发动、执行上的必要性（即有较大的可能性查获犯罪嫌疑人及犯罪证据）和适度性等要件，还应当遵循其特殊的实体要件和程序要件，以保障被处分人的自愿性，防止追诉者滥用公权力侵犯被处分人的基本人权。我们认为，在我国未来修改刑事诉讼法、确立刑事强制措施中同意行为的合法性时，应当注意以下几点：

首先，立法可以明确规定，在除羁押措施之外的搜查、扣押、盘查与身体检查、拘传等刑事强制措施中允许同意行为的存在。

其次，在实体要件上，法律可以规定，原则上仅有年满 18 周岁以上的公民具有同意能力。10 周岁以下的未成年人和不能完全辨认自己行为的精神病人不具有同意能力。已满 10 周岁未满 18 周岁的未成年人和不能辨认自己行为的精神病人，应综合其个人情况判断有无同意能力。警察不得以强暴、胁迫、利诱与诈欺等方式取得被处分人的同意，进而实施强制措施。被处分人若处于拘禁状态，应当综合周围的一切情形，判断其自愿性。

最后，从程序要件上，法律应具体规定，执法者在取得被处分人的同意时，应出示证件，告知被处分人有权拒绝同意的权利，并将其同意的内容记载于笔录，该笔录应当经强制措施实施者和被处分人双方签字。[①] 同意行为必须明示，若被处分人对于执法者的告知不置可否，不能因此推论其同意。

对于同意行为的证明问题上，若执法者取得被处分人同意前，未告知上述权利，将推定同意人所为的同意不具有自愿性。警方必须承担证明责任证明同意人明知有拒绝同意权却故意放弃，反之，若警察已经履行告知义务，则同意被推定有自愿性，但被告可以反证有其他足以影响自愿性的事实存在，而推翻自愿性的推定。对于上述程序性事项的证明标准，无须达到排除合理怀疑，只须优势证据即可，但是，被告对不具有自愿性的证明应当低于控方对存在自愿的证明，只须达到合理怀疑的程度。

对于刑事强制措施中同意行为的权利救济问题，法律也应当明确规定，违背同意行为的必备要件而取得的实物证据均予以排除。对于实施违法强制行为造成的人身伤害等侵权行为，可以责令给予国家赔偿、建议追诉部门给予实施强制措施的人员以相应的纪律处分、行政处分甚至刑事责任等。

---

① 对于同意方式的选择，美国大部分警察局的做法是，由同意人签署同意无令状搜查的文件，记明日期并签名，同意文件内容为已经告知无令状有权拒绝警察的搜查，兹同意某某警察局某某警察搜查坐落于某处住宅内的信件、文件、物品等，同意权人自愿在警察提供的文件上签名，且未受任何威胁或得到任何承诺，完全基于自由意志无条件的同意。林锦村：《同意搜索》，载《法令月刊》第50卷第12期。笔者所见到的美国同意搜查表格范本中，除了要记录日期、地点、搜查者以及被搜查者的姓名之外，还有下述内容，“本人××已被告知宪法所赋予的权利，有权不允许他人无证搜查下面提及的住宅，并有权拒绝这种搜查的同意要求，因此，本人授权××警察局的×××搜查本人的住宅，位于××位置，他们经我授权后可以从我的住宅中带走他们想要的任何信件、文件、材料或者其他财产。本人授权给以上××的书面准许是自愿的，并未受到任何威胁或者得到任何保证。” Joseph J. Grau, *Criminal and civil investigation handbook*(2nd), New York : McGraw - Hill, 1993. pp. 2 - 58.

小结

刑事强制措施决定权的配置，主要存在单一模式和混合模式两种。单一模式又可归为两类，即法官决定模式和作为追诉者的检察官、警察决定模式。在混合模式中也存在不同的排列组合。影响刑事强制措施决定主体的因素主要有刑事强制措施的种类、刑事强制措施的适用场合、裁判机关和追诉机关之间的关系以及检警关系。目前，绝对的法官决定模式很少见。多数国家采取相对的法官决定模式。也就是说，在法官拥有刑事强制措施决定权之外，检察官、警察等执法主体也具有一定的强制措施决定权。

刑事强制措施决定权的配置理论基础是权力的分立。司法审查原则是权力分立理念的具体体现。刑事诉讼领域集中体现了个人权利与国家权力的紧张冲突与平衡，为保障个人权利免受国家权力的侵犯，必须遵循和贯彻司法审查原则，未经法院的司法审查，任何人不得被剥夺生命、自由或者科处其他刑罚；未经法院审查，不得对公民实施逮捕、羁押等强制措施。我国台湾地区 1997 年将检察官的羁押决定权予以废除，收归“法院”行使的变革带来的羁押人数的锐减，以及 1999 年将搜查权转归“法院”行使促使作为追诉者的检察官、警察更加审慎的实践，十分鲜明地体现了以权力分立为理念基础的司法审查机制对于国家追诉权的抑制，防止了追诉者（即使是不亲自执行强制措施的检察官）在实施强制措施时的恣意。从我国台湾地区搜查权收归“法院”的实践中，可以看出，令状主义的实施，可以促使作为追诉者的检察官、警察更加审慎地对强制措施的发动做出明智的判断。当然，从俄罗斯 1992 年建立法院对逮捕、羁押司法审查机制的实践中，可以发现，司法审查制度虽然代表着法治国前进的方向，但是，其最终实现不可一蹴而就，往往要突破重重难关，特别是改变旧的权力格局，确立新的权力结构。

司法审查包括事前的审查和事后的审查两种。事前的司法审查机制即通常所讲的令状主义。令状主义具有事前节制权力功能、事中作为权力行使的依据、事后对权利的救济功能。它在运作上要求，必须由有权限的司法机关签发；必须基于相当理由；实施的对象及范围必须具体化。无令状强制措施实施扩大化的趋势，并不意味着司法审查本身没有其存在的必要性。无令状强制措施的实施主要是基于追诉效率的考虑。针对无令状强制措施所实施的事后审查如同事前审查一样具有防止无理强制措施的功能。总之，作为典型事前审查形式的令状授权与无令状的事后审查，二者是互补的。

我国刑事强制措施制度中，不仅欠缺作为事前审查的令状主义，强制措施的事后审查机制亦十分薄弱。在我国刑事强制措施决定权配置模式上，宏观上仍然应当选择混合式决定模式。对于那些“犯罪事实思维的强制措施”，在侦查、起诉程序中，原则上交给检察院，而在较为急迫的情形之下实施的紧急搜查、盘查等措施可以交由检察院、公安机关自行决定。将那些较为严厉的刑事强制措施（如监听、侵入性身体检查）交给法院来决定。在审判过程中，则完全交由法院来决定。对于“行为人思维的强制措施”，原则上应当全部由法院决定。但是，暂时性、较轻微的传唤措施则分配给检察官，具有急迫性的紧急逮捕决定权可以由检察院和公安机关自行决定。此外，还应当强化刑事强制措施的事后司法审查机制。当然，真正建立刑事强制措施的司法审查机制并且落实之，必须以错案追究制、国家赔偿制度的完善以及司法独立的实现为前提。

从广义的刑事强制措施概念出发，排除羁押这一涉及人身自由的最为严厉的强制措施之外，许多强制性行为都可能存在同意行为。刑事强制措施中同意行为正当、合法化的要件无非存在于两个方面，即实体要件和程序要件。实体要件主要从受干预人的角度体现，具体包括主体要件（同意的能力）和主观要件（自愿性保障）。而程序要件则主要体现在强制措施干预者的告知程序上。从我国现行刑事诉讼法及其相关司法解释出发，刑事强制措施中几乎难以找寻同意机制的迹象。在学者们都为刑事诉讼中司法审查原则呐喊的今天，从强制的对立面——自愿出发构建刑事强制措施中的同意制度体系，以缓和国家权力与公民权利之间的冲突，谋求互利共赢、和谐发展，十分有必要。在具体制度的建构上，刑事强制措施中的同意程序不仅要满足一般无令状强制措施在发动、执行上的必要性（即有较大的可能性查获犯罪嫌疑人及犯罪证据）和适度性等要件，还应当遵循其特殊的实体要件和程序要件，以保障被处分人的自愿性，防止追诉者滥用公权力侵犯被处分人的基本人权。

第五章　刑事强制措施正当性的证据基础

刑事强制措施适用与刑事证据的搜集、保全、认定有着密切的联系。刑事强制措施适用从某种角度可以看作是证据保全的方法。行为人维度的强制措施虽然不能积极地产生证据，但可以间接地防止证据被破坏；犯罪事实维度的强制措施则是直接为了获取犯罪证据排除障碍。但是，并不是在任何情况下均可施用刑事强制措施来保全证据，刑事强制措施作为诉讼行为之一种，必须有着一定的证据标准，这一证据标准构成刑事强制措施发动的实质要件，或者说是一种法律限制，属保障刑事强制措施正当性的重要因素①。同时，通过刑事强制措施获得的证据存在证据能力的判断问题，非法证据排除法则的存在成为非法强制处分的事后控制手段。② 本章即以刑事强制措施实施的事前证据门槛（证明标准）和事后的证据能力审查为核心进行探讨。

① 例如，逮捕、搜查等强制措施，在无需令状的情况下，一定的证据门槛可能是其正当性获取的最大根据；羁押，特别是为了预防继续犯罪的预防性羁押措施也同样如此。笔者在就预防性羁押的正当性求教于曾任美国联邦检察官的程乐其（Ronald Cheng）先生时，他即提出类似的观点。

② 当然，并不是所有强制措施的实行都必须有事前与事后的控制，有可能只有前者或者后者，在这种情形之下，证据限制对于刑事强制措施的合法性控制就显得更为重要。

第一节　事前控制：刑事强制措施适用的证明标准体系

为了防止追诉机关恣意实施限制、剥夺诉讼参与者（主要是被追诉者）基本权益的刑事强制措施，追诉机关在发动强制措施之前，必须承担证明被强制处分的对象可能阻碍诉讼的顺利进行的责任。但是，按照刑事强制措施适用的比例原则，由于强制措施对被处分人的基本权利侵犯程度不同，刑事强制措施适用的证明标准是多元化的。

一、刑事强制措施适用的证明标准的层次性

基于法律的规范作用，诉讼制度往往需要一定的证明标准规制、引导诉讼参与者的行为。诉讼证明标准的设定是符合人类认识规律的，也是可行的。洛克曾指出，在认识的程度问题上，存在着一种人们普遍同意的最高的可能性程度，这种可能性接近于确定性。只要有足够的证据，任何一个有正常理智的人都能够获得这种程度的认识。[①] 那么，如何确定诉讼中的证明标准呢？尽管各国立法者基于认识上的差异性、认识能力上的局限性，对证明标准归纳出了不同的表述。但是，有一点不容否认的是，诉讼证明标准的设计既要遵从人类的认识规律，也要考虑到诉讼背后的价值选择[②]。按照这一原则，在多数国家，刑事诉讼法都根据证明主体、证明对象、证明责任、证明阶段的不同，确定了不同的证明标准。有学者指出，“在诉讼中需要进行利益权衡的问题多种多样，所以证明标准也不可能单一化。证明标准的层次或体系就表现为法律对所有利

① Barbara J. Shapiro, “*Beyond Reasonable Doubt*” *And* “*Probable Cause*” *Historical Perspectives on the Anglo – American Law of Evidences* , University of California Press ,1991, pp. 8 – 9.

② 实际上，认识论、价值论也是整个刑事证据理论的哲学基础。参见汪建成：《刑事证据理论的哲学基础》，载《法学研究》2004 年第 6 期。

益进行权衡之后列出的一个价目表，说得更形象点儿，承担证明责任的一方当事人要想获得相关的利益，就必须按照证明标准确定的价格提供证明”。[①]

刑事证明标准与证明责任的承担主体有着密切的联系。由于证明责任承担主体证明能力的不同，证明标准也应不同。在刑事诉讼中，证明被告人有罪的责任由公诉人、自诉人来承担，被告人只是在例外的情况下针对特定的问题承担责任，如实体上的巨额财产来源不明罪、持有型的犯罪，以及某些程序性的正当防卫、精神病、不在现场等积极抗辩事由。为了防止追诉机关恣意实施限制、剥夺诉讼参与者（主要是被追诉者）基本权益的刑事强制措施，追诉机关在发动强制措施之前，必须承担证明被强制处分的对象可能阻碍诉讼的顺利进行的责任。当然，控方对于实体法上的事实证明必须达到排除合理怀疑，被告人只需证明到优势证据或者清楚而明确的证明程度即可。立法者通过对证明标准的不同设置，将天平倒向弱势的被告方，以实现诉讼程序在实质上的“平等武装”。

在不同的诉讼阶段，承担证明责任的诉讼主体证明待证事实应达到的证明标准往往也不同。刑事诉讼阶段，是指刑事诉讼过程中，按顺序进行的相对独立而又互相联系的各个部分。按照人类的认识规律，对于案件事实的认识过程往往是循序渐进的。在侦查、审查起诉以及审判阶段，追诉机关实施诉讼行为所要达到的证据标准往往会越来越高。最为明显的就是每个阶段终结后，转交下一个阶段时，所需要具备的证明标准呈现递增趋势。侦查终结、提起公诉和对被告人的定罪往往要达到不同的证明标准。此外，对每个诉讼阶段本身而言，每一个阶段实施诉讼行为需要达到的标准也会呈现不同的表现。具体而言，侦查机关在侦查过程中可以依照法律开展专门性的调查工作或采取有关的强制措施。这些诉讼行为带有一

---

① 冀祥德、孙远：《证明标准及其功能与层次》，载陈光中等主编：《诉讼法理论与实践》（2004 年卷），中山大学出版社 2004 年版。

定的强制性，因此需要设置相应的证明标准予以限制，以免侵害犯罪嫌疑人的合法权益。但这类行为本身仅有暂时性和预防性，既不同于审查起诉阶段对被告人是否起诉的认定，又不同于审判阶段对被告人的最终定罪量刑，因此，侦查阶段所实施的发动一系列刑事强制措施无须达到过高的证明标准。同时，这也有利于诉讼的顺利开展和进行。

刑事证明标准与证明对象有着密切的联系。按照我国学界通说，证明对象应包括实体法事实和程序法事实。程序法事实，是引起诉讼法律关系发生、变更和消灭的事实。它包括诉讼行为和诉讼事件两类，前者是诉讼主体和其他诉讼参与人实施的具有相应诉讼法律后果的行为；后者是不以人们意志为转移的、能够发生一定诉讼法律后果的客观情况。刑事强制措施即属于诉讼行为之一种，是否具备一定的事实条件，需要证明，相应地需要设定某种程度的证明标准。但是，大陆法系在证据调查程序上，有严格证明程序与自由证明程序的区别。对于实体法事实，即有关犯罪事实与刑罚问题的相关问题，须严格证明。也就是说，在法律规定所准许的证据方法范围内，必须依法律规定的程序进行证据调查，此证据才具有证据能力，而且，法院对于调查证据结果，必须达到确信的心证。而无关可罚性事项的程序法事实，则不须遵循严格的法定程序，不受直接审理原则、言词辩论原则、公开审理原则的约束，称为自由证明。自由证明并不限于依刑事诉讼法所规定的证据方法及调查证据程序，法院对于待证事实的心证，也无须达到完全确信的程度，只要法院在心证上认为很有可能就足够。也就是说，对于刑事强制措施等需要证明的程序法事实，不需严格证明，只须自由证明。[①] 对于程序法事实，并不要求达到定罪的证明标准。但是，对于不同的

① 在侦查中裁定羁押的法官可以比较弹性的认定被告有罪的程度及是否有羁押的理由与必要，否则若要求检察官提出确切的证据，并以审判程序的严格证明为之，将削弱羁押的急迫效率。王国栋：《论侦查中羁押》，台湾中正大学法律学研究所硕士论文(2003)，第39页。

诉讼行为，依据它们所涉及的实体或者程序利益的不同，往往在需要具备的证明标准上也应有所差异。就整个刑事强制措施系统而言，各种强制行为所涉及的被处分人的权利侵犯程度不同，一般意义上来讲，羁押、逮捕、搜查、扣押、监听相比盘问、拍搜等强制措施对被处分对象的权益侵犯更为严重，因此，适用更高的证明标准。例如，抽血、抽取骨髓等侵入性的身体检查与提取毛发等表皮物质的非侵入性检查对被检查者的基本权利侵犯更为严重，也应有更高的证据门槛。

总之，在对诉讼参与人（尤其是被追诉者）适用强制措施的问题上，控方的利益在于要对可能发生的危害性行为进行调查，与之相对的则是犯罪嫌疑人作为普通公民应当享有的，人身自由、人格尊严、财产等不受侵犯的利益。由于强制措施对个人利益造成的损害远远轻于刑罚处罚，因此，尽管在这个问题上被告人仍然无须承担证明责任（证明标准仍然为零），但控方所要达到的证明标准相对于定罪而言，应低很多。可见，法律通过不同的证明标准，在这个问题上对相互冲突的利益做出了新的权衡。而且，不同种类的强制措施对犯罪嫌疑人利益损害的程度是不同的，因此随着强制措施严厉程度的不同，控方的证明标准也要有相应的变化。所谓强制措施的成比例原则，如果换算成证据法学上的语言，无非是强制措施与证明标准相适应的原则，即控方能够达到怎样的证明标准就适用何种强制措施。①

二、美国刑事程序上的“相当理由”——从一元向多元的嬗变

美国法上的刑事强制措施主要受到宪法第四修正案的规制，第四修正案中的搜查、扣押、逮捕随着美国的判例逐步解释，至今，第四修正案所统摄的对象不仅包括该修正案字面上的逮捕、拘留、

① 冀祥德、孙远：《证明标准及其功能与层次》，载陈光中等主编：《诉讼法理论与实践》（2004 年卷），中山大学出版社 2004 年版。

羁押、搜查、扣押等强制措施，还包括监听、采样、身体检查、盘查等措施。因此，具体分析美国宪法第四修正案中的刑事强制措施实施证明标准——“相当理由”（probable cause）① 的内在含义对于我国刑事强制措施证明标准的建构有着十分重要的借鉴意义。

就美国司法实务变迁而言，从早期对于传闻证据能否作为相当理由判断的证据基础的讨论，到后来逐步发展出著名的双叉法则（two - pronged test）与综合判断法则（the totality of circumstances analysis）。在 Terry 案之后，则正式将“合理性”（reasonableness）之思维从行政领域引入刑事程序中，同时，将一元化的标准陆续发展为多样化的证据门槛。另一方面，就美国学说理论变迁而言，明显与实务的变迁遥相呼应，甚至企图引领实务变迁的趋势。可以说，Terry 案对于美国法上的“相当理由”发展有着标志性的意义，它对相当理由乃至整个第四修正案条款的理解产生了重大冲击，引发了坚持回归传统固定标准与拥抱合理性新思维的两派学者之间的论争。

（一）英国制定法、学说、判例中的强制措施证明标准②

研究美国宪法修正案上的“相当理由”，必须追溯到英国早期普通法。可以说，从英国早期，就曾对强制措施发动的证据标准有着不同的理解。在英国早期普通法中，证明逮捕的正当性并不需要达到怀疑的高标准（a high level of suspicion）。例如，13 世纪晚期，爱德华一世时期颁布的威斯敏斯特法，要求城市的守卫必须在日落之后逮捕陌生人。如果该陌生人没有被发现怀疑，在第二天早上就应当被释放。假若有“怀疑的理由”（cause of suspicion），陌生人就会被交给治安官。显然，这样的逮捕权力没有能力来对付抢劫、

---

① 我国学界对 probable cause 又译为“合理根据”、“可能根据”、“或然的理由”、“可能成立的理由”、“盖然理由”，等等。

② Joseph D. Grano, *Probable Cause and Common Sense: A Reply to the Critics of Illinois V. Gates*, 17 U. Mich. J.L. Ref. 465(1984); Craig S. Lerner, *The Reasonableness of Probable Cause*, 81 Tex. L. Rev. 951(2003).

杀人和其他严重犯罪，因此，在爱德华三世统治的后50年中，一部补充性的法律要求治安官不论是白天还是晚上，发现任何显示某种犯罪“有害怀疑”（evil suspicion）的，都可以逮捕。数个世纪中，英国成文法继续依赖“怀疑”理念。例如，在17世纪晚期，一部成文法授权针对非法猎杀签发搜查证，赋予治安官搜查的权力。之所以允许以这种方式在货物被盗或者涉嫌被盗的案件中“实施搜查权”，是因为这些地方往往属于犯罪嫌疑人控制。[1]

马修·黑尔（Matthew Hale）勋爵在《国王抗辩的历史》[2]中提出，可以基于案外第三人的报案而授权治安官合法逮捕嫌疑人，该报案人基于可能的理由（probable grounds）怀疑某人犯重罪。基于对这种传闻可靠性的担心，黑尔勋爵提出，法官应当具体审查第三人报案的具体事由和环境，以确保治安官自身确信第三方的怀疑。黑尔勋爵在其著作中，交替运用了怀疑（suspicion）、可能的怀疑理由（probable cause of suspicion）和合理的怀疑理由（reasonable cause of suspicion）等术语。很显然，黑尔勋爵运用这些术语，为了表明，治安官怀疑某人必须有着一定的根据，而不是仅仅将某人从其他可能的嫌疑人中挑出。例如，黑尔勋爵指出，可能的怀疑理由包括“一般的名声”、曾经和犯过重罪的人在一起。然而，黑尔勋爵又强调，被逮捕者仅仅有怀疑的，不能移交审判，因为基于调查，治安法官可能需要指控的事由。此外，黑尔勋爵还质疑搜查“第三方或者执行官员怀疑的所有地方”的一般令状（general warrant）的有效性。黑尔勋爵指出，“搜查所有嫌疑位置的一般令状是不正确的，只能搜查第三方在法官面前指称的他所怀疑和有相当理由相信的位置，因为，令状的颁发是司法行为，必须基于对事实的调查。”黑尔勋爵因此得出结论指出，一般令状应当取消。

---

① Joseph D. Grano, *Probable Cause and Common Sense: A Reply to the Critics of Illinois v. Gates*, 17 U. Mich. J.L. Reform 465(1984), pp. 480-483.

② M. Hale, *The History of the Pleas of the Crown* 91 (1736).

黑尔勋爵的观点成为标准观点，并被作为美国宪法第四修正案的基础。① 黑尔勋爵之后的300年内，英国的法官仍然在交替用合理怀疑、合理和可能的理由、合理和可能理由的怀疑，尽管英国法院没有能够精确定义这些术语，但英国判例显示，该术语从不意味着与“比不可能更可能”（more probable than not）的标准接近。事实上，在最近的案例中，戴维林（Devlin）法官直截了当地拒绝了表面证据的标准（a prima facie standard），而反复重申普通法一直沿用的合理怀疑的标准。戴维林补充道，“怀疑是当证实缺乏时的一种猜想（conjecture or surmise）状态”。戴维林强调合理怀疑与表面证据的对比，“怀疑在案件的侦查开始获得，而表面证据标准在案件侦查终结才能得到。”这种观点不仅与黑尔勋爵一致，而且与13世纪的成文法授权逮捕嫌疑人的标准一致。可以说，整个英国历史上，“合理根据的怀疑”的要求仅仅意味着警察必须有合理的根据来得出进一步侦查的授权。英国的标准一直反映了一种观点，那就是当合理怀疑产生的时候，个人安全、隐私的利益，必须遵从于公共利益。②

（二）美国司法实务与学说的变迁

1. 美国司法实务的历史演变

（1）美国法早期对相当理由的讨论

美国第一届国会的相关制定法就表明，当宪法第四修正案制定时，相当理由的标准就处于流动的状态。历史学家威廉·库德赫（William Cuddihy）认为，1789年的征收法案与1791年的税法所规定的搜查令状的合理性标准是相对的。前者对发放搜查令状创造了较低的证据标准，取消了治安法官拒绝发放令状的自由裁量权，即使搜查不成功，执法官也不会涉讼，而后者则确立了较高的标准，

① Barbara J. Shapiro, "*Beyond reasonable doubt*" *and* "*probable Cause*": *historical perspectives on the Anglo-American law of evidence*. University of California Press, 1991. pp. 146-147.

② Joseph D. Grano, *Probable Cause and Common Sense: A Reply to the Critics of Illinois v. Gates*, 17 U. Mich. J.L. Reform 465 (1984), p. 489.

赋予法官拒绝发放令状的裁量权，确立了搜查不成功后的民事赔偿。

在1813年的一起罚没物案中[①]，马绍尔（Marshall）首席大法官首次使用“综合环境”方法考察相当理由，要求全面地看待可疑原因，而不是逐一观察。马绍尔大法官认为，“相当理由一词，意味着表面证据，换句话说，在没有无罪证明的情况下，这种证据的存在有助于定罪”。但是，相当理由低于定罪的标准，在所有搜查、扣押案件中，它有固定的、众所周知的含义，相当理由的含义包括能够证明有所怀疑的情况。斯多里（Story）大法官在1824年的另外一起案件中持有不同观点，它认为相当的理由与仅仅一般的怀疑（mere general suspicions）有所区别。由此可见，在美国早期，相当理由的含义处于不明确的状态。美国法院在早期的判例中交替使用相当理由、合理根据和合理相信等术语。

在19世纪时期，斯多里大法官主张传闻证据不仅不能在审判中采纳，而且，与相当理由的评估没有关联性。而马萨诸塞州法官肖（Shaw）在另外一起案件中持不同观点，认为模糊的传闻可以在相当理由判断中加以权衡。

在1886年Boyd v. United States的影响之下，下级法院改变了马绍尔大法官在罚没物案中对相当理由的理解，Veeder v. United States一案即为典型的例证。该案还指出，传闻、怀疑和猜测并不能构成相当理由，显然，这就与斯多里大法官的主张一致。

（2）禁酒法时期相当理由的变化

1921年，美国修正了禁酒法案（the Volstead Act），授权当有合理根据（reasonable cause）时，可以实施对机动车辆实施无证搜查。Carroll v. United States[②]案中，最高法院坚持主张，该合理根据等同于第四修止案中的相当理由。在该案中，Taft 法官定义的

① Locke v. United States, 11 U.S.（7 Cranch）339（1813）.

② Carroll v. United States, 267 U.S. 132（1925）.

“相当理由”仅仅是“合理的根据相信有罪”。在随后的十年中，该案裁决一直受到质疑，在 Grau v. United States 中，法院提出应更为严格的理解相当理由标准，主张搜查令状的证据基础必须是未来陪审团亦认为适格的证据之上。那么仅仅的传闻或者谣言将不能作为可能根据的判断基础。1949 年的 Brinegar v. United States① 一案处理相当理由的问题时，判决指出，“就像其名字所暗示的，我们是在解决可能性的问题，这些不是技术性的可能性，它们是对正常理智谨慎的人（而非法律专家）——所从事的日常生活的事实上的、实际的考虑”。该案中，美国联邦最高法院还指出，“由于各种各样不仅与证明力和可信性有关，而且与可能对陪审团造成的偏见性影响和缺乏交叉询问的机会有关的原因，普遍接受的证据规则为被指控犯罪的人设立了许多排除性的保护。许多有实质证明力的证据被排除不是因为考虑到它的证据价值而是考虑到陪审团可能产生误解或者错误地使用该证据……”“包括传闻和某人的犯罪记录等证据均可用来证明合理根据的存在。”

（3）从双叉法则到综合判断法则

在 1964 年 Aguilar v. Texas 案及 1969 年的 Spinelli v. U. S.② 案中，联邦最高法院建立了双叉法则。在这一法则之下，以线人所提供的信息作为相当理由的判断，必须符合两个条件：第一，信息的可信性，需探究线人得知的信息基础或者来源为何，以了解此信息是否可信；第二，线人的可信性。双叉法则要求，线人提供信息必须符合这两个条件，缺一不可。若线人的信息符合上述两个条件，则可以根据线人的信息认定相当理由的存在，发放令状。

该双叉法则被 1983 年的 Illinois v. Gates③ 推翻，Gates 案采纳了新的综合判断法则，该法则要求，法官对于线人所提供的信息，

---

① Brinegar v. United States, 338 U. S. 160 (1949).

② Spinelli v. U. S. ,393 U. S. 410 (1969).

③ Illinois v. Gates, 103 S. Ct. 2317 (1983).

应当综合考量所有因素后作出综合判断。双叉法则的二要件，不再是分开的、独立的。若某一个要件特别强有力的话，可以弥补另外一个条件的不足，虽然有一个条件不符合，但是另外一个条件非常强而且可信，仍然可以综合整个案件的情况认定相当理由的存在。联邦最高法院之所以推翻原来的双叉法则，是因为，他们认为相当理由是一个流动的概念，是一个普通的常识判断，不是僵硬的技术规则，相当理由应当由一般合理、谨慎的人，依据日常生活经验而作出判断，法院认为过去的法则过于僵硬，妨碍了法律的执行，过去的法律没有弹性导致警察不愿意申请令状，喜欢以无令状的方式实施搜查、逮捕，逃避法律规定。有许多州法院，并不赞同联邦最高法院此判决结果，仍然以双叉法则作为判断相当理由的依据。有学者指出，双叉法则过分依赖于逻辑，而不是生活经验来决定相当理由的存在与否，这恰恰印证了大法官卡多佐的名言：法律的生命在于经验，而不是逻辑。

（4）从“相当理由”到“合理性”（reasonableness）[①] 标准的采用

传统上对于美国宪法第四修正案所谓不受不合理搜查、扣押的解释，是指政府必须满足相当理由及令状原则，方可实施逮捕、搜查及扣押；然而在 1967 年的 Camara v. Municipal Court[②] 判决，出现第二种诠释方式，即从搜查、扣押行为的“合理性”着眼，而非一概要求相当理由及令状原则的具备。当然，该案中的检查发生在行政领域，所以，“合理性”标准最早是在行政检查领域对第四修正案中的“相当理由”进行突破。

---

① 我国有学者对“合理性”存有误解，认为“合理性相对合理怀疑标准更低，它适用于特殊的场所，如机场、边界、车站以及其他公共场所等”……“‘合理怀疑’、‘合理性’和‘单纯怀疑’的证明标准依此递减，单纯怀疑属于主观猜测，证明标准最低，与推测属于同一层次”。参见刘金友、郭华：《搜查理由及其证明标准比较研究》，载《法学论坛》2004 年第 4 期。

② Camara v. Municipal Court, 387 U. S. 523 (1967).

在随后的Terry v. Ohio[①]案件中，法院指出，衡量警察的街头执法过程，若程序上须一概要求符合令状原则，可能会导致警察权力寸步难行。所以，法院裁决："虽然我们坚持'一旦行有余力，警察都必须先行通过申请令状程序取得法院对搜查、扣押的许可；只有情况紧急来不及申请令状，才是毋需遵守令状原则的唯一理由'的立场并未退缩，但是在此我们所处理的却是关系到全体警察的行事法则——巡逻时必须当机立断、行动迅速，不论从历史的角度或是从实务的观点而言，都不曾也不可能受令状程序管制。"由此可见，该案确认了，警察在街头实施拦阻、拍搜行为时，无需遵循令状原则。

那么，美国宪法第四修正案中的"相当理由"在拦阻及拍搜过程中是否仍须具备呢？法院表示："是否除有扣押的相当理由外，任何警察对某人的扣押，并以其为对象进行以发现武器为目的之有限度搜查的行为均不合理？假如本案牵涉的警察行为应受第四修正案'令状原则'的规制，我们势必查明'相当理由'存在与否，以使得搜查、扣押正当化。然而，本案并非此类型之案件……取而代之的是，本案所涉及的行为应该受到宪法第四修正案排斥'不合理'搜查扣押的检验。"也就是说，采取"合理性"标准以决定

① Terry v. Ohio, 392 U. S. 1, 88 S. Ct. 1868, 20 L. Ed. 2d 889 (1968). Terry案的具体案情是：1963年10月31日，克里夫兰市（Cleveland）便衣警探McFadden，在午后14时30分左右对站在闹市区街角的二位男子产生怀疑，其中一位嫌疑人沿着街道行走，向一家商店里头张望，来回盘旋地窥伺同一家店面，并交头接耳地与其伙伴商讨；另一嫌疑人亦重复这样的举动，二人如此作法大约数十次，并与第三人交谈，然后随该人离开往街头走去约10分钟。由于嫌疑人把一长条竖起之物用套子罩着，可能是有所武装，于是该警察跟着3人，在其再度交谈时上前表明身份并询问嫌疑人姓名。当3人支支吾吾时，警察即将其中一个名叫Terry的嫌疑人身体旋转过来并拍触其胸前口袋，感觉到有把手枪，而将之取出。对于Terry同伴Chilton的拍搜亦发现手枪；但对第三人则未显示其藏有武器，故未予进一步搜查。被告Terry因藏有武器而被起诉，其虽申请法院排除该武器不得作为证据，但是，该申请为承审法官拒绝，法官以"拦阻及拍搜"（stop - and - frisk）理论支持该警察的行为，随后此一理论也得到Ohio上诉法院的认可，最后，州最高法院、联邦最高法院亦驳回Terry的上诉。

警方所为侵犯被告人身安全的做法是否合宪。法院认为，在面对拦阻和拍搜问题时，应综合当时的一切情形，判断政府所实施的特定强制措施，在当时的情况下是否合理，不应以“相当理由”为强制措施的发动标准。由此，经过 Terry 案将 Camara 案中的合理性标准引入刑事程序领域中。

所谓“合理性”究竟具有怎样的内涵？联邦最高法院认为潜藏在令状原则与相当理由背后的“利益衡平”概念在本案中具有相当意义。因为没有其他既有的标准会比针对搜查、扣押所获得的“政府利益”（governmental interest）及其造成的侵犯程度的权衡更能决定合理性了。法院借用了 Camara 判决中的权衡法则（Banlancing Test），权衡政府行为的必要性，及其政府行为对个人所带来的侵犯。本案中被告的利益为：宪法规定人民有在街道上行走活动的自由。而政府的利益有：第一，犯罪防止及侦查的有效性，若本案警察不能立即上前阻拦行为人，将严重影响犯罪的防止及侦查；第二，保护警察的安全，法院表示美国的罪犯传统上均极为暴力，警察在拦阻后，有立即的需要，确定嫌疑人是否携带武器，以保护自己的安全。法院斟酌上述两种不同利益，认为本案警察在观察嫌疑人后，形成“合理的怀疑”（Reasonable suspicion），怀疑嫌疑人涉嫌犯罪，所为的拦阻和拍搜是合理的，也是合法的。法院表示，当警察形成合理的怀疑，认为其所调查的对象可能携带武器对警察或者他人造成危险，警察即有宪法上的权限确信嫌疑人是否携带武器，如发现该人携带武器，警察可以解除其携带的武器。

2. 美国法上对“相当理由”论争的核心：滑动的标准 VS 永远的相当理由

有美国学者和实务界人士认为，现代美国法院将“相当理由”视为宪法第四修正案的核心。它被描述为固定的标准，规制警察执法的必要措施。无论警察实施逮捕还是搜查、扣押，无论是搜查汽车还是房屋，相当理由被作为单一的证明标准。当然，警察在公众场合不需要获得令状而实施逮捕或者搜查汽车，但是这些例外是针对令状条款的，而不是针对相当理由条款。即使在紧急状态下，从一些法庭的观点来看，警察可以豁免令状，而不能豁免相当理由条款。有司法意见[①]、学者的论文[②]基于宪法第四修正案的背景对“合理权衡”这一做法给予蔑视，不遗余力的试图维护相当理由的概念。例如，阿姆斯特丹教授指出，一旦认可了这一浮动的标准，宪法第四修正案将会变成“一个巨大的罗莎测试式的墨迹”，其造成的潜在影响是，这个被分成不同层级的第四修正案会变得令人费解、无法操作和难以执行。

相当理由尽管被吹捧为单一的标准，但是，它实质上是流动的，这一点在美国的判例中有着明显的体现。一方面，有许多散见的法庭意见，认为搜查汽车的相当理由标准要低于搜查住宅，因为汽车中的隐私期待要低于住宅内的隐私期待。[③] 另一方面，当搜查律师和记者办公室时的相当理由，法院和制定法有一种更为严格的要求，因为，对其的搜查要比住宅搜查的隐私期待更高。[④] 按照威恩·拉法吾（LaFave）教授的观点，相当理由的分散标准只能依据不同的侦查手段来确定。在当街拦阻中，相当理由的标准意味着实质有罪的可能（a“substantial possibility”of guilt）。正式逮捕的标准却要达到有罪的可能超出无罪的可能（guilt be more probable than not）。[⑤] 阿奇理德·爱玛尔（Akhil Reed Amar）指出，尽管按照比例原则，一些对嫌疑人侵犯的证明标准可能低于相当理由，但

① Dunaway v. New York, 442 U. S. 200, 213 – 14（1979），该案中，判决拒绝蕴涵多重因素的权衡法则，因为需要一种单一的、熟悉的标准来引导警察的行为非常关键。

② Anthony G. Amsterdam, *Perspectives on the Fourth Amendment*, 58 Minn. L. Rev. 349, 395（1974）, pp. 393 – 394.

③ State v. Lesnick, 530 P. 2d 243, 251（Wash. 1975）; United States ex rel. Clark v. Mulligan, 347 F. Supp. 989, 991（D. N. J. 1972）.

④ Gordon v. Superior Court, 65 Cal. Rptr. 2d 53（Cal. Ct. App. 1997）; Or. Rev. Stat. 9. 695（2001）.

⑤ LaFave, *"Street Encounters" and the Constitution*: *Terry*, *Sibron*, *Peters*, *and Beyond*, 67 Mich. L. Rev. 40, 53 – 56（1968）.

是，在一些案件中，比例原则需要比相当理由更高的证明标准。如Winston v. Lee[①]案件中，美国联邦最高法院认为，通过强迫性的外科手术侵入被检查人的身体获得证据，构成违反第四修正案的不合理搜查。主要是基于权衡法则的运用，该行为侵犯了犯罪嫌疑人的隐私权和安全利益，州政府也并没有证明其取出子弹的紧迫性需要。强迫性的外科手术侵入身体获得证据，将会牵扯到的隐私权和安全期待相当大，以至于这种侵入可能是不合理的，即使可能获得犯罪证据。

在司法实践中，有的法院认为，不论紧急还是非紧急情况之下，都需要同一的证明标准显然是不太合理的。于是，他们将紧急情况下的搜查证明标准解释为“合理的根据相信”（reasonable grounds to believe），而不是仅仅的合理怀疑（reasonable suspicion），而且法院认为，“合理的根据相信”就是紧急状态下的“相当理由”。

学者克里格·S·伦勒（Craig S. Lerner）认为，宪法第四修正案条文本身已经与司法实践脱节。对于大多数市民而言，他们经常遭遇到的搜查是拦阻和拍搜、机场搜查、毒品检测、例行检查（DUI checkpoints）、商业检查等。政府的搜查已经不是基于相当的理由，而是基于合理性。相当理由保持着它朴素的品质，在合理性权衡之外，其必然结果是，在评估搜查、扣押行为的合宪性时，这种相当理由就缺乏实践操作性和相关性。顽固的相当理由要求令人困惑，甚至是不正当的，其结果是排除了明智的搜查，允许了不规

---

① Winston v. Lee, 470. U. S. 753（1985）。该案中，一个店主被持枪抢劫的犯罪分子用子弹打伤，该嫌疑犯的身体左胸腔也受了伤，但其带伤逃离了现场。警察在附近的第九街区也找到了持枪抢劫的嫌疑人，嫌疑人被带往医院，被害人指认他就是袭击者。在调查过后，警察指控嫌疑人意图抢劫和恶意伤害。随后，起诉到法院，要求获得许可通过外科手术取出嫌疑犯左锁骨处的子弹。控方声称子弹将为证明犯罪提供证据。专家估计，手术只需要切开1/2英寸，注射麻醉药，结果将不会有危险。法院同意该项请求。维吉尼亚州最高法院否决了嫌疑人提出的人身保护令请求。于是，嫌疑人又向联邦地区法院依据第四修正案提出了禁止待实施的手术请求，法院拒绝发放命令。

则的搜查。在美国搜查法的实践中，形成了侵蚀相当理由标准的三重唱，即合理怀疑（reasonable suspicion）、特殊需要（special needs）、紧急情况（exigent circumstances）。也就是说，除了Terry案中确立的“合理怀疑”标准之外，在一些特殊需要之下也不需要所谓的“相当理由”标准。例如，机场搜查、毒品检测、例行检查（DUI checkpoints）、商业检查等都是基于特殊需要的例外。紧急搜查是令状搜查的例外，并不代表它是相当理由条款的例外。按照United States v. Winsor案件中，警察追赶一位武装劫匪，直至进入某旅馆，联邦第九巡回法院坚持主张，“热搜查可以免除第四修正案的令状要求，但是不能免除搜查之前的怀疑必须标准”，因此，警察必须有相当的理由，而不仅仅是合理的怀疑来搜查旅馆的房间。①

因此，佛罗里达大学的克里斯托福·斯罗勃根（Christopher Slobogin）指出，美国法院应当发展出至少4个正当性标准来适用于所有的搜查、扣押。他认为，宪法第四修正案中的一个正当化标准是远远不够的，合理怀疑只是填补了一个空白而已。在相当理由、合理怀疑之外，还需要有一个较高的标准，即“清晰而确信的标准”，此外，还应有一个低的关联性标准。也就是说，必须至少有4个标准才能适应司法实践的需要。相当理由被认为达到50%的可能性。合理怀疑一般认为应具备30%的可能性。逮捕和房屋搜查、汽车搜查和行李搜查必须建立在“清晰确信的标准”之上，这一标准被认为应达到75%的可能性。一些更具有侵犯性的警察行为（包括体穴搜查、监听、私人日记的搜查、秘密行动等）需要达到这一高标准。延长的拦阻和类似的入侵性扣押都需要相当理由（即50%的可能性）。同样的标准也必须适用于秘密的侵犯措施。短暂的拦阻、拍搜和一些被排除于第四修正案之外的许

① Craig S. Lerner, *The Reasonableness of Probable Cause*, 81 Tex. L. Rev. 951 (2003).

多行为——飞行检阅（flyovers）、对开放领域和垃圾的搜查、设置路障和大街上不特定的搜查，这些仅仅需要合理的怀疑即可，也就是20%～30%的可能性。最后一种就是最低的证明标准，克里斯托福·斯罗勃根称之为关联性标准（the relevance standard），假若能够使得某事实的可能性大于不可能性，那么，这一审判中的证据就有相关性。相关性标准从数值上来衡量，大概在5%～10%的可能性之间。依据法律术语的表达，就是具“有客观的可信度”（objective credible belief），也就是，通过警察的行为可以达到执法的目标。这种标准适用于所有偶然的警察盘问和常规的商业和住家检查。①

耶鲁大学的宪法学者阿奇理德·爱玛尔认为，Terry案可以说是美国联邦最高法院处理第四修正案时的一个具有划时代意义的案件。这一案件不仅涉及对令状条款、相当理由条款、排除规则的再解释，而且，因此影响到之后若干年的司法实践。Terry案之后，许多律师、学者、法官仍然在为领会该案裁决和宪法第四修正案的内涵而努力。在这些讨论中，形成了两派观点，爱玛尔归纳为“好特里”（the good Terry）和“坏特里”（the bad Terry）②。他认为，之所以称好特里，不仅仅因为观点本身明智、具有进步意义，而且，观点本身符合宪法的历史背景和结构。并且，在Terry案之后的30年中，法院的许多判例建立在好特里理论之上。该理论如果向前看的话，具有实用性、有进步意义；向后看的话，更加忠实于宪法第四修正案的原意。

好特里理论有以下几层内涵，第一，它对搜查、扣押的概念作广义的界定，适用于政府对人民实施的各种侵犯措施（包括针对

---

① Christopher Slobogin, *Terry and the Future of Constitutional Criminal Procedure: Into The 21st Century Let's Not Bury Terry: A Call for Rejuvenation of the Proportionality Principle*, 72 St. John's L. Rev. 1053(1998).

② Akhil Reed Amar, *Terry and the future: Terry and Fourth Amendment First Principles*, 72 St. John's L. Rev. 1097(1998).

人身、房屋、文件以及其他财产)。第二，并不需要所有的搜查、扣押都事先获得令状授权。第三，不主张所有的无令状侵犯措施基于相当理由。第四，虽然不要求所有搜查、扣押具备令状和符合相当理由的证据标准，但是要求其必须合理(reasonable)。也就是说，是合理性，而不是令状、相当理由构成宪法第四修正案的试金石。第五，好特里理论要求宪法第四修正案的基本组成部分必须具备合理性，因此，其本身必须符合一般常识和宪法性意图。合理的侵犯必须与合法的政府目的成比例。更具侵犯性的政府行为往往需要更多的正当性理由。合理性不仅聚焦于隐私和秘密，还集中于身体完整性和个人尊严。第六，好特里理论承认宪法第四修正案的排除规则存在问题——施加于犯罪被害人身上的成本以及打击犯罪上遇到的挫折，等等。

相反，坏特里理论首先没有将搜查、扣押作广义的理解，排除了许多侵犯性措施，如持续的、有目的性的肉眼监视，这些措施不受第四修正案的规制，不需要具备合理性要求。其次，坏特里理论拒绝放弃早期的判例所确立的令状只要可行即必须原则，认为只有在紧急情况下，才允许无令状实施搜查、扣押。坏特里理论暗示某些合理性的因素，但是没有能够发展出体系化的相关因素，导致一些自由主义者担心在合理性的规制之下，政府得不到约束。坏特里理论给自由主义者以错误的期待，即除非忠实于宪法文本、历史和常识，法院就没有遵守宪法的承诺。

3. 完善“相当理由”标准的途径：学者们的建议

既然不能僵化地理解相当理由这一标准，那么，应当如何完善“相当理由”标准，才能更好地适应于美国司法实践呢？许多学者对此都从不同的角度做出了努力，试图提出完善“相当理由”的方法。

第一，学者麦克考立夫（C. M. A. McCauliff）试图通过实证的方法来引导司法者、执法者对“相当理由”的理解。

学者麦克考立夫在对 166 位法官进行调查中，对“probable

cause”和“reasonable cause”的比例（见表5－1）：

表5－1　美国学者麦克考立夫关于“相当理由”与“合理的根据”比较调查①

相当理由（Probable Cause）		合理的根据（Reasonable Cause）	
百分比	法官数量	百分比	法官数量
10%	2	10%	3
20%	5	20%	9
30%	27	30%	52
40%	44	40%	32
50%	52	50%	40
60%	25	60%	22
70%	8	70%	5
80%	2	80%	1
90%	1	90%	1
		100%	1

从表5－1可以看出，尽管联邦最高法院将“相当理由（probable cause）”和“合理的根据（reasonable cause）”等同起来，但是，法官们所理解的合理根据确信要低于相当理由，相当理由正像他的名字那样，恰好超过50%。但是，调查表明，相当理由的内涵在发生变化，因为相当理由最初并不含有概然性的意念（probabilistic notions）。

学者麦克考立夫对164位法官作了“合理怀疑”的调查，结果（见表5－2）：

① C. M. A. McCauliff, *Burdens of Proof: Degrees of Belief, Quanta of Evidence, or Constitutional Guarantees?* 35 Vand. L. Rev. 1293(1982).

表 5-2 美国学者麦克考立夫关于“合理怀疑”标准的调查①

比例	法官数量
0%	2
10%	24
20%	33
30%	49
40%	21
50%	23
60%	9
70%	2
80%	0
90%	0
100%	1

从表 5-2 可以看出，Terry 案中的拦阻、拍搜所适用的“合理怀疑”标准要低于第四修正案中的“相当理由”标准，有近 50% 的法官认为，只要达到 30% 的可能性，那么就构成“合理怀疑”，可以实施拦阻、拍搜行为。

学者麦克考立夫在让 167 位法官依照降序将证明标准分为九等的调查，得出的概然性的平均等级和比例为（见表 5-3）：

① C. M. A. McCauliff, *Burdens of Proof: Degrees of Belief, Quanta of Evidence, or Constitutional Guarantees*? 35 Vand. L. Rev. 1293(1982). 布莱克法律词典将合理怀疑定义为：“信息量足以促使一个普通审慎和谨慎的人在当时情境下相信犯罪行为就在眼前。合理怀疑必须建立在具体的和清楚的事实之上，这些事实与来自这些事实的理性推论一起，合理地证明侵犯。” Black's Law Dictionary, 6th ed., (abridged), West, publishing Co. 1991, p. 875.

表5－3　美国学者麦克考立夫关于证明标准概然性的调查①

证明标准	平均等级	平均比例	法官数量
排除合理怀疑(beyond a reasonable doubt)	8.85	90.28%	171人
清晰、明确的证据(clear and convincing evidence)	7.39	74.99%	170人
明显错误(clearly erroneous)	7.08	73.83%	153人
优势证据(preponderance of the evidence)	5.35	55.33%	175人
可能超出不可能(more probable than not)	4.50	52.56%	174人
实质证据(substantial evidence)	4.18	48.63%	162人
相当理由的相信(probable cause to believe)	3.23	44.52%	166人
合理根据的相信(reasonable cause to believe)	2.78	40.73%	166人
合理怀疑(reasonable suspicion)	1.26	29.59%	164人

从表5－3可以看出，在“相当理由”标准上下，有着许多的与之近似的标准，这些标准从概率上讲，差距很小。而这些标准就是在司法实践中，法官们事前审批令状和事后审查强制措施实施是否合理时所适用的证明标准，由此可见，法官们对“合理性”的把握是多元化的，而非单一标准。

第二，克里格·S·伦勒通过汉德公式对“相当理由”进行法律经济学的分析②。

---

① C. M. A. McCauliff, *Burdens of Proof: Degrees of Belief, Quanta of Evidence, or Constitutional Guarantees*? 35 Vand. L. Rev. 1293(1982).

② Craig S. Lerner, *The Reasonableness of Probable Cause*, 81 Tex. L. Rev. 951 (2003)。汉德公式是法律经济学中一个非常著名的公式。它起源于美国法官汉德(Learned Hand)的一个著名的判决，即美国诉卡罗尔拖轮公司[United States v. Carroll Towing Co.,159 F.2d 169 (2d Cir.1947)]一案。

克里格·S·伦勒教授认为，数学概率的估计只是幻想。他通过著名的汉德公式来分析相当理由，汉德公式本来是为了分析当事人采取措施预防事故发生的责任的，由三个变量构成：（1）事故发生的可能性（P）；（2）事故所带来的成本（L）；（3）采取措施预防事故的成本（B）。当 $B < P \times L$ 时，如果没有能够采取措施，事故发生了，当事人有过失的责任。运用汉德公式来分析宪法第四修正案，当预期的社会利益或者价值超出社会成本时，就可能提出有相当理由实施特定的搜查。

（1）$P \times V > C$

当P代表成功搜查的可能性，V代表预防或者调查特定犯罪的社会利益或者价值，C代表因为某种特定搜查带来的社会成本（或者说是隐私侵犯）。通过考虑最高法院经常的立场（在非法交易时，不存在隐私侵犯）。因为只有在不成功的搜查发生时，才会存在宪法性的隐私侵犯，那么，公式可以改写成为：

（2）$P \times V > (1-P) \times C$

当（1－P）代表搜查难以发现任何犯罪证据的可能性，如假定警察通过嫌疑人家中的个人文件有20%的可能发现税务欺诈，所得社会利益是100,000美元，那么，因为搜查个人文件而带来的隐私侵犯是50,000美元，预期的搜查利益或者价值将是20,000美元（$100,000×0.2），小于预期的成本40,000美元（$50,000×0.8），在这样的环境之下实施的搜查将是不合理的。当然，这些数据是武断的，但是，值得注意的是，假若侦查的犯罪是海盗，而不是税务欺诈的话，因为成功搜查所带来的预期社会利益就会提高。这就意味着，一种搜查可能不满足某种犯罪的相当理由，但是在另外一种背景之下可能是充足的。

而且，必须认识到，并不是每一种搜查、扣押所带来的隐私侵犯都是相等的。搜查轿车或者库房的合理事由可能不会带来住房搜查、逮捕的正当化。修补公式可能进一步反映，并不是所有表面上同样的搜查都在本质上是同样的。假若警察因为怀疑而挑出一个人，并把他的车开到路边，因此而带来的隐私侵犯远远大于在警察例行检查中实施同样的随机搜查给这个人所带来的隐私侵犯。此外，警察重复的拦阻亚裔美国人，这种打烙印式的警察实践还可能带来内在化的成本攀升。这样，公式就应当被重写为：

(3) $P \times V > (1-P) \times (C \times M)$

M代表隐私的增加数（a privacy multiplier），假若汽车搜查通常带来1,000美元的隐私侵犯，以任意的方式实施的搜查可能仅仅为100美元，如果在多重机会之下搜查个人所带来隐私侵犯成本则可能是2,000美元。因为需要给具有变量性的东西定量，这种建议可能看起来对于治安法官来说较为复杂，难以让人掌握。克里格·S·伦勒认为，实际上并非如此。治安法官不需要运用数据评估，需要的仅仅是常识，寻找相当理由的常识。而且，正像公式中所描述的那样，根本地违背相当理由的证明标准，在很大程度上是不必要的。那一般只发生在特定的犯罪中，因为，只有针对特定的犯罪进行特定的搜查，才会用到特定的标准。事实上，在Illinois v. Gates一案中，这个提议已经显示了其生命力。该案裁决表明，相当理由就是“估计特定事实背景之下的可能性”。常识要求这些背景包括搜查的侵犯性和所调查犯罪的严重性。

克里格·S·伦勒教授最后建议，基于治安法官评估这些具有细微差别的相当理由标准时能力的考虑，可以考虑遴选当地律师协会的精英成员作为联邦治安法官，以提高法官的素质，进而保障对强制措施令状申请的审查质量。

第三，阿奇理德·爱玛尔认为应当完善立法、司法、陪审团制度以确保“相当理由”的实现。

阿奇理德·爱玛尔教授在给相当理由进行定位时，同样指出，“相当理由”不能是一个固定的标准。不考虑伤害的紧迫性、搜查的紧急性、搜查的原因等，而坚持所谓的“可能性”没有任何意义。有时候1%的可能性就足够了，而另外的时候100%的可能性仍然是不合理的。常识要求我们越过可能性而注重政府期望的裁决、搜查的侵犯性、搜查对象的身份、达到搜查目的的其他方式的可行性，等等。而且，“相当理由”标准不能是一个高标准。对相当理由的理解，必须回到宪法第四修正案的核心（即合理性）上来。如何确保“合理”的实现呢？阿奇理德·爱玛尔从立法、司法、陪审团制度三方面来完善，从立法而言，立法机关应当改革搜查、扣押规则。行政机关（包括警察部门）还要颁布具体的搜查、扣押政策的实施准则。从司法角度看，法官注重的焦点应当是在宪法的合理性上，法官应当构建一个原则用于确定法律上的侵犯第四修正案的特定行为。最后是建立一套合理的陪审团制度，因为“合理”很大程度是常识问题。而陪审团很大程度代表普通人的常识。“合理”不是一套冰冻在1991年或1868年的琥珀中的特殊规则，而是一种诚实而理智的用以组织公正的陪审团的评议和公平的陪审团的裁决的教科书式的准则。①

相当理由标准，不能仅仅通过证明实施受到异议的逮捕或搜查的官员主观上认为其行为有依据而得到确立。就如Beck v. Ohio案中所强调的那样：“如果主观善意本身是标准，第四修正案的保护就不存在了，而且个人只能将‘其人身、住宅，文件和财产的保护’交给警察的裁量。”② 有时，联邦最高法院甚至认为，执法官员不认为自己具有相当理由并不妨碍法院作出相反的事实认定。③ 因此，相当理由标准实际是一个客观标准。要想确立相当理由标准，就必须存在一个正常理智的人认为合理的事实。尽管如此，美国联邦最高法院还是阐明，执法官员的专门知识和经验需要考虑在内。④

---

① Akhil Reed Amar, *Fourth Amendment First Principles*, 107 Harv. L. Rev. 757 (1994).

② Beck v. Ohio, 379 U. S. 89 97(1964).

③ Florida v. Royer, 460 U. S. 491 ,507(1983).

④ 如 Johnson v. United States,333 U. S. 10(1948).

三、我国刑事强制措施适用的证明标准体系之完善

我国《刑事诉讼法》第60条第1款规定："对有证据证明有犯罪事实，可能判处徒刑以上刑罚的犯罪嫌疑人、被告人，采取取保候审、监视居住等方法，尚不足以防止发生社会危险性，而有逮捕必要的，应即依法逮捕。"六部委《关于〈刑事诉讼法〉实施中若干问题的规定》第26条规定，"有证据证明有犯罪事实"，是指同时具备下列情形：一是有证据证明发生了犯罪事实；二是有证据证明犯罪事实是犯罪嫌疑人实施的；三是证明犯罪嫌疑人实施犯罪行为的证据已有查证属实的。这一标准仍嫌有些模糊，而缺乏必要的可操作性。一般认为，只有证据在数量上达到一定的程度（也就是"证据充足"），并且证据本身具有一定的为证明犯罪事实所必备的质的规定性时，才能算"有证据证明"。按照普遍的看法，逮捕所需要达到的证明标准，较之侦查终结、提起公诉和有罪判决而言，仍要低一些。除了要满足法定的证明标准以外，适用逮捕还必须以嫌疑人具有社会危害性为条件。但这一理由通常不会被负责"批捕"的检察官加以过多的考虑。一般情况下，检察官最关心的是已经掌握的证据是否达到法定的逮捕标准。因此，是否达到"有证据证明有犯罪事实"成为逮捕的关键要件。

我国《刑事诉讼法》第61条的规定："公安机关对于现行犯或者重大嫌疑分子，如果有下列情形之一的，可以先行拘留……"可见，拘留应当满足的最低证据要求就是"重大嫌疑"。我国拘留和逮捕与对犯罪嫌疑人、被告人的羁押合二为一，因此，拘留、逮捕与羁押所要求的证明标准也是同样的，也就是说，羁押所要达到的证明标准同样是"有证据证明有犯罪事实"和"重大嫌疑"。

对于搜查，《刑事诉讼法》第109条规定，为了收集犯罪证据、查获犯罪人，侦查人员可以对犯罪嫌疑人以及可能隐藏罪犯或者犯罪证据的人的身体、物品、住处和其他有关的地方进行搜查。《公安机关办理刑事案件程序规定》第205条、《人民检察院刑事

诉讼规则》第175条、第178条作出了类似的规定。对于扣押，我国《刑事诉讼法》第114条第1款规定：“在勘验、搜查中发现的可用以证明犯罪嫌疑人有罪或者无罪的各种物品和文件，应当扣押；与案件无关的物品、文件，不得扣押。”《公安机关办理刑事案件程序规定》第211条也做出了类似的规定。从这几个条文的表述中，难以找到具体的搜查、扣押启动的证明标准。换言之，我国刑事诉讼法仅仅关注的是搜查、扣押的目的，以目的代替了标准。实践中，目的本身的正当性并不需要相关事实或证据来加以证明。可想而知，在没有相应的证明标准约束下实施搜查、扣押等强制措施，势必会造成滥用。

对于人身检查，我国刑事诉讼法及其司法解释同样没有规定具体的启动标准。《刑事诉讼法》第105条第1款规定：“为了确定被害人、犯罪嫌疑人的某些特征、伤害情况或者生理状态，可以对身体进行检查。”《人民检察院刑事诉讼规则》第169条和《公安机关办理刑事案件程序规定》第198条也做出了与之基本相同的规定。由于我国刑事诉讼法对身体检查启动要件规定的缺失，导致了身体检查实施的泛化。司法实践中，为了破获大案、要案，查明案件真相，侦查机关往往不惜一切代价，实施大规模的诸如抽取血样的侵入性身体检查。犯罪嫌疑人、被害人，甚至包括与案件无关的第三人在内的被检查人随时可能承受基本权利被侵犯的危险。

现场盘查被认为是我国常见的行政检查方式，但是，它经常被当作刑事强制措施来适用。① 我国《人民警察法》第9条将盘查启动的标准笼统规定为“为维护社会治安秩序”，《公安部关于公安机关执行〈人民警察法〉有关问题的解释》对此作出进一步细化，“依照《人民警察法》第九条的规定，公安机关的人民警察在执行追捕逃犯、侦查案件、巡逻执勤、维护公共场所治安秩序、现场调

① 鉴于盘查与侦查在实践中的密切联系，所以，有必要将盘查纳入到刑事强制措施研究的视野中来。

查等职务活动中，经出示表明自己人民警察身份的工作证件，即可以对形迹可疑、有违法犯罪嫌疑的人员进行盘问、检查。检查包括对被盘问人的人身检查和对其携带物品的检查。”该解释以列举的方法从客观方面指出了警察有权盘查的场合和主观方面的“违法犯罪嫌疑”，但是这种概括只是描述了警察的职能范围，并未对盘查适用的客观条件和主观条件，做出详细的规定。可以说，我国法律对警察盘查启动实质要件的规定是相当模糊的，并未要求其达到一定的证据标准。

综上可见，相比美国刑事诉讼中的强制措施实施的证据标准，我国关于刑事强制措施实施的证据标准相当不完善（见表5－4）。

表5－4　中美主要刑事强制措施证明标准适用比较

国别 刑事强制措施	中国	美国
逮捕（含拘留）	有证据证明有犯罪事实、现行犯和“重大嫌疑分子”	相当理由
搜查	无	相当理由
扣押	无	相当理由
身体检查	无	相当理由
羁押	有证据证明有犯罪事实、现行犯和“重大嫌疑分子”	相当理由
盘查（拦阻与拍搜）	形迹可疑、有违法犯罪嫌疑	合理怀疑
监听	无	相当理由

虽然在实践中，公安人员普遍认为，现行批捕的证明标准过高，特别是由拘留转为逮捕的，在规定的时间难以达到这么高的标准。这并不是因为1996年刑事诉讼法的修改提高了逮捕的证明标准（1979年刑事诉讼法规定的逮捕标准为“主要犯罪事实已经查清”），而是由于检察机关内部的制约（如起诉率）和国家赔偿法的制约，导致批捕部门人为地提高了逮捕的证明标准。总体而言，

我国刑事强制措施活动的证据要求是相当宽松的。[①] 尤其是搜查、扣押、身体检查、监听等强制措施，我国刑事诉讼法则完全没有相应的证据标准来约束其发动。学者们在分析这些制度时，往往也经常忽略这些措施实施的证据标准，只注重这些措施发动的程序要件等。即使有学者注意到这些为了获取证据而发动的强制措施有必要设置相应的证据标准，但是，他们简单地认为，将西方国家（特别是美国）的"相当理由"照搬到我国立法上就够了。[②] 实际上，根据本文上述对美国法上的刑事强制措施发动标准的分析，可以看出，"相当理由"也并不是一个固定的、一成不变的标准。某种意义上，它是一个很模糊的概念，需要通过法律解释学的方法来对其进行诠释。对于这样一个流动的概念，如果简单地直接照搬过来写入刑事诉讼法中，没有进一步解释的话，可能带来美国法学理论界和司法实务上一样的论争。而且，在我国这样的成文法国家，仅仅在法条上写入"相当理由"、"合理怀疑"等字眼，成文法的僵化性与司法实践的流动性肯定会产生一定的矛盾，这一点从我国刑事诉讼法对逮捕的证明要求的规定中就可以看出，何谓"有证据证明有犯罪事实"？司法人员（包括侦查人员、检察人员）往往对此理解不一，学界也围绕此问题，展开过大讨论，刑事诉讼法修改之后，《关于〈刑事诉讼法〉实施中若干问题的规定》等司法解释都对此做出了进一步解释。所以，我们在刑事强制措施发动的证据要

---

① 艾明：《论我国刑事侦查中剥夺人身自由措施之合理配置》，载《中国刑事法杂志》2004 年第 3 期。

② 有学者认为，"修正我国《刑事诉讼法》时，应当增加搜查的理由，即对于犯罪嫌疑人的人身搜查申请应当具有合理的怀疑；对于犯罪嫌疑人以外的人的人身、住所及犯罪嫌疑人或被告人的住所的搜查，应当具有'相当的理由'，其证明标准应达到超出信任程度的 50 % 以上"。刘金友、郭华：《搜查理由及其证明标准比较研究》，载《法学论坛》2004 年第 4 期。

求上，不是需不需要加以规定的问题，而是怎样来加以规定的问题。①

前车之鉴，后世之师，中国未来刑事诉讼法的修改应当从美国法的实践中汲取教训。我们认为，在规定“相当理由”、“合理怀疑”等作为刑事强制措施发动的证据标准的同时，应当注意建立相关的配套保障措施，使之更好地得以落实。

第一，在刑事强制措施发动的证明标准中必须贯彻比例原则。正如本文第四章所阐述的一样，比例原则贯穿于刑事强制措施实施的始终，对于侵犯性较强的刑事强制措施，如羁押、身体检查，需要更高的证明标准，对于盘查等侵犯性较弱的刑事强制措施，可以设置较低的证明标准；在每一种刑事强制措施中，还应当根据具体案情的不同，要求不同的证明标准。像美国学者在分析美国宪法第四修正案时所提出的那样，对于搜查，不能机械地适用“相当理由”标准，针对不同地点、不同时间范围内实施的搜查往往需要满足不同的证明标准。在搜查的实施中，应当引入“合理的隐私期待”概念，对于隐私期待较多的住所等的搜查，证据要求越高；对于隐私期待较少的例行检查，证据要求低。

第二，刑事强制措施的证明标准设定，需要引入利益权衡原则。值得注意的是，在成文法国家中，刑事诉讼中的利益判断和利益选择只能在立法时进行，而不是在司法过程中进行。② 在立法上，对于国家、社会利益和嫌疑人、被告人的利益必须兼顾，不能简单地认为嫌疑人、被告人的个人利益要服从于国家、社会利益。科学、合理的刑事强制措施发动标准必须兼顾二者。

第三，在对每一种刑事强制措施设置原则性的证明标准的同时，应当设定一定的例外，这也是成文法僵化性的必然要求。刑事

① 毫无疑问，目前刑事诉讼法中，如搜查、扣押、身体检查、监听等强制措施标准的虚无化，带来的问题相当严重。仅仅因为证明标准本身的模糊性而拒绝将其规定于法条之中，是不明智的。

② 汪建成：《论刑事诉讼中的利益观》，载《中国法学》2000 年第 2 期。

诉讼中，对利益的相互抑制反映在立法技巧上，就是采用规则与例外并用的方式。[①]

第四，应当允许刑事强制措施的具体实施部门制定统一的细则对刑事强制措施的证明标准予以细化，但是，只能在刑事诉讼法的框架范围内进行解释，不可对条文本身的含义曲解，甚至突破。

第五，判断刑事强制措施的发动是否符合既定的证明标准，应当遵循“综合判断法则”。可以借鉴美国司法实践中的若干经验，来具体判断刑事强制措施的发动、适用是否合理。

第六，必须提高刑事强制措施决定者（特别是事前决定者）的素质。由于刑事强制措施的证明标准与令状主义有着密切联系，令状发布者的个人素养及其执法经验对于刑事强制措施的证明标准的具体把握往往有着重大的影响。

第二节　事后限制：非法强制处分获取证据的排除

刑事强制措施的适用与非法证据排除规则之间有着密切的联系。如前所述，通过刑事强制手段获得的证据存在证据能力的判断问题，非法证据排除法则的存在，构成刑事强制措施适用的事后控制手段。从某种意义上说，非法证据排除规则是刑事强制措施正当性的重要保障。在刑事强制措施的适用中，可能产生非法证据的途径无非以下几种：排除因犯罪事实所引起阻碍的刑事强制措施（包括搜查、扣押、监听、身体检查等）运用不合法，直接可能产生非法证据；排除因行为人所引起障碍的刑事强制措施（如拘留、逮捕、羁押等）通常也可能被执法者用来调取证据（尽管这不是对行为人实施强制措施的正当目的），因此而获取的证据是否具有可采性，同样需要经过法律的检验。

① 汪建成：《论刑事诉讼中的利益观》，载《中国法学》2000年第2期。

如何规范我国通过刑事强制措施获取证据的运用，这一问题一直是诉讼法学界关注的焦点。我们认为，对非法证据排除规则的设计无法绕开3个基本问题：理念上的非法证据为何排除；操作层面上的证据排除范围，以及如何排除证据。前者决定了后者在立法上的具体设计和司法上的具体实施。英美法系的美国和大陆法系的德国在证据排除规则上讨论与实践了近两个世纪，尽管他们的历史传统和具体国情与我国有着很大的差异，但是现代司法原则和法律制度上毕竟还存在一定的普适性。这种普适性需要我们对美国和德国的学说和制度有着明晰的认识，本部分即以美国的非法证据排除规则和德国的证据禁止理论为参照，分析我国刑事强制措施实施中的证据能力判断上可能遇到的问题。

非法证据排除规则是近代法的产物①。追根溯源，早期的英国习惯法认为，凡是与待证事实有关联性的证据，均具有证据能力，即使它是被执法者以非法的方法获取的，也就是说，当时并未确认非法证据的排除法则。② 作为证据排除规则（the Exclusionary Rule）发源地的美国一直继受英国法的这一传统。直到1886年，美国联邦最高法院在Boyd v. United States③ 案判决中首次提出证据排除的概念，才认为“强制的揭示犯罪证据（书证）的行为，构成侵害宪法第四修正案免受不合理搜查、逮捕、扣押的宪法权利，该书证在法院不应被容许提出”。但是，关于证据排除的正式判

① 一般意义上的证据排除与非法证据的排除必须区分开，这在许多学者的著述和论争中已经澄清。“非法证据排除规则属于证据排除规则的一部分，该规则设立的依据是此类证据在性质上属于非法，因此应予排除；除此之外尚有诸如传闻证据规则、意见证据规则、证人特权规则以及品格证据规则等多种排除证据的规则，这些规则所针对的对象显然无所谓非法与合法之分，只是由于其不符合法律规定的条件而被排除。”孙远：《证据是如何排除的》，载《政法论坛》2005年第5期；岳礼玲：《德美证据排除规则的比较——我国确立刑事证据规则之经验借鉴》，载《政法论坛》2003年第3期；蔡秋明：《美国刑事程序中之证据排除法则简介》，载台湾《律师杂志》第232期。

② John C. Klotter, *Criminal Evidence*(7th ed), Anderson Publishing Co, 2000, p. 448.

③ Boyd v. United States, 116 U. S. 616, 624 – 626 (1886).

决，则是 1914 年的 Weeks v. United States[①] 案，美国联邦最高法院在 Weeks 案中将违背宪法第四修正案实施的非法搜查、扣押得来的证据予以排除。随后，非法证据排除规则适用范围扩展到违反宪法第五修正案有关不得强迫自证其罪的规定、第十四修正案关于正当法律程序的规定、第六修正案关于辩护权的规定所获取的证据。可以说，美国非法证据排除规则的诞生就与强制措施的适用有着密不可分的联系。

1903 年，德国刑事法学大师贝林格（Beling）以“证据禁止作为刑事诉讼真实发现之界限”为题发表专论，开启了德国关于证据禁止理论的研究，尤其是第二次世界大战以后，该国证据禁止理论与实务的发展一日千里，形成了多种学说与主张。[②] 德国的证据禁止，主要包括证据取得禁止（Beweiserhebungsverbote）和证据使用禁止（Beweisverwertungsverbote）。证据使用禁止，其主要涉及该证据在刑事审判当中是否禁止使用的问题，其不仅禁止法官在审判当中调查、使用该证据，更重要的是禁止法官将其作为裁判的心证基础。证据使用禁止则又可分为依附性证据使用禁止与自主性证据使用禁止两大类型[③]。当违反法律的规定取得证据时，通常法官不可以使用该证据作为证明待证事实的基础，此种情形下，证据使用禁止是以先前违反法律关于证据取得禁止的规定为前提要件，故

① Weeks v. United States, 232 U.S. 383 (1914).

② 法治斌:《论违法搜索扣押证据之排除》，载《政大法学评论》第 25 期。有关证据禁止的相关文献包括，[德] 克劳思·罗科信:《刑事诉讼法》，吴丽琪译，法律出版社 2003 年版，第 210 页以下；[德] 托马斯·魏根特:《德国刑事诉讼程序》，岳礼玲、温小洁译，中国政法大学出版社 2004 年版，第 187 页以下；林钰雄:《从基础案例谈证据禁止之理论与发展》，载《刑事诉讼之运作——黄东熊教授六秩晋五华诞祝寿论文集》，台湾地区五南图书出版公司 1997 年版，第 1 页以下；赵彦清:《受基本人权影响下的证据禁止理论——德国刑事诉讼中的发展》，载《欧洲法通讯》（第四辑），法律出版社 2003 年版，第 137 页以下；林钰雄:《刑事诉讼法》（上册　总论编），中国人民大学出版社 2005 年版，第 422 页以下。

③ 此分类又称为“违法取证之证据使用禁止”与“基于宪法规定精神之证据使用禁止”。

称之为非自主性或依附性的证据使用禁止。至于自主性的证据使用禁止，则并非由违反法律中的证据取得禁止的规定而产生，而是基于宪法对基本人权的保护，所推导出的证据使用禁止。美国法上的非法证据排除规则实际上只相当于证据使用的禁止，更为准确地说，是非自主性或依附性之证据使用禁止，即侦查机关在收集证据中有错误或有违法行为所导致的证据使用的禁止。

一、非法证据排除的目的观

非法证据为何要排除？这是解决非法证据排除的理论基础问题。以违法手段所获取的证据往往是对证明案件事实（特别是证明有罪事实）有利的证据。对于这种证据的排除一般会不利于对犯罪的追诉。排除非法取得证据就意味着，有另外一种或者多种目的指向比追诉犯罪更为重要，究竟是何种目的呢？在学说及实务上，美国的非法证据排除规则和德国的证据禁止理论都有着不同的主张和主流见解。在美国繁杂的关于非法证据排除规则的判例中，可以寻找到 3 种不同的学说，即阻吓目的说、宪法权利保障说、司法诚信说。但是，在德国的证据禁止理论背后所潜藏的 4 种主张则分别为：发现真实、保护个人权利、公平审判、导正纪律。

（一）美国非法证据排除的目的观演变

宪法权利说在 1914 年 Weeks v. United States 一案中初见端倪，美国联邦最高法院在该案中，以宪法第四修正案为判决基础，指出："若信函及私人信件，经非法搜查、扣押，而能作为控诉被告的不利证据，则宪法第四条修正案所保护的免受不合理搜查、扣押的权利规定，将形同具文，毫无价值可言"。[①] 1961 年，联邦最高法院在 Mapp v. Ohio 一案中更直接声称"证据排除法则是宪法第四修正案及第十四条条文的绝对必要的一部分，强调证据排除法则

① Weeks v. United States. 116 U.S. 383, (1914).

是宪法第四修正案限制政府权力滥用的一部分”[①]。但是，在 1984 年的 U. S. v. Leon 一案中，联邦最高法院却认为宪法本文并无证据排除法则的规定，该法则并不属于宪法的一部分。[②] 有学者认为，自从 Mapp 案以后，联邦最高法院在其他案件中似乎已经放弃了证据排除法则是宪法一部分的说法，反而不断强调证据排除法则，只是司法创设的救济方式[③]，不再主张或强调宪法权利说。

阻吓理论在实务上最早出现于 Wolf v. Colorado 一案的判决中，该案判决认为证据排除法则并不属于宪法的要求，而是司法机关对违法行为所设想的一项对策。[④] 其后，在 Elkins v. United States 一案判决中，将阻吓说与司法廉洁说同列为证据排除法则存在的两项原因。[⑤] Mapp 案中，联邦最高法院发现一切刑事处罚、民事赔偿及行政惩戒的方式，都无法有效遏制警察的滥权非法搜查[⑥]，如果将警察违法手段取得的证据排除在法院审判之外，对于执法人员而言，不仅浪费时间与人力，并且无法达成原来追诉犯罪的目的，反而会失去原来可追诉犯罪的证据，因此证据排除结果，可除去警察实施非法搜查、扣押的诱因，产生吓阻效果，是为最有效的方式[⑦]。嗣后联邦最高法院其他判决亦不断强调证据排除法则唯一目的是吓阻警察的不法行为[⑧]。

司法诚信理论认为，法院作为公平正义的象征，应以维护宪法

---

① Mapp v. Ohio, 367 U. S. 643(1961).

② United States v. Leon, 468 U. S. 897(1984)

③ United States v. Calandra, 414 U. S. 338, 348(1974); Leon, 468 U. S. at 906; Krull, 480 U. S. at 347. 王兆鹏：《刑事被告的宪法权利》，台湾地区翰芦图书出版有限公司 1999 年版，第 17～18 页。

④ Wolf v. Colorado, 338 U. S. 25 (1949).

⑤ Elkins v. United States, 364 U. S. 206 (1960).

⑥ Mapp v. Ohio, 367 U. S. 643(1961).

⑦ 王兆鹏：《刑事被告的宪法权利》，台湾地区翰芦图书出版有限公司 1999 年版，第 20 页。

⑧ Stone v. Powell, 428U. S. 465, 484－485(1961).

尊严为最高职责，若审判中使用执法人员非法取得的证据，就等于法院为政府非法行为背书，同时也等于宽容、宽宥政府侵犯人民的宪法权利，甚至间接鼓励政府的非法行为。美国联邦最高法院在Weeks案中表示："此种由执法官员使用违法方式扣押的趋势……法院的判决不应承认。法院必须始终支持宪法，任何处境的个人均有权要求维护此项基本权利……法院及其个人将犯罪者绳之以法的努力，不得借重牺牲宪法第四修正案原则的方式……如果这样，就等于司法机关纵容违法……"① 1960年的Elkins案后已降低这一理论的重要性，因为司法诚信的论调，不但无法将犯罪者绳之以法，反而将重要的犯罪证据排除在外，使犯罪者平白获得利益，而由社会为警察不当地执法付出更多成本，也不是维护"司法尊严"的目的。因此，联邦最高法院随后的判决在排除证据时，就不再以司法诚信为理论基础，只强调阻吓理论为证据排除法则的基础。

由上可见，美国实用主义的哲学理念渗透于法院的司法实务和学者们的理论中，阻吓理论之所以能够成为美国非法证据排除的主要目的就是基于这一实用主义目的的需要。可以说，阻吓警察的执法是美国非法证据排除规则的最为直接的目的，保障宪法权利和维护司法的尊严只不过是附带的目的而已。或者说，主观上为了达成阻吓警察非法行为的目的，在客观上一定程度地附带实现了所谓的保障权利和维护司法尊严的目的。

（二）德国证据使用禁止理论的目的观嬗变

关于证据使用禁止在刑事诉讼上的功能，德国学说上有不同的见解，具体可以分为发现真实说、保护个人权利说、公平审判说及导正纪律说几种。②

发现真实说认为，证据使用禁止的主要功能，在于保障案件实体真实的可靠性。一般而言，非法取得的证据本身虚伪的可能性很

① Weeks v. United States. 116 U. S. 383,(1914).

② 林钰雄：《德国证据禁止论之发展与特色》，载台湾《律师杂志》第232期。

高，为发现真实起见，因此，将此项证据排除在判决基础事实之外。典型的例证就是，德国刑事诉讼法禁止使用暴力、胁迫的方法获取被告人的自白。通过不正当的讯问方法取得的供述证据，也不具有证据能力。有学者认为，禁止使用这类证据的结果，不但无助于发现真实，有时还会阻碍真实发现，因此，对于这类证据的不使用，不如说是设定了发现真实的界限①。

保护个人权利说由德国学者罗迦（Rogall）提出，该学说认为，依刑事诉讼法关于证据禁止的规定，证据禁止的立法目的，无非在于保护被告的权利。例如，禁止以不正当方法获取口供的规定，主要保护的就是被告人的意思决定及意思活动的自由权利。通过不正当的方法获取口供，是对自由权的不法侵害，同时也违反了对人性尊严的保护，因此，法律不仅禁止国家机关以不正当的方法获取自白，也进而禁止法院使用出于不正当讯问所获取的自白证据。但是，有学者认为个人权利受侵害后，即使排除违法取得的证据，往往也无法改变个人权利已受到违法侵害的既成事实，此说顶多只能算是对先前权利侵害行为的补偿或平反而已②。

公平审判说的主张者以库柏（küpper）为代表。该说以程序正义观点来解释证据禁止的目的。按公平审判的原则，要求国家机关在审理被告人时，应公正、公平而且合乎法治国的刑事程序。如果侦查追诉机关本身在取证过程中违法，则该项违法取得的证据不得在审判中使用，否则，刑事诉讼程序就不可能公平而且合乎法治精神。与公平审判说观点类似的道德最低限度说，认为“当国家自己以违背道德最低限度的不法手段取得证据时，就丧失了行使刑罚请求权的正当性，因此该证据应禁止使用”。但何谓道德之最低限度？一般认为，当国家追诉者违反刑法规范，同时违背道德最低限

① Jescheck, Verhandlungen des 46. DJT, 1996, Teil 3B, S. 17, 引自林钰雄：《德国证据禁止论之发展与特色》，载台湾《律师杂志》第232期。

② 林钰雄：《德国证据禁止论之发展与特色》，载台湾《律师杂志》第232期。

度的要求。[①]。

导正纪律说认为，证据使用禁止的功能，在于规范追诉机关（尤其第一线承担侦查任务的警察）的纪律。这种学说与美国的主流观点阻吓理论十分近似。但依据德国通说，大部分学者认为导正纪律说仅是证据使用禁止的附带效果而已，并非证据禁止的主要目的。因为，德国实务上也存在着诸多禁止私人以不法手段取得的证据在审判上使用的判例。

可以说，德国的上述诸种学说都从不同的侧面揭示了证据禁止的功能。但是，发现真实说不够周延，显然，证据禁止在排除虚伪证据的同时，也将“可能”真实的证据排除掉。个人权利说忽视了证据禁止的预防功能，如果说是救济的话，那也只能是对先前权利侵害行为的补偿或平反，或者说是一种间接的、潜在的权利保护方法。但是，德国的证据禁止理论和前述提到的美国非法证据排除规则中的宪法权利理论基础有所区别，因为，德国的证据禁止除了依附性的证据使用禁止，还有自主性的证据禁止，后者是在第二次世界大战之后，专门为了保障德国基本法所规定的基本权利所发展出来的。[②]“在美国集中在宪法的要求和对宪法权利的保护上；在德国，虽然也有基于保护宪法权利的证据排除，但是它的主要焦点还是集中在刑事诉讼法的规则上。”可见，与其说德国的证据禁止旨在保护个人权利，不如说美国的非法证据排除规则更能保护个人权利。某种意义上，美国的非法证据排除与个人宪法权利有着更为密切的关系。我们认为，更切合德国实务和理论的学说是公平审判说，该说以程序正义和法治国理论为基础，发展出了利益权衡的思想，权衡权利的侵害与国家获益之间的大小，以达到公正审判的目的。当然，这种学说与美国的司法诚信说有着异曲同工之处。

① 林钰雄：《德国证据禁止论之发展与特色》，载台湾《律师杂志》第232期。

② 美国主要依据宪法排除，德国主要是依据刑事诉讼法，也涉及依据宪法的自主性证据使用禁止。

（三）我国刑事诉讼法应确立的非法证据排除目的观

很显然，美国关于非法证据排除规则的学说和德国的证据禁止理论十分类似，学者们对二者的功能归纳，几乎一致。但是，由于司法传统、国情的不同，对于证据排除的主要目的的选择有所不同，美国崇尚实用主义，强调证据排除的阻吓功能；而德国强调证据禁止在保障审判公正、程序正义上的重要意义。当然，这只是相对意义上的，只能说明证据排除的初衷在此，并不是说，执法者在实践中一点也不考虑别的因素，也不是说，证据排除在客观上带来的效果完全就只是阻吓或者保障审判公正、程序正义。

我国立法应当具备怎样的非法证据排除目的呢？究竟是以阻吓非法取证行为为目的，还是以保障人权为目的，抑或以保障公正审判、树立司法权威为目的？我们认为，抑制警察权的扩张应是中国刑事诉讼的当务之急。阻吓侦诉机关非法取证应当成为我国目前非法证据排除规则的首要目的。在这一目的指引之下，建构我国的非法证据排除规则，有些问题就迎刃而解了。例如，非法证据应当在审判阶段被否定，还是在审查起诉、批准逮捕阶段就否定呢？很显然，为了阻吓警察的非法取证，在批捕阶段就应当开始否定非法证据，否则，在我国检警关系松散的结构中，等到审判中再去否定非法证据、排除非法证据，很难达到阻吓的目的。

二、非法证据排除适用范围的法定与裁量

我国学界主流认为，包括美国在内的世界上其他国家和地区均没有绝对排除非法证据的做法。而且，我国学者绝大多数赞同中国实行非法证据排除规则，但同时应当有若干条件或者例外。那么，在证据排除目的观的影响之下，美国和德国的排除范围究竟有何不同之处呢？我们认为，不能简单地认为美国和德国都是原则加例外，事实上，两个国家在实践中基于不同的目的观和诉讼体制，建构了不同的相对排除法则。美国实行的是相对严格的法定证据排除，而德国确立的则是相对裁量排除。在排除规则的适用上，美国

法自动适用，而德国法才是真正的权衡排除。

（一）美国的相对严格排除

美国非法证据排除规则是相对的，但是其相对排除规则中包含着绝对的因素。对于那些应当排除的非法证据，美国判例确定了不可裁量的规则。而且例外也是法定的，法官的裁量权相对较小。依据能否达到阻吓的目的，美国法设置了一些严格的例外规定，如与刑事审判认定犯罪事实无关的情形（如民事诉讼、人身保护令程序、大陪审团调查、预审程序、保释程序、量刑程序等），证据排除法则都例外的不适用。

违背美国宪法第四修正案的搜查、扣押所获取的证据，除非善意的例外，不得作为定案的根据。至于监听等手段，不仅受到宪法第四修正案的规制，而且受到美国国会1968年的《综合犯罪控制与街道安全法》的规制，凡是违背宪法第四修正案和该成文法规定所取得的证据，均无证据能力。对于供述性证据而言，违背讯问前的米兰达告知程序所取得的自白，不具有证据能力；而且，除非被告人明确的放弃不得强迫自证其罪特权，否则，其自白亦因违反宪法第五修正案而被排除。此外，违背宪法第五修正案以及第十四修正案关于正当程序条款、违背宪法第六修正案保障刑事被告辩护权的规定而取得的证据，也不应具有证据能力。但是，如何才构成违背前述宪法条款呢？美国的做法是按照具体的案情逐一地进行分析。依据毒树之果理论，除了排除通过违宪方法直接获取的证据，还排除其间接派生的证据，当然也有其例外，即“独立来源的例外”、“稀释的例外”、“必然发现的例外”、“善意的例外”。

从上述规则中，可以发现，美国通过判例建构的证据排除规则体系基本以原则和例外的方式。甚至有学者夸张地认为，美国采取的是“绝对排除主义”，同时规定许多例外规定。也就是说，当法官发现执法者侵害公民基本权益时，原则上必须排除证据，没有裁量的余地。法官不得以被告所犯是重罪，或者所取得的证据是数量庞大的违禁物而不排除。该学者还指出，这种做法体现了法律的明确性，为法官提供了明确的适用标准。①

（二）德国的相对裁量排除

《德国刑事诉讼法典》第136a条列举了在讯问犯罪嫌疑人时禁止使用的方法，并在这一条文的最后规定，即使被告人同意使用那些法律禁止的方法，所得到的口供也不得使用。这一条是典型的证据使用禁止的规定。但是，无论是德国基本法还是德国刑事诉讼法典都没有关于自动排除非法所得证据的一般规定。德国法院用“权衡”的方式考虑非法证据的排除问题。②

换言之，证据取得禁止与证据使用禁止二者间并无必然关系，违反证据取得禁止不必然产生证据使用禁止的效果，证据使用禁止的原因也非全属于证据取得禁止的违反。在证据取得禁止的违反后，尚须一套理论，如权衡理论、规范保护目的说、权利理论等，来推论其是否招致证据使用禁止的效果。“权利领域理论”以被告人权利的侵害为标准来界定证据排除的适用范围，实际上，德国法院认为与被告有特定关系的证人在未被告知拒绝证言的权利时，也可能主张上诉，导致证据排除。“重大理论”则认为，证据使用禁止与否取决于证据取得过程违法是否重大。此说所面临的立即批评就是，在刑事诉讼上明文规定的不正当讯问获取自白的排除，与其他无明文规范的证据排除情形，向来就不仅是取决于所谓的违法重大。“一般预防理论”主张，刑事程序具有一般预防的功能，若认为取证过程违法，就会有碍于司法权上关于反对强迫自证己罪原则的维持，而且，对于司法权的中立权威与判决的功能有减损时，应予禁止证据的使用。“权衡理论”认为，证据应否禁止使用，取决于个案中违反取证规范的程度轻重、国家追诉利益等的权衡。这种学说最令人诟病之处，就在于其未能提出一定的审查标准，毕竟，

---

① 王兆鹏：《刑事诉讼讲义》（一），台湾地区元照出版公司2003年版，第37～39页。

② 岳礼玲：《德美证据排除规则的比较——我国确立刑事证据规则之经验借鉴》，载《政法论坛》2003年第3期。

仅仅是个案的审查容易带来判断上的恣意与法的不安定。“规范保护目的”说认为，应当探求使用该证据的结果是否会导致该保护规范的目的受损，依此而决定证据是否应禁止使用。但是，何谓规范保护目的呢？这在判别证据使用的问题上，无法找到一个统一的见解与结论。“信息的依法取得与证据禁止”理论认为，考量取得的证据应否使用时，应注意所谓个人与国家之间的信息分配规范。换句话说，刑事诉讼上关于取证规范的规定，不仅保护个人权利，而且考虑到国家追诉利益。所以，证据取得违反了刑事诉讼上的规范，而且将可能改变原先刑事诉讼法分配的信息取得、掌握，此时，该违法将会导致证据使用上的禁止。

我国台湾学者林钰雄教授综合考虑上述各种学说的弊端，提出“三阶段审查基准说”①，认为违反取证规范所获取的证据应否禁止使用，应考虑以下几点：（1）追诉机关是否恶意、恣意违法取证？若追诉机关确属恶意，则应禁止使用该证据；（2）若非恶意，则应进一步继续审查被违反的取证规范的立法目的何在？其目的是否因该违法而终局受损？若继续使用该证据是否将造成损害更加扩大？若将加深或扩大损害时，则应禁止使用该证据；（3）若前者为否定答案时，则进而个案中权衡个人利益与国家追诉利益，加以判断之。也就是说，在考察违反证据取得禁止规定的证据是否可采时，应采取上述三阶段审查基准说，即先以追诉机关是否恶意、故意违反取证规定作为第一层的判断标准，进而再以规范保护目的作为第二部分判断，然后再以个案中的个人权利与国家追诉利益的权衡，才能最终决定该违法取得的证据应否使用。

我们认为，“三阶段审查基准说”尽管在综合考量各种学说基础上，提出了综合的判断法则，仍然没有提出一种非常明确的标准。在这种模式之下所产生的诸种学说，往往可能顾此失彼。相对裁量主义主要的缺陷在于其的模糊性、不明确性。法官可能以自己

① 林钰雄：《违法搜索与证据禁止》，载《台大法学论丛》第28卷第2期。

的主观、喜恶，自行就个案决定证据应否排除。这样会造成同一警察的非法行为，在不同的地方法院，或同一地方法院的不同法官，因各自行使“裁量权”，“合法”地产生了不同的法律效果。[①]

（三）严格抑或裁量：我国非法证据排除规则适用范围的选择

在我国未来建构的非法证据排除规则适用范围究竟应当法定还是裁量呢？我国学界有学者依据证据的种类为标准，认为非任意性供述都应绝对排除，而对非法搜查、扣押等方式获取的物证则可以赋予法官以裁量权予以排除。[②] 还有学者以收集证据的方法在违法程度、侵害利益严重性为标准，将非法证据分为三种违反宪法的证据、一般的非法证据、技术性的违法证据。对于“违反宪法的证据”，应建立“绝对排除”的规则，而对那些“一般的非法证据”，则建立“自由裁量的排除”规则，也就是由司法裁判者根据这种违法行为的严重程度和危害后果，作出排除或者不排除，部分排除或者部分不排除的结论。至于所谓的“技术性的非法证据”，原则上不予排除。[③] 总之，不论以何种标准来划分非法证据，我国学者多数都偏向于法定与裁量相结合的模式来规制证据排除。

我们认为，并不能简单地认为可能对被取证对象权益侵犯严重的非法手段所获取的证据，就当然地法定绝对排除，实际上，对于那些可能造成的侵害较小的非法手段所获取的证据的排除也应当予以法定化，同时设置相应的例外。尤其在拥有成文法传统的国家，这一点更为重要。我国已有学者指出其中的缘由，“利益判断和利益选择只能在立法时进行，而不是在司法过程中进行。立法者完全可以根据自己的利益判断和利益选择自由地制定各种具体的法律条款，但是法律一旦制定以后，严格执行法律的规定，便是刑事诉讼

① 王兆鹏：《刑事诉讼讲义》（一），台湾地区元照出版公司2003年版，第37～39页。

② 杨宇冠：《非法证据排除规则研究》，中国人民公安大学出版社2002年版，第250页、第268页。

③ 陈瑞华：《刑诉中非法证据排除问题研究》，载《法学》2003年第6期。

的唯一的和最高的利益，此时不再存在利益判断和利益选择问题，否则如果再允许进行利益选择，结果只能是破坏法律的规定，从根本上讲与刑事诉讼的最终利益，即国家利益——法律的准确实施格格不入。如果说在刑事司法过程中存在利益判断和利益选择的话，那只能是要求司法者在适用具体法律条文时揣摩立法者是如何进行利益判断和利益选择的，以使自己正确理解法律规定的原意和精神实质，以便更为准确地执行法律”①。实际上，美国对非法证据的相对严格排除方法，更值得我国借鉴，这种方式不仅有利于区分立法与执法的界限，也有利于法律的统一行使，司法权威的树立，而且有助于证据排除本身的阻吓目的的实现，② 这种原则加例外的法定化模式实际上已经包含了一定的利益裁量因素，也并非僵化的、机械的适用。

三、非法证据排除的方法

非法证据排除的方法是为了解决如何排除证据的问题。尤其是在审判过程中，通过怎样的程序将证据排除在裁判者的视野之外。证据排除的方法是否完善、有效，不仅会受到一国诉讼模式的影响，还会受到程序结构、证明机制的影响。

（一）证据排除与程序结构

证据排除必须以一定的诉讼程序为依托。首先，控辩审三方在诉讼程序中的角色对证据排除的方法有着重要影响。按照控辩审三方在审判过程中的作用，可以将证据排除分为依控辩双方请求的排除和依裁判者的职权排除模式。这两种模式分别以美国和德国为代表。在美国刑事诉讼中，非法证据的排除必须以当事人向法院提出排除证据请求为前提，这种请求一般在审判前以排除动议的方式提

① 汪建成：《论刑事诉讼中的利益观》，载《中国法学》2000 年第 2 期。

② 当然，有人可能认为，原则加例外的证据排除，可能让执法者有规则可循，警察可能会学习、调整行为，以避免证据遭排除。我们认为，相比之下，裁量之下的证据排除更有可能让执法者钻空子，心存侥幸。

出。德国在证据的禁止程序上与美国不同，它不要求当事人一方向法院提出动议。在某些案件中，如果被告人做出有效的许可，被怀疑有问题的证据就可以被使用；但没有被告人的同意，这些证据则是不可以被采纳的。也就是说，一旦存在是否禁止使用证据的合理怀疑，证据就应被排除。①

从诉讼程序的纵向结构来看，多数国家以审判为界将诉讼程序划分为审判程序和审判前程序。审判程序又可以细分为庭前审查程序和正式的庭审程序。理论上讲，证据排除既可能发生在庭前审查程序中，也可能发生在正式庭审过程中。在审判中心主义的理念支配之下，证据的排除仅仅意味着事实裁判者不能将应当排除的证据作为定案的根据。当然，最为理想的状态就是，让事实裁判者不与非法证据有“亲密的接触”，事实裁判者本身不受非法证据的任何影响。这种理想的状态似乎只有在事实裁判者与法律裁判者相分离的英美法系才能实现，但是，想当然地认为这种理想状态在陪审团审判模式之下可以实现，也是错误的。因为，一些非法证据可能会在审判前由于控辩双方的动议而排除，但是，在审判过程中，随着证据调查的深入，还有可能发现新的非法证据，这些证据与作为事实裁判者的陪审团成员不得已地有了接触，尽管法官会对陪审团做出指示，命令事实裁判者对该信息不予考虑。事实上，事实裁判者可能也难以在内心抹去非法证据的阴影。按照美国证据法学家达马什卡的观点，证据的“排除”只有在这种事实裁判者和法律裁判者两分的结构程序中才能真正实现。② 实际上，这种状态的实现在某种意义上也是相对的。

在未实行事实裁判者与法律裁判者相分离的大陆法系国家，如果将审判中的庭前审查程序与正式的庭审程序分开，庭前法官与庭

① 岳礼玲：《德美证据排除规则的比较——我国确立刑事证据规则之经验借鉴》，载《政法论坛》2003 年第 3 期。

② Mirjan R. Damaska, *Evidence Law Adrift*, Yale University Press, 1997, pp. 46 – 57.

审法官分开，让庭前审查程序成为一道屏障，排除庭审法官的预断，并且让证据排除的任务在庭前审查阶段就加以完成，事实上，事实裁判者本身在某种程度上也不受非法证据的任何影响。即使如此，与英美法系一样，庭审过程中若发现非法证据，大陆法系身兼事实裁判与法律裁判双重任务的法官与陪审员很难将非法证据的阴影抹去。当然，有学者指出，大陆法系国家广泛地采用“以详细列明的判决理由来证明有关证据已被排除”的做法①。但是，有研究却认为，大陆法系国家法官对判决书的说理并不及于英美法系的法官，而且，对事实认定上的论证相当困难，“无论是在证据认定上，还是在基于证据而对案件事实的认定上，除了因涉及法定证据标准从而转化为法律问题争议外，基本上是无法论证的。”② 可见，非法证据排除在判决书中说理的表现就是对法律问题的论证，即对是否违背程序规则的论证。这种论证在英美法系的判决书中可能做得更为充分。但是，大陆法系国家唯一可以弥补第一审程序中证据排除不够彻底的缺憾就是对于事实错误，允许上诉和提起再审，而这一点在英美法系国家却是相当困难的。

我国刑事程序虽然与大陆法系的刑事诉讼程序有类似之处，即事实裁判者与法律裁判者的合二为一。但是，我国的刑事庭前审查程序无法构成一道屏障，让裁判者不接触非法证据，而且，我国的庭前审查程序本身也不具有排除非法证据的功能③。也就是说，即使我国在未来的刑事诉讼法中规定非法证据排除规则，按照现有的诉讼程序仍然无法达到排除证据的效果。而且，我国的法官“不仅是不大会说理，他们更不大习惯说理”④，司法实践中，我国法院的判决书对于事实认定过程的描述往往以“上述事实有某某证

① 孙远：《证据是如何排除的》，载《政法论坛》2005 年第 5 期。

② 苏力：《判决书的背后》，载《法学研究》2001 年 3 期。

③ 关于我国的刑事庭前审查程序的集中论述，参见汪建成、杨雄：《比较法视野下的刑事庭前审查程序之改造》，载《中国刑事法杂志》2002 年第 6 期。

④ 同②。

据为证”一笔带过。

由此可见，我国在未来确立完善的非法证据排除规则的同时，应当仿效英美法系建构与非法证据排除规则配套的诉讼机制，以保障“非法证据”真正被“排除”。我们认为，未来刑事诉讼程序中必须具备如下几个基本要素：首先，刑事庭前审查程序中，庭前法官应当对控辩双方准备在法庭上展示的证据材料进行前置性的审查，以排除不具有证据能力的证据材料。其次，在庭前审查逐步实质化的情况下，应当设立专门的预审法官，使之与主持庭审的法官相分离，从而防止庭审法官在庭前形成预断和偏见。最后，要强化判决书说理，对于非法证据是否排除，法官应当作充分的论证。

（二）证据排除与证明机制

证据的排除不仅需要有相应的程序机制与之配套，而且应有一定的证明机制与之相适应。具体而言，就是刑事诉讼法对于非法证据排除的证明标准、证明责任等证明机制应有明确的规定。

在美国的司法实践中，不论何种非法证据的证明都不存在整齐划一的做法。可以说，美国强调法官在具体案件中发现法、创造法的功能，使得在非法证据的证明问题处理上表现出了较强的灵活性、不统一性的特点。一般而言，法官们在先例的影响下，综合个案的具体情况，来对案件的多种利益进行权衡，而做出自认为正确的判断，但每个决定的做出都有一个底线，那就是必须充分地保护犯罪嫌疑人、被告人的宪法性权利不受公权力（政府权力）的任何侵犯。在此前提之下，往往控方承担了非法证据证明的大部分责任（或者说是主要责任），但并非全部责任，法官也可能在某种审理方式的驱使之下，对警方的行为作出事先合法性的推定，要求被告人在特定的情形中承担证据非法的证明责任。需要指出的是，美国此种非法证据的证明模式，是与其高效能的司法运作机制和完善的权利保护措施密不可分的，可以说，司法授权、司法救济、被告人的沉默权、律师帮助权、保释制度以及各种证据排除规则都为这种非法证据证明模式的采用提供着制度性的保障。

大陆法系国家的刑事诉讼职权主义色彩较为浓厚，在这种职权主义诉讼特征和追求发现真实的诉讼目的的共同背景之下，他们在处理非法证据的相关诉讼程序问题时，也采用了较为近似的做法。以法德为例，两国法律均将自由心证原则写入成文法中，把证据的证明力判断以及部分的证据可采性（除证据禁止规定之外）认定问题委诸于法官自身。同时，两国法律又几乎一致地赋予了法官以证据调查权。[①] 当证据可采性出现疑问时，无须被告人提出证据非法申请，法官即可依职权进行调查以确定证据之合法性。当然，在刑事诉讼法没有对证明责任分配作出明文规定的情况下，法官亦可以根据具体案情进行自由裁量，由控方抑或被告方来承担举证责任的不利后果。至于非法证据的证明标准，从实践来看，德国大多数人同意使用定罪的证明标准，也就是说，一旦存在是否排除证据的合理怀疑，证据就应被排除，法院也通常通过对比来判断刑事诉讼程序的规律，排除那些具有最大可能性通过违法活动所取得的证据。[②] 我国台湾学者陈朴生先生认为“大陆法系认自白之证据能力，本属程序的事实。程序的事实，法院得依其职权调查之，当事人并不负举证责任。是自白证据能力之事实的证明，既属程序的事实之证明，以经自由的证明为已足，并不生立证之问题。”[③]

大陆法系和英美法系在诉讼文化背景、法律传统上有着很大的差异，但是在非法证据的证明问题上，它们却有着某些趋同之处。例如，被告人基于利害关系，作为非法证据的异议主体，提起非法证据的证明程序，这是很显然的道理。如同美国法一样，德、法、

① 《德国刑事诉讼法典》第 244 条第 2 项规定，为了调查事实真相，法院应当依职权将证据调查延伸到所有的对裁判有意义的事实和证据上。《法国刑事诉讼法典》第 456 条规定，法庭可以依职权、或者根据检察院、民事当事人或者被告人的要求，为了查明事实真相责令进行实地调查。

② 岳礼玲：《德国刑事证据制度中的若干问题》，载《诉讼法学新探》，中国法制出版社 2000 年版，第 383 页。

③ 陈朴生：《刑事证据法》，台湾地区三民书局 1979 年版，第 373 页。

日在分配举证责任上出乎意料地也采用了类似的做法，那就是作为控诉方的检察官对于非法证据的证明承担主要的证明责任。至于与证明责任密切相关的证明标准，各国及地区之间则着实存在着严格证明与自由证明的差异。当然，这并不妨碍我们探求其中的规律性。

在我国刑事司法实践中，由于立法上的纰漏和相关配套制度的欠缺，从而导致非法证据的证明显得极为混乱。立法上，尽管刑事诉讼法和相关的司法解释对非法证据的证明有所涉及，但法条的规定过于简单、粗疏。法律没有对非法证据证明的启动主体、阶段、证明责任分配、证明标准等作出具体可操作性的规定，使得有限的非法证据排除规则不得不落于一纸空文。最为致命的是，司法解释自我授权，将非法证据的证明责任分配和证明标准设定的自由裁量权完全委诸于追诉色彩极为浓厚的法官，从而导致非法证据的证明更加充满了随意性、流动性。具体而言，非法证据的证明在实践中主要呈现以下几种态势：(1) 完全责令被告方承担。最为典型的就是杜培武一案，当杜培武以刑讯逼供为由在庭审中翻供时，审判长呵斥道："你说你没有杀人，你拿出证据来。"[①] (2) 法院自行调查。此种情况下，由于非法取证早已时过境迁，无迹可寻，调查往往无果而终，但对于非法证据却照认不误。(3) 责令控方承担证明责任。[②] 此时控方通常会将自己占有的笔录、录音、录像呈送

① 郭国松、曾民：《"死囚"的遗书》，载《南方周末》2001年8月23日第6版。

② 有实务人士曾对公诉方承担举证责任的方式做过这样的总结："在法庭上如果被告人提出有刑讯逼供嫌疑的，我们公诉人员这么处理，原则上让预审员写一个材料，说明在预审期间有没有刑讯逼供，写的内容有几种情况，一种情况写得笼统，只说明讯问过程没有任何违法，很简单。第二种情况写得比较具体，就是说明在当时的情况下为什么没有刑讯逼供，他讲理由。例如，有的城市在预审室有隔离带。预审人员进这一预审的房间，跟被告人在两个通道，中间有铁栏杆拦着，双方身体无法直接接触。这种情况下根本不可能发生刑讯逼供。第三种情况就是有录像来证明，当然有讯问的录像比没有肯定有说服力，但有录像带不一定就能排除嫌疑，只能说在录像这一段时间没有刑讯逼供。目前有这么三种情况。"参见张军、姜伟、田文昌：《刑事诉讼：控辩审三人谈》，法律出版社2001年版，第168~169页。

庭上，或者将公安机关、检察机关的一纸“情况说明书”移交法院，法院也往往顺水推舟，不加任何甄别、鉴定，直接确认被告人所提异议证据的合法性。

我国目前的侦查体制之下，警方取证一般处于自我授权、缺乏监督的权力封闭状态，并且侦查活动中缺乏律师的参与，讯问中缺少同步记录，搜查、扣押无法受到中立的司法审查机关的制约，凡此种种，促使我们有必要将非法证据证明责任完全赋予控方。具体而言：第一，法律必须取消司法解释中非法证据证明责任完全由法官自由裁量的规定。第二，法律应当明确规定当被告方基于一定的理由对控方证据的合法性提出异议或法院依职权主动提出要求时，控方必须承担其证据合法取得的证明责任。必须指出的是，被告方对证据合法性提出异议的证明只须使之“有合理的怀疑”即可，如被告方提出口供笔录中前后不一致；讯问时的录像、录音存有一定的瑕疵；显示身体某部位可能在侦查阶段形成的伤痕，等等；而控方证明证据合法性则必须达到“排除合理的怀疑”。第三，当控方未能证明其证据为合法所得或证明未达到“排除合理怀疑”时，法院应当推定该证据系以非法手段所得，并依据法律的规定予以排除。总之，通过这种严格的证明责任机制，促使侦诉方摒弃刑讯逼供等非法取证手段，而使之在侦查过程中注重遵守程序法的规定，以保障被追诉人的基本诉讼权利。

在理顺我国刑事诉讼体制，并且完善我国审前程序中的司法审查机制，扩大辩护律师对侦查活动的参与权，强化对侦查取证的记录和保全等一系列配套措施的基础上，可以考虑在非法证据证明过程中让被告方承担部分的证明责任。当然，这种制度设计必须建立在充分保障犯罪嫌疑人基本诉讼权利，使其对某些特殊信息有控制权的前提之下。具体来说，在以下几种情况中，被告人应承担证明责任：（1）针对以中立司法机关授权的搜查和扣押获取的物证，被告人提出证据非法异议的，基于对司法机关授权合法性的推定，证明证据非法的责任应由被告人承担。（2）在被告人以侦查陷阱为抗辩理由，提出证据非法异议时，被告人必须提出自己主观上缺乏犯罪意图的证明；若不能证明，将推定诱惑侦查合法。(3) 在其他情形之下，被告人提出证据非法的异议时，必须首先承担推进证据的责任，在此基础上，再由控方承担最终的证明责任。

必须注意的是，不同的证明责任主体，针对不同的证明对象履行证明责任所需要达到的证明标准也不尽相同。非法证据的证明属于程序法事实的证明，应当低于实体法上的证明标准。控方与辩方之间，基于各自举证能力上的不同，也应有所差异，即控方的证明标准应高于辩方。

小结

刑事强制措施实施的事前证据门槛（证明标准）和事后的证据能力审查制度有利于保障刑事强制措施的正当性实现。按照刑事强制措施适用的成比例原则，由于强制措施对被处分人的基本权利侵犯程度不同，刑事强制措施适用的证明标准是多元化的。美国刑事程序上的强制措施证明标准（即“相当理由”）经历了从一元向多元的嬗变。中国未来刑事诉讼法对强制措施证明标准的完善应当从美国法的发展中吸取经验和教训。我们认为，在规定“相当理由”、“合理怀疑”等作为刑事强制措施发动的证据标准的同时，应当注意建立相关的配套保障措施，使之更好地得以落实。例如，在刑事强制措施的证明标准设定中，必须贯彻比例原则，引入利益权衡原则，必须提高刑事强制措施决定者（特别是事前决定者）的素质，等等。

非法证据排除法则的存在，构成刑事强制措施适用的事后控制手段。由于非法证据排除目的观的不同，导致各国在非法证据排除制度设置上，产生了差异，尤其是证据排除的范围不同。美国崇尚实用主义，强调证据排除的阻吓功能；而德国强调证据禁止在保障审判公正、程序正义上的重要意义。抑制警察权的扩张应是中国刑事诉讼的当务之急。阻吓侦诉机关非法取证应当成为我国目前非法证据排除规则的首要目的。在不同的目的观和诉讼体制影响之下，各国建构了不同的相对排除法则。美国非法证据排除规则是相对的，但是其相对排除规则中包含着绝对的因素。对于那些应当排除的非法证据，美国判例确定了不可裁量的规则。而且例外也是法定的，法官的裁量权相对较小。在德国的证据禁止理论中，证据取得禁止规范被违反后，尚须一套理论，如权衡理论、规范保护目的说、权利理论等，来推论其是否招致证据使用禁止的效果。可以说，德国确立了相对裁量的证据排除法则。我们认为，由于“利益判断和利益选择只能在立法时进行，而不是在司法过程中进行”。所以，美国对非法证据的相对严格排除方法，更值得我国借鉴，这种方式不仅有利于区分立法与执法的界限，有利于法律的统一行使、司法权威的树立，而且有助于证据排除本身的阻吓目的的实现。

证据能否得到有效的排除，有赖于一定的证据排除方法。证据排除的方法是否完善、有效，不仅会受到一国诉讼模式的影响，还会受到程序结构、证明机制的影响。我国在未来确立完善的非法证据排除规则的同时，应当仿效英美法系建构与非法证据排除规则配套的诉讼机制，以确保“非法证据”真正被“排除”。具体而言，我国未来的刑事诉讼程序至少应具备如下几个基本要素：首先，刑事庭前审查程序中，庭前法官应当对控辩双方准备在法庭展示的证据材料进行前置性的审查，以排除不具有证据能力的证据材料。其次，在庭前审查逐步实质化的情况下，应当设立专门的预审法官，使之与主持庭审的法官相分离，从而防止庭审法官在庭前形成预断和偏见。最后，要强化判决书说理，对于非法证据是否排除，法官应当作充分的论证。此外，刑事诉讼法对于非法证据排除的证明标准、证明责任等证明机制也应有明确的规定。

第六章　刑事强制措施正当性的社会基础

现象一：北京市公安局海淀分局一项关于取保候审适用情况的分析显示：2004 年和2005 年，北京籍犯罪嫌疑人取保候审的人数占刑事拘留的41.4%，外地籍犯罪嫌疑人仅占 18.3%。北京市海淀区人民检察院的一项调查则表明：2004 年，该院共受理的公安机关移送审查起诉的刑事案件中，脱保人数占所有取保候审人数的8.1%，共 72 人，其中外地人占脱保总人数的 95.8%。①

现象二：江苏省常州市戚墅堰区人民检察院、浙江省象山县人民检察院在一些企业的支持下，为没有固定住所的外地犯罪嫌疑人，建立取保候审基地，保证其在取保候审期间有相对稳定的生活，同时企业相关人员协助做好帮教工作，力争使犯罪嫌疑人配合诉讼活动的顺利进行。②

现象一中北京市海淀区公安分局、人民检察院的调查，显示了我国司法机关对外地犯罪嫌疑人适用刑事强制措施的“双高”现象，即羁押率高和脱保率高。这一现象之所以出现，是因为对外地犯罪嫌疑人逃跑的风险缺乏有效地评估，取保候审的监管难，脱保后让犯罪嫌疑人到案的成本高。现象二中显示的一些地方司法机关

① 林世钰：《取保候审，不该难为外地人》，载《检察日报》2007 年 10 月 10 日第 5 版。

② 吴向正、曾祥生、刘红新：《象山检察院建立取保候审基地》，载《宁波日报》2007 年 8 月 28 日第 A03 版；邱萍、蒋德：《常州设外来人员取保候审帮教基地》，载《法制日报》2007 年 10 月 16 日第 5 版。

尝试让企业参与取保候审人的帮教工作，实际上就是解决上述难题的方法之一。这一问题和对策充分表明，刑事强制措施的适用必须有良好的社会基础。具体而言：一方面，在任何国家，刑事强制措施的适用都是以一定的诉讼成本为基础的。不论是行为人维度的强制措施，还是犯罪事实维度的强制措施；不论是羁押性强制措施，还是非羁押性强制措施，都需要耗费一定的诉讼成本。这一诉讼成本的来源既可能是政府，也可能是民间组织，还有可能是公民个人。有些西方国家单纯由政府来承担，有些西方国家则吸收民间力量，由政府和民间一起来分担。单纯由政府来承担固然好，但是，犯罪率的攀升和诉讼案件的增多可能使得政府的公共支出不堪重负。同时，吸收社会力量参与到刑事强制措施的适用中，可以有效地节约司法资源、促进司法的民主、防止司法权的滥用。另一方面，为了更加有效地保全犯罪嫌疑人、被告人和相关证据，最大限度地适用非羁押性强制措施，减小犯罪嫌疑人、被告人脱逃、证据被破坏的可能性，国家必须建立良好的社会控制基础。本章即以刑事强制措施正当性的社会基础为核心，分析刑事强制措施适用中可能的社会参与机制和必要的社会控制基础。

第一节 刑事强制措施适用的社会参与机制

吸收社会力量参与到刑事强制措施的适用之中，支持强制措施制度的运转，不仅有其实践基础，还有其理论根基。确立我国刑事强制措施适用中的社会参与机制，应在立足我国国情的基础上，充分借鉴国外立法和司法实践的经验。

一、刑事强制措施适用的社会参与之实践

（一）保全行为人强制措施适用的社会参与——以美国职业保释保证人（Bail Bondsman）为例

保全行为人的刑事强制措施，无非是羁押性强制措施和非羁押

性强制措施。对此类强制措施的社会参与，主要集中在非羁押性强制措施上，也就是西方国家的保释制度。尤其是保释的风险评估、被保释人的监管和脱保之后的重新到案等环节，均可吸收社会力量的参与。当然，各国的做法又不太一样，一些国家（如英国）主要由官方的机构来完成这些任务①；而另外一些国家（如美国），则由代表官方的审前服务机构和民间的职业保释保证人或者机构以及一些社会组织完成这些任务。

有必要指出的是，美国的审前服务机构（Pretrial Services Agencies）相比民间的职业保释保证人或者机构数量要少得多。在美国审前服务资源中心（Pretrial Services Resource Center）从2001年开始实施的一项调查中（该调查由美国司法部资助），在美国存在的审前服务机构大致约300多家。接受该项目调查的200多家审前服务机构一般设立于缓刑部门、法院、监狱或者完全独立。其中，一半的机构中只有不超过5名员工，有10%的机构中仅有1名员工，大约70%的机构中的员工数量不超过10名，10%以下的机构中员工数量超过50名，其中，3%的机构中员工数量超过100名。他们的资金来源不同，最多的来源于地方政府，其次来源于州政府。② 此外，美国纽约的维拉研究所实施的曼哈顿保释计划，也起

---

① 在英国，为法院提供独立的和查证核实信息的保释情报部门设在国家缓刑机构中。除了保释情报部门外，帮助保释的方案也在一些法院运行。在这些方案中，为被告人安排了个别保释帮助计划。负责监督被保释人的保释旅馆（招待所）也属官方机构。参见Gilian Hirst：《缓刑部门在法院保释还押或监禁决定中的任务》，王秀梅译，载陈卫东主编：《保释制度与取保候审》，中国检察出版社2003年版，第106～113页。

② John Clark and D. Alan Henry, Pretrial Services Programming at the Start of the 21st Century: A Survey of Pretrial Services Programs, http://www.ncjrs.gov/pdffiles1/bja/199773.pdf.

到了类似的作用。① 但是，美国审前服务机构和维拉研究所对保释适用的参与远不及美国职业保释保证人在司法实践中所起的作用。以下就美国的职业保释保证人参与保释适用作一具体介绍。

1. 职业保释保证人制度的产生与发展

职业保释保证人，是指在美国以为被告人提供保释担保作为职业并收取一定报酬的商业性经纪人。美国的这种职业保释保证人制度源于英国的保释制度。在古老的英国保释制度中，就有保证人保释的做法。不过，那时的保证人也限于被告人的家人、朋友或者熟人。② 但是，殖民地美国的情况与英国有着许多不同之处，这些因素直接影响了保证人和被保释人之间的关系。美国当时是一个新兴的国度，在地理上不像英国是个岛国，它有着尚未开发而且看似无止境的边界线，这为人们逃避保释提供了可能。在殖民地美国，人们经常互不熟悉，官员们常常也对人们的背景不了解，不知道他们是否值得信任。而且殖民地对有罪之人的惩罚一直很严酷，因此，保释之后的逃跑往往成为被保释人更好的选择。这些原因促使美国产生了商业性质的职业保释保证人制度。③

20 世纪 60 年代以前，职业保证人保释是美国最常见的一种保释类型。在保释裁定中，法官设定现金保释额，当被告人及其家属无力交纳时，就可能转而寻求商业性质的职业保释保证人的帮助。在对被告人的基本情况和所涉嫌的罪行作认真地审查后，如果同意

---

① 该计划的志愿者们在保释决定作出前会见被逮捕者，获取有关其工作的情况、社会关系、家庭关系、宗教信仰、住所等信息资料。在验明这些资料的真假后进行评估，如果认为这个人风险不大就由曼哈顿保释计划代其向法院交纳保释金，然后向法院建议具结释放。在被逮捕者获释后则由志愿者进行监督和观察，看其能否按时出庭受审。Charles H. Whitebread, Christopher. Slobgin, *Criminal Procedure* (2nd), New York, The Foundation Press Inc. 1986, p. 465.

② Elsa de Haas, Antiquities of Bail: Origin and Historical Development in Criminal Cases to the Year 1275, p. 16 (1940).

③ John A. Chamberlin, *Bounty Hunters: Can the Criminal Justice System Live Without Them?* 1998 U. Ill. L. Rev. 1175, pp. 1181 - 1182.

接受业务，职业保释保证人就和被告人、法院三方之间共同订立协议，由职业保释保证人向法院提供被告人所需交纳的保释金，同时收取服务费用。被告人向职业保释保证人所支付的服务费通常是保释金总额的10%。有时职业保释保证人收费更高，如保释金总额的20%或30%；职业保释保证人也可能要求被告人家属或朋友联合在保证书上签名或提供附属抵押物。反过来，如果被告人在以后法院开庭时不出庭，职业保释保证人同意交付法院全额保释金。在这些条件下法院释放被告人。如果被告人不出庭，职业保释保证人可以捉拿被告人将其带回法院，并扣押作为附属抵押物的任何财产。① 为了降低风险，职业保释保证人很少向法庭直接支付现金担保，他们从保险公司购买保单，并支付收取费用的30%。这样，如果保释金总额为1000美元，职业保释保证人从客户那里收取100美元，然后留下70美元。② 虽然，美国20世纪80年代盛行的保释改革运动使得职业保释保证人的作用在全美范围内许多法院系统都大大削弱，有些州甚至废除了职业保证人保释制度（如威斯康星州和肯塔基州等），但目前，职业保释保证人在大多数司法管辖区内仍然存在。③

2．职业保释保证人的地位和作用

在美国，人们对于职业保释保证人制度褒贬不一，长期存有争议。有人认为，职业保释保证人对美国刑事司法制度作出了巨大的贡献，他对于法庭、被告人、社会各方面都有着不可或缺的作用。

---

① ［美］爱伦·豪切斯泰勒·斯黛丽、南希·弗兰克：《美国刑事法院诉讼程序》，陈卫东、徐美君译，中国人民大学出版社2002年版，第345页。

② David W. Neubauer:《美国的保释制度》，岳悍惟译，载陈卫东主编：《保释制度与取保候审》，中国检察出版社2003年版，第222~223页。

③ 同①。

还有人则认为，因为职业保释保证人以盈利为目的[①]，而且法律赋予了职业保释保证人过大的权利，所以，在利润的支配之下，职业保释保证人也给司法制度的正常运转、社会的安宁和公民权利的保障带来了极大的威胁。故有人称，“职业保释保证人是刑事程序中的一个不合时宜的事物。”[②]

支持职业保释保证人制度的人认为，职业保释保证人在以下三个方面起到了重要作用：（1）职业保释保证人让更多的人获得保释。职业保释保证人的主要作用是为被告人获得审前的自由。若没有职业保释保证人的帮助，那些穷困的和没有经验的被告人将会因为无法缴纳足额的保释金，情况变得更糟。职业保释保证人能够基于自身的利益，来评估其潜在委托人脱保的可能性。他不像法院系统那样受制定法及指导方针的约束，可以帮助社会评估被告人逃跑的危险性。[③]（2）职业保证人促进了法庭的正常运转。这主要体现在：其一，控制被逮捕和羁押的人数。有学者指出，在美国，若没有职业保释保证人，法庭将面临着看守所无法容忍的大量被告人，或不得不改变他们的程序。几十年来，职业保释保证人是解决这个难题的最简易方式。[④] 其二，职业保释保证人可能帮助法庭阻止释放一些被告人。当法庭官员希望羁押某位被告人时，职业保释保证

① 尽管职业保释保证人在性质上被定位为“私营公用事业机构”，但是，他们也是生意人。作为金钱的出借方，他们的目的就是盈利。从美国全国范围来看，保释行业是十分赚钱的。据报道，该行业每年吸纳超过 40 亿美元，纯利达 4 亿美元。John A. Chamberlin, *Bounty Hunters: Can the Criminal Justice System Live Without Them?* 1998 U. Ill. L. Rev. 1175, pp. 1188 – 1189. 美国全国大约有 14,000 个保释代理人。他们的年人均收入在 25,000 美元 ~ 50,000 美元之间。http://www.wikihow.com/Become – a – Bounty – Hunter#_note – hsw – 0.

② *Ford v. Hendrick*, 257 *A. 2d* 657, 667 (*Pa. Super. Ct.* 1969)

③ Holly J. Joiner, *Private Police: Defending the Power of Professional Bail Bondsmen*, 32 Ind. L. Rev. 1413(1999), p. 1423.

④ David W. Neubauer:《美国的保释制度》，岳悍惟译，载陈卫东主编：《保释制度与取保候审》，中国检察出版社 2003 年版，第 225 页。

人通常以拒绝支付担保的方式予以协作。[①] 其三，职业保释保证人可以通过指导被告人走出法院制度的官僚迷宫而帮助法庭。被告人有着各种背景及不同的期望，因此，可能破坏法院制度的正常运转。职业保释保证人了解地方常规，帮助教育他们的客户接受这些常规。如果案件重要，他们敦促不出庭的客户雇请律师。在一些案件中，他们鼓励被告人认罪。像辩护律师与缓刑官一样，职业保释保证人帮助初次与司法打交道的人，适应并接受作为被告人的新角色。[②] 此外，职业保释保证人为被告人的出庭提供了很多细节性的服务，如何时到达，到哪间审判室报到，怎样找到审判室以及告之将要进行什么样的庭审程序，这样就避免了由于被告人误解、忘记了开庭时间、因不知法庭情况而害怕等原因拒绝出庭。[③] 其四，职业保释保证人在保释期间会监管被保释人，防止其脱保。许多职业保释保证人会通过邮件提醒被告人未来开庭的日期，在开庭前一天打电话告诉他们，或者要求他们定期给职业保释保证人的办公室打电话，尽管有些人认为这种定期联络没有必要。[④] 其五，当被保释人脱保时，职业保释保证人亲自或者雇用赏金猎人（Bounty Hunters），将被保释人抓回交给法庭进行审判，从而保障了诉讼的顺利

---

① David W. Neubauer:《美国的保释制度》，岳悍惟译，载陈卫东主编：《保释制度与取保候审》，中国检察出版社2003年版，第225页。

② David W. Neubauer:《美国的保释制度》，岳悍惟译，载陈卫东主编：《保释制度与取保候审》，中国检察出版社2003年版，第225页。

③ Forrest Dill, *Discretion, Exchange and Social Control: Bail Bondsmen in Criminal Courts*, 9 *LAW & SOCY REV.* 639, 653 (1975), pp. 654－55.

④ Mary A. Toberg, *Bail Bondsmen and Criminal Courts*, 8 JUST. SYS. J. 141, 142 (1983), p. 142.

进行。[①]（3）职业保释保证人降低了政府的耗费。在保释制度的适用过程中，政府可能需要支出的费用包括：评估被告人逃跑风险的费用、监管被保释人的费用和对脱保人复捕的费用。有学者指出，职业保释保证人制度实际上分散了被告人释放的风险。通过这种机制，法官、职业保释保证人以及保证合同的第三方（如被告人的亲戚或者朋友）共同分担了被告人释放的风险。[②] 也就是说，职业保释保证人制度将保释的费用部分或者全部转移给了私人机构。相应地，警察以及其他执法部门可以将这些节省下来的费用用于其他的方面。

反对职业保释保证人制度的人则认为，职业保释保证人制度带来了一系列的负面影响，主要表现在：（1）职业保释保证人制度难以对被保释人产生有力的约束，让其按时出庭。一方面，被告人象征性地支付给职业保释保证人相当于1/10保释金的费用，由于这部分费用是不可归还的，所以它不能有效地从经济上促使被告人回到法庭上去。[③] 另一方面，被告人和职业保释保证人之间只存在合同关系，而没有私人关系，商业化的担保制度牺牲了家庭的影响，而这种家庭影响恰好是一种非常便利的社会控制资源。[④] 当然，职业保释保证人也会要求被保释人、他的一个家庭成员或者亲

① 在 Reese v. United States 案中，美国联邦最高法院首次触及职业保释保证人的权力问题。在该案中，最高法院认为职业保释保证人缺少将逃犯拘捕的权利，于是裁决，在被告人通过职业保释保证人的担保获得释放后，被保释人就处于职业保释保证人的监护之下。只要被保释人在美国范围内，职业保释保证人就有权将其关押，随时将被保释人交给法院，或者限制被保释人的自由。Reese v. United States, 76 *U. S.* 13 (1869).

② Mary A. Toberg, *Bail Bondsmen and Criminal Courts*, 8 JUST. SYS. J. 141, 142 (1983), p. 143

③ Holly J. Joiner, *Private Police: Defending the Power of Professinal Bail Bondsmen*, 32 Ind. L. Rev. 1413(1999), p. 1418.

④ Holly J. Joiner, *Private Police: Defending the Power of Professinal Bail Bondsmen*, 32 Ind. L. Rev. 1413(1999), p. 1418.

密的朋友来提供抵押，间接地阻止被告人逃跑。[①]但是，假如被保释人逃跑的话，是职业保释保证人的金钱被没收，而不是被告人家庭或者朋友的金钱被没收。（2）职业保释保证人制度引起了不平等。在职业保释保证人制度下，那些请得起职业保释保证人的被告人获得了自由，而那些请不起职业保释保证人的被告人则仍待在看守所里。换言之，职业保释保证人制度实际上承认了以金钱换自由。[②]（3）职业保释保证人制度让法庭外有着过多的控制因素。有人认为，这一制度最终的结果是，让职业保释保证人把持着看守所的钥匙，控制着谁被羁押谁被释放。因为他们有权决定为谁担保，当他们认为某个被告人值得去冒险时，就为其担保；而那些被职业保释保证人认为有较大风险的被告人和无法支付担保费用的被告人，将仍被羁押。法庭和法官则只是享有决定保释金数额这一相对不重要的权力。[③]（4）职业保释保证人最受批评的是他们拥有复捕被告人的权力。为了保护他们的投资，职业保释保证人可能随时放弃对被告人的担保，也可能为了让被告人到案而运用“合理的方式”来复捕逃跑的被告人。[④]（5）职业保释保证人还经常涉及腐败问题。例如，职业保释保证人向法官、狱管人员和其他法院人员行贿、给回扣和送礼物。法院书记员和狱卒们以给职业保释保证人介绍业务和向他们提供有关被告人的信息材料作为交换。职业保释保证人是法官、检察官、法院书记官和地方警察选举最大的捐助者。作为交换，法官和检察官减少没收金额或驳回指控，以使职业保释

① John A. Chamberlin, *Bounty Hunters: Can the Criminal Justice System Live Without Them?* 1998 U. Ill. L. Rev. 1175, pp. 1199 - 1200.

② Holly J. Joiner, *Private Police: Defending the Power of Professinal Bail Bondsmen*, 32 Ind. L. Rev. 1413(1999), p. 1419.

③ *Pugh v. Rainwater*, 557 *F. 2d* 1199 (*5th Cir.* 1977)

④ Holly J. Joiner, *Private Police: Defending the Power of Professinal Bail Bondsmen*, 32 Ind. L. Rev. 1413(1999), p. 1419.

保证人免尽被没收保证金的义务。[①]

3. 赏金猎人的地位和作用

赏金猎人是职业保释保证人的雇佣对象，他们经常协助职业保释保证人抓回逃跑的被保释人，让职业保释保证人免受保释金被没收的风险。对于赏金猎人，法律认可并赋予其较大的抓捕逃跑的被保释人的权力，但是，赏金猎人的这种权力常常遭到滥用，引起人们广泛地批评。

追根溯源，承认赏金猎人对被保释人的权力最早和最有影响的案件是1810年的Nicolls v. Ingersoll一案[②]。在康涅狄格州的纽黑文，尼科尔斯（Nicolls）以职业保释保证人为其缴纳了500美元保释金而释放。在尼科尔斯预定的出庭日期到来之前，职业保释保证人决定从尼科尔斯在纽约的家里拘捕他，将其送到康涅狄格州。尼科尔斯并不是一个逃犯。职业保释保证人雇用了赏金猎人拘捕尼科尔斯，赏金猎人在午夜闯入尼科尔斯纽约的家里，将其拘捕，直到将其送到康涅狄格州，赏金猎人的态度一直很强硬。尼科尔斯最后起诉赏金猎人触犯非法侵入（trespass）、非法侵害、殴打（assault and battery）和非法监禁（false imprisonment）等罪行。纽约州最高法院裁决支持赏金猎人，法院指出了赏金猎人的权力来源，认为这一权力“不是基于诉讼程序，而是源于保释担保的本质”。因此，赏金猎人抓捕尼科尔斯的权力不是源于政府，而是源于职业保释保证人和被保释人之间的协议。法院还强调，“法律认为被保释人是一个嫌疑人，他的自由由职业担保人的意愿决定是扩大还是限缩”。这一原理直接来源于英国普通法，被保释人被认为是在保证人的监护之下，保证人有权关押受托管者。因此，职业保释保证人和赏金猎人有权“随时随地”地控制被保释人的自由。

---

① ［美］爱伦·豪切斯泰勒·斯黛丽、南希·弗兰克：《美国刑事法院诉讼程序》，陈卫东、徐美君译，中国人民大学出版社2002年版，第347～348页。

② Nicolls v. Ingersoll, 7 Johns. 145 (N.Y. 1810).

1872 年，美国联邦最高法院在 Tailor v. Taintor 一案[1]中正式在普通法上赋予职业保释保证人及其代理人复捕脱保的被告人的权力。在该案中，起诉人是爱德华·麦圭尔（Edward Mcguire）和他的保证人，麦圭尔在康涅狄格州因触犯重大盗窃罪而被逮捕，其保证人为他交纳保释金后，麦圭尔被释放，麦圭尔后来未能出庭，保释金被责令没收。起诉人请求返还被没收的保释金。法院查明，麦圭尔被释放后回到纽约州的家中，随后，缅因州州长请求纽约州州长将麦圭尔交给缅因州的官员，让麦圭尔可以接受一起比康涅狄格州盗窃案更早的入室盗窃案的指控。纽约州州长同意了该请求。结果，麦圭尔被羁押在缅因州，未能在康涅狄格州出庭，康涅狄格州的保证人被判没收保释金。然而，保证人当初交保释金时，并未意识到除了康涅狄格州盗窃案以外，麦圭尔还可能面对其他的刑事指控。对于麦圭尔案，美国联邦最高法院认为："在保释金交纳后，被保释人应当在职业保释保证人的控制之下，如果被保释人因违反其他州的刑法而被该州羁押，保证人的保证责任并不能免除责任"。因此，美国联邦最高法院确认了下级法院没收 8,000 美元保释金的裁决。美国联邦最高法院进一步指出："当保释被允许后，被保释人被认为交给职业保释保证人监管，职业保释保证人的监管是原来羁押的延续。职业保释保证人可以随时决定拘捕被保释人，并把他们移交给警察，从而免除责任。如果不能立即移交，他们可以囚禁被告人直到移交。他们可以亲自或者委托代理人行使这些权力。他们可以在其他州追踪被告人，可以在安息日拘捕被告人，假如有必要的话，也可以为了这一目的闯入他的住宅。如同行政官员抓捕逃犯归案一样，职业保释保证人行使上述权力时也无须依靠新的程序。"这一判决确立了职业保释保证人和赏金猎人复捕被保释人的广泛权力，该规则被称为"泰勒规则"。

泰勒案的裁决宣布之后，对其的批评一直不断。最为核心的就

---

① Taylor v. Taintor, 83 U.S. 366 (1872).

是，由于法律赋予赏金猎人的权力过大，而赏金猎人又缺乏有效的规制，导致了赏金猎人为了谋求最大的经济利益而滥用权力。具体而言，赏金猎人的这种复捕权让许多科班出身的警察都羡慕。特别是，赏金猎人“无须搜查证即可合法进入嫌疑犯的家里，用必要的武力逮捕嫌疑犯，无须任何政府的事先许可而搜查和关押嫌疑犯”。一些警察只是梦想拥有这些权力，但是，这对于赏金猎人而言则是真实存在的。在大多数州，赏金猎人的工作无须资格、无须训练、无须执照。好像进入该行业唯一的要求就是自我宣布。结果是，赏金猎人成为一个混合的群体，吸引了来自各行各业的人们，甚至某些赏金猎人还有犯罪记录。[①] 在巨大的经济利益刺激[②]之下，赏金猎人为了抓捕逃跑的被保释人，往往不顾一切，不惜牺牲与案件无关的公民的合法权益。时常有报道称，无辜者因为被认错而遭到赏金猎人的持枪恐吓、绑架、追踪和殴打。得克萨斯州的一名赏金猎人误将一名孕妇当作脱保人，进行追赶并殴打，导致其流产。最令人震惊的就是 1997 年亚利桑那州凤凰城的悲剧。5 个蒙面人在黑夜里闯入凤凰城的一栋住宅，枪杀了一对睡梦中的年轻夫妇。蒙面人声称自己是为了拘捕逃跑的保释人。然而，脱保人并不住在那里。尽管后来证实那几个蒙面人并非为职业保释保证人工作，但是，还是引发了关于“职业保释保证人及赏金猎人的权力及限制”的全国性争论。此外，职业保释保证人和赏金猎人的复捕权也让他们自身处于危险之中，偶尔也会发生职业保释保证人和赏金猎人被

① John A. Chamberlin, *Bounty Hunters: Can the Criminal Justice System Live Without Them?* 1998 U. Ill. L. Rev. 1175, pp. 1191 - 1193.

② 赏金猎人一般能得到每个被抓捕的嫌疑犯的保释金的10%。因此，赏金猎人所赚得的利润，不仅取决于合同的数额，而且取决于赏金猎人抓捕和交回逃犯的能力。据估计，一个全职、著名的赏金猎人每年能挣 40,000 ~ 50,000 美元，一些估计甚至更高。John A. Chamberlin, *Bounty Hunters: Can the Criminal Justice System Live Without Them?* 1998 U. Ill. L. Rev. 1175, p. 1192.

脱保人或者其相关的人谋杀的事件。[1] 因而，许多评论家认为，美国联邦最高法院在泰勒案中的裁决，于100年后已经过时，而且应被推翻。[2]

尽管赏金猎人滥用权力，但是，有学者指出，美国还是需要赏金猎人，因为赏金猎人功不可没。每年大约有35,000个被告人脱保，87%的被告人被赏金猎人带回交付审判。[3] 1994年，美国司法部针对75个大县的统计显示，未能出庭的基于职业保释保证人担保的被告人大约80%按时被交回法院受审，而那些全额现金保释的被告人却仅有64%的被按时交回法院受审。[4] 这些数据表明，职业保释保证人和赏金猎人在发现、抓捕和交回逃犯方面比警察更为成功。有学者分析了其中的原因，指出，职业保释保证人更可能会让他的客户充分认识到逃跑的后果。被告人不仅会意识到他按时出庭的法律责任，而且也认识到了职业保释保证人和赏金猎人可能施加在他们身上的宽泛的权力。特别是，被告人可能意识到，假如他未能按时出庭，有人（很可能是赏金猎人）会努力地去搜寻他的踪迹。相比之下，警察由于工作繁忙，则不大可能花费必要的时间和人力去寻找脱保的嫌疑人。而且，职业保释保证人无情搜寻的威胁也不是空洞的。职业保释保证人可能花大量的钱去雇佣赏金猎人，发现他们的逃犯。而且，职业保释保证人和赏金猎人时常能抓到逃犯。赏金猎人的坏名声也会阻止被告人逃跑。因而，赏金猎人

---

① Todd C. Barsumian, *Bail Bondsmen And Bounty Hunters: Re – examining the Right to Recapture*, 47 *Drake L. Rev.* 877(1999), p. 880.

② Gregory Takacs, *Tyranny on the Streets: Connecticut's Need for the Regulation of Bounty Hunters*, 14 Quinnipiac L. Rev. 479, 489 (1994), at 489.

③ Double Slaying Unmasks Lax Laws for Bounty Hunters, Seattle Times, Sept. 3, 1997, at A3.

④ Bureau of Justice Statistics, U.S. Dept of Justice, Sourcebook of Criminal Justice Statistics – 1994, at 495 (Kathleen Maguire & Ann L. Pastore eds., 1995).

在阻止被保释人逃跑中扮演了主要的角色。①

当然，针对赏金猎人滥用权力的问题，许多学者也呼吁对其权力进行规制。美国各州纷纷出台一些法律压缩和限制职业保释保证人和赏金猎人的权力。例如，佛罗里达州法律要求代理人必须持有执照。作为职业保释保证人公司的代理人，必须是符合资质、持有执照并且依据法律进行委派的人，保证人公司代理人只是一个具体的操作者，不能自称是"保释代理人"或"赏金猎人"或其他头衔。在加利福尼亚州，为了约束职业保释保证人的复捕权，州议会制定成文法规定了追捕程序。申请人须向逃跑被告所在县的基层司法官提交一份书面文件，说明逃跑者的姓名和下落、逃跑者被指控的违法行为或者被判的罪名、违法或犯罪的时间和地点、逃跑者违反保释条件的详细情况，或者申请人还必须有拘捕逃跑者的许可证，以及经过听证和宣誓程序后向其发放的法官命令，授权申请人将逃跑者交付原司法区。② 美国《刑事引渡统一法案》（the Uniform Criminal Extradition Act）虽然未禁止州外的职业保释保证人或赏金猎人追踪逃犯，或者抓捕逃犯。但是，该法案要求外州的职业保释保证人或赏金猎人不得随意将逃犯带离另外一个州的边界，而必须遵循该法案中规定的正当程序。③

（二）保全证据强制措施适用的社会参与——以私人侦探为例

一般认为，私人侦探是接受私人的委托，实施调查以营利的机构或者个人。私人侦探实施调查的领域相当广泛，不限于刑事诉讼领域。他们所实施的调查手段尽管不如司法机关那么广泛，也不能采用搜查、扣押等手段，而只能采取讯问或者询问、跟踪、偷拍、

① John A. Chamberlin, *Bounty Hunters: Can the Criminal Justice System Live Without Them?* 1998 U. Ill. L. Rev. 1175, pp. 1199 - 1200.

② Todd C. Barsumian, *Bail Bondsmen And Bounty Hunters: Re - examining the Right to Recapture*, 47 *Drake L. Rev.* 877(1999), p. 900.

③ Milton Hirsch, *Midnight Run Re - Run: Bail Bondsmen, Bounty Hunters, and the Uniform Criminal Extradition Act*, 62 U. Miami L. Rev. 59(2007), p. 92.

偷录、化装调查等秘密调查方式。但是，私人侦探所采取的这些调查手段都是干预被调查人基本权的措施，并以保全证据为目的，故而可以将其视为对适用保全证据的强制措施的一种参与。

1. 西方国家私人侦探（private detectives and investigators）与私人保安（Private Police）的产生和演变

在英美等国早期，公民个人在警务活动中扮演着重要的角色。例如，19世纪上半叶，美国警察系统的活动并没有明文体现在诉讼卷宗中，刑事诉讼被视为绝对私人的行为，公民在确认和逮捕嫌疑人方面承担了主要作用，犯罪侦查或者逮捕犯罪分子是私人行为。例如，被害人或者旁观者，或者一群自发追捕犯罪人的人。① 现代私人侦探机构诞生于1850年，艾伦·平克顿（Allen Pinkerton）在当年于芝加哥创建了美国第一家私人侦探机构。一开始，它的业务主要是侦破发生在铁路上的盗窃案件和向铁路公司提供各种警卫服务，随后，它的业务范围逐步扩大，侦破了许多严重的刑事案件。从1850年开始到第一次世界大战之前，私人侦探行业在美国和世界各地都有了很大的发展，基本上取得了独立存在的地位，特别是在犯罪案件的调查方面取得了很大的成绩。并且，作为私人保安业重要组成部分的武装押运和警卫等服务内容也相继出现并有所发展。第一次世界大战以后，由于世界各地都纷纷加强了官方警察力量，建立了比较完备的现代警察体制，并且在资金投入和人员训练等各个方面都取得了很大进步。公力救济力量的发展取代了一部分原来由私人侦探所履行的职能，也在一定程度上排挤了私人侦探的发展。私人侦探由此进入一个比较短暂的相对低迷的发展阶段，特别是在犯罪案件的调查方面。这个阶段私人侦探的业务逐渐从刑事案件调查领域退出。在20世纪二三十年代经济大萧条以后，私人侦探走出了低迷阶段，又找到了新的发展方向。其服务的

① ［英］麦高伟、切斯特·米尔斯基：《陪审制度与辩诉交易——一部真实的历史》，陈碧等译，中国检察出版社2006年版，第55页。

重心从单纯的犯罪案件后的调查转移到综合的多种危险前的预防。并且，私人侦探业也逐渐地发展，成为了学者们所谓的“私人保安业”。①

在第二次世界大战期间，私人保安业得到复苏，当时，政府通过私人保安来保护防御工业免受间谍的破坏。二战后，保安业从防御工业向其他工业领域发展。② 在这一时期，美国私人保安公司和人员数量飞速增长。社会学家克利福德·席宁（Clifford Shearing）将这种飞速发展比作一场“彻底的革命”。③ 私人保安业是私人侦探业发展到一定阶段的产物，是私人侦探业的高级形式。私人保安公司已经不限于调查业务，而扩展成为以下多个方面：（1）警戒性服务：包括人身警卫和财产警卫，具体服务形式有站岗、巡逻和贴身保镖等；（2）调查性服务：包括雇前调查、财产损失调查、刑事及民事案件调查和各种证据的收集等；（3）押运性服务：包括对贵重财物与重要文件的押运和保管；（4）设备性服务：包括提供各种危险监测器、报警器、防盗装置和闭路电视监控系统等；（5）其他服务：包括测谎器审查、监视与跟踪、保安咨询等。私人保安公司虽然在英美等西方国家中发展较早，但现在已遍布世界各地，不仅西欧和北美国家中有私人保安公司，北欧、南美和大洋洲的大多数国家中也有私人保安公司，就连亚洲和非洲的一些国家中也有了私人保安公司，如泰国、菲律宾、新加坡、马来西亚、赞比亚和津巴布韦等。④

私人保安业之所以得到长足发展，主要是因为它在以下三个方

---

① 王大伟：《私人侦探的概念与历史》，载《公安大学学报》2001 年第 6 期。

② Clifford E. Simonsen, Private Security in America: An Introduction ,Macmillan Library Reference (1998), p. 17.

③ Clifford D. Shearing, The Unrecognized Origins of the New Policing: Linkages Between Private and Public Policing, in Business and Crime Prevention 224 (Marcus Felson & Ronald V. Clarke eds., 1997).

④ 何家弘：《平克顿侦探公司与私人保安业》，载《犯罪研究》1988 年第 1 期。

面为社会作出了贡献：降低了政府的成本和花费；提高了警务服务的质量；让公共警察能集中力量针对暴力犯罪。[①] 当然，私人保安业的发展也有利于社会控制，促进“规训社会”的发展。[②] 美国国会 1996 年的一份议案可以鲜明地体现私人保安的作用，该议案指出：第一，美国每年投到犯罪控制和法律执行方面的资金有 70% 花费在私人机构上；第二，私人保安机构的雇员与公共警察之间的比率为 3 比 1；第三，超过一般的犯罪回应，是来自私人保安的。[③]

但是，私人保安业在发展中也产生了一些问题，以美国为例，过高的自然减员率、不完善的遴选程序、低标准的训练和个人监管、低薪水以及自身的利益冲突一直困扰着私人保安业。其中，利益冲突表现在，一些公共警察在业余时间担任私人保安，一些私人保安穿着制服看上去像是在执勤，处理公共事务。[④] 针对这些问题，各国政府一直致力于制定法律，让私人保安业更加规范。有学者归纳了这些法律的共同特征，包括以下三方面：第一，它们几乎毫无例外地针对合同制的保安行业，特别是合同式的警卫和调查行业；第二，它们都涉及控制私人警卫和调查行业与逐步增长的公共警察力量之间的竞争；第三，它们都涉及通过签发和拒绝签发许可证书来明确授予私人保安的权力。[⑤]

2. 我国私人侦探业的生存与发展

相比西方国家繁荣的私人侦探和私人保安业，我国的私人侦探

---

① Heidi Boghosian, *Applying Restraints to Private Police*, 70 Mo. *L. Rev.* 177(2005), pp. 193 – 196.

② 福柯曾言，规训社会的先决条件就是，通过普遍的监视来削弱隐私。Foucault, *M. Discipline and Punish*: *The Birth of the Prison*. New York: Pantheon, 1977, p. 201.

③ Law Enforcement and Industrial Security Cooperation Act of 1996, H. R. 2996, 104th Cong. 4 (1996).

④ Heidi Boghosian, *Applying Restraints to Private Police*, 70 Mo. *L. Rev.* 177(2005), pp. 180 – 186.

⑤ Clifford D. Shearing and Philip C. Stenning, *Modern Private Security*: *Its Growth and Implications*, Crime and Justice, Vol. 3 (1981), p. 230.

业尽管处于起步阶段，但是，也呈现了蓬勃发展的态势。据不完全统计，截至2003年10月，我国已有调查类组织或机构（如调查公司、咨询公司、信息公司、经纪公司、猎头公司、保安公司、危机管理公司等）近2.3万家，其中合法注册的调查公司超过2000家，从业人员超过20万人。① 我国私人侦探业的业务范围，包括协助公职机关的调查、接受商业机构的商务调查以及民间调查等。② 但是，私人侦探业的发展阻力重重。首当其冲的就是我国法律并未明确私人侦探业的地位。1993年9月7日，公安部发布了《关于禁止开设私人侦探所性质的民间机构的通知》（以下简称《通知》），《通知》明确规定：（1）严禁任何单位和个人开办各种形式的“民事事务调查所”、“安全事务调查所”等私人侦探所性质的民间机构。（2）对现有“私人侦探所”性质的民间机构要认真清理，会同工商行政管理部门予以取缔。禁止以更换名称、变换方式等形式，继续开展类似业务。（3）要加强对公安系统内部人员的管理教育，禁止公安机关、武警部队的任何单位（包括公安、武警的院校、协会、学会）和个人（包括离退休人员）组织或参与“私人侦探所”性质的民间机构的工作。这一规定实际上在某种程度上否定了私人侦探业的合法地位，让私人侦探业在法律的夹缝中生存和发展。

在我国理论界，学者们对私人侦探业的发展前景也争论不休。部分学者反对我国私人侦探业的发展。他们的理由无非在于以下几点：（1）公安部1993年颁布的《通知》已经明令禁止设立任何类

① 吕继东：《“私人侦探”的法律思考》，载《公安研究》2004年第10期。

② 有私人侦探机构透露了三种调查所占的比例，协助公职机关的调查业务占到总业务量的10%左右，一些政府机构如果觉得通过正常手段无法实现其工作目的，就会将业务交私人侦探来做，如公安破案、海关缉私、计生部门查超生和计划外妊娠，等等。此外，商务调查占到私人侦探总业务量的30%左右，一些大的公司调查竞争对手的情况，也会主动找私人侦探。民间调查是私人侦探业务的主体部分，约占60%左右，而婚外情调查又占其中的85%。朱春先、高亮：《“私家侦探”自揭行业暴利灰幕》，载《法制周报》2007年8月27日第16版。

似于私人侦探所的机构，私人侦探不具有合法地位。（2）私人侦探不利于建立良好的社会信仰。[①]（3）私人侦探可能侵犯公民的隐私权。私人侦探对被调查人进行跟踪盯梢，以及使用窃听、窃照等手段，有可能影响到公民的生活安宁和个人隐私，在客观上构成对公民个人权益的危害。（4）由于私人侦探自身的合法性受到质疑，其收集的证据的法律效力也不好确定。（5）私人侦探可能侵犯了侦查机关的调查权，妨碍侦查机关正常开展工作。（6）私人侦探相关的法规滞后，缺少行业自律。（7）私人侦探极易成为商业间谍。[②]（8）我国私人侦探从业人员良莠不齐。他们中间既有律师、离退休的警察、退转军人以及公务员，也有对该行业充满好奇的人，有的甚至是一些有犯罪前科的人。[③]（9）私人侦探在调查时可能诱发治安问题，出现违法犯罪的现象。[④]

我们认为，法律的发展应当适应经济和社会的需求，顺应历史的发展和时代的变化。立法的滞后造成的法律空白，往往会导致社会秩序的局部失控。私人侦探作为一种新生事物，它是市场经济和社会发展的产物，是人们不断增长的需求的体现。尽管公安部的《通知》在法律上明令禁止私人侦探的存在，但是，这并不代表私人侦探业的存在和发展没有现实必要性。而且，国家工商总局按照尼斯联盟要求出台的《商标注册用商品和服务国际分类》第45类，“由他人提供的为满足个人需要的私人和社会服务；为保护财产和人身安全的服务”，在允许注册的细类中有提供私人保镖、侦

① 李蕤：《私人侦探及其调查行为的合法性》，载《江苏警官学院学报》2005年第4期。

② 缪金祥：《私人侦探在我国应缓行》，载《江西公安专科学校学报》2004年第5期。

③ 张泽涛：《私人侦探在刑事诉讼中的运用及其规范》，载《法学家》2007年第6期。

④ 例如，刘裔、常饮冰：《深圳女子雇私家侦探强行拘禁丈夫15日被判刑》，载《广州日报》2008年6月26日第A27版；侯莎莎：《刑拘50多名涉恶讨债私家侦探》，载《北京日报》2008年11月29日第6版。

探公司、寻人调查等“安全服务”。这在某种程度上表明，私人侦探和私人保安作为一种商业性质的服务已经得到了国际公约和某些国内规定的允许。同时，私人侦探在实践中出现的“人员良莠不齐”、“缺乏行业自律”、“侵犯隐私”、“诱发治安问题”、“证据效力不好确定”等，恰恰是因立法的滞后引起的。如果立法能够全面地对私人侦探进行有效规制，私人侦探业就能在合法的轨道上运转，避免上述种种问题的出现。就刑事诉讼程序而言，私人侦探的调查权类似于辩护律师的调查取证权，与侦查机关的侦查权在行使目的、权限和方式上都有着很大的区别，不能简单地认为私人侦探的调查权就侵犯了国家的侦查权。反而，私人侦探作为一种社会力量参与到保全证据的强制措施适用中来，对刑事诉讼活动的正常开展、刑事诉讼目的的实现有着较大的帮助作用。具体而言，私人侦探的调查有利于维系审前程序的控辩平衡，制衡追诉权的扩张，确保侦查和起诉过程的公正；有利于加强辩护方的取证权，保障犯罪嫌疑人的辩护权能够落到实处；有利于提高自诉人的举证责任能力，彻底解决被害人“告状难”问题；有利于监督公安机关的侦查活动，节约办案成本，提高侦查的质量和效率。[①]

二、刑事强制措施适用的社会参与之理论基础

刑事强制措施的适用在依靠国家力量的基础上，适当地吸收社会力量的参与，有其正当性基础。由社会参与者来行使本该由国家实施的强制手段，既是人民行使主权的体现，也是监督国家司法权行使的手段之一，同时，还是解决国家司法资源的有限性与犯罪的攀升之间矛盾的必然要求。

（一）思想基础：社会契约理论与社会连带思想

霍布斯、洛克以及卢梭都是主张社会契约论的代表人物。他们

① 张泽涛：《私人侦探在刑事诉讼中的运用及其规范》，载《法学家》2007 年第 6 期。

都认为，人类在自然状态的时期，相互之间均拥有毁灭的能力，自然法赋予每个人都享有惩罚罪犯和充当自然法执行人的权利。为了从自然状态过渡到文明的状态，人们通过订立社会契约，让渡出自己的权利，交给国家或者统治者，以保护人类的安宁，让人类获得权利和自由。但是，霍布斯、洛克以及卢梭3人在论述让渡的权利类型和结果上有所区别。霍布斯认为，人们应把除生命权以外的全部权利转让给具有绝对权力的“利维坦”。而洛克则认为，人们应该把财产权的判决和执行的权利让渡给国家，让国家保护其财产权。卢梭则要求人们把一切权利转交给一切人，从而形成一种结合形式——“公意”。尽管霍布斯、洛克以及卢梭3人在论述个人自由和公共权威之间的关系时有所差别，但是，无论个人自由是否应绝对服从国家，他们都肯定了个人自由和权利的重要性，认为公民让渡自身权利的目的是为了获得国家对其安宁和自由的保护，也就是说，国家是为了个人而存在的，如果国家的公意违背公民的意旨时，公民有权收回所让渡的权利。

社会契约理念从不同的角度揭示了个人权利与国家权力的关系，但是，如果过分对国家权力抱乐观态度，强调国家公意的重要性，所导致的集权主义后果是很可怕的。因此，许多思想家对社会契约论进行了反思。狄骥就是其中之一。狄骥所提出的社会连带关系学说认为，社会连带关系是一切人类社会的基本事实，人们为了生存，就必然要建立一种关系，因为他们有共同的需要，只能共同地加以满足，由于他们有不同的才能和需要，所以只有通过相互的帮助才能实现。① 显然，正如有学者提出的那样，“在卢梭那里，公意统辖着个人以及执行法律的政府。到了狄骥这里，个人和政府都为社会连带关系服务”。② 但是，这并不是说狄骥与卢梭的思想

① ［法］狄骥：《宪法学教程》，王文利等译，辽海出版社、春风文艺出版社1999年版，第10页。

② 胡兴建：《从“社会契约”到“社会连带”——思想史中的卢梭和狄骥》，载《西南政法大学学报》2004年第2期。

之间没有牵连，实际上，在探讨从自然人到社会人的变迁中，个人、社会和国家三者的关系是不可回避的。社会连带学说将社会提到了一个十分重要的地位。社会由个人组成，它是个人与国家关系协调的缓冲地带，通过社会监督国家权力的行使，以保护个人自由和权利的实现，这是许多学者所倡导的观点。

作为国家权力重要一极的司法权同样来自于公民和社会的授权，在民主社会，公民和社会在将权力授予公共机构之后，还要对委托出去的权力以及政治运作的过程进行监督和制约，对这些公共权力的有效参与就是监督的重要途径。当然，国家权力的行使往往也不排除公民和社会来行使一些自然权力，如自卫的权力，这种自力救济不仅是公民自身权利保障的需要，也是让社会连带关系得以维系的重要方式。总之，无论从哪个角度来看，让社会和个人来参与国家权力的行使都有其正当性。

（二）政治基础：司法的民主化

正如社会契约论所揭示的那样，包含司法权的国家权力均本源于人民，其行使也必须体现民主性。纵观世界各国，尽管国家机器的发展越来越趋向“专业化”，司法朝着越来越职业化的方向迈进，但是，司法权绝对未与个人和社会隔离开来，反而时时刻刻都不忘显示民主的象征。因为，司法的民主化不仅有着极强的政治意义①，而且有着十分明显的法律功能。首先，司法的民主化有利于吸收民众的智慧，促进司法公正的实现。其次，司法的民主化，有助于保障诉讼参与人的基本人权，让诉讼参与人以及普通民众监督

---

① 法国刑法学家戴尔玛斯－马蒂教授曾指出：在不同的社会结构中，刑事网的表现形式不同，在传统的极权和专制的国家模式中，刑事网是一个封闭的网络，完全由国家垄断；而随着专制型国家模式向自由型国家模式的过渡，刑事网日益向市民社会开放，社会团体以更为积极的方式，而且是经常性地参与刑事司法，成为刑事制度的必要环节。由此形成了所谓的“参与型的刑事政策”，确认了市民社会是刑事司法合作者的地位。[法] 米海依尔·戴尔玛斯-马蒂：《刑事政策的主要体系》，卢建平译，法律出版社2000年版，第82页。

司法活动，防止国家司法权的滥用。再次，司法的民主化，还有利于消除普通民众对司法活动的疑虑和当事人对司法裁判的抵触情绪，增强司法裁判的可接受性，体现司法的权威。最后，司法的民主化让普通民众对司法拥有更切身的感受，这一法律教化的过程有助于法律观念的普及、法律信仰的形成。总之，司法民主有利于司法体制的文明，防止司法的独裁、擅断，避免司法与民众、社会的隔膜。

在现代法治社会中，人们发明了许多诉讼机制来体现司法的民主性，这主要是通过吸收个人与社会参与司法的方式实现的。其中既包括当事人对司法的参与，如在刑事诉讼中，保障犯罪嫌疑人、被告人以及被害人有效地行使诉讼参与权，影响裁判的结果，当然还包括在司法中吸收一般民众对司法的参与，如治安法官制度、陪审制、参审制、法院之友制度，等等。[①] 其实，这些制度仅仅是一般民众对法院审判活动的参与。在当今社会中，一般民众对司法的参与已经远远不限于这些传统方式和诉讼阶段。在整个刑事诉讼过程中，一般民众实际都有可能参与进来。立案阶段的群众举报、报案制度，前述所提到的侦查阶段的私人侦探制度、职业保释保证人制度以及审查起诉阶段大陪审团审查起诉制度、检察审查会制度和我国检察机关推行的人民监督员制度、执行阶段的社会矫正制度和私人监狱等，这些制度都在一定程度上让普通民众参与到司法之中，承担一定的诉讼任务，实现诉讼的最终目的。[②] 在上述诉讼制度中，普通民众的角色不大一样，有些是为了协助刑事司法权的行使；有些是为了监督刑事司法权的行使。参与的缘由也不尽相同，有的是在民众的呼吁之下参与的，有的则是由司法机关主动请缨，

① 胡铭：《刑事司法民主论》，中国人民公安大学出版社2007年版，第156页。

② 对此，一些国际刑事司法准则中也明确提倡。例如，1990年12月14日通过的《非拘禁措施最低限度标准规则（东京规则）》中规定："公众参与是一大资源，应作为改善接受非拘禁措施的罪犯与家庭及社区之间的联系的最重要因素之一，加以鼓励，应用它来补充刑事司法的执行工作"。

让民众参与司法的。不论怎样，让社会力量参与司法权的行使，可以使司法权本身不再官僚化，在犯罪处理机制上体现更为人性的光辉。

（三）现实基础：国家资源有限性

诉讼活动，作为一种特殊的社会活动，必须耗费国家的人力、物力和财力。尤其在现代法治社会中，不能再用高效率的战争或者是行政治罪手段来打击犯罪，而应在保障人权的流水线上来处置犯罪。这就愈发增加了刑事诉讼的成本。随着社会发展的日新月异，刑事犯罪的日趋严重和复杂化，使得有限的司法资源和繁重的司法任务之间的冲突日益凸显出来。许多学者从经济学的角度对刑事诉讼活动进行了分析，指出应通过科学地配置有限的司法资源和合理地设计诉讼程序的方法来解决这一问题。[①] 有学者具体指出，应适当地扩大自诉案件的适用范围、上诉审以法律审为主、完善诉讼期限制度、改革司法机关的机构设置体制、优化配置使用各种强制措施手段、严格司法人员从业资格、建立司法机关独立的财政和人事体制，以此来优化司法资源的配置。[②] 还有学者提出，通过完善我国的诉讼分流机制来提高诉讼效率，以解决司法资源有限性和犯罪率攀升之间的矛盾。[③] 实际上，这些学者都忽视了吸收社会力量参与刑事诉讼，承担一定的诉讼任务，来减轻国家在犯罪控制上的负担。毕竟，任何一个国家所支配的公共支出都是有限的，国家所行使的职能也不可能包罗万象。随着市场机制的引入，国家往往会选择将部分不太重要的职能交给个人、企业或者社会组织，予以社会化。让国家管理和社会管理之间进行有机的分工，实现国家管理在

---

① 如李文健：《刑事诉讼效率论》，载《政法论坛》1997 年第 5 期；左卫民：《刑事诉讼的经济分析》，载《法学研究》2005 年第 4 期。

② 陈卫东、王政君：《刑事诉讼中的司法资源配置》，载《中国法学》2000 年第 2 期。

③ 姜涛：《刑事程序分流研究》，人民法院出版社 2007 年版；张小玲：《刑事诉讼中的“程序分流”》，载《政法论坛》2003 年第 2 期。

一定程度上的社会化，不仅是优化国家与社会之间关系的体现，而且是国家在科学配置管理资源上的明智选择。在刑事司法领域同样如此。党的十七大报告明确提出“深化司法体制改革，优化司法职权配置”的口号，我们认为，这不仅涉及刑事司法职权的各个机关之间的权限重组问题，而且牵扯到刑事司法职权的社会参与限度问题。实际上，在刑事领域中，一些能够由诉讼参与人自由处分的权利（权力）（如前述提到的保释权、调查取证权等），均可以适度社会化，从而提高诉讼效益，有效地处置犯罪。

三、我国刑事强制措施制度中社会参与机制的建构

虽然社会力量参与刑事司法活动有其正当性基础，但是，刑事诉讼毕竟是国家实现刑罚权的活动，必须依靠不同程度的国家强制力才能实现。所以，完全抛开国家的力量，全凭社会力量和个人力量来进行刑事诉讼，不仅不现实，而且可能导致私刑的结果。所以，必须认识到，社会力量对刑事司法活动的参与是有限度的，只占据辅助性的地位。而且，社会参与者的素质可能参差不齐，因此，由社会力量参与刑事司法活动，完成一些本该由国家完成的诉讼任务，可能会带来一些意想不到的负面后果。所以，为了防止社会参与者滥用权力的现象出现，必须对社会力量的介入给予完善的法律规制。

（一）职业保证人制度的建构

就保全行为人的强制措施而言，我们认为，我国应在取保候审方式多样化（包括自我具结保证、保证人保证、保证金保证、保证人和保证金并用的保证、实物保证）的基础上，允许专门为被取保候审人代缴保证金的职业保证人存在。但是，同时也应设立公立性质的审前服务机构（独立于公检法三机关，可以考虑设立在

司法行政机关内部)[①]。也就是说，我国应确立公立和私立并行的审前释放保障体系。如果犯罪嫌疑人、被告人申请取保候审，由审前服务机构对申请人进行评估，向公安司法机关提交评估报告，如果符合自我具结保证、保证人保证、实物保证条件的，则由审前服务机构负责进行监管。如果符合保证金保证、保证人和保证金并用的保证条件的，则公安司法机关可以设定保证金的数额，允许申请人寻求职业保证人的帮助。职业保证人如果同意接受业务，职业保证人就和犯罪嫌疑人或被告人、公安司法机关三方之间共同订立协议，由职业保证人向公安司法机关提供被告人所需交纳的保证金(由公安机关来收取)，同时向被取保候审人收取不高于保证金数额10%的服务费用。职业保证人其实与我国现行的刑事诉讼法并不抵触，因为，我国刑事诉讼法并未规定取保候审的保证金由谁来交，那就意味着犯罪嫌疑人、被告人或者其法定代理人、亲友缴纳是可以的，专门的保证人或者保证机构缴纳也是允许的。职业保证人在严格意义上给予的是一种保证金担保，但在客观上也起到了保证人的作用，因而他不同于我国刑事诉讼法上的保证人保证。如果允许职业保证人存在的话，刑事诉讼法必须对职业保证人的权利和义务作出详尽的规定。具体而言，职业保证人的权利主要有：(1) 有权向公安司法机关了解被取保候审人的自身情况和所涉案件的情况；(2) 有权向被取保候审人收取不高于保证金数额10%的费用；(3) 有权监督被取保候审人遵守取保候审期间的规定；(4) 被取保候审人脱保后，有权调查或者雇请私人侦探协助调查被取保候审人的下落，在查清被取保候审人的下落之后，有权请求公安司法机关将脱保人抓捕归案。职业保证人的义务主要有：(1) 代替被取保候审人缴纳足额保证金；(2) 被取保候审人未能

① 我国有学者也指出，应逐步建立独立的取保候审的服务、监督和教育机构。由专门机构为决定取保候审提供评估服务，对被取保候审者实施监督和教育。周伟、邵尔希：《释放还是羁押：扩大适用取保候审的困难与选择》，载《现代法学》2007年第1期。

遵守取保候审期间规定的，职业保证人将被没收保证金；（3）被取保候审人脱保后，有义务协助公安司法机关抓捕脱保人归案。

职业保证人作为一种行业，不同于一般的机构，必须有其主管机关。在我国，由司法行政部门作为主管机关较为合适。但是，这种管理还应和职业保证人的自律（成立职业保证人协会）相结合。国家应制定专门的法律对职业保证人的许可、业务和权利、义务、职业保证人协会、职业保证机构、法律责任等相关方面作出明确的规定。具体而言：（1）职业保证人的执业许可。申请职业保证人执业，应具备以下条件：具备高等院校大专学历；通过国家统一职业保证人资格考试；品行良好。具备下列情形之一，则不予颁发职业保证人执业证书：受过刑事处罚的；被开除公职或者被吊销职业保证人执业证书的。（2）职业保证人的权利和义务。除了应当遵守刑事诉讼法的规定外，还应接受定期培训、年检。（3）职业保证人机构。职业保证人机构是职业保证人的执业机构。其设立必须具体涉及一定的实体条件和程序条件，尤其是必须有一定数额的资产，而且应强制办理责任保险。（4）职业保证人协会。职业保证人协会是职业保证人的自律组织。其职责在于总结、交流职业保证人工作经验；制定行业规范和惩戒规则；组织职业保证人进行业务培训和职业道德、执业纪律教育，对其执业活动进行考核；对职业保证人、职业保证人机构实施奖励和惩戒，等等。（5）职业保证人的法律责任。职业保证人和职业保证人机构的法律责任包括民事责任、行政责任和刑事责任。职业保证人违法执业或者因过错给当事人造成损失的，由其所在的职业保证人机构承担赔偿责任。职业保证人机构赔偿后，可以向有故意或者重大过失行为的职业保证人追偿。职业保证人和职业保证人机构违反有关法律法规的规定以及执业纪律，损害了当事人的合法权益，扰乱了正常的司法秩序，应视其情节给予行政处罚，情节严重的，则应追究其刑事责任。

（二）私人侦探制度的完善

私人侦探参与刑事诉讼，为当事人以及公检法机关调查取证，当前在我国有其必要性。目前，需要解决的关键问题在于如何用法律规范私人侦探及私人侦探所，防止其权力滥用，侵犯公民的基本权利。我们认为，我国应制定相关的法律，至少应明确规定私人侦探及私人侦探所的准入资格与程序、管理机构，私人侦探的业务范围、权利义务和法律责任，私人侦探协会的性质和职责，等等。私人侦探协会的性质和职责、私人侦探的权利、义务和法律责任类似于上述职业保证人协会和职业保证人，在此，我们仅就二者的不同之处进行分析。

第一，立法应明确规定私人侦探及私人侦探所的准入资格与程序。私人侦探的资格要求主要有：年满25周岁；具备高等院校法律或者侦查专业本科以上学历，从事法律、侦查或相关工作2年以上；品行良好，等等。私人侦探所是私人侦探的执业机构，私人侦探所向当地工商行政管理部门领取营业执照后方可营业。私人侦探机构必须符合法条的条件，拥有自己的名称、办公场所、必要的财产和经费、一定数量符合条件的从业人员。各地公安部门具体负责私人侦探以及私人侦探所的培训、考核、监督以及日常管理工作。

第二，立法上应该明确规定私人侦探的调查范围与取证方式。在调查范围上，私人侦探可以对私人团体和社会个人进行调查，但不得针对国家机关部门和工作人员。在取证方式上，立法上应该赋予私人侦探特殊的调查取证手段，这些手段包括跟踪、暗访、秘密录音、秘密录像等。但是，对于干预公民人身权和财产权的强制措施，如搜查、扣押、冻结、查封等，私人侦探不应享有的，若需采取，只能请求司法机关予以协助。

第三，立法应协调好私人侦探与公共警察之间的关系。简言之，私人侦探与公共警察之间是一个既分工又合作的关系。私人侦探既可以接受私人的委托，也可以接受公共机构（包括公共警察机构）的委托，为其提供调查服务。私人侦探在参与刑事调查的过程中，若遇到相关证据无法调取，可以代委托人申请公共警察机构进行侦查。私人侦探在调查中，若遇到性质严重的案件，应主动退出，将案件及时交给公共警察机构办理。

第二节　刑事强制措施适用的社会控制基础

刑事诉讼必须以一定的社会环境为基础，社会环境的好坏会直接影响到刑事诉讼活动的顺畅进行。要保障刑事诉讼顺利进行，一方面就是要保证犯罪嫌疑人、被告人能够到案，另一方面就是要保证证据不被破坏，否则，在刑事诉讼程序中就会出现诉讼障碍。运用刑事强制措施来排除这两方面的障碍时，必须以有良好的社会环境为基础。其中，对犯罪嫌疑人、被告人能否给予很好的社会控制是其核心。我国司法实践中，社会控制和管理能力较弱的现实，在某种程度上导致司法机关不得不选择拘留、逮捕等羁押性强制措施，而不敢适用取保候审、监视居住等非羁押性强制措施。[①] 在犯罪事实维度的强制措施方面，我国社会控制和管理能力较弱的现状，也促使侦查机关不得不依赖侵犯性较为严重的强制侦查手段来完成取证工作，而很少采取任意手段来保全犯罪证据。

一、刑事强制措施的适用与社会控制

（一）刑事诉讼是社会控制的重要手段

社会控制是指通过社会权威的力量对社会成员进行调节、引导、约束，从而实现社会秩序的过程。美国社会学家爱德华·罗斯在1901年的《社会控制》一书中首先提出该名词，并使“社会控

---

① 在“取保候审适用中的问题和对策”研讨会上，有学者在对国外保释制度的发展历程进行考证之后，认为取保候审在某种意义上已经不单纯是一个法律问题，更多的是一个社会控制问题。我国现在的社会控制能力较弱，在某种程度上不容易对被取保候审人进行监管和控制。但是，随着国家社会控制能力的逐步提高，当犯罪嫌疑人、被告人知道其行为、信息都在国家机关的控制之下时，他逃跑的欲望就会大大降低。因此，从社会控制的角度去理解取保候审的问题也是完善取保候审的思路之一。这一观点被许多与会学者所认可。何挺、王贞会：《取保候审：亟待完善制度摆脱适用困局——“取保候审适用中的问题和对策”研讨会综述》，载《人民检察》2007年第14期。

制”成为社会学的重要范畴之一。罗斯认为，人天性中的“自然秩序”被破坏后，社会就必须控制越轨、犯罪等社会问题，即必须运用社会控制来维持社会秩序。而社会控制的具体方式则包括了法律、道德、舆论、风俗习惯、宗教、信仰、教育、个人理想、礼仪、艺术、人格、启蒙、社会价值观、伦理法则等控制工具。① 在诸多社会控制手段中，“通过法律的社会控制”只是其中之一种。当然，在一个发达社会中，法律也是“社会控制的最终有效工具”②。诉讼活动就是通过法律实现社会控制的具体表现形式。诉讼活动的过程和结果在一定程度上都有着社会控制的功能，尤其是刑事诉讼活动，它的直接目标就是控制对社会秩序最为典型的破坏方式——犯罪。刑事诉讼活动通过针对犯罪人的个别威慑和针对社会的一般威慑达到控制犯罪的目的。但是，犯罪的原因和犯罪破坏社会秩序的方式均多种多样，这就决定了控制社会失范的手段也必须是多样的，除了法律控制手段之外，其他的社会控制途径也是不可或缺的。正如庞德所言：“当我们生活在地上世界里，如果法律在今天是社会控制的主要手段，那么它就需要宗教、道德和教育的支持；而如果它不能再得到有组织的宗教和家庭的支持的话，那么它就更加需要这些方面的支持了。”③ 也就是说，任何一个社会都是复杂的有机整体，需要多种社会控制手段的相互配合、相互补充，才能实现社会控制的目标，达到社会整合和社会良性运转的效果。④

---

① ［美］爱德华·罗斯：《社会控制》，秦志勇等译，华夏出版社 1989 年版，第 95 页。

② ［美］罗斯科·庞德：《通过法律的社会控制——法律的任务》，沈宗灵等译，商务印书馆 1984 年版，第 89 页。

③ ［美］罗斯科·庞德：《通过法律的社会控制——法律的任务》，沈宗灵等译，商务印书馆 1984 年版，第 33 页。

④ 潘允康：《试论社会控制手段的多样性和综合性》，载《杭州师范学院学报（社会科学版）》2002 年第 6 期。

（二）刑事诉讼离不开其他社会控制手段

任何刑事司法活动都不是孤立存在的，它无法脱离一定的社会、经济、政治、文化和法律环境。一国的社会环境、经济环境、政治环境、文化环境和法律环境都会直接影响到刑事司法活动的顺利进行。例如，社会舆论和新闻媒体在不同程度上会对刑事司法活动产生监督作用；法律文化、法律传统会在社会范围内，影响公民和刑事司法主体的法律意识，进而制约刑事司法的质量和效果。

就刑事诉讼过程而言，它需要诉讼参与人的配合，尤其是犯罪嫌疑人、被告人，但是，他们又是与案件结果息息相关的人。基于趋利避害的心理可能逃避诉讼程序。因此，为了让结果最终顺利地附着于他们身上，必须在整个诉讼过程中对犯罪嫌疑人、被告人给予有效的管控。由于每个犯罪嫌疑人、被告人可能属于社会上的不同组织和单位，这些单位利用组织规章制度和组织纪律对犯罪嫌疑人、被告人的管控，是诉讼程序本身所需要的，也是诉讼程序本身不可代替的。就刑事诉讼结果而言，为了让对被告人的刑事处罚产生较好的社会效果，刑罚必须与被告人家庭和所在单位的帮教结合起来，真正让被告人悔过自新，避免其重新犯罪、破坏社会秩序。总之，欲使刑事诉讼活动正常开展，实现其最终目的，必须有其他社会控制手段作为保障。法律之外的其他社会控制手段是否有效，往往会直接影响到刑事诉讼效率的高低和质量的好坏。

（三）刑事强制措施适用必须的社会控制基础

刑事强制措施在性质上属于保全行为人和犯罪证据的措施，强制措施制度如同其他诉讼制度一样，其有效适用和正常运转必须有良好的社会控制基础。

行为人维度的强制措施一方面是为了及时抓捕犯罪嫌疑人、被告人，另一方面是为了防止已经在案的犯罪嫌疑人、被告人逃避追诉程序。要及时抓捕犯罪嫌疑人、被告人，就必须对犯罪嫌疑人、被告人进行有效的社会控制。通缉、通报是公安机关追缉、堵截、查获案犯和互通情报、线索以及查找失踪人员、无名尸体身源等的一项重要措施。在通缉和通报过程中，不仅需要公安机关的协作，往往还需要与被通缉对象有关或者无关的场所、个人和单位、组织的协助。如果国家的社会控制手段多种多样，则可以通过金融、网络等手段对个人的信息进行控制和跟踪，可以利用基层组织对个人的行为进行监控，这对于迅速抓获犯罪嫌疑人或被告人是十分有利的；否则，公安机关将很难对犯罪嫌疑人进行定位，无法让犯罪嫌疑人或被告人及时归案。另一方面，为了防止已经在案的犯罪嫌疑人、被告人逃避追诉，可以采用拘留、逮捕等羁押措施，也可以采用取保候审、监视居住等非羁押措施。若将犯罪嫌疑人、被告人羁押在看守所内，直接剥夺其人身自由，当然无需其他社会控制手段协助。但是，一旦对犯罪嫌疑人、被告人适用取保候审、监视居住等非羁押措施，如何在取保候审、监视居住期间保证犯罪嫌疑人或被告人不逃避追诉和审判并及时到案，这恐怕不仅需要犯罪嫌疑人、被告人的自我控制，而且需要他人的控制。在他人的监督中，司法机关的监督、亲友和保证人的监督是一方面，来自基层组织、金融机构、信息部门对其行动的社会控制则是同样重要的另一方面。如果缺乏这些有效的社会控制手段，在执法实践中，不及时采取羁押措施以及羁押措施到期即释放犯罪嫌疑人，就会经常导致犯罪嫌疑人逃跑、串供、损毁证据、转移涉案财物、干扰案件查处，案件处理不下去等现象的发生。①

保全证据的强制措施同样无法脱离良好的社会控制基础。人证依赖于行为人本身，保全人证的前提就是保全行为人。而对物证的保全，一方面要避免物证被利害关系人破坏，另一方面就是要通过各种手段予以提取。有学者提出，“人类的司法证明已经进入了以物证为主要内容的‘科学证据’时代。……要实现司法公正并提高司法效率，就必须依靠科学技术，就必须提高司法证明手段的科

① 柯良栋：《谈谈修改刑事诉讼法必须高度重视的几个问题》，载《法学家》2007 年第 4 期。

技水平。一言以蔽之，就要从以人证为主的司法证明转变为以物证为主的司法证明。”① 正当化的物证收集手段，要尽量避免对犯罪嫌疑人、被告人权利的干预，而依靠现代科技手段来进行提取。可以说，现代技术尤其是信息科学技术手段已经成为新型的社会控制和管理方式。在刑事案件的侦查过程中，建立指纹自动识别系统、枪弹痕迹自动识别系统及刑事犯罪现场和犯罪人员 DNA 数据库等，其直接目的就是将刑事犯罪资料信息化，强化控制社会的能力，协助犯罪证据的收集。同时，利用相关机构的视频监控、金融监控、税务监控、通信监控等手段进行同步监控和记录，这些监控所记录的各种信息，也为保全犯罪证据提供了充分的保障。

二、我国当前社会控制体系的现状及存在的问题

新中国建立以来，我国的社会控制体系经历了由强变弱的过程。改革开放之前，社会主义经济和政治制度及新型的社会主义道德体系与法律体系的建立，形成了一种良好的与当时经济体制相协调的社会控制体系。② 在这种传统的社会控制体系之中，基于单一的单位体制，从上到下用行政命令贯通起来，几乎所有的社会成员都被置于单位中，从而受到相应的控制。由此，国家对单位、单位对个人形成了强有力的控制。③ 但是，随着改革开放大幕的开启，我国的计划经济体制向社会主义市场经济体制转变。在这一变革中，虽然计划经济时代国家对社会进行严格控制的许多手段尚未完

① 何家弘：《刑事证据制度改革与司法观念的转变》，载《人民法院报》2002 年 8 月 16 日第 3 版。

② 欧阳马田：《现代化进程中的社会控制》，载《社会学研究》1990 年第 2 期。

③ 李璐璐：《社会变迁：风险与社会控制》，载《中国人民大学学报》2004 年第 2 期。

全解除，但是，国家对社会的管理和控制能力在逐步弱化。[①] 这主要体现在：第一，中国社会的体制转型造成越来越多的社会组织脱离了国家行政体系的直接控制，越来越多的社会成员脱离了“单位”的直接控制，由“单位人”转变为“社会人”。[②]第二，传统的控制机制，如基层党政机关、治保委员会、居民委员会、村民委员会等由于组织涣散，社区防卫功能削弱，对其管辖范围内的成员不足以发挥充分的制约作用。

国家对个人的社会控制逐步弱化的原因，概括起来，无非有以下5个方面：

第一，共同价值观的松动。伴随着社会主义市场经济的发展，各种新思潮的涌入，人们的价值观、信仰体系发生了改变。计划经济体制下大公无私、遵纪守法等核心价值观念被利己主义、冒险主义所替代，国家、集体中心主义被个人中心主义的价值观代替，这种价值观的失落以及伦理精神的蜕变，使得传统社会控制体系所依靠的内在价值认同、道德观念无法对个人的行为产生较强的约束力量。

第二，人口的流动化。在传统的控制体制下，对于绝大多数人来说，自由流动的空间是不存在的，无论是地理上的流动，还是社会空间意义上的流动。社会成员有控制的流动构成了传统体制下控

---

① 当然，有学者持不同观点，认为我国对社会的管理、控制能力还非常强大，可以说是西方国家望尘莫及的。例如，我国有严格的户籍管理及与之配套的居民身份证制度，有专门针对流动人口的暂住证制度，有严格的人事档案制度，有触觉几乎遍及全国每一社区的居委会、村委会制度，我国的许多单位，尤其是国有、集体所有制单位不仅具有经济管理职能，而且承担着社会管理职能，等等。这些制度绝大多数都是西方国家，包括西方发达国家所没有的，因而我国对社会的管理、控制能力比西方国家强而不是比西方国家弱。陈永生：《刑事诉讼法再修改必须突破的理论误区——与柯良栋先生〈修改刑事诉讼法必须重视的问题〉一文商榷》，载《政法论坛》2008 年第4期。

② 同②。

制有效性的基本前提。[①] 但是，在向社会主义市场经济体制过渡过程中，随着城市劳动力的大量需求和劳务市场的蓬勃发展，许多人口从农村流向城市，户籍所在地基层组织对他们的控制逐渐弱化，一些大城市开始用暂住证来加强对流动人口的管理，但是，这仍然无法产生很强的约束作用。

第三，利益的多元化。随着社会主义市场经济的发展，我国个体、私营等非公有制经济不断发展壮大，已经成为社会主义市场经济的重要组成部分和促进社会生产力发展的重要力量。由于在市场经济体制之下，调节经济的杠杆主要是市场，而不是行政干预，所以，交易的双方、雇主和雇员的关系是平等的，不存在命令和强制的关系，非国有组织对职工的约束不像原来的国有单位那么强有力。这就造成了各种组织特别是非国有组织对于国家的依赖性也已经大大减弱，越来越多的社会成员脱离了单位体制的束缚。国家通过单位体制对社会组织的控制、国家通过单位对社会成员的控制范围已经大大缩小，导致国家对整个社会的控制能力大大降低。[②]

第四，传统控制手段的弱化。我国传统的档案制度和户籍制度已经难以解决社会控制方面出现的新问题。随着我国社会管理由“单位管理”、“身份管理”向契约管理的转变，档案的证明功能正逐步丧失。人事档案制度的存废在社会上引起了极大的争论。而传统上旨在证明公民身份、维护社会治安、控制人口增长的户籍管理制度，因其带来的社会不公，现如今也频遭诟病，某些城市也相应地出台了改革措施。可以说，传统的档案制度和户籍制度对个人的社会控制已经不如往昔。随着传统社会控制机制的弱化甚至失灵，新的社会控制机制却未能及时跟上。例如，我国除了身份证系统全国联网之外，其他全国性的个人信息系统尚未形成。这也是造成我

① 李璐璐：《社会变迁：风险与社会控制》，载《中国人民大学学报》2004 年第 2 期。

② 李璐璐：《社会变迁：风险与社会控制》，载《中国人民大学学报》2004 年第 2 期。

国社会控制力下降的重要原因。

第五，法律体系的不健全。法律手段是实现社会控制最为理性而强有力的方式。然而，传统人治的思想盛行、立法的滞后等诸多方面的原因，造成我国目前的法律体制存在很多漏洞和缺陷，以至于在许多领域中，人们的行为缺乏规范和指引，基本处于不受制约、失范的状态之下。

总之，在社会结构转型和经济体制转轨时期，从形式上看，国家、组织与个人成为社会控制的共同主体，社会控制主体呈现出多元化的趋势，但在实际运行中，组织控制与社会场的控制功能仍未得到充分发挥。① 当前，由于对人们内在和外在的社会控制机制缺失，导致我国的社会控制能力弱化，在特定的地域或特定时间段内甚至造成了社会秩序的失控，与社会控制相关的制度也无法有效地落实。

三、完善我国刑事强制措施适用的社会控制基础

我国刑事强制措施制度的完善和正常运转必须依赖一定的社会控制基础，但是，在转型期社会中，建构完善的社会控制体系是一个系统工程。例如，法律、国家机器、组织制度、道德、习惯和传统等，都是实现社会控制、维护社会秩序的基本手段。但是，道德、习惯和传统不是一朝一夕可以改变的；法律的完善亦必须经历复杂的程序；此处，我们仅从最切实可行、最为紧迫的组织控制和信息控制两方面进行具体阐述。

（一）组织控制

组织控制在社会控制体系占据十分重要的地位。我国当前社会中的个人正在从计划经济体制下的“单位人”转变为“社会人”。在这种社会结构变迁的背景下，应当充分地发挥新类型组织的社会

① 周明侠：《当代中国社会控制模式转型与对策》，载《社会科学战线》2007年第1期。

控制作用。有学者提出，这种新类型的组织主要包括“中介型组织”或社会团体、“地域自治性组织”。“中介型组织”或社会团体是基于各种特定的利益而组织起来，在组织内部实行协调和控制，在组织外部实现竞争和协调。“地域自治性组织”，如城市社区或村庄，它们是基于地域基础上的共同利益组织起来的，社区建设的兴起在一定程度上代表了在这一方向上重建社会控制体系的努力。这两种社会的组织化形式都超越了传统的单位体制和行政管理体制，适应了社会日益多元化、非集中化和流动性的趋势，在组织内部承担起社会控制的功能。① 实际上，“中介型组织”或社会团体仍旧是单位，这种单位在某种程度上无法有效地接受国家的管理，所以，只能依靠“地域自治性组织”，即社区组织来加强社会控制。也就是说，社会控制体制要实现从“单位”到“社区”、从“工作场所”向“居住场所”的转变。② 在我国，加强城市和农村社区建设，应恰当地协调好社区与地方政府之间的关系，加强社区党政组织和自治组织的建设，突出社区在党政部门指导下的自治性，完善社区管理制度，提高社区管理水平，充分发挥社区控制的主导力量和主体力量的作用，以维护社区秩序。只有在加强社区建设的基础上，有效地发挥社区组织的作用，以社区带动家庭、单位的约束力，才能对未被羁押的犯罪嫌疑人、被告人在刑事诉讼过程中给予有效的监管、帮教，防止犯罪嫌疑人、被告人逃避追诉程序。社区组织对刑事强制措施适用的参与，有助于弥补国家监管力量的不足，进而扩大非羁押性强制措施的适用。

（二）信息控制

随着现代高科技的飞速发展，经济和社会各个领域的信息化日渐明显，通过信息科学技术手段提高社会控制和管理的能力已经是

① 李璐璐：《社会变迁：风险与社会控制》，载《中国人民大学学报》2004 年第 2 期。

② 郑杭生：《中国特色社区建设与社会建设——一种社会学的分析》，载《中南民族大学学报（人文社会科学版）》2008 年第 6 期。

各国发展的共同趋势。具体而言，通过信息技术实现社会控制，就是借助于信息科技、生物科技等新技术来获取、储存、处理和控制个人信息，以规范和控制个人的行为。

在美国，每个人都有一个“社会安全号码”（SSN，即 social security number），这个社会安全号码和其他许多种类的身份识别有所关联，可以把一个美国人一生几乎所有的信用记录集中在一起。只要把某个人的社会安全号码输入全国联网的计算机中，任何人均可查到自己的背景资料，既包括年龄、性别、出生日期等这些自然状况，也包括教育背景、工作经历、信用状况、犯罪记录等。这个数据库相当于我国的档案，但是它是数字化的档案，而且其远远超出了档案的功能，在社会控制方面发挥了很大的作用。正如有学者指出的那样，欧美发达国家正是有了这样的集服务与监控于一体的全国性的电子档案系统，“这些国家和地区才能够气定神闲地一边唱保障人权高调，一边通过这些手段控制着社会。表面上看，人人都是自由的，人人都享有相当的权利实现空间，也没有明显地受到监视的压力。但实际上，每个人的大量资料都被政府控制着。只要有违法行为的发生，很多证据都是可以通过这个控制系统查阅得到，嫌疑人的踪迹也容易被发现。实际上形成了一个在社会有效控制下的自由社会”。[①]

我国目前虽然已经部分建立了这样的服务系统和管理系统。例如，公安部于2006年建成了“全国公民身份信息系统”[②]；中国人

---

① 周伟：《社会控制能力，司法改革的物质基础》，载崔敏主编：《刑事诉讼与证据运用》（第1卷），中国人民公安大学出版社2005年版。

② 该系统是为政府部门及社会各界提供身份信息核查、人口数据统计等全国公民身份信息服务。该系统建设的最终目标是实现与国家其他有关公民信息的系统实现互联互通，数据高度共享。其官方网站为：http://www.nciic.com.cn/gaokuang-js.htm.

民银行征信系统已为近6亿人建立信用档案①等。但是，这些系统还过于分散，信息的收集并不全面，无法完整地实现社会控制的作用。因此，我国有必要尽快由国务院牵头，以中央各部门为主体，逐渐把其他各有关行政管理部门、司法部门、金融机构、教育机构、保险系统、税务系统的信息进行联网，建成全国统一的个人信息库（个人电子档案），向社会公开个人的学历记录、就业记录、职业培训和技能水平记录、社会保障记录、纳税记录、信用记录、违法记录、特殊行业道德操守记录等，以及其他应向社会公开的各种信息资料。这一信息系统与个人的生活息息相关，可以同步记录、跟踪个人生活的重大方面，对个人的行为是一种有力的监控，因此，它对刑事强制措施的适用无疑是一种有力的保障，涉嫌犯罪的嫌疑人将随时处于这一系统的监控之中，既有利于促进取保候审、监视居住等非羁押措施的广泛适用，也更加便于公安司法机关利用科技手段侦破和办理案件。这一全国联网的个人信息系统必将成为公民自由的保障，违法、犯罪行为的克星。当然，国家在建立这一全国性系统之后，还应制定相关的法律规范个人信息的运用，保障个人的隐私和控制个人信息的滥用。

小结

刑事强制措施的适用必须有良好的社会基础。一方面，为了节约司法资源，促进司法的民主，防止司法权的滥用，有必要适当地吸收社会力量参与到刑事强制措施的适用之中。另一方面，为了更加有效地保全犯罪嫌疑人、被告人和相关证据，最大限度地适用非

① 2008年5月31日，中国人民银行副行长苏宁说，中国人民银行组织商业银行建成的企业和个人征信系统，已经为全国1300多万户企业和近6亿自然人建立了信用档案。该系统主要记录了企业和个人在金融领域的信贷信息，以及在环保等方面遵纪守法的信息。姚均芳、王宇："中国人民银行征信系统已为近6亿人建立信用档案"，http://www.gov.cn/jrzg/2008-05/31/content_1000995.htm.

羁押性强制措施，减小犯罪嫌疑人、被告人脱逃、证据被破坏的可能性，国家必须形成良好的社会控制体系。

就保全行为人的强制措施而言，社会力量的参与主要集中在非羁押性强制措施上。美国的职业保释保证人制度就是典型的代表。尽管职业保释保证人制度在美国备受争议，但是，它在让更多的人获得保释、促进了法庭的正常运转、降低了政府的耗费等方面所起到的作用是有目共睹的。就保全证据的强制措施而言，私人侦探协助调查证据，是社会力量参与的代表。西方国家从私人侦探业发展到私人保安业，其地位和业务重心都发生了一系列的变化。尽管私人侦探制度也存在一系列问题，但是，它的确已经成为西方司法制度中不可或缺的一环。

社会力量参与强制措施的适用，不仅有其实践基础，也有其理论基础。社会契约论和社会连带学说是社会力量参与强制措施适用的思想基础。司法的民主化趋势也构成了社会力量参与强制措施适用的政治基础。国家司法资源的有限性则是社会力量参与强制措施适用的现实基础。在我国刑事强制措施的适用中，仍应以国家司法机关为主导力量，社会和个人的参与只占据辅助性的地位。具体而言，我国可以在未来确立类似于美国的职业保释保证人制度，建立完善的私人侦探制度。

刑事强制措施制度的完善和正常运转，必须依赖一定的社会控制体系。由于共同价值观的松动、人口的流动化、利益的多元化、传统控制手段的弱化和法律体系的不健全等多方面原因，我国对社会的管理和控制能力正在逐步弱化。有必要建构完善的社会控制体系，在我国当前，最切实可行、也最为紧迫的就是从组织控制和信息控制两方面来完善社会控制机制。从组织控制上来讲，就是要加强我国城市和农村的社区建设；从信息控制上而言，就是要尽快建立起全国统一的个人信息库。

结　语

“强制措施”实际上是与“任意措施”相对应的概念。只有将被处分人的重要权利，即宪法权利（或者说基本权利）是否受到侵犯作为界定强制措施和任意措施的标准，才能揭示强制措施的本质和正当化标准。依据此标准，从理论上可以将刑事强制措施大致分为对人身权的强制措施、对财产权的强制措施、对隐私权的强制措施、对职业利益的强制措施四种。刑事强制措施相比强制侦查，是更为基础性的概念，在侦查阶段使用强制措施，保全犯罪证据、查获犯罪嫌疑人的手段，可以称其为强制侦查。强制措施与侦查（当然包括强制侦查）有着不同的目的指向。侦查程序与起诉、审判程序一样，是认知程序的重要一环。

刑事强制措施存在的根据包括社会秩序维护的需要和被追诉者的忍受义务。具体而言，一方面，国家实施强制处分，是为了通过维护诉讼内的秩序，保障诉讼的安定性而间接实现社会秩序；另一方面，当个人破坏作为社会契约的法律，涉嫌犯罪受到刑事追诉或者被判处刑罚之后，个人有必要对社会上的其他个体承担法律所施加的一定忍受强制措施和刑罚的义务。刑事诉讼意义上的案件由“行为人”与“犯罪事实”两部分构成，刑事诉讼程序中所面临的阻碍也由“行为人”和“犯罪事实”而引起。刑事强制措施一方面通过排除“因行为人所引起的阻碍”，保全被追诉者；另一方面通过排除“因犯罪事实所引起的阻碍”，保全犯罪证据，以此来达到保障诉讼顺利进行的最终目的。因为所针对的对象不同，两种不同类型的刑事强制措施不能混用。刑事强制措施虽然是诉讼行为的一种，但是其本质不能仅定位为诉讼行为。刑事强制措施本质上系一种公法意义上的对公民基本权利的干预手段。它应当和公法上的其他干预基本权的行为一样，遵守法律保留原则、比例原则、救济原则，等等。总之，刑事强制措施的本质是以程序保障为目的的实体处分（实体权利的干预措施）。但实体处分绝非目的，而是不得已的手段而已。“程序保障”与“实体处分”二要素缺一不可，前者构成对后者的目的限制，后者是前者的手段规定。刑事强制措施是程序保障目的与实体处分手段二者的统一。

传统程序工具主义理念下，刑事强制措施的适用必须为达成正确的裁决结果之目的服务。拘留、逮捕、羁押等剥夺人身自由的措施必然被广泛地应用，而取保候审等非羁押措施运用的比例就相应地会很小。经济效益主义要求诉讼程序必须具有一定的效率性。就刑事强制措施本身的实体设计而言，刑事强制措施的正面效应（程序保障），此目的指向应当最大化；相应地，刑事强制措施的负面效应（次要作用）主要表现在实体上对司法资源的耗费以及给被追诉者（公民权利的剥夺、限制）带来的讼累，应当尽量缩小与限制。就刑事强制措施的程序设计而言，如果对刑事强制措施的行使没有或者很少设置约束条件，无论是形式上的约束还是实质上的约束，都会减少刑事强制措施的实施成本。一旦有约束条件，特别是比较多的约束条件或实质性约束条件的运用，将导致权力运行成本的增加。

程序工具主义要求刑事强制措施的适用，必须为达成正确的裁决结果之目的服务。在满足诉讼结果合乎目的性的同时，侧重追求诉讼过程的经济性。而程序本位主义理念强调包括刑事强制措施在内的程序制度必须符合程序的道德性要求，符合程序正义价值的基本标准。在现代刑事诉讼立法和司法实践中，上述两种理念互为补充，科学、合理的刑事强制措施制度设计必须兼顾二者，也就是说，刑事强制措施制度本身既要为达成正确的裁决结果之目的服务，又应当具有经济性，同时必须体现正当程序的最低要求。

基于上述对刑事强制措施根据、本质以及对不同程序目的的实现要求，可以得出思考刑事强制措施制度正当性的3个逻辑基础：从刑事强制措施实施主体角度来看，国家权力的节制理念应当得到彰显；从刑事强制措施实施程序角度而言，刑事强制措施实施必须以程序为指向；从刑事强制措施实施对象角度来看，基于无罪推定的理念，被处分者必须具有诉讼主体性。

现代法治国家刑事诉讼目是通过确认国家刑罚权的有无，从而实现实体法，恢复法的和平性和法秩序。刑事诉讼法的目的则在于，一方面促进真实的发现，实现刑事诉讼目的；另一方面，则设定诸多权力限制、权利保障条款，通过正当法律程序来限制刑事诉讼的实现。刑事诉讼目的观决定刑事强制措施制度。一国刑事强制措施设置究竟体现犯罪控制抑或人权保障的刑事诉讼目的观，不在于刑事强制措施本身种类多少，而在于刑事强制措施的体系是否合理（即轻重层次分明等）、刑事强制措施适用范围是否恰当以及适用条件是否体现比例原则，等等。刑事强制措施是实现刑事诉讼目的的保障。刑事强制措施在保障刑事诉讼目的得以实现的方式上，并不是传统观点所认为的一概积极地实现。刑事强制措施在应当以排除障碍的方式来保障诉讼顺利进行，使刑事诉讼目的得以实现。刑事强制措施正当化制约刑事诉讼目的的实现。包括令状主义、证据排除在内的体现人权保障理念的正当法律程序构成刑事强制措施实施的边界，这一边界在保障被追诉者乃至每一个公民的同时，也制约了刑事强制处分权的无限扩张；同时，在一定程度上也阻碍了司法机关确认行为人身上的国家刑罚权的有无，导致事实上被破坏的社会秩序难以在法律上予以恢复。

刑事强制措施的运作模式会受到刑事诉讼构造的影响。科层型程序结构强调上级对下级的监督，抑制私人的程序行动，往往会导致刑事强制措施的广泛适用。而协作型司法程序中，则恰恰相反。在政策实施型程序中，程序规则往往成为达致实体目的的工具，很容易将当事人转变为案件信息的提供者。刑事强制措施也可能成为追诉机关发现真实的工具，最严厉的手段往往会被追诉机关使用到极致。刑事强制措施甚至可能被用来达成程序外的目的的工具。在纠纷解决型的法律程序中，则恰恰相反。总之，科层制的权力结构与政策实施模式有着某种程度上的一致性，科层制保障了政策自上而下的执行，政策也往往只有在科层制的权力结构中才能得以有效的实现。科层式的、政策实施型的刑事诉讼构造为我国刑事强制措施偏离其本质追求埋下了伏笔。

受到不同刑事诉讼价值观与诉讼构造的影响之下，刑事强制措施往往会形成不同的运作模式。在归纳各国刑事强制措施立法和实践的基础上，我们认为，最为基本的两种刑事强制措施运作模式是保障型运作模式和追诉型运作模式。基于实现实体法、恢复法和平性以及法秩序的目的，虽然两种模式在刑事强制措施的目的确立上并不是完全对立的（毕竟保障在某种程度上也是为了追诉），但是，在制度设置上表现得绝然对立。保障型运作模式体现了法治国家理性运用国家权力的思想以及保障自由的正当程序理念，而追诉型运作模式则较多地表现出维护安全、犯罪控制的刑事诉讼价值观。显然，符合国际刑事司法发展趋势的刑事强制措施正当化运作模式就是体现个人自由、权利理念的保障型模式，而追诉型模式就是非正当化强制措施运作模式的代表。在当今两大法系主要国家中，两种极端的刑事强制措施运作模式都不存在原型，当代两大法系国家的刑事强制措施运作都徘徊于两种模式之间。

作为一种干预基本权利的公法手段，刑事强制措施的适用必须受到宪法的严密控制。按照德国宪法学关于基本权利的理论，可以从基本权利的“构成要件”、“限制”及“阻却违宪事由”三方面来思考强制措施干预基本权利的合宪性。刑事强制措施所干预的基本权利是广泛的，它包括公民的身体不受侵犯的权利、人身自由权、财产权、隐私权、通信自由、通信秘密权、言论自由权、住宅不受侵犯权，等等。作为国家公权力剥夺、限制公民基本权利的刑事强制措施，必须遵循形式上的法律保留要件和实质上的比例原则，才能获得宪政层面的正当性。我国刑事强制措施的立法和司法实践中，存在着诸多的违背上述两原则的行为，其中，违背法律保留原则的行为在本质上体现为“法外立法”和“行政、司法立法”。违背比例原则的行为不仅表现在每种强制措施内部，还表现在各种刑事强制措施之间。欲改革我国的刑事强制措施制度，使其正当化，不仅应当从刑事强制措施内部加以完善，更应当从宪法层面着手，使宪政的理念植根于刑事强制措施制度中，让刑事强制措施制度具备宪政基础。当务之急就是完善我国的违宪审查机制，通过有违宪审查权的国家机关，依据法定程序审查和裁决某项立法或者某种国家公权力行为是否合宪，以保证宪法的实施，维护宪政秩序。

干预实体基本权利的刑事强制措施要获得正当性，还需要有宪法层面的程序基本权的保障。免受无理强制处分权与辩护权、获得公正、公平、迅速的审判权等程序基本权之间是互相促进的关系，程序基本权的互动有助于刑事强制措施制度的正当化，缺乏程序基本权作为基础支柱，刑事强制措施难以实现正当化的目标。在我国现行宪政体制之下，尚未形成程序基本权互动的法律机制，包括刑事强制措施在内的刑事诉讼制度的正当性基础难以获得保障。因此，在我国宪法中应当确立程序基本权的条款，对于刑事被指控者，所必须确立的程序基本权至少包括无罪推定的权利、获得公正、公平、迅速审判的权利、诉讼救济权等。为了落实刑事被追诉者的程序基本权，还应有权利救济渠道、制裁措施等多个方面完善的法律机制。

在诉讼制度层面，刑事强制措施正当性的实现必须有充分的程序保障。尤为重要的就是以权力分立理念为基础来配置刑事强制措施决定权。司法审查原则是权力分立理念的具体体现。刑事诉讼领域必须遵循和贯彻司法审查原则，未经法院的司法审查，任何人不得被剥夺生命、自由或者科处其他刑罚；未经法院审查，不得对公民实施逮捕、羁押等强制措施。我国台湾地区 1997 年将检察官的羁押决定权予以废除，收归“法院”行使的变革带来的羁押人数的锐减，以及1999年将搜查权转归“法院”行使促使作为追诉者的检察官、警察更加审慎的实践，十分鲜明地体现了以权力分立为理念基础的司法审查机制对于国家追诉权的抑制，防止了追诉者（即使是不亲自执行强制措施的检察官）在实施强制措施时的恣意。当然，俄罗斯1992年建立法院对逮捕、羁押司法审查机制的实践却表明，司法审查制度虽然代表着法治国前进的方向，但其最终实现不可一蹴而就，往往要突破重重难关，特别是改变旧的权力格局，确立新的权力结构。

司法审查包括事前的审查和事后的审查两种。事前的司法审查机制（即令状主义）具有事前节制权力、事中作为权力行使的依据、事后对权利的救济功能。当今西方国家无令状强制措施实施扩大化的趋势，并不意味着司法审查本身没有其存在的必要性。针对无令状强制措施所实施的事后审查如同事前审查一样具有防止无理强制措施的功能。作为典型事前审查形式的令状授权与无令状的事后审查是互补的。在我国刑事强制措施制度中，不仅欠缺作为事前审查的令状主义，强制措施的事后审查机制亦十分薄弱。在我国刑事强制措施决定权配置模式上，宏观上仍然应当选择混合式决定模式。对于那些“犯罪事实思维的强制措施”，在侦查、起诉程序中，原则上交给检察院，而在较为急迫的情形之下实施的紧急搜查、盘查等措施可以交由检察院、公安机关自行决定。将那些较为严厉的刑事强制措施（如监听、侵入性身体检查）交给法院来决定。在审判过程中，则完全交由法院来决定。对于“行为人思维的强制措施”，原则上应当全部由法院决定。但是，暂时性、较轻微的传唤措施则分配给检察官，具有急迫性的紧急逮捕决定权可以由检察院和公安机关自行决定。此外，还应当强化刑事强制措施的事后司法审查机制。当然，真正建立刑事强制措施的司法审查机制并且落实之，必须以错案追究制、国家赔偿制度的完善以及司法独立的实现为前提。

刑事强制措施实施的事前证据门槛（证明标准）和事后的证

据能力审查制度有利于保障刑事强制措施的正当性实现。按照刑事强制措施适用的比例原则，由于强制措施对被处分人的基本权利侵犯程度不同，刑事强制措施适用的证明标准是多元化的。美国刑事程序上的强制措施证明标准（即“相当理由”）经历了从一元向多元的嬗变。中国未来刑事诉讼法对强制措施证明标准的完善应当从美国法的发展中汲取经验和教训。在规定“相当理由”、“合理怀疑”等作为刑事强制措施发动的证据标准的同时，应当注意建立相关的配套保障措施，使之更好地得以落实。

非法证据排除法则的存在构成刑事强制措施适用的事后控制手段。由于非法证据排除目的观的不同，导致各国在非法证据排除制度设置上产生了差异。美国崇尚实用主义，强调证据排除的阻吓功能；而德国强调证据禁止在保障审判公正、程序正义上的重要意义。抑制警察权的扩张应是中国刑事诉讼的当务之急。阻吓侦诉机关非法取证应当成为我国目前非法证据排除规则的首要目的。在不同的目的观和诉讼体制影响之下，各国建构了不同的相对排除法则。美国非法证据排除规则是相对的，但是其相对排除规则中包含着绝对的因素。对于那些应当排除的非法证据，美国判例确定了不可裁量的规则，而且例外也是法定的，法官的裁量权相对较小。在德国的证据禁止理论中，证据取得禁止规范被违反后，尚须一套理论来推论其是否招致证据使用禁止的效果。可以说，德国确立了相对裁量的证据排除法则。由于“利益判断和利益选择只能在立法时进行，而不是在司法过程中进行”。所以，美国对非法证据的相对严格排除方法，更值得我国借鉴，这种方式不仅有利于区分立法与执法的界限，有利于法律的统一行使、司法权威的树立，而且有助于证据排除本身的阻吓目的的实现。此外，证据能否得到有效的排除，有赖于一定的证据排除方法。我国在未来确立完善的非法证据排除规则的同时，应当仿效英美法系建构实质化的庭前审查机制、强化判决书的说理、明确非法证据排除的证明标准、证明责任等证明机制，以确保“非法证据”真正被“排除”。

强制的对立面是自愿，在学者们都为刑事诉讼中司法审查原则呐喊的今天，从强制的对立面——自愿出发构建刑事强制措施中的同意制度体系，以缓和国家权力与公民权利之间的冲突，谋求互利共赢、和谐发展，十分有必要。从广义的刑事强制措施概念出发，排除羁押这一涉及人身自由的最为严厉的强制措施之外，许多强制性行为都可能存在同意行为。刑事强制措施中同意行为正当、合法化必须具备一定的实体要件和程序要件。实体要件主要从受干预人的角度体现，包括主体要件（同意的能力）和主观要件（自愿性保障）。而程序要件则主要体现在强制措施干预者的告知程序上。只有遵循上述必备要件，才能保障被强制处分人的自愿性，防止追诉者滥用公权力侵犯被处分人的基本人权。

刑事强制措施的适用必须有良好的社会基础。一方面，为了节约司法资源，促进司法的民主，防止司法权的滥用，在我国刑事强制措施的适用中，有必要以国家司法机关为主导力量，适当地吸收社会力量参与。例如，在我国未来立法上确立类似于美国的职业保释保证人制度，完善私人侦探制度。另一方面，刑事强制措施制度的完善和正常运转，必须依赖一定的社会控制体系。由于共同价值观的松动、人口的流动化、利益的多元化、传统控制手段的弱化和法律体系的不健全等多方面原因，我国对社会的管理和控制能力正在逐步弱化。为了更加有效地保全犯罪嫌疑人、被告人和相关证据，减小犯罪嫌疑人、被告人脱逃、证据被破坏的可能性，我国有必要从组织控制和信息控制两方面来提高社会管理和控制能力。

总之，从价值判断角度切入，必须将刑事强制措施放在不同的层面明确其正当性。在社会意义层面上，在刑事诉讼活动中，适用刑事强制措施时，应当尽量不损害社会生活其他方面的正常运作。在法律制度层面，刑事强制措施的实施者与被处分者之间利益关系的协调是否恰当也是体现刑事强制措施正当性的标志。此外，正当程序的法律标准必须体现在刑事强制措施制度中。

刑事强制措施制度属刑事诉讼基本制度之一，实际上，它关涉国家权力的运用和公民基本权利的保障，而这些正是现代宪政国家所面临的重大问题。因此，研究刑事强制措施制度的正当性，必须将其提升到宪法层面①。本书在较多的章节中运用了现代宪法学上的基本理论（尤其是德国的基本权利理论），利用这些理论来分析刑事强制措施制度的正当性基础，为刑事强制措施理论的研究提供了一个新的“知识增长点”。但是，笔者惟恐对宪法学理论涉猎未深，造成误读，甚至贻笑大方！

在本书的研究方法上，笔者甚感遗憾的是实证研究方法的欠缺。所谓有理无“数”，莫谈学术！本书虽然引用了中外学者们对刑事强制措施制度诸多方面的实证调查资料作为论据。但是，仍然感觉对“中国的问题”的了解仅留于纸面和直觉。需知，对于中国刑事强制措施制度欲进行深入研究，绝不可脱离中国的实践。但这一点或许也是促使笔者以后继续研究刑事强制措施制度的动力。

在内容上，本书虽以刑事强制措施的正当性基础为红线，试图抽象出一系列正当性要素，并适用于每一种具体的刑事强制措施之中，但是，每种刑事强制措施本身毕竟也有其自身的特点，本书亦可能难免以偏概全。

刑事强制措施制度中的理论、实践问题可能涉及方方面面，本书不可能面面俱到。所以，本书选取了一些与刑事强制措施正当性密切相关的内容，或者说这些方面是刑事强制措施正当化的最为基本的要素。尽管如此，笔者也深恐泛泛而谈，毕竟，本书的每一部分或许都可以作为一篇博士论文的论题来展开。

① 我国台湾学者林钰雄教授认为，“在德国，若写一篇刑诉的博士论文，大概有超过二分之一篇幅是在讨论宪法，这是他们认为理所当然的……”林钰雄：“以宪法之名——刑事诉讼法作为应用宪法的趋势与危机”，林钰雄教授2001年11月30日在台北大学法学系的“刑事诉讼法作为应用宪法”演讲发言稿。

参考文献

（以出版时间为序）

（一）中文论著

1. 樊崇义主编：《刑事诉讼法研究综述与评价》，中国政法大学出版社 1991 年版。

2. 李心鉴：《刑事诉讼构造论》，中国政法大学出版社 1992 年版。

3. 邱联恭：《司法之现代化与程序法》，台湾地区三民书局 1993 年版。

4. 许宗力：《法与国家权力》，台湾地区月旦出版公司 1993 年版。

5.《马克思恩格斯选集》（第 4 卷），人民出版社 1995 年版。

6. 宋英辉：《刑事诉讼目的论》，中国人民公安大学出版社 1995 年版。

7. 李忠诚：《刑事强制措施制度研究》，中国人民公安大学出版社 1995 年版。

8. 邱联恭：《程序制度机能论》，台湾地区三民书局 1996 年版。

9. 林俊益：《程序正义与诉讼经济》，台湾地区月旦出版公司 1997 年版。

10. 陈运财：《刑事诉讼与正当之法律程序》，台湾地区元照出版公司 1998 年版。

11. 熊秋红：《刑事辩护论》，法律出版社 1998 年版。

12. 林钰雄：《刑事诉讼法》（上、下册），台湾地区学林文化实业有限公司1999年版。

13. 季卫东：《法治秩序的建构》，中国政法大学出版社1999年版。

14. 王敏远：《刑事司法理论与实践检讨》，中国政法大学出版社1999年版。

15. 蔡墩铭：《刑事诉讼法论》，台湾地区五南图书出版公司1999年版。

16. 黄东熊：《刑事诉讼法论》，台湾地区三民书局1999年版。

17. 陈新民：《宪法基本权利之基本理论》，台湾地区元照出版有限公司1999年版。

18. 李震山：《人性尊严与人权保障》，台湾地区元照出版有限公司2000年版。

19. 李惠宗：《宪法要义》，台湾地区元照出版有限公司2000年版。

20. 王兆鹏：《搜索、扣押与刑事被告的宪法权利》，台湾地区翰芦图书出版公司2000年版。

21. 陈光中主编：《刑事诉讼法实施问题研究》，中国法制出版社2000年版。

22. 汪建成、黄伟明：《欧盟成员国刑事诉讼概论》，中国人民大学出版社2000年版。

23. 张千帆：《西方宪政体系》（上册），中国政法大学出版社2000年版。

24. 陈瑞华：《刑事诉讼的前沿问题》，中国人民大学出版社2000年版。

25. 孙长永：《侦查程序与人权》，中国方正出版社2000年版。

26. 林山田：《刑事程序法》，台湾地区五南图书出版公司1999年版。

27．王兆鹏：《路检、盘查与人权》，台湾地区翰芦图书出版公司2001年版。

28．黄朝义：《无罪推定——论刑事诉讼程序之运作》，台湾地区五南图书出版公司2001年版。

29．樊崇义主编：《刑事诉讼法实施问题与对策研究》，中国人民公安大学出版社2001年版。

30．汪建成：《刑事诉讼法学概论》，北京大学出版社2001年版。

31．张军、姜伟、田文昌：《刑事诉讼：控辩审三人谈》，法律出版社2001年版。

32．孙谦：《逮捕论》，法律出版社2001年版。

33．王海明：《新伦理学》，商务印书馆2002年版。

34．柯庆贤：《刑事强制处分》，台湾地区三民书局2002年版。

35．宋英辉、吴宏耀：《刑事审判前程序研究》，中国政法大学出版社2002年版。

36．杨宇冠：《非法证据排除规则研究》，中国人民公安大学出版社2002年版。

37．林辉煌：《论证据排除——美国法之理论与实务》，台湾地区元照出版有限公司2003年版。

38．陈光中、汉斯-约格·阿尔布莱希特主编：《中德强制措施国际研讨会论文集》，中国人民公安大学出版社2003年版。

39．卞建林：《刑事诉讼的现代化》，中国法制出版社2003年版。

40．陈卫东主编：《保释制度与取保候审》，中国检察出版社2003年版。

41．陈瑞华：《问题与主义之间——刑事诉讼基本问题研究》，中国人民大学出版社2003年版。

42．陈永生：《侦查程序原理论》，中国人民公安大学出版社

2003 年版。

43. 陈瑞华主编：《未决羁押制度的实证研究》，北京大学出版社 2004 年版。

44. 易延友：《陪审团审判与对抗式诉讼》，台湾地区三民书局 2004 年版。

45. 刘方权：《法治视野下的强制侦查》，中国人民公安大学出版社 2004 年版。

46. 王兆鹏：《美国刑事诉讼法》，北京大学出版社 2005 年版。

47. 樊崇义主编：《刑事审前程序改革与展望》，中国人民公安大学出版社 2005 年版。

48. 陈卫东主编：《羁押制度与人权保障》，中国检察出版社 2005 年版。

49. 陈卫东主编：《模范刑事诉讼法典》，中国人民大学出版社 2005 年版。

50. 龙宗智主编：《徘徊于传统与现代之间：中国刑事诉讼法再修改研究》，法律出版社 2005 年版。

51. 隋光伟：《当代羁押制度研究报告》，长春出版社 2005 年版。

52. 张建良：《刑事强制措施要论》，中国人民公安大学出版社 2005 年版。

53. 王俊秀：《监控社会与个人隐私》，天津人民出版社 2006 年版。

54. 陈光中主编：《中华人民共和国刑事诉讼法再修改专家建议稿与论证》，中国法制出版社 2006 年版。

55. 汪建成：《冲突与平衡——刑事程序理论的新视角》，北京大学出版社 2006 年版。

56. 汪建成：《理想与现实——刑事证据理论的新探索》，北京大学出版社 2006 年版。

57. 郎胜主编:《欧盟国家审前羁押与保释制度》，法律出版社 2006 年版。

58. 隋光伟:《羁押法论》，吉林人民出版社 2006 年版。

59. 宋英辉主编:《取保候审适用中的问题与对策研究》，中国人民公安大学出版社 2007 年版。

60. 左卫民等:《中国刑事诉讼运行机制实证研究》，法律出版社 2007 年版。

61. 刘广三:《犯罪控制视野下的刑事诉讼》，中国人民公安大学出版社 2007 年版。

62. 孙连钟:《刑事强制措施研究》，知识产权出版社 2007 年版。

63. 郭云忠:《刑事诉讼谦抑论》，北京大学出版社 2008 年版。

64. 北京市人民检察院、中国社科院法学研究所、北京市人民检察院第二分院:《逮捕制度的深化与发展专题研讨会论文集》(2008 年 8 月 29 日至 8 月 30 日 · 北京)。

(二) 外文译著

1. [德] 黑格尔:《法哲学原理》，范扬、张企泰译，商务印书馆 1961 年版。

2. [法] 孟德斯鸠:《论法的精神》(上册)，张雁深译，商务印书馆 1961 年版。

3. [荷] 斯宾诺莎:《神学政治论》，温锡增译，商务印书馆 1963 年版。

4. [法] 马里旦:《人和国家》，霍宗彦译，商务印书馆 1964 年版。

5. [前苏联] 蒂里切夫:《苏维埃刑事诉讼》，张仲麟译，法律出版社 1984 年版。

6. [美] 罗斯科 · 庞德:《通过法律的社会控制——法律的任务》，沈宗灵等译，商务印书馆 1984 年版。

7. ［美］爱德华·罗斯:《社会控制》，秦志勇等译，华夏出版社 1989 年版。

8. ［法］米歇尔·福柯:《规训与惩罚》，刘北成、杨远婴译，三联书店 1990 年版。

9. ［英］彼得·斯坦、约翰·香德:《西方社会的法律价值》，中国人民公安大学出版社 1990 年版。

10. ［加］约翰·汉弗莱:《国际人权法》，庞森等译，世界知识出版社 1992 年版。

11. ［美］伯尔曼:《法律与革命》，贺卫方等译，中国大百科全书出版社 1993 年版。

12. ［意］贝卡里亚:《论犯罪与刑罚》，黄风译，中国大百科全书出版社 1993 年版。

13. 李昌珂译:《德国刑事诉讼法典》，中国政法大学出版社 1995 年版。

14. 卞建林译:《美国联邦刑事诉讼规则和证据规则》，中国政法大学出版社 1996 年版。

15. ［英］哈特:《法律的概念》，张文显等译，中国大百科全书出版社 1996 年版。

16. ［英］弗里德里希·冯·哈耶克:《自由秩序原理》，邓正来译，三联书店 1997 年版。

17. ［英］边沁:《政府片论》，沈叔平等译，商务印书馆 1997 年版。

18. ［德］拉德布鲁赫:《法学导论》，米健、朱林译，中国大百科全书出版社 1997 年版。

19. ［日］土本武司:《日本刑事诉讼法要义》，董璠舆、宋英辉译，台湾地区五南图书出版公司 1997 年版。

20. ［美］德沃金:《认真对待权利》，信春鹰等译，中国大百科全书出版社 1998 年版。

21. 余叔通、谢朝华译:《法国刑事诉讼法典》，中国政法大学出版社 1998 年版。

22. ［法］卡斯东·斯特法尼、乔治·勒瓦索、贝尔纳·布洛克：《法国刑事诉讼法精义》（下），罗结珍译，中国政法大学出版社 1999 年版。

23. ［美］迈克尔·D·贝勒斯：《法律的原则》，张文显等译，中国大百科全书出版社 1999 年版。

24. ［美］博登海默：《法理学、法律哲学与法律方法》，邓正来译，中国政法大学出版社 1999 年版。

25. ［英］丹宁：《法律的正当程序》，李克强等译，法律出版社 1999 年版。

26. ［英］波普尔：《开放的社会及其敌人》（上册），陆衡等译，中国社会科学出版社 1999 年版。

27. ［古罗马］西塞罗：《国家篇 法律篇》，沈叔平、苏力译，商务印书馆 1999 年版。

28. ［法］狄骥：《宪法学教程》，王文利等译，辽海出版社、春风文艺出版社 1999 年版。

29. ［法］米海依尔·戴尔玛斯-马蒂：《刑事政策的主要体系》，卢建平译，法律出版社 2000 年版。

30. 宋英辉译：《日本刑事诉讼法典》，中国政法大学出版社 2000 年版。

31. ［日］田口守一：《刑事诉讼法》，刘迪等译，法律出版社 2000 年版。

32. ［德］哈贝马斯：《合法性的危机》，刘北成、曹卫东译，上海人民出版社 2000 年版。

33. ［德］汉斯·海因里希·耶赛克、托马斯·魏根特：《德国刑法教科书》，徐久生译，中国法制出版社 2001 年版。

34. ［美］庞德：《普通法的精神》，唐前宏等译，法律出版社 2001 年版。

35. ［日］芦部信喜：《宪法》，李鸿禧译，台湾地区元照出版公司 2000 年版。

36. 中国政法大学刑事法律研究中心组织编译：《英国刑事诉讼法（选编）》，中国政法大学出版社 2001 年版。

37. ［美］波斯纳：《法理学问题》，苏力译，中国政法大学出版社 2002 年版。

38. ［美］爱伦·豪切斯泰勒·斯黛丽、南希·弗兰克：《美国刑事法院诉讼程序》，陈卫东、徐美君译，中国人民大学出版社 2002 年版。

39. ［日］谷口安平：《程序的正义与诉讼》，王亚新等译，中国政法大学出版社 2002 年版。

40. ［斯洛文尼亚］卜思天·M·儒攀基奇：《刑法——刑罚理念批判》，何慧新等译，中国政法大学出版社 2002 年版。

41. 最高人民检察院法律政策研究室组织编译：《所有人的正义——英国司法改革报告》，中国检察出版社 2003 年。

42. ［英］麦高伟、杰弗里·威尔逊主编：《英国刑事司法程序》，姚永吉等译，法律出版社 2003 年版。

43. ［德］K·茨威格特、H·克茨：《比较法总论》，潘汉典等译，法律出版社 2003 年版。

44. ［德］克劳思·罗科信：《刑事诉讼法》，吴丽琪译，法律出版社 2003 年版。

45. 黄道秀译：《俄罗斯联邦刑事诉讼法典》，中国政法大学出版社 2003 年版。

46. ［美］米尔伊安·R·达玛什卡：《司法和国家权力的多种面孔——比较视野中的法律程序》，郑戈译，中国政法大学出版社 2004 年版。

47. ［美］潘恩：《常识》，何实译，华夏出版社 2004 年版。

48. ［美］诺内特、塞尔兹尼克：《转变中的法律与社会：迈向回应型法》，张志铭译，中国政法大学出版社 2004 年版。

49. ［德］托马斯·魏根特：《德国刑事诉讼程序》，岳礼玲、温小洁译，中国政法大学出版社 2004 年版。

50. ［德］卡尔·施米特：《宪法学说》，刘锋译，上海人民出版社 2005 年版。

51. ［美］迈克尔·D·贝勒斯：《程序正义——向个人的分配》，邓海平译，高等教育出版社 2005 年版。

52. ［日］松尾浩也：《日本刑事诉讼法》（上、下册），丁相顺、张凌译，中国人民大学出版社 2005 年版。

53. ［英］麦高伟、切斯特·米尔斯基：《陪审制度与辩诉交易——一部真实的历史》，陈碧等译，中国检察出版社 2006 年版。

54. ［英］约翰·斯普莱克：《英国刑事诉讼程序》，徐美君、杨立涛译，中国人民大学出版社 2006 年版。

55. ［美］罗纳尔多·V·戴尔卡门：《美国刑事诉讼——法律和实践》，张鸿巍等译，武汉大学出版社 2006 年版。

56. ［英］理查德·梅：《刑事证据》，王丽等译，法律出版社 2007 年版。

57. ［美］约书亚·德雷斯勒、艾伦·C·迈克尔斯：《美国刑事诉讼法精解》（第一卷·刑事侦查），吴宏耀译，北京大学出版社 2009 年版。

（三）中文论文

1. 欧阳马田：《现代化进程中的社会控制》，载《社会学研究》1990 年第 2 期。

2. 陈瑞华：《走向综合性程序价值理论——贝勒斯程序正义理论述评》，载《中国社会科学》1999 年第 6 期。

3. 汪建成：《论刑事诉讼中的利益观》，载《中国法学》2000 年第 2 期。

4. 朱晓法：《刑事强制措施与刑事诉讼目的》，载《中国刑事法杂志》2000 年第 4 期。

5. 陈卫东、刘计划：《谁有权力逮捕你——试论我国逮捕制度的改革》，载《中国律师》2000 年第 9、10 期。

6. 熊秋红：《解读公正审判权》，载《法学研究》2001 年第 6 期。

7. 赵海峰：《法国刑事诉讼法典的重大改革评介》，载《欧洲法通讯》（第一辑），法律出版社 2001 年版。

8. 叶青、周登谅：《关于羁押性强制措施适用的公开听证程序研究》，载《法制与社会发展》2002 年第 4 期。

9. 陈卫东、石献智：《刑事政策在刑事司法中的地位和作用》，载《江海学刊》2002 年第 5 期。

10. 李忠诚：《刑事强制措施功能研究》，载《法制与社会发展》2002 年第 5 期。

11. 王敏远：《中国刑事羁押的司法控制》，载《环球法律评论》2003 年第 4 期。

12. 汪建成、杨雄：《从英美保释制度看我国取保候审制度存在的问题及出路》，载陈卫东主编：《保释制度与取保候审》，中国检察出版社 2003 年版。

13. 谢佑平：《刑事诉讼视野中的司法审查原则》，载《中外法学》2003 年第 1 期。

14. 陈光中、张小玲：《中国刑事强制措施制度的改革与完善》，载《政法论坛》2003 年第 5 期。

15. 岳礼玲：《德美证据排除规则的比较——我国确立刑事证据规则之经验借鉴》，载《政法论坛》2003 年第 3 期。

16. 陈瑞华：《刑诉中非法证据排除问题研究》，载《法学》2003 年第 6 期。

17. 赵彦清：《受基本人权影响下的证据禁止理论——德国刑事诉讼中的发展》，载《欧洲法通讯》（第四辑），法律出版社 2003 年版。

18. 徐美君：《对刑事强制措施制度的研究》，载《法学杂志》2004 年第 1 期。

19. 李璐璐：《社会变迁：风险与社会控制》，载《中国人民大学学报》2004 年第 2 期。

20. 刘广三：《犯罪控制视野下的刑事诉讼论纲》，载《中国法学》2004 年第 4 期。

21. 陈卫东、程雷：《任意侦查与强制侦查理论之介评——以同意取证行为为核心的分析》，载何家弘主编：《证据学论坛》（第 7 卷），中国检察出版社 2004 年版。

22. 冀祥德、孙远：《证明标准及其功能与层次》，载陈光中等主编：《诉讼法理论与实践》（2004 年卷），中山大学出版社 2004 年版。

23. 宋振武：《重返刑事诉讼目的单一论》，载《烟台师范学院学报》2004 年第 2 期。

24. 陈卫东、程雷：《刑事程序合法性原则论纲》，载《法律科学》2005 年第 1 期。

25. 汪建成、刘玥：《正当程序维度内的刑事强制措施》，载樊崇义主编：《刑事审前程序改革与展望》，中国人民公安大学出版社 2005 年版。

26. 孙长永：《比较法视野中的刑事强制措施》，载《法学研究》2005 年第 1 期。

27. 张泽涛：《反思帕卡的犯罪控制模式与正当程序模式》，载《法律科学》2005 年第 2 期。

28. 杨雄：《刑事身体检查制度的法理分析》，载《中国刑事法杂志》2005 年第 2 期。

29. 左卫民：《刑事诉讼的经济分析》，载《法学研究》2005 年第 4 期。

30. 闵春雷：《完善我国刑事搜查制度的思考》，载《法商研究》2005 年第 4 期。

31. 马静华：《合意性搜查制度：基础与应用》，载《政法论坛》2005 年第 4 期。

32. 陈光中、陈学权：《强制采样与人权保障之冲突与平衡》，载《现代法学》2005 年第 5 期。

33. 郝银钟：《刑事诉讼目的双重论之反思与重构》，载《法学》2005 年第 8 期。

34. 胡肖华、徐靖：《论公民基本权利限制的正当性与限制原则》，载《法学评论》2005 年第 6 期。

35. 张智辉、邓思清：《论我国刑事强制性措施制度的改革与完善》，载《法商研究》2006 年第 1 期。

36. 徐静村、潘金贵：《我国刑事强制措施制度改革的基本构想》，载《甘肃社会科学》2006 年第 2 期。

37. 刘计划：《逮捕功能的异化及其矫正》，载《政治与法律》2006 年第 3 期。

38. 杨正万：《刑事强制措施理论根据初论》，载陈光中、汪建成、张卫平主编：《诉讼法理论与实践》（2006 年卷），北京大学出版社 2006 年版。

39. 周伟、邵尔希：《释放还是羁押：扩大适用取保候审的困难与选择》，载《现代法学》2007 年第 1 期。

40. 左卫民：《侦查中的取保候审：基于实证的功能分析》，载《中外法学》2007 年第 3 期。

41. 宋英辉：《职务犯罪侦查中强制措施的立法完善》，载《中国法学》2007 年第 5 期。

42. 柯良栋：《谈谈修改刑事诉讼法必须高度重视的几个问题》，载《法学家》2007 年第 4 期。

43. 张翔：《基本权利限制问题的思考框架》，载《法学家》2008 年第 1 期。

44. 杨雄：《刑事强制措施实体化倾向之反思》，载《政法论坛》2008 年第 4 期。

45. 王新举：《刑事强制措施是对已有证据的惩罚》，载《北京政法职业学院学报》2008 年第 4 期。

46. 杨雄：《美国宪法第四修正案中的“相当理由”之变

迁——兼论我国刑事强制措施证明标准的完善》，载《暨南学报（哲学社会科学版）》2008年第5期。

47. 郑杭生：《中国特色社区建设与社会建设——一种社会学的分析》，载《中南民族大学学报（人文社会科学版）》2008年第6期。

48. 李建良：《基本权利理论体系之构成及其思考层次》，载李建良：《宪法理论与实践》（一），台湾地区学林文化实业有限公司1999年版。

49. 蔡宗珍：《公法上之比例原则初论——以德国法的发展为中心》，载《政大法学评论》1999年第6期。

50. 林钰雄：《违法搜索与证据禁止》，载《台大法学论丛》第28卷第2期。

51. 林钰雄：《德国证据禁止论之发展与特色》，载台湾《律师杂志》第232期。

52. 李瑞敏：《论通讯一方同意之监察——以电话通讯一方同意之监察为主》，载台湾《刑事法杂志》第47卷第1期。

53. 陈志龙：《检察官与羁押犯嫌》，载《宪政时代》第21卷第2期。

54. 李茂生：《人权、侦查结构与强制处分权——由结构到解构的历程》，载《宪政时代》第21卷第2期。

55. 苏永钦：《检察官实施侦查羁押合宪性问题意见书》，载《宪政时代》第21卷第2期。

56. 李雅萍：《德国法上关于基本权利之限制》，载《宪政时代》第22卷第1期。

57. 李建良：《基本权利的理念变迁与功能体系——从耶林内克“身份理论”谈起》（上、下），载《宪政时代》第29卷第1期、第2期。

58. 黄昭元：《宪法权利限制的司法审查标准：美国类型化多元标准模式的比较分析》，载《台大法学论丛》第33卷第3期。

59. 李震山:《程序基本权》,载《月旦法学教室》2004 年第 19 期。

（四）英文著作

1. Esmein, A history of continental criminal procedure, translated by John Simpson, Little ,Brown, and Company, 1913.

2. Herbert Packer, The limits of the criminal sanction, Stanford University Press, 1968.

3. Barton L. Ingraham, The structure of criminal procedure : laws and practice of France, the Soviet Union, China, and the United States, Greenwood Press, 1987.

4. Barbara J. Shapiro, "Beyond reasonable doubt" and "probable cause": historical perspectives on the Anglo – American law of evidence, University of California Press, 1991.

5. William Twining and Alex Stein, Evidence and proof, New York University Press, 1992.

6. Joseph J. Grau, Criminal and civil investigation handbook, 2nd ed. New York: McGraw – Hill, 1993.

7. Christine van den Wyngaert[ed],Criminal procedure systems in the European Community , Butterworths, 1993.

8. Mike McConville, Standing accused : the organisation and practices of criminal defence lawyers in Britain, Oxford University Press, 1994.

9. Centre for Human Rights, Geneva ; Crime Prevention and Criminal Justice Branch, Vienna, Human rights and pre – trial detention : a handbook of international standards relating to pre – trial detention ,United Nations, 1994.

10. Mireille Delmas – Marty[ed] ,The criminal process and human rights : toward a European consciousness , Martinus Nijhoff Publishers, 1995.

11. Herbert A. Johnson, Nancy Travis Wolfe, History of criminal justice , Anderson Pub. Co. , 1996.

12. Akhil Reed Amar, The constitution and criminal procedure: first principles, Yale University Press, 1997.

13. Andrew Ashworth, The criminal process : an evaluative study, Oxford University Press, 1998.

14. Gilbert B. Stuckey, Cliff Roberson, Harvey Wallace, Procedures in the Justice System (5th Edition), Prentice Hall, 1998.

15. Kamisar, Wayne R. LaFave, Jerold H. Israel, Modern criminal procedure: cases, comments, and questions (9th ed), West Group, 1999.

16. Chandra Mohan Upadhyay , Human rights in pre – trial detention , A. P. H. Publishing Corp. , 1999.

17. Andrew Sanders and Richard Young, Criminal Justice (2nded), Butterworths, 2000.

18. Peter Murphy, Murphy on evidence, Blackstone Press, 2000.

19. John Sprack, Emmins on criminal procedure , Blackstone Press Limited, 2000.

20. Peter H. Solomon, Jr. , and Todd S. Foglesong, Courts and Transition in Russia: The Challenge of Judicial Reform. Boulder, CO: Westview, 2000.

21. Sean Doran and John D. Jackson [ed], The judicial role in criminal proceedings, Hart Publishing, 2000.

22. Mireille Delmas – Marty and J. R. Spencer, European Criminal Procedures, Cambridge University Press , 2002.

23. R. sharma , Human rights and bail , A. P. H. Publishing Corporation, 2002.

24. Stephen C. Thaman, Comparative criminal procedure : a casebook approach, Carolina Academic Press, 2002.

25. Marvin Zalman, Criminal procedure : constitution and society , Prentice Hall, 2002.

26. John H. Langbein ,The origins of adversary criminal trial, Oxford University Press, 2003.

27. Neil Corre, David Wolchover, Bail in criminal proceedings, Oxford University Press, 2004.

(五）英文论文

1. Wayne R. LaFave, "Street Encounters" and the Constitution: Terry, Sibron, Peters, and Beyond, 67 Mich. L. Rev. 40 (1968).

2. Griffiths, Ideology in Criminal Procedure or A Third "Model" of the Criminal Process, 79Yale L. J. (1970).

3. Mirjan Damaska, Evidentiary Barriers to Conviction and Two Models of Criminal Procedure: A Comparative Study, 121 U. Pa. L. Rev. 506(1973).

4. Abraham Goldstein, Reflections on Two Models Inquisitorial Themes in American Criminal Procedure 26 Stan . L. Rev. 1009 (1974).

5. Anthony G. Amsterdam, Perspectives on the Fourth Amendment, 58 Minn. L. Rev. 349 (1974).

6. R. S. Summers, Evaluating and Improving legal process: A Plea for "Process Values", in Cornell Law Review, Vol. 61(1981).

7. C. M. A. McCauliff, Burdens of Proof: Degrees of Belief, Quanta of Evidence, or Constitutional Guarantees? 35 Vand. L. Rev. 1293 (1982).

8. Verrilli, Donald B. Jr. , The Eighth Amendment and the Right to Bail: Historical perspectives, Columbia Law Review82 At. 358. (1982).

9. Joseph D. Grano, Probable Cause and Common Sense: A Reply to the Critics of Illinois V. Gates, 17 U. Mich. J. L. Ref. 465(1984).

10. R. Van Duizend, L. Sutton & C. Carter, The Search Warrant Process: Preconceptions, Perceptions, and Practices 42 (1985).

11. Duke, Making Leon Worse, 95 Yale L. J. 1405 (1986).

12. Paul Sutton, The Fourth Amendment in Action: An Empirical View of the Search Warrant Process, 22 Crim. L. Bull. 405 (1986).

13. Goldstein, The Search Warrant, the Magistrate, and Judicial Review, 62 N. Y. U. L. Rev. 1173 (1987).

14. William J. Stuntz , Warrants and Fourth Amendment Remedies, 77 Va. L. Rev. 881(1991)

15. Akhil Reed Amar, Fourth Amendment First Principles, 107 Harv. L. Rev. 757(1994).

16. Michael Louis Corrado , Criminal Law: Punishment And the Wild Beast of Prey: the Problem of Preventive Detention, 86 J. Crim. L. & Criminology 778(1996).

17. Kurt X. Metzmeier , Preventive Detention: A Comparison of Bail Refusal Practices in the United States, England, Canada and Other Common Law Nations, 8 Pace Intl L. Rev. 399 (1996).

18. Todd Foglesong, Habeas Corpus or Who Has The Body? Judicial Review Of Arrest And Pretrial Detention In Russia, 14 Wis. Intl L. J. 541(1996).

19. Christopher Slobogin, Terry and the Future of Constitutional Criminal Procedure:Into The 21st Century Let's Not Bury Terry: A Call for Rejuvenation of the Proportionality Principle, 72 St. John's L. Rev. 1053(1998).

20. John A. Chamberlin, Bounty Hunters: Can the Criminal Justice System Live Without Them? U. Ill. L. Rev. 1175(1998).

21. Akhil Reed Amar, Terry and the future:Terry and Fourth Amendment First Principles, 72 St. John's L. Rev. 1097(1998).

22. Holly J. Joiner, Private Police: Defending the Power of Profes-

sional Bail Bondsmen, 32 Ind. L. Rev. 1413(1999).

23. Todd C. Barsumian, Bail Bondsmen And Bounty Hunters: Re-examining the Right to Recapture, 47 Drake L. Rev. 877(1999).

24. Craig S. Lerner, The Reasonableness of Probable Cause, 81 Tex. L. Rev. 951(2003).

25. Heidi Boghosian, Applying Restraints to Private Police, 70 Mo. L. Rev. 177(2005).

26. Milton Hirsch, Midnight Run Re-Run: Bail Bondsmen, Bounty Hunters, and the Uniform Criminal Extradition Act, 62 U. Miami L. Rev. 59(2007).

（六）博硕士论文

1. 陈姝桦：《强制处分权分配构想之建构——以被告为中心》，台湾中正大学法律学研究所硕士论文（2002）。

2. 李瑞敏：《论强制处分之同意》，台湾政治大学法律学研究所硕士论文（2002）。

3. 王国栋：《论侦查中羁押》，台湾中正大学法律学研究所硕士论文（2003）。

4. 虞浩平：《由权力分立检讨侦查中要示搜索权的归属》，台湾成功大学法律学研究所硕士论文（2003）。

5. 徐赫喃：《刑事诉讼中的国家、社会与个人——权力和权利分析》，中国政法大学博士论文（2004）。

（七）主要网站

1. 中华人民共和国国家统计局网站：http://www.stats.gov.cn。

2. 我国台湾地区“法务部”网站：http://www.moj.gov.tw。

3. http://www.lexisnexis.com.

4. http:// www.heinonline.com.

后 记

本书是在我的博士论文基础上修改而成的，它是对我5年燕园生活和近年来研究、学习的一个总结。

一直觉得，能够从本科念到博士，然后从事心仪的科研、教学工作是做梦都未曾想过的，未曾想到自己能有这样的毅力，也未曾想到自己能够有这样的机会，更未曾想到能够得到这么多老师和朋友们的帮助！

感谢我的硕士、博士导师汪建成教授。是导师的慷慨提携，才让我有幸硕博连读，从师5年。5年里，导师的人品、学养，我一直奉为典范。从导师身上，我不仅学会了怎样做学问，也学会了如何做人。导师不仅在学习上精心指导，手把手地将我领进学术的殿堂，而且在生活上犹如慈父般给予无微不至的关怀。还记得是导师借钱资助我买了第一台电脑；还记得在北大读研究生的第一年，是导师让我带着他家的礼物回家孝敬父母；还记得导师多次替我交会务费，带着我参加各类学术研讨会；还记得导师多次给我提供机会，解决生活上的困难；还记得整个论文从选题、提纲的拟定，到写作、修改、定稿等各个阶段无不蕴涵着导师的心血，尤其是在定稿之前，导师彻夜逐字逐句修改我的论文，每晚只睡三个小时；还记得在毕业前夕，导师还在为我的工作操心……一切的一切，都记忆犹新……感谢师母孙老师，热情、善良、和蔼的孙老师在生活上的关照，让多年在外的我感觉到家庭般的温暖！

感谢导师组的其他几位老师，北京大学法学院的陈瑞华教授、张玉镶教授、潘剑锋教授、陈永生副教授、傅郁林副教授在论文的开题、预答辩、答辩过程中都为论文提出了宝贵的意见。感谢中国社会科学院法学所的王敏远教授和北京师范大学刑事法律科学研究院的宋英辉教授在论文答辩中为论文的完善提出的中肯意见。

感谢我的师兄、师姐、师弟、师妹们，感谢中国社会科学院法学研究所的冀祥德研究员、北京师范大学刑事法律科学研究院的刘广三教授两位“二导师”对我生活上的关照和工作上的帮助；感谢烟台大学法学院的宋振武副教授对我论文的无私指点和帮助，论文中的许多观点都来源于与宋老师的讨教；感谢师兄北京工商大学的谢安平教授、中国青年政治学院法律系的孙远副教授、北京市海淀区检察院的许永俊处长、最高人民检察院的张相军博士、浙江省高级人民法院的吴江法官、师姐中国社会科学研究院法学研究所的祁建建副教授、海关总署的刘科科以及师弟苏文成、张剑、师妹李扬、刘玥、夏雯雯、朱晶晶、马玉荣、耿希、王源，是他们让我感受到求学期间真挚的友情，让我在这样一个温暖的集体里不断地成长。

感谢同窗好友中国政法大学的方鹏博士、北京大学的张会峰博士、内蒙古大学的周宝峰教授、中国人民公安大学的张黎博士等在我攻读博士期间给予我的鼓励、帮助、关心与支持。

感谢远在鄂东北农村的父母，父母含辛茹苦地养育了我这么多年，如今我给予他们的还仅仅是精神上的安慰……感谢贤妻陈宗琼女士分担了繁重的家务，让我有了良好的工作、生活环境，能够安心研究。

感谢北京师范大学刑事法律科学研究院暨法学院院长赵秉志教授、分党委书记张远煌教授、刑事法律科学研究院常务副院长卢建平教授、副院长宋英辉教授、法学院副院长刘荣军教授以及刘志伟教授、王秀梅教授和北京师范大学刑事法律科学研究院、法学院的其他老师和同仁们在工作和生活上给予我的大力支持和帮助。是他们让我在其乐融融的工作环境中不断进步。

要感谢的人还有很多很多，感谢的言语难以穷尽……俗话说，大恩不言谢！或许这里的感谢徒具形式，无以言表的感激只能深埋于心，化为日后成长的动力，待以余生还有来生来回报大家，才具有实质的意义！

杨　雄

于北京大学畅春新园 2 号楼 366 室

修改于北京师范大学刑事法律科学研究院